PRATIQUE RÉVISION

Corrigés et transcriptions

540 exercices

B1

Corrigés

Chapitre 1

1. a. cheveux ; **b.** front ; **c.** joues ; **d.** menton ; **e.** visage ; **f.** dents ; **g.** lèvres ; **h.** sourcils ; **i.** yeux ; **j.** paupière ; **k.** cils.
2. a. dent ; **b.** bouche ; **c.** oeil ; **d.** langue ; **e.** lèvres ; **f.** oreilles ; **g.** nez ; **h.** front
3. a. la bouche ; **b.** les dents ; **c.** les lèvres ; **d.** les yeux ; **e.** la langue ; **f.** les oreilles ; **g.** le nez
4. la bouche : manger, parler, souffler, respirer – les yeux : voir, regarder – le nez : sentir, respirer – les oreilles : écouter, entendre
5. b. vrai ; **c.** vrai ; **d.** faux ; **e.** vrai ; **f.** faux ; **g.** vrai ; b **h.** faux
6. a. coiffure ; **b.** châtain ; **c.** décoiffée ; **d.** chignon ; **e.** frisés ; **f.** frange ; **g.** teindre
7. chignon ; coiffure ; nattes ; frisés ; raides ; cheveux ; châtain
8. a. bouclés ; **b.** raides ; **c.** chatain ; **d.** chignon ; **e.** coiffure ; **f.** frange ; **g.** frisés
9. 1.a ; 2.c ; 3.d ; 4.b ; 5.f ; 6.e
10. a. ébouriffés ; **b.** chignon ; **c.** teindre ; **d.** chauve ; chauve **e.** friser ; **f.** coupe ; **g.** frange
11. a. on dit qu'il coûte les yeux de la tête. **b.** elle a les yeux plus gros que le ventre. **c.** on n'en croit pas ses yeux. **d.** Ça crève les yeux ! **e.** elle n'a pas froid aux yeux. **f.** on lui fait les gros yeux. **g.** font les yeux doux. **h.** qu'elle a un bandeau sur les yeux.
12. Leïla Slimani : mat ; long ; châtain ; frisés ; dégagé ; épais ; grand ; fines ; belles dents ; Mathieu Kassovitz : blanche ; rasé ; une barbe ; bruns ; courts ; dégarni ; dégagées ; les sourcils ; visage ; ses dents
13. b. la gueule = la bouche ; **c.** les babines = les lèvres ; **d.** la tronche = le visage ; **e.** les tifs = les cheveux ; **f.** le crâne = la tête
14. les babines ; **c.** les tifs ; **d.** crâne ; **e.** la gueule ; **f.** la tronche
15. a. Ferme les yeux et ouvre la bouche ! **b.** Les nez dans les peintures du Greco sont très spécifiques. **c.** C'est chaud ! Je me suis brûlé la langue. **d.** Tu as de l'aspirine ? J'ai terriblement mal à la tête. **e.** J'ai une poussière dans l'œil. **f.** Le coiffeur lui a coupé les cheveux très courts. **g.** Elle s'est cassé une dent quand elle est tombée. **h.** « Pourquoi tu as de grandes oreilles, Mère-Grand ? » **i.** Quand on vous enlève une dent de sagesse, les joues gonflent.
16. a. une tuque ; **b.** des bretelles ; **c.** des mitaines ; **d.** un chapeau ; **e.** une ceinture ; **f.** un cache-cou ; **g.** des moufles
17. a. les sous-vêtements ; **b.** une tenue ; **c.** d'enlever ; **d.** le masque ; **e.** s'habiller ; **f.** nu ; **g.** éteindre
18. a. mitaines ; **b.** bretelles ; **c.** foulard ; **d.** montre ; **e.** cravate ; **f.** lunettes ; **g.** ceinture
19. b. un maillot de bain ; **c.** un sac à main ; **d.** bracelet ; **e.** un parapluie ; **f.** des sandales ; **g.** des chaussettes
20. a. Inutile de prendre précautions pour lui dire la vérité. **b.** Il va falloir travailler dur pour les atteindre. **c.** Ils ont dû limiter les dépenses pendant des années. **d.** C'est un très mauvais café. **e.** Tout le monde l'admire. **f.** Elle occupe différentes fonctions.
21. a. une cravate ; **b.** des chaussures ; **c.** une jupe ; **d.** une chemise ; **e.** des gants ; **f.** un maillot de bain ; **g.** une écharpe
22. a. blouson ; **b.** peignoir ; **c.** veste ; **d.** robe de chambre ; **e.** pantoufles ; **f.** mocassins ; **g.** imperméable ; **h.** chaussons ; **i.** pyjama
23. a. pantoufles ; **b.** imperméable ; **c.** blouson ; **d.** peignoir ; **e.** mocassins
24. 2 caleçons ; 2 culottes ; 1 jean femme ; 1 pantalon homme ; 1 polo ; 3 tee-shirts ; 2 chemises ; 1 robe ; 3 paires de chaussettes ; 1 soutien-gorge ; 1 bermuda homme ; 1 maillot de bain femme ; 1 short femme
25. a. la robe de mariée ; **b.** le survêtement ; **c.** le costume ; **d.** le peignoir ; **e.** le pyjama ; **f.** les gants ; **g.** l'imperméable
26. a. robe ; **b.** bandeau ; **c.** ceinture ; **d.** foulard ; **e.** cravate ; **f.** casquette ; **g.** écharpe
27. a. 5 ; **b.** 6 ; **c.** 1 ; **d.** 4 ; **e.** 3 ; **f.** 2
28. a. sac de plage ; **b.** lunettes de soleil ; **c.** lunettes à infra-rouge ; **d.** chaussures à talons ; **e.** chaussures en cuir ; **f.** robe de soirée ; **g.** pull à rayures
29. a. lunettes de soleil ; **b.** chaussures à talons ; **c.** pull ; **d.** sac de plage ; **e.** robe de soirée ; **f.** chaussures de marche.
30. a. chemise de nuit ; **b.** chaussettes en laine ; **c.** T-shirt à bretelles ; **d.** un beau blouson en cuir ; **e.** chemises à manches courtes ; **f.** de bonnes chaussures de marche ; **g.** maillot de bain
31. a. chaussures de foot ; **b.** des lunettes de vue ; **c.** une chemise à manches longues ; **d.** ses chaussures à talons hauts ; **e.** gros bonnet en laine ; **f.** en costumes d'époque ; **g.** en tenue de ville.
32. a. ma ; **b.** leur ; **c.** sa ; **d.** ses ; **e.** son ; **f.** vos ; **g.** leurs
33. a. ton ; **b.** leur ; **c.** son ; **d.** leurs ; **e.** mes ; **f.** Tes ; **g.** votre
34. a. ton ; **b.** mes – mon ; **c.** ta – ton ; **d.** vos ; **e.** tes ; **f.** ces ; **g.** leur
35. a. On voit bien ses rides mais on ne voit pas les tiennes. **b.** Le sien est fin. **c.** La mienne est rugueuse. **d.** Les leurs ont les cheveux bruns. **e.** Le mien préfère porter la moustache. **f.** Moi, je dois changer la mienne. **g.** Je veux avoir les mêmes tresses que les siennes.
36. a. les siennes ; **b.** la sienne, la sienne ; **c.** le vôtre ; **d.** le sien ; **e.** le leur ; **f.** les siennes ; **g.** les nôtres
37. a. la tienne, la tienne ; **b.** la vôtre ; **c.** la sienne ; **d.** les miennes ; **e.** le vôtre, du mien ; **f.** le sien ; **g.** les nôtres, les leurs ?
38. a. ses aïeux italiens ; **b.** une dame âgée ; **c.** ma grande sœur ; **d.** son premier mari ; **e.** un vieil oncle ; **f.** son petit frère ; **g.** une famille merveilleuse
39. a. une grande fille ; **b.** un monsieur âgé ; **c.** une cousine polonaise ; **d.** un oncle voyageur ; **e.** un deuxième mariage ; **f.** un enfant agité ; **g.** un lointain parent ; **h.** une tante éloignée

40. a. Ses parents l'envoient en vacances à Coimbra chez ses grands-parents portugais. **b.** Son grand-père n'a rien d'un vieux monsieur. **c.** Elle est née dans une famille nombreuse. **d.** Il a hérité d'une vieille tante oubliée. **e.** On a vu augmenter le nombre de famille recomposée. **f.** Il a de bons amis qui sont comme une deuxième famille. **g.** Sa belle famille est d'origine vietnamienne.
41. a. Regarde ce grand sac rouge et blanc en vitrine ! **b.** Elle lui a offert une belle veste sportive noire. **c.** Un long manteau épais, ce sera utile pour l'hiver. **d.** Voici une jolie cravate rouge et soyeuse. **e.** Il porte toujours une vieille casquette grise. **f.** Ce sont de vieux codes vestimentaires. **f.** Cette vieille chemise rouge et blanche est complètement ridicule !
42. a. Ses amis habitent une immense maison blanche au bout de la grande avenue. **b.** Elle vient d'une riche famille niçoise. **c.** Leur cousin s'est acheté un élégant costume bleu pour l'occasion. **d.** L'oncle Albert apparait sur une vieille photo de famille jaunie. **e.** Stéph a offert un beau voyage à ses parents adoptifs pour leur trentième anniversaire de mariage ! **f.** C'est une longue et belle aventure amoureuse qui prend fin. **g.** Ils ont un grand frère voyageur.
43. a. De grandes chaussures noires ; **b.** Un joli foulard noir et jaune ; **c.** De grands yeux bleus clairs ; **d.** Un gros manteau gris ; **e.** Une petite veste légère pour les nuits d'été ; **f.** Son vieux T-shirt déchiré ; **g.** De longs cheveux blonds
44. a. Une lettre d'amour ; **b.** Un message d'espoir ; **c.** Une aventure amoureuse ; **d.** Un ton désespéré ; **e.** Une chambre d'ami ; **f.** Une vie passionnée ; **g.** Un problème familial
45. a. Mille cinq cents ; **b.** l'an deux mil ; **c.** cent personnes ; **d.** Quatre-vingts euros ; **e.** Quatre-vingt-dix ; **f.** Un million de participants ; **g.** Huit milliards d'habitants.
46. a. 13 / treize ; **b.** 1789 / dix-sept cent quatre-vingt-neuf ; **c.** 20 / vingt ; **d.** 70 / soixante-dix ; **e.** 80 / quatre-vingts ; **f.** 1969 / mil neuf cent soixante-neuf ; **g.** 2001 / deux mil un
47. a. 75% ; **b.** 83 ans ; **c.** 75 euros ; **d.** L'an 1800 ; **e.** 97 ; **f.** 71 ; **g.** 94 euros
48. a. troisième ; **b.** quatrième ; **c.** sixième ; **d.** septième ; **e.** premières ; **f.** dix-huitième ; **g.** seconde
49. a. Premier siècle ; **b.** Vingtième siècle ; **c.** Septième siècle ; **d.** Dix-septième siècle ; **e.** Quatorzième siècle ; **f.** Vingt-et-unième siècle ; **g.** Dixième siècle

Bilan

1. a. front ; **b.** joue ; **c.** dos ; **d.** cou ; **e.** nez ; **f.** yeux ; **g.** oreilles ; **h.** cheveux ; **i.** dents ; **j.** bouche
2. a. serviette ; **b.** gants ; **c.** lunettes ; **d.** chaussures ; **e.** collier ; **f.** parapluie ; **g.** chemise ; **h.** sac à main ; **i.** cravate ; **j.** masque
3. leurs ; ses ; son ; toi ; son ; sa ; le sien ; une ; ta ; elles
4. a. La première. **b.** Le neuvième. **c.** Soixante-treize euros ; **d.** La quatre-vingt-seizième ; **e.** Le second ; **f.** Quatre-vingts points
5. Gaëtan a une **petite** sœur qui fête bientôt son anniversaire. Elle veut lui faire un **beau** cadeau, un cadeau **original**. Comme c'est une **grande** voyageuse et une randonneuse **passionnée**, il a pensé lui offrir un **superbe** trek de 12 jours dans les Andes **péruviennes**. Ce sera un séjour **unique et magique** à la fois au milieu d'**immenses** paysages **merveilleux** ; un séjour qui le fera partir à la rencontre d'une population **locale accueillante**. Il est certaine qu'elle adorera. Ce sera un **bel** anniversaire.
6. a. Qu'est-ce que tu dis ? **b.** Vous faites quoi dans la vie ? **c.** Tu sais combien ça coûte ? **d.** Il dort moins de six heures par jour. **e.** Ils finissent à 17 heures d'habitude. **f.** Si vous réussissez l'examen, on en reparle. **g.** Nous servons des repas à domicile. **h.** À quelle heure ça ouvre ? **i.** Vous sortez souvent le week-end ? **j.** Elle grossit toujours la vérité.

Chapitre 2

50. a. main ; **b.** coude ; **c.** avant-bras ; **d.** dos ; **e.** hanche ; **f.** fesses ; **g.** genou ; **h.** bras ; **i.** cou ; **j.** torse ; **k.** ventre ; **l.** cuisse ; **m.** cuisse ; **n.** mollet ; **o.** pied ; **p.** corps
51. b. 1 ; **c.** 2 ; **d.** 9 ; **e.** 7 ; **f.** 4 ; **g.** 5 ; **h.** 3 ; **i.** 6
52. a. bomber le torse ; **b.** mettre les pieds dans le plat ; **c.** donner un coup de main ; **d.** être sur les genoux ; **e.** avoir bon dos ; **f.** avoir le bras long ; **g.** prendre ses jambes à son cou ; **h.** sortir de la cuisse de Jupiter
53. a. il bombe le torse. **b.** mettre les pieds dans le plat. **c.** a le bras long. **d.** a bon dos. **e.** ont pris leurs jambes à leur cou. **f.** On marche sur la tête ! **g.** sorti de la cuisse de Jupiter. **h.** donner un coup de main.
54. a. le majeur ; **b.** l'index ; **c.** les ongles ; **d.** la paume ; **e.** le poignet ; **f.** l'annuaire ; **g.** l'auriculaire ; **h.** la cheville ; **i.** les orteils ; **j.** le talon ; **k.** la plante
55. a. cuisse ; **b.** bras ; **c.** orteil ; **d.** doigt ; **e.** ventre ; **f.** jambe ; **g.** épaules ; **h.** poignet
56. a. tennis ; **b.** football ; **c.** base-ball ; **d.** ski ; **e.** hockey ; **f.** cyclisme ; **g.** rugby ; **h.** boxe ; **i.** basket ; **j.** voile
57.

gagner	perdre
vaincre ; remporter ; battre ; obtenir la victoire sur ; réussir ; emporter le match sur	subir une défaite ; être battu ; abandonner ; échouer ; se retirer

Corrigés

58. a. abandonne ; **b.** échoue ; **c.** faire match nul ; **d.** remporte ; **e.** être battus ; **f.** se retirer ; **g.** participer
59. a. parapente ; **b.** parkour ; **c.** padel ; **d.** trampoline ; **e.** rafting ; **f.** marche ; **g.** natation
60. a. l'escalade ; **b.** le parkour ; **c.** le golf ; **d.** le parapente ; **e.** le padel ; **f.** le rugby ; **g.** le trampoline ; **h.** le breaking ; **i.** la marche
61. 2. nageur ; **3.** skippeuse ; **4.** pilote de F1 ; **5.** skieuse ; **6.** joueur de rugby ; **7.** joueuse de tennis ; **8.** joueur de golf.
62. a. un circuit ; **b.** une voie ; **c.** un court ; **d.** un parcours ; **e.** une piste d'athlétisme ; **f.** un terrain ; **g.** un ring ; **h.** une salle de sport.
63. b. Marche à pied ; **c.** Canapé / Rien ; **d.** Yoga ; **e.** Musculation ; **f.** Course à pied ; **g.** Vélo d'appartement ; **h.** pilates ; **i.** tapis de marche
64. lutte; foot ; boxe ; lutteur ; adversaire ; remporter ; perd ; sportifs ; gagner
65. sports d'équipe ; joueurs ; gardien ; balle ; but ; bâton de bois ; filet ; casque ; gants ; bras ; plastron
66. a. surfer sur internet ; **b.** sortir avec des amis ; **c.** faire une sortie culturelle ; **d.** lire un livre ; **f.** faire du shopping ; **g.** regarder la télévision ; **h.** faire du bricolage / du jardinage ; **i.** jouer aux jeux vidéos ; **j.** écouter de la musique ; **k.** lire un magazine ou le journal ; **l.** faire du sport ; **m.** échanger à distance via internet ; **n.** écouter la radio
67. 2. Shopping ; **1.** Cinéma ; **4.** Sortie culturelle ; **5.** Surfer sur internet ; **6.** Jouer à des jeux vidéos ; **8.** Faire du sport ; **3.** Faire du bricolage / jardinage ; **7.** Lecture
68. a. Croisière ; **b.** Mer ; **c.** Campagne ; **d.** Camping ; **e.** Gite ; **f.** Hôtel ; **g.** Ferme ; **h.** Congés
69. a. ski ; **b.** croisière ; **c.** balades ; **d.** l'étranger ; **e.** mer ; **f.** ferme, gîte ; **g.** camping
70. faire avancer son pion ; attendre son tour ; piocher une carte ; déplacer son pion ; respecter les règles du jeu ; lancer les dés ; battre les cartes ; tirer les cartes ; avoir un gage ; retourner les cartes
71. Lance les dés, c'est ton tour. – Bats les cartes avant de les distribuer. – Tu dois piocher une carte avant de jouer. – Si tu ne trouves pas la bonne réponse, tu vas avoir un gage. – Si tu tombes sur la case « bonus » avance ton pion de 6 cases. – Mais si tu tombes sur la case « malus », tu dois retourner à la case « départ ».
72. a. une clé à molette ; **b.** une pelle ; **c.** un rouleau, un pinceau ; **d.** d'un clou ; **e.** planche, la scie ; **f.** des tenailles ; **g.** la mèche, perceuse.
73. a. un clou ; **b.** une perceuse ; **c.** un mètre ; **d.** une scie ; **e.** un marteau ; **f.** une boite à outils ; **g.** un pinceau
74. a. un sécateur ; **b.** une brouette ; **c.** un rateau ; **d.** une bêche ; **e.** des tenailles ; **f.** des gants de jardinage ; **g.** un arrosoir ; **h.** un tuyau d'arrosage
75. a. désherber ; **b.** planter ; **c.** tondre ; **d.** semer ; **e.** arroser ; **f.** pousser ; **g.** transplanter ; **h.** tailler
76. a. engrais ; **b.** arbre ; **c.** fruit ; **d.** pelouse ; **e.** potager ; **f.** graine ; **g.** plante ; **h.** arbuste
77. a. en ; **b.** avant ; **c.** en ; **d.** dans ; **e.** après ; **f.** à ; **g.** dans
78. a. Ils le joueront dans trois mois. **b.** Oui, depuis le mois de février. **c.** Je dirais qu'il est parti pour 5 ans. **d.** Oui, pendant toutes leurs vacances. **e.** Dans 2 jours. **f.** dès la première minute. **g.** pendant 74 jours.
79. a. Dans ; **b.** en ; **c.** Dans ; **d.** dans ; **e.** en ; **f.** en
80. a. pendant ; **b.** en ; **c.** à ; **d.** depuis ; **e.** à partir ; **f.** au ; **g.** à la mi-juin
81. a. Avant ; **b.** tôt ; **c.** tantôt ; **d.** Quelquefois ; **e.** après-demain ; **f.** aussitôt ; **g.** encore ; **h.** toujours
82. a. aujourd'hui ; **b.** tout de suite ; **c.** bientôt ; **d.** ce moment-là ; **e.** n'importe quand ; **f.** Désormais ; **g.** tout à l'heure ; **h.** demain
83. a. en ; **b.** par ; **c.** en ; **d.** sur ; **e.** dans ; **f.** sur ; **g.** En
84. a. toujours ; **b.** ponctuellement ; **c.** souvent ; **d.** jamais ; **e.** Régulièrement ; **f.** rarement ; **g.** parfois
85. a. souvent, occasionnellement, rarement ; **b.** De temps en temps, rarement, habituellement ; **c.** régulièrement, souvent, parfois ; **d.** Quelquefois, souvent, D'habitude, de temps en temps
86. a. Clément et Béa prennent parfois un verre à la sortie du bureau. **b.** Ses parents partent souvent à l'étranger pour leurs vacances. **c.** Ma grand-mère lit habituellement la presse avec son café du matin. **d.** Mon cousin assiste souvent aux matchs de son équipe favorite. **e.** Mon père ne fait jamais de sport. **f.** Romain ne joue presque jamais aux jeux vidéos. **g.** Ça lui arrive de temps en temps de faire une partie d'échec avec son fils.
87. a. trimestriel ; **b.** hebdomadaire ; **c.** annuelle ; **d.** mensuel ; **e.** quotidienne
88. a. Chaque année ; **b.** un jour sur deux ; **c.** toutes les semaines ; **d.** tous les quatre ans ; **e.** Quatre fois par an ; **f.** tous les ans
89. a. Plusieurs ; **b.** les mêmes équipes ; **c.** Aucun ; **d.** toutes ; **e.** Chaque ; **f.** Certaines ; **g.** les autres participants
90. a. Au genou ; **b.** Non, personne ; **c.** C'est logique, il n'y a personne. ; **d.** Tu as raison, il n'y a qu'ici qu'on voit ça. ; **e.** C'est quelqu'un qui me l'a dit. ; **f.** C'est vrai, on le voit partout. ; **g.** Et c'est cassé ?
91. a. tous ; **b.** toute ; **c.** Toutes ; **d.** tous ; **e.** tous ; **f.** tous ; **g.** toutes
92. Il y a quelques années, **tous** les spécialistes auraient dit que les échecs sont voués à disparaître face à **tous** ces jeux vidéos qui ont envahi le marché. **Aucun** analyste n'aurait parié sur la renaissance du jeu d'échecs. Pourtant **quelques** indices laissaient penser que les échecs, comme d'**autres** jeux « traditionnels » ne disparaitraient pas aussi facilement. C'était sans compter sur les répercussions inattendues d'une série que la plupart des ados ont suivi assidument sur internet. Résultat : **toutes** les lettres au Père Noël (beaucoup en tout cas) contenaient la commande d'un jeu d'échecs !
93. a. <u>tous</u> ; **b.** <u>tous</u> ; **c.** tous ; **d.** <u>tous</u> ; **e.** tous ; **f.** tous ; **g.** <u>Tous</u> ? ; **h.** tous
94. a. personne ; **b.** tout le monde le veut ; **c.** Tous ; **d.** Aucun ; **e.** N'importe qui ; **f.** tout le monde ; **g.** n'importe où ; **h.** Quelqu'un

95. a. quelqu'un ; **b.** quelque chose ; **c.** Nulle part ; **d.** Tout le monde ; **e.** personne ; **f.** certains ; **g.** quelque part ; **h.** tous
96. b2, il neige ; c4, il fait ; d3, il y a ; e7, il pleut ; f5, il convient de ; g1, il fait ; h8, il faut
97.

	on	nous	les deux
a.	X		
b.		X	
c.			X
d.		X	
e.		X	
f.	X		
g.	X		
h.			X

98 a. Il est important de savoir déconnecter de son travail. **b.** Il s'agit d'une question qui cocnerne les citoyens du monde entier. **c.** Il ne s'agit pas non plus d'obliger tout le monde à faire du sport. **d.** Il y a de plus en plus de personnes qui font une activité physique. **e.** Il manque une campagne pour sensibiliser les personnes à l'importance de démocratiser encore plus le sport. **f.** C'est à l'école qu'il faut commencer à inscrire les activités physiques dans les habitudes citoyennes. **g.** Il ne suffit pas de demander aux citoyens de faire du sport ; les villes aussi doivent mener des politiques d'aménagement.
99. Quelqu'un a récemment déclaré : « **personne** ne pourra le nier, la pratique sportive des Français était en nette amélioration. Il suffit d'observer nos rues, nos parcs, etc. ». C'était la présidente d'une grande association sportive, je crois. En effet, **la plupart** des Français fait du sport pour oublier le stress et en général, **tout le monde** a envie d'améliorer son bien-être quotidien. **On** voit ainsi des activités se développer comme la marche active chez les seniors ou l'utilisation du vélo pour aller travailler. Mais, selon une étude officielle, **on** constate encore des différences entre les citoyens. **Certaines** catégories socio-professionnelles, comme les cadres, pratiquent plus que **d'autres**, comme les ouvriers. Il est important d'inscrire l'activité physique et sportive dans les habitudes quotidiennes de **partout**, jeunes et moins jeunes. Et **n'importe où** : chez soi mais aussi à l'école ou sur le lieu de travail. Il ne s'agit pas de pouvoir faire des activités **partout** mais au moins d'aménager beaucoup plus d'espaces, surtout en ville pour faciliter la pratique. C'est comme ça un peu **partout** dans le monde ?
100. a. Le moment de l'apéro est très apprécié par les Français. (des Français). **b.** Un changement dans nos est clairement constaté par les experts. **c.** La télé est de moins en moins regardée. **d.** Les séries sont de plus en plus suivies sur les plateformes. **e.** Les jeux vidéos sont très vendus en cette période de l'année. **f.** Ce roman n'est pas très recommandé par les lecteurs. (des lecteurs) **g.** Les participants sont généralement reçus par l'organisation dans le grand hall.
101. a. Leur équipe est promue en 2ᵉ division. **b.** La marche active est très appréciée par les séniors. **c.** Les activités physiques et sportives ne sont plus considérées comme des activités de privilégiés. **d.** Les effets positifs sur le corps des activités physiques sont reconnus par les spécialistes. **e.** Des espaces sont de plus en plus aménagés dans les villes pour favoriser les pratiques sportives. **f.** Les personnes en situation de handicap sont trop souvent écartées à cause d'infrastructures inadaptées. **g.** Les trajets à vélo ou à pied sont privilégiés pour aller à l'école ou au travail.
102. a. Dans cette équipe, un ancien joueur international entraîne les footballeurs. **b.** On pratique le rugby dans toute la France mais c'est surtout dans le Sud-Ouest qu'on apprécie ce sport. **c.** Des millions de téléspectateurs suivent ce sport toutes les semaines. **d.** On pratique de plus en plus le yoga en Europe. **e.** On annule le championnat pour cause de force majeure. **f.** Une association locale organise la course tous les ans. **g.** Si on expulse un joueur pendant le match, il ne peut pas jouer le suivant. **h.** Les journalistes sportifs interviewent l'entraîneur.

Bilan

1.
a. bricoleur
b. marteau
c. jardinage
d. pion
e. croisière
f. joueur
g. arrosoir
h. pinceau
i. case
j. juilletiste
k. lecture
l. loisir
2. 2. Fitness ; 4. Natation ; 5. Danse ; 3. Randonnée ; 1. Cyclisme ; 6. Rugby
3. a. avant ; **b.** à ; **c.** au debut ; **d.** vers 3 ; **e.** en ; **f.** depuis
4. a. Quelqu'un ; **b.** toutes, certaines ; **c.** N'importe quel ; **d.** on, on ; **e.** n'importe quoi ; **f.** Plusieurs, aucun ; **g.** mêmes, tous, chaque
5. a. souvent, presque toutes les semaines ; **b.** jamais ; **c.** d'habitude, un samedi sur deux ; **d.** De temps en temps
6. a. On invite le champion à monter sur le podium. **b.** On suit beaucoup le tour de France partout dans

Corrigés

le monde. **c.** On pratique toujours beaucoup les arts martiaux en Chine. **d.** On vend les entrées de la finale à des prix exorbitants sur internet. **e.** Si l'équipe bleue remporte le match, ce sera la fête dans la ville. **f.** Le Président reçoit la joueuse de tennis après cette grande victoire.

Chapitre 3

103. a. wilayas ; **b.** territoire ; **c.** chef-lieu ; **d.** préfecture ; **e.** département ; **f.** canton ; **g.** capitale ; **h.** province
104. a. préfecture ; **b.** capitale ; **c.** province ; **d.** territoires ; **e.** chef-lieu ; **f.** cantons ; **g.** département
105. a. Une ville moyenne ; **b.** Une région administrative ; **c.** Les provinces maritimes ; **d.** Une administation territoriale ; **e.** La communauté francophone ; **f.** Une zone rurale ; **g.** Un quartier périphérique
106. a. la Communauté francophone ; **b.** une région administrative ; **c.** municipalité rurale ; **d.** une ville moyenne ; **e.** quartiers périphériques ; **f.** l'administration territoriale ; **g.** provinces maritimes ; **h.** quartier résidentiel
107. a. forêt ; **b.** golfes ; **c.** l'île ; **d.** l'Océan ; **e.** la mer ; **f.** lacs ; **g.** Val ; **h.** un fleuve
108. b.9 ; c.11 ; d.7 ; e.8 ; f.3 ; g.1 ; h.10 ; i.6 ; j.5 ; k.2
109. a. continental ; **b.** marin ; **c.** forestier ; **d.** côtier ; **e.** boisée ; **f.** océanique ; **g.** désertiques ; **h.** volcanique
110. a. barrage ; **b.** désert ; **c.** canal ; **d.** plaine ; **e.** vallée ; **f.** île
111. a. l'environnement ; **b.** la banquise ; **c.** continents ; **d.** sécheresse ; **e.** désertification ; **f.** climat. **g.** réchauffement
112. b.3 ; c.8 ; d.6 ; e.2 ; f.5 ; g.7 ; h.1
113. a. phrase 6 ; **b.** phrase 2 ; **c.** phrase 3 ; **d.** phrase 4 ; **e.** phrase 1 ; **f.** phrase 5 ; **g.** phrase 7
114. Sur une grande partie de l'Ouest de la France, il va *pleuvoir*. Dans le Sud-Ouest, la journée va être *ensoleillée* sauf sur les Pyrénées où la *neige* est attendue à partir de 1700 mètres. Le soleil va être au rendez-vous dans une très grande partie du sud de la France, avec toutefois des *brouillards* matinaux du côté de Montpellier. Dans les Alpes, des *chutes* de neige sont attendues à partir de 1200 m. Il y a des risques *d'orage* en fin de journée sur la Franche-Comté. En Alsace, c'est un ciel *nuageux* avec des éclaircies qui vont laisser passer les rayons de soleil en fin de journée alors que l'on attend du vent avec des *rafales* à plus de 70 km sur la Champagne. Dans le nord de la France, après une belle matinée ensoleillée, on constatera une *chute* des températures dès le début de l'après-midi. Finalement, c'est un temps *couvert* mais avec des éclaircies ponctuelles qu'auront les parisiens pendant toute la journée.
115. a. crue ; **b.** ras-de-marée ; **c.** éruption ; **d.** Inondation ; **e.** sécheresse ; **f.** avalanche ; **g.** tremblement
116. a. tremblement de terre ; **b.** raz-de-marée ; **c.** l'éruption volcanique ; **d.** l'incendie ; **d.** crues ; **f.** sécheresse ; **g.** l'avalanche
117. a. tsunami ; **b.** ouragan ; **c.** secousse ; **d.** volcan ; **e.** incendies ; **f. sécheresse**
118. Parler de la pluie et du beau temps. Se battre contre vents et marées. Il a souvent la tête dans les nuages. Elle a le vent en poupe. C'est une tempête dans un verre d'eau. Elle n'est pas née de la dernière pluie. Je sens qu'il y a de l'orage dans l'air. Ne dis rien si tu ne veux pas t'attirer les foudres de ton frère.
119. a. C'est une tempête dans un verre d'eau. **b.** Il y a de l'orage dans l'air. **c.** Elle s'est battue contre vents et marées. **d.** L'entreprise a le vent en poupe. **e.** Il tombe des cordes. **f.** Elle s'est attirée les foudres de sa patronne.
120. restaurant – boucherie – cabinet – pharmacie – supérette – patisserie
121. 1. Une boulangerie – 2. Un magasin de vêtements – 3. Un coiffeur / un salon de coiffure – 4. Une banque – 5. Une pharmacie – 6. Une agence de voyage – 7. une agence immobilière
122. a. grandes surfaces ; **b.** d'un cabinet ; **c.** épicerie ; **d.** campagne ; **e.** pharmacie ; **f.** agence bancaire
123. a. hôtel 5 étoiles (c'est le seul à avoir une fonction commerciale) ; **b.** blanchisserie ; **c.** salon du livre (tous les autres sont des commerces) ; **d.** terrasse ; **e.** agence de presse ; **f.** quincaillerie ; **g.** magasin d'usine (n'est pas un commerce) ; **h.** cabinet ministériel
124. 2.h – 3.e – 4.f – 5.g – 6.d – 7.b – 8.i – 9.a
125. Une plainte / Le commissariat – Une carte de séjour / La préfecture – Une lettre recommandée / La poste – Un acte naissance / La mairie – Une ordonnance / Le cabinet médical – Un virement / La banque – Un plan de la ville / L'office du tourisme
126. a. un poids-lourd ; **b.** une trottinette ; **c.** un paquebot ; **d.** un autocar ; **e.** une péniche ; **f.** la voiture ; **g.** l'avion ; **h.** le tramway
127. a. voiture ; **b.** fourgonnette ; **c.** camion ; **d.** autobus ; **e.** bateau ; **f.** train ; **g.** tramway
128. a. En France, le tramway avait disparu des villes. **b.** Pour faire baisser le taux de pollution urbaine de CO_2, il faut diminuer le nombre de voitures en circulation. **c.** On devrait privilégier le train pour transporter les marchandises, pas les poids-lourds ! **d.** Le phénomène de la trottinette : simple effet de mode ou un mode de transport destiné à s'installer dans nos habitudes de déplacement en ville ? **e.** Pour son déménagement, il lui faut une fourgonnette. **f.** En journée, les camions sont interdits à la circulation dans le centre-ville.
129. 1. Piste cyclable – 2. Impasse – 3. Stationnement interdit – 4. Sens unique – 5. Voie à double sens – 6. Rond-Point – 7. Zone piétonne
130. a. 2 ; b.2 ; c. 2 ; d. 1 ; e. 1 ; f.1 ; g.1 ; h.1
131. a. faux, « se garer » est synonyme de « stationner » ou de « parquer » (français de Belgique). **b.** faux, « verbaliser » signifie imposer une sanction économique. On dit aussi « mettre une

amende ». **c.** vrai. **d.** vrai. **e.** vrai. **f.** faux, elle utilise des radars.
132. a. chauffage ; **b.** décoration ; **c.** explosion ; **d.** inondation ; **e.** installation ; **f.** isolation ; **g.** location ; **h.** réparation
133. a. appartement ; **b.** peinture ; **c.** logement ; **d.** chaudière ; **e.** incendie ; **f.** confort
134. a. Les plombs ont dû sauter à cause d'un court-circuit dans l'installation électrique. **b.** Ils ont refait toute la décoration de l'appart. C'est beau. Ils ont vraiment du goût. **c.** Pas la peine d'allumer le chauffage, il ne fait pas froid. **d.** La cuisine est toute inondée. Il y a certainement une fuite quelque part. **e.** Ils ont dû refaire l'isolation pour économiser sur les factures de chauffage. **f.** Vérifier les installations électriques ou de gaz, c'est important : un accident domestique est si vite arrivé ! **g.** L'appart était vide. Il a fallu le meubler.
135. a. chez ; **b.** dans ; **c.** sur ; **d.** chez ; **e.** sous ; **f.** dans ; **g.** sur
136. a. dans ; **b.** dans ; **c.** chez ; **d.** sous ; **e.** Il y a un peu de neige sur le sommet de la montagne ; **f.** dans ; **g.** chez
137. a. La plupart des voitures ont leur coffre **à l'arrière du** véhicule. **b.** Le périphérique, c'est bien cette route qui est autour de la ville ? **c.** Elle habite un petit appartement au fond d'une cour d'immeuble. **d.** La poste ? C'est le tout premier bâtiment au début de la rue. Vous ne pouvez pas le rater. **e.** Au bout de cette rue, vous voyez là-bas, il y a un pont. Vous le traversez et vous y êtes. **f.** J'aime beaucoup me promener au bord de la rivière. **g.** Les enfants de moins de 10 ans doivent être assis **à l'arrière de** la voiture.
138. a. sur ; **b.** au coin ; **c.** en bas ; **d.** au bout ; **e.** au bord ; **f.** autour ; **g.** pas loin
139. a. au centre ; **b.** au bord ; **c.** loin de ; **d.** entre ; **e.** au fond ; **f.** autour du ; **g.** près
140. a. entre ; **b.** Parmi ; **c.** entre ; **d.** parmi ; **e.** entre ; **f.** parmi ; **g.** Parmi
141. a. jusqu'au ; **b.** pour ; **c.** en direction, jusqu'à ; **d.** par ; **e.** où ; **f.** Finie l'Europe ! Je pars pour le Canada. **g.** Avant le tunnel, on passait par Foix. Maintenant on évite la ville.
142. a. pour ; **b.** pour ; **c.** en direction ; **d.** vers ; **e.** Pour ; **f.** par ; **g.** vers
143. a. quelque part. **b.** ailleurs. **c.** nulle part. **d.** tout en-bas. **e.** dessous. **f.** jusque là-bas et reviens. **g.** nulle part ailleurs.
144. a. en-dessous. **b.** derrière. **c.** dehors. **d.** en-dessous. **e.** ici. **f.** partout. **g.** nulle part.
145. a. Nous en sommes revenus très contents. **b.** Et pourquoi tu ne veux pas y aller ? **c.** Et vous en partirez difficilement. **d.** Tu n'y retourneras plus, alors. **e.** Moi aussi, j'y ai séjourné. **f.** J'en viens justement. **g.** Non, mais nous y ferons escale le mois prochain.
146. a. Hélas non, on ne peut pas y aller. **b.** Oui, je suis de là-bas. **c.** Trop tard, j'en viens. Ce sera pour la prochaine fois. **d.** Absolument pas, nous n'y sommes jamais allés. **e.** Oui, en fait toute sa famille est de là-bas. **f.** Moi aussi, j'y vais. Ça tombe bien.
147. a. Il s'en méfie. **b.** On en a bien profité. **c.** J'en ai vraiment besoin. **d.** J'en suis convaincu. **e.** J'en ai vraiment envie. **f.** Il en a trop peur. **g.** Elle parle souvent d'eux.
148. a. C'est un pays dont on parle beaucoup actuellement. **b.** La région dont il est question dans cette publicité se trouve en Colombie. **c.** Les pays dont parle ce rapport ont un PIB très bas. **d.** Voici une région dont la gastronomie est incroyable ! **e.** Astrid, dont le fils étudie au Canada, a décidé de partir elle-aussi là-bas. **f.** Jean-Michel nous a donné des conseils de voyage dont nous apprécions toujours la justesse. **g.** C'est un reportage dont les auteurs ont eux-mêmes passé des années dans la région.
149. a. Il s'agit d'un pays dont la capitale peut être sous la neige une grande partie de l'hiver. **b.** La Corse est une île dont on ne dit que des merveilles. **c.** C'est un plat populaire dont on ne connaît pas vraiment l'origine. **d.** Ce roman dont tu m'as tant parlé décrit à la perfection la réalité du pays. **e.** Le plurilinguisme est un modèle de société dont nous vantons les mérites. **f.** L'hôtel où tu vas, c'est celui dont les photos sont sur internet ? **g.** Les sites à visiter dont il fait mention dans son article sont tous très près de l'appartement que nous avons loué.
150. a. où ; **b.** qui ; **c.** où ; **d.** que ; **e.** que ; **f.** où
151. a. Son mari et un ami ont restauré la belle ferme qu'ils habitent. **b.** C'est un joli appartement qui donne plein sud. **c.** Regarde la maison où j'aimerais habiter. **d.** Le grand bâtiment dont je te parle est au bout de la rue. **e.** Mes parents louent tous les étés une villa qui se trouvent en bordure de mer. **f.** Il vient d'aménager dans un studio du centre-ville qui est vraiment très près de son bureau. **g.** La piscine que tu vois sur la photo appartient à notre voisin. **h.** Son appartement a une très grande terrasse où on pourra organiser une belle fête en été.

Bilan

1. a. Celui du Mont Pelé est très connu, c'est un volcan de Martinique. **b.** Elle monte à cheval dans un club pas très loin de la maison. **c.** Villes ou villages, on dit qu'il y a environ 35000 communes en France. **d.** Pour se déplacer dans la ville, elle ne prend pas sa voiture mais les transports urbains. **e.** Le chien des voisins aboie presque tous les soirs à la même heure. **f.** Les skieurs ont eu de la chance : ils sont passés juste avant l'avalanche qui a couvert toute la piste. **g.** Son entreprise tourne bien. Elle a le vent en poupe depuis quelque temps. **h.** Tu connais la fable du corbeau et du renard ?
2. a. Il a l'intention de partir pour le Chili. **b.** Il veut d'abord passer par les autres pays andins. **c.** Parmi nos amis, ils ne sont pas nombreux à avoir passé

l'équateur. **d.** Ne marche pas trop près du bord du canal, tu risques de te retrouver dans l'eau ! **e.** Comme il n'y avait plus de place devant, il a tout mis à l'arrière de la voiture. **f.** Je ne suis pas superstitieux mais je déteste passer sous les échelles.
3. a. Ne reste pas enfermée toute la journée, va dehors prendre l'air. **b.** Voulez vous asseoir à l'avant de l'avion ou carrément à l'arrière ? **c.** Cette boîte n'est pas vide, il y a quelque chose dedans. **d.** Pas question de faire marche arrière, nous devons continuer tout droit. **e.** Le parc est tout près de mon hôtel ; par contre, la mer est loin. **f.** Si tu ne peux pas passer par-dessus, essaie par-dessous !
4. a. Ils en reviennent plein d'images en tête. **b.** Nous n'irons pas cette année. **c.** Vous y êtes passée récemment ? **d.** J'en viens à l'instant. **e.** Tu y seras à partir de quelle heure ? **f.** Nous comptons y séjourner lors de notre prochain passage.
5. a. Le Canada : voilà une destination dont tout le monde parle. **b.** C'est un pays africain dont on apprécie la cuisine. **c.** Elle est sur un vol dont la plupart des passagers sont en transit pour la France. **d.** J'habite un joli coin dont on entend pourtant peu parler. **e.** Je suis descendu dans un hôtel dont on m'a dit plein de bien.
6. a. Voilà une destination qui n'est pas habituelle. **b.** Nous nous sommes retrouvés dans un restaurant dont la spécialité est le couscous. **c.** Les musées que j'ai visités à Paris m'ont fasciné. **d.** L'été est le moment où les Français partent le plus en vacances. **e.** Nous avons visité un petit village superbe mais dont je ne me souviens.

Chapitre 4

152. a. Pirater ; **b.** Réseau ; **c.** Courriel ; **d.** Connexion ; **e.** Surfer ; **f.** Tablette ; **g.** Naviguer ; **h.** Application
153. b. Nous lui avons envoyé = un courriel = mais il n'a pas répondu. **c.** On peut écouter = la radio sur = internet. **d.** Je l'ai contacté = sur sa messagerie privée = avec ma tablette. **e.** Il a oublié = de consulter = les horaires de trains en ligne. **f.** Je me suis connectée = sur internet = pour travailler. **g.** Il discutait = avec d'autres internautes = en ligne. **h.** Elle aime = discuter = avec des internautes. **i.** Elle utilise = une encyclopédie en ligne = pour écrire un article.
154. a. télécharger des informations. **b.** écrire un courriel. **c.** se faire pirater. **d.** discuter en ligne. **e.** faire des achats. **f.** se connecter à internet. **g.** jouer en réseau. **h.** utiliser un moteur de recherche. **i.** consulter un blog
155. a. horaires ; **b.** dictionnaire ; **c.** smartphone, sur internet ; **d.** vie privée ; **e.** moteur de recherche ; **f.** internautes, forum ; **g.** site internet ; **h.** pirater
156. b. Télécharger de la musique ; **c.** Écrire un courriel ; **d.** Pirater des informations personnelles ; **e.** Jouer à des jeux en réseau ; **f.** Consulter sa messagerie privée ; **g.** Surfer sur internet ; **h.** Communiquer avec des internautes ; **i.** Commander des articles en ligne
157. a. confidentiel ; **b.** dévoiler ; **c.** pirater ; £**d.** contenus ; **e.** chatter ; **f.** poster ; **g.** s'inscrire ; **h.** utilisateur
158.

	1	2	3	4	5	6	7	8	9	10
1	M	O	T	D	E	P	A	S	S	E

(mots croisés : MOTDEPASSE ; NOTIFICATION ; AVATAR ; COMMENTER ; PROTEGER ; DISCUTER ; CHAT ; PRIVE ; COMMUNAUTE ; DONNEES)

159. Marc s'est créé un compte utilisateur sur un nouveau réseau social. Il aime chatter en ligne avec d'autre internautes. Il leur envoie de temps en temps des photos de ses vacances ; Ses contacts publient beaucoup de vidéos. Malheureusement, Marc s'est fait pirater son compte. On lui a volé ses informations personnelles. Maintenant, il fait attention avant de diffuser des contenus privés.
160. b. commenter une photo/vidéo ; **c.** Chatter avec des internautes ; **d.** Créer un compte utilisateur ; **e.** Recevoir une notification ; **f.** Dévoiler des données confidentielles ; **g.** Protéger son compte grâce à un mot de passe ; **h.** Faire attention au piratage informatique
161. a. Fais attention à tes informations personnelles sur internet. Tu peux te faire pirater ! **b.** Tu peux m'envoyer les photos du week-end dernier ? **c.** Tu as un compte sur ce réseau social ? **d.** Il faut changer ton mot de passer de temps en temps. **e.** Ils chattent en ligne tous les jours. **f.** Les enfants de moins de 13 ans n'ont pas le droit de se créer un compte utilisateur sur les réseaux sociaux. **g.** Nous faisons nos courses en ligne. **h.** Elle a trouvé du travail sur internet.
162. a. Notoriété ; **b.** Follower ; **c.** Évaluer ; **d.** Influenceur ; **e.** Publicité ; **f.** Marque ; **g.** Forum ; **h.** Persuader
163. a. populaire ; **b.** communauté de followers ; **c.** influenceur ; **d.** notoriété ; **e.** influenceuse ; **f.** photos ; **g.** publicité ; **h.** chaîne.
164. a. La chaîne de cette influenceuse compte beaucoup d'abonnés. **b.** Il doit persuader ses fans d'acheter les produits de la marque. **c.** Nous participons beaucoup sur des forums. **d.** Le mode de consommation des jeunes change depuis l'explosion de la popularité de certains influenceurs. **e.** La communauté a une grande influence sur les réseaux sociaux. **f.** Cet influenceur est très populaire

sur ce réseau social. **g.** Vous n'aimez pas faire de la publicité. **h.** Elle partage des vidéos sur cette plateforme.
165. a. microphone ; **b.** collaboratif ; **c.** hybride ; **d.** étudier ; **e.** individuel ; **f.** distance ; **g.** plateforme ; **h.** tableau blanc
166. b. tableau blanc virtuel ; **c.** plateforme de partage ; **d.** suivre des cours en ligne ; **e.** des cours hybrides ; **f.** travailler à domicile ; **g.** organiser une visioconférence ; **h.** discuter sur la messagerie instantanée ; **i.** allumer sa webcam
167. a. cours individuel ; **b.** webcam ; **c.** site internet ; **d.** tableau blanc virtuel ; **e.** courriel ; **f.** microphone ; **g.** téléconfrence ; **h.** messagerie instantanée ; . casque audio
168. a. particuliers ; **b.** microphone ; **c.** vidéoconférence ; **d.** collectif, plateforme de partage. ; **e.** tableau blanc virtuel ; **f.** télétravail ; **g.** hybrides ; **h.** appel vidéo.
169. a. laquelle ; **b.** lequel ; **c.** lesquels ; **d.** lequel ; **e.** lesquelles ; **f.** lequel ; **g.** laquelle ; **h.** laquelle
170. a. à laquelle ; **b.** duquel ; **c.** duquel ; **d.** lesquelles ; **e.** duquel ; **f.** desquels ; **g.** desquelles ; **h.** duquel
171. a. laquelle ; **b.** auquel ; **c.** auxquels ; **d.** auxquelles ; **e.** auquel ; **f.** auxquelles ; **g.** auquel
172. a. Le problème auquel je pense est très complexe. **b.** La vidéo à laquelle je pense se trouve sur YouTube. **c.** Les commentaires auxquels elle répond sont sur Instagram.
d. Les navigateurs avec lesquels je ne connecte sont tous protégés. **e.** Les personnes avec lesquelles elle chatte sont des inconnues. **f.** C'est une publication à propos de laquelle nous avons beaucoup parlé.
g. J'ai reçu une information par courriel à laquelle je ne crois pas. **h.** Les applications sur lesquelles je commande sont très connues.
173. a. laquelle ; **b.** auxquels ; **c.** auxquelles ; **d.** lequel ; **e.** auquel ; **f.** lesquels ; **g.** lesquelles ; **h.** laquelle
174. a. auxquelles ; **b.** duquel ; **c.** à laquelle ; **d.** Lequel ; **e.** auxquels ; **f.** auquel **g.** auxquelles ; **h.** auxquels.
175. a. lequel ; **b.** laquelle ; **c.** auxquelles ; **d.** auquel ; **e.** duquel ; **f.** lesquels ; **g.** laquelle ; **h.** auquel
176.

Se connecter	Connexion
Communiquer	Communication
Pirater	Piratage
Identifier	Identifiant
Envoyer	Envoie
Diffuser	Diffusion
Messagerie	Message
Influencer	Influenceur
S'inscrire	Inscription
Utiliser	Utilisateur
Recevoir	Réception
Suivre	Suivi
Popularité	Populaire
Internet	Internaute
Commenter	Commentaire
Informer	Information
Publier	Publication
Jouer	Joueur
Transmettre	Transmission
Personne	Personnel

177. a. connection ; **b.** pirater ; **c.** influencer, popularité. ; **d.** personne. ; **e.** commenter ; **f.** télétravail ; **g.** diffusion ; **h.** m'identifiant.
178. a. diffusion - personnelles ; **b.** populaire, popularité ; **c.** identifiants, connecter ; **d.** utilisateur, pirater, diffuser ; **e.** envoi ; **f.** personne, piratage ; **g.** utiliser ; **h.** identifier, envoyer, message
179 a. Connexion ; **b.** Joueur ; **c.** Identifier ; **d.** Inscription ; **e.** Informer ; **f.** Internaute ; **g.** Influenceuse ; **h.** Suivre
180. a. à ; **b.** à, de ; **c.** à ; **d.** à ; **e.** à ; **f.** de ; **g.** de ; **h.** de
181. a. à ; **b.** à ; **c.** aux ; **d.** à ; **e.** d' ; **f.** de ; **g.** de ; **h.** à
182. a. de ; **b.** d' ; **c.** de ; **d.** du ; **e.** à ; **f.** à ; **g.** d' ; **h.** de
183. a. Ø ; **b.** de ; **c.** aux ; **d.** de ; **e.** à ; **f.** à ; **g.** Ø
184. a. Son faible débit l'empêche de se connecter. **b.** L'intelligence artificielle prend beaucoup d'ampleur aujourd'hui. **c.** Il a décidé d'arrêter ses publications sur les réseaux sociaux. **d.** Elle lui suggère de suivre des formations à distance. **e.** Il ne cesse de commenter les publications de ses amis. **f.** J'hésite à créer un compte. **g.** Nous vous invitons à faire attention sur Internet. **h.** Inès cherche à sécuriser sa tablette.
185. a. téléphone ; **b.** offre ; **c.** emprunte ; **d.** change ; **e.** doute ; **f.** joue ; **g.** assiste ; **h.** se désintéresse
186. a. sur ; **b.** à ; **c.** d' ; **d.** Ø – en ; **e.** de ; **f.** à ; **g.** à ; **h.** à

Bilan

1. a. lequel ; **b.** auxquelles ; **c.** auquel ; **d.** auquel ; **e.** laquelle ; **f.** auxquelles ; **g.** desquels ; **h.** lesquels
2. a. courriel ; **b.** influenceur ; **c.** pirater ; **d.** mot de passe ; **e.** ordinateurs ; **f.** cours en ligne ; **g.** recherche ; **h.** adresse
3. a. Je vais chez le médecin. **b.** Il est à Paris. **c.** Avant d'être diffusé à large échelle dans les années 80, Internet était réservé à l'armée. **d.** Elles se mettent en quatre pour les aider. **e.** Ce site publie de fausses informations. **f.** Je t'annonce ma décision de quitter définitivement les réseaux sociaux. **g.** OK. **h.** OK

Corrigés

Chapitre 5

187.

```
         4
         T
   6        1 P R E S S E 9
10 R A D I O   N        L
 E     3      T        E
 G     T      E 8 D I F F U S E
 I     R              S
 O     A              I
 5 I N T E R N E T    O
 A     E              N
 L 2 C O M M U N I C A T I O N
       E              
       T    7 N A T I O N A L
       T              N
       R   11 L O C A L
       E              L
```

188. a. Médias sociaux ; **b.** Médias audio ; **c.** Presse écrite ; **d.** Médias audiovisuels ; **e.** Public ; **f.** Internet ; **g.** Réseaux sociaux ; **h.** International
189. a. radio ; **b.** public ; **c.** presse écrite, journaux ; **d.** télévision ; **e.** Internet ; **f.** magazine ; **g.** informations, public ; **h.** moyen de communication.
190. Les articles sont rédigés par des journalistes. – La parution de ce journal est de deux fois par mois. – Les adolescents peuvent s'abonner à ce type de magazine. – Il n'y a pas de rubrique « courrier des lecteurs ». – J'ai beaucoup aimé cette interview du président. – Le rédacteur en chef se charge de la ligne éditoriale – On peut trouver des conseils sur les films à voir dans la rubrique « critiques ». Il a l'habitude de lire son horoscope tous les matins.
191. a. Horoscope ; **b.** Courrier des lecteurs ; **c.** Résultats sportifs ; **d.** Interviews ; **f.** Météo ; **g.** Faits divers
192. a. Les journaux sont souvent imprimés en noir et blanc. **b.** Il travaille comme envoyé spécial pour un hebdomadaire. **c.** Un trimestriel est publié trois fois par mois. **d.** Ce journal est composé de six rubriques. **e.** Cet article contient des photographies et des graphiques. **f.** Je souhaite m'abonner à ce mensuel. **g.** Il est correspondant pour ce journal. **h.** Tu peux me lire les résultats sportifs ?
193. a. Les présentateurs suivent un conducteur. **b.** Les auditeurs écoutent la radio. **c.** Les radios généralistes proposent des programmes centrés sur plusieurs thèmes. **d.** On peut trouver des web radios sur internet. **e.** Les jingles sont des mélodies. **f.** Les chroniqueurs présentent des faits de société. **g.** Les titres sont annoncés au début de l'émission. **h.** Les présentateurs animent des émissions.
194. audio 1 : communautaire ; audio 2 : thématique ; audio 3 : internationale ; audio 4 : généraliste ; audio 5 : multithématique
195. a. Je n'aime pas écouter la radio, ça m'ennuie. **b.** La présentatrice a interviewé une auditrice aujourd'hui dans son émission. **c.** Il écoute beaucoup de radios internationales pour apprendre des langues. **d.** J'ai découvert une nouvelle radio communautaire qui s'appelle AntillesFM. Tu devrais aimer ! J'ai découvert pas mal de choses sur la situation économique de la région. **e.** Le présentateur s'est trompé en annonçant le prochain sujet. Il n'a pas suivi son conducteur. **f.** Ils aiment beaucoup les émissions de divertissement présentées à la radio LTR. **g.** Quelle est la fréquence de cette radio ? **h.** Les auditeurs n'ont pas aimé la dernière émission présentée par le nouveau journaliste.
196. a. débat ; **b.** zapper ; **c.** télévision ; **d.** plateau ; **e.** présentatrice/animatrice ; **f.** Candidats/jeu télévisé ; **g.** téléspectateurs ; **h.** présentateur ; **i.** télécommande
197. a. Il y a trop de publicités sur cette chaîne. **b.** « Bonjour chers téléspectateurs. Bienvenue sur InfoTV ». **c.** Je n'aime pas regarder la télévision. **d.** Peux-tu allumer la télévision s'il te plaît ? J'aimerais regarder les informations. **e.** Cette présentatrice/animatrice ne sait pas animer ce jeu ! **f.** Ce soir, ils diffusent une nouvelle série télévisée sur la chaîne 1. Tu veux regarder ? **g.** Ce débat entre le président et son premier ministre était animé ! – **h.** Peux-tu changer/zapper de chaîne ? J'en ai marre de regarder cette télé-réalité !
198. a. Passe-moi la télécommande. **b.** J'aime beaucoup ce présentateur. Il sait animer cette émission. **c.** As-tu déjà regardé le nouveau film qui est diffusé ce soir sur TV6 ? **d.** Allume le téléviseur, mon émission va bientôt commencer. **e.** Nous avons découvert un brillant reportage animalier hier soir. **f.** Les participants de ce jeu télévisé n'ont pas l'air de s'amuser. **g.** Ils ont changé l'animateur de cette émission. **h.** Elle passe son temps à zapper devant la télé.
199. C'est une série comique → une sitcom – Deux ou plusieurs personnes s'affrontent pour présenter leur point de vue sur un sujet particulier → débat – Changer de chaîne → zapper – Ils regardent la télévision → les téléspectateurs – Elle sert à allumer ou éteindre la télévision. → la télécommande – Ils transmettent les nouvelles du jour. → les journaux – Elles sont diffusées à la télévision pour vendre des produits. → les publicités – Les participants de l'émission y participent pour gagner de l'argent ou des cadeaux. → les jeux télévisés
200. a. Propagation ; **b.** Accuser ; **c.** Sources ; **d.** Satirique ; **e.** Relayer ; **f.** Vérifier ; **g.** Conséquence ; **h.** Volontaire
201.

```
                              1
                              C
                              O
                              N
                       2      S
             3         P      E
             M         R      Q
  4 R E L A Y E R      O      U
             N         P      E
      6    5 I N V O L O N T A I R E
      R      P         G      8
    7 A U T E U R      A      F
      G      L         T      A
    9 S O U R C E  10 S A T I R I Q U E
      T      R         O      X
                       N
```

11

202. a. As-tu vérifié ces informations avant de les publier ? **b.** Il m'a menti. Ce ne sont que des rumeurs ! **c.** Il n'a pas pensé aux conséquences de ses actes. **d.** Qui est l'auteur de cet article ? **e.** C'est un journal satirique. **f.** Attention à la propagation des fake news ! On en trouve partout maintenant. **g.** Je ne trouve pas la date de publication. De quand date cet article ? **h.** Il a relayé de fausses informations de façon volontaire.

203. a. J'ai lu la presse locale ce matin. **b.** Elles se sont abonnées à un nouveau quotidien. **c.** Le présentateur a oublié d'annoncer les titres du journal. **d.** La télécommande a disparu. **e.** Nous avons regardé une nouvelle série télévisée. **f.** J'ai présenté la rubrique horoscope pendant 5 ans. **g.** Le journaliste a commenté les résultats sportifs. **h.** Elle a réalisé un documentaire sur les réseaux sociaux.

204. a. Elle s'est abonnée à un hebdomadaire national. **b.** Ils ont regardé la télévision toute la journée. **c.** Les auditeurs ont écouté la dernière émission radiophonique. **d.** J'ai oublié d'éteindre la télévision. **e.** Nous avons lu un article intéressant. **f.** La reporter est allée tourner son reportage en Asie. **g.** J'ai écrit au courrier des lecteurs. – **h.** Vous avez participé à un jeu télévisé.

205. a. Les présentateurs n'ont pas interviewé les personnalités politiques. **b.** Elle n'a pas écrit de critique culinaire dans le journal. **c.** Le rédacteur en chef n'a pas supervisé leur travail. **d.** Vous ne vous êtes pas abonnées à un nouveau mensuel international. **e.** Nous n'avons pas regardé le journal télé hier soir. **f.** Cet animateur n'a pas présenté ce jeu télévisé. **g.** Il n'a pas commenté les résultats sportifs. **h.** Il n'a pas éteint la télévision.

206. a. L'animatrice est allée se présenter aux candidates. **b.** Les journalistes ne sont pas parties en Afrique pour tourner le reportage. **c.** Les lectrices se sont abonnées à ce nouveau journal. **d.** Elle est passée dans une émission à la télévision aujourd'hui. **e.** La reporter s'est trompé et a annoncé une fausse information. **f.** L'auditrice a téléphoné à la radio pour donner son avis. **g.** Elle n'a pas aimé l'émission d'aujourd'hui. **h.** Les présentatrices sont allées interviewer -les participants.

207. a. Les journalistes sont allées interviewer des gens dans la rue. **b.** Il a écrit plusieurs critiques de cinéma. **c.** La présentatrice a défendu son collègue. **d.** Elle a participé à des émissions de téléréalité. **e.** Elles ont appris le nom du gagnant au jeu télévisé. **f.** Il a terminé de lire le journal. **g.** La reporter est allée interviewer des personnes dans la rue. **h.** Elle a présenté un documentaire à la télévision lundi dernier.

208. a. Il aimait regarder cette émission. **b.** Elle écrivait des articles culinaires pour ce journal avant de démissionner. **c.** Nous envoyions des lettres tous les jours au courrier des lecteurs. **d.** J'avais un abonnement d'un an à ce journal. **e.** L'animatrice présentait cette émission depuis 8 ans. **f.** Il ne travaillait pas. Il zappait toute la journée.

g. Le public participait à ce jeu pour essayer de gagner un voyage. **h.** Cette chaîne diffusait beaucoup d'émissions de téléréalité.

209. a. L'abonnement à ce magazine était gratuit pour les moins de 18 ans. **b.** Le présentateur animait l'émission seul. **c.** Il préférait regarder la télévision que d'écouter la radio. **d.** Cette radio diffusait des programmes de divertissement et de musique. **e.** Elle lisait les nouvelles tous les matins dans son salon. **f.** Tous les jours, l'envoyé spécial racontait un fait marquant. **g.** Beaucoup d'abonnés recevaient un cadeau annuel en remerciement. **h.** Tu écoutais beaucoup d'émissions de débat à la radio.

210. a. Avant, les rubriques de ce journal ne traitaient pas principalement de l'actualité. **b.** L'abonnement coûtait cher à l'époque. **c.** Je n'aimais pas beaucoup écouter les émissions radiophoniques de ce présentateur. Je ne le trouvais pas très professionnel. **d.** Nous n'allions pas souvent regarder la télévision chez les voisins. **e.** Les chroniqueurs de cette émission ne s'entendaient pas très bien. **f.** L'ancien rédacteur en chef ne consultait pas ses journalistes avant d'autoriser la publication du journal. **g.** Cette chaîne de télévision ne programmait pas beaucoup de reportages animaliers. **h.** Le présentateur de ce journal ne préférait pas parler des nouvelles régionales.

211. a. Quand il était petit, il écoutait beaucoup la radio. **b.** Comment s'appelait cette présentatrice ? **c.** Cette chaîne proposait beaucoup de programmes pour les enfants et diffusait aussi des clips musicaux. **d.** Nous venions souvent participer à cette émission en famille. **e.** Vous écriviez souvent vos articles tard le soir. **f.** Cette radio diffusait trop de publicités. **g.** Elle préférait lire les journaux sur internet. **h.** La chroniqueuse intervenait souvent en fin d'émission.

212. verbes au passé composé : ont accepté, est devenu, a pris. verbes à l'imparfait : j'étais, n'avions.

213. a. Tous les matins, le présentateur du journal télé annonçait les titres du jour. **b.** La journaliste était très surprise quand elle a appris la démission du rédacteur en chef. **c.** La chaîne a annulé la programmation d'aujourd'hui. **d.** Le présentateur radiophonique a interviewé une auditrice. **e.** Il écrivait au courrier des lecteurs toutes les semaines mais il n'a jamais reçu de réponses. **f.** Le présentateur a animé un nouveau jeu télé la semaine dernière. **g.** Les candidats ont participé à une enquête. **h.** L'animatrice suivait son prompteur quand le chroniqueur a décidé de l'interrompre.

214. a. Les journalistes ont organisé une conférence la semaine dernière. Ils ont annoncé l'arrivée d'une nouvelle reporter de guerre. **b.** Tous les jours, il adorait lire son journal en buvant son café. **c.** Après des mois d'incertitudes, le reporter a déposé sa démission. **d.** Marc et Thomas regardaient souvent la télévision ensemble. **e.** Elle s'est abonnée à un nouveau bimensuel. **f.** Avant de devenir présentatrice de l'émission, elle était journaliste. **g.** Les auditeurs écoutaient une émission d'informations quand la

radio a coupé. **h.** Nous avons envoyé beaucoup de lettres au courrier des lecteurs mais le journal n'a jamais répondu.
215. a. Il lui demandait de participer à l'émission de télévision. **b.** Avant de devenir producteur, Patrick était stagiaire. **c.** Il détestait cette émission de télé réalité. **d.** Vous travailliez pour une radio qui produisait des émissions thématiques. **e.** Les journalistes interviewaient des présidents pour écrire un article. **f.** Il aimait donner son avis. **g.** Cette chaîne diffusait trop de publicités. **h.** Ils annulaient la programmation à la dernière minute.
216. a. Elle a aimé dessiner des caricatures. **b.** Le présentateur a été malade. Il n'a pas pu présenter l'émission. **c.** J'ai préféré lire les journaux papier. **d.** Les chroniqueurs ont voulu présenter de nouvelles chroniques. **e.** Ils ont publié un bimensuel. **f.** La présentatrice a rédigé son conducteur elle-même. **g.** La ville a eu sa propre radio locale. **h.** Les journalistes ont été en grève.
217. a. Les auditeurs aimeraient pouvoir participer à ce jeu. **b.** Attention, cette information serait fausse. Je te conseillerais de mieux vérifier tes sources ! **c.** Vous enverriez une lettre à ce journal pour vous plaindre. **d.** Elle quitterait son poste de reporter à cause des ragots. **e.** L'envoyé spécial diffuserait des photos douteuses. **f.** Je n'aimerais pas être à sa place. **g.** Voudrais-tu m'acheter ce quotidien ? **h.** Une nouvelle rédactrice en chef superviserait le travail des journalistes et reporters.
218. a. Il aurait préféré devenir rédacteur en chef que journaliste. **b.** Le journaliste aurait souhaité l'interviewer. **c.** Il aurait imprimé les mauvais articles pour la Une de demain. **d.** La chroniqueuse serait intervenue pour arrêter la présentation de son collègue. **e.** Le présentateur aurait voulu/aurait souhaiter animer cette émission mais il est malade. **f.** Cette rubrique serait écrite par une personne anonyme. **g.** Ces journaux auraient relayé plusieurs intox. **h.** Certaines candidates seraient accusées d'avoir triché au jeu.
219. a. Conditionnel passé ; **b.** Conditionnel présent ; **c.** Conditionnel passé ; **d.** Conditionnel présent ; **e.** Conditionnel passé ; **f.** Conditionnel présent ; **g.** Conditionnel présent ; **h.** Conditionnel passé.
220. a. Conditionnel présent ; **b.** Conditionnel présent ; **c.** Conditionnel passé ; **d.** Conditionnel présent ; **e.** Conditionnel passé ; **f.** Conditionnel passé ; **g.** Conditionnel présent ; **h.** Conditionnel présent
221. a. Il a affirmé que les nouvelles n'étaient pas bonnes. **b.** Le lecteur prétendit que ces informations étaient fausses. **c.** Le journaliste s'est dit qu'ils auraient dû dire la vérité. **d.** La rédactrice en chef a assuré que le mensuel serait prêt dans deux jours. **e.** Le téléspectateur affirma qu'il avait gagné au tirage au sort du jeu télévisé. **f.** Les producteurs de l'émission déclarèrent que les candidats de cette téléréalité avaient triché. **g.** L'horoscope d'aujourd'hui dévoila que les béliers allaient passer une mauvaise journée. **h.** La jeune fille demanda si elle pouvait s'abonner à ce journal.
222. a. Elle a soutenu qu'ils n'avaient rien entendu à la radio. **b.** Elle a dit qu'elle avait publié un nouvel article en ligne. **c.** Il a expliqué qu'ils ne pouvaient pas poser de questions. **d.** Il a annoncé qu'il allait peut-être présenter cette émission. **e.** Elle a expliqué que les journalistes auraient relayé de fausses informations. **f.** Il a dit qu'il n'avait plus rien à ajouter concernant cette affaire. **g.** Elle a dit qu'elle aurait envie de regarder la télé. **h.** Ils ont dit qu'ils aimaient beaucoup cette émission.
223. a. Il a dit : « tu devrais présenter une nouvelle émission à la rentrée ». **b.** La reporter a prévenu : « j'interviewerais plusieurs personnes ». **c.** La participante a précisé : « je refuse de dévoiler mon vrai nom à la télévision ». **d.** Il a dit : « nous écoutons la radio ». **e.** Elle s'est dit : « nous aurions pu vérifier nos sources ». **f.** Il a dit : « j'ai reçu un courrier étrange ». **g.** L'animateur a signalé : « l'émission va commencer ». **h.** Le candidat a précisé : « j'aurais pu faire mieux »
224. a. Le candidat s'est dit : « je suis très content de participer« . Discours indirect → Le candidat s'est dit qu'il était très content de participer. **b.** Le journaliste a prouvé que les auditeurs avaient répondu à l'enquête. Discours direct → Le journaliste a prouvé : « les auditeurs ont répondu à l'enquête ». **c.** Les téléspectateurs ont affirmé que le présentateur était mauvais. Discours direct → Les téléspectateurs ont affirmé : « le présentateur est mauvais ». **d.** La lectrice a précisé : « je m'abonnerai demain ». Discours indirect → La lectrice a précisé qu'elle s'abonnerait le lendemain. **e.** Le directeur des programmes a annoncé qu'il quittait la chaîne. Discours direct → Le directeur des programmes a annoncé : « je quitte la chaîne ». **f.** Le présentateur a dit aux candidats : « je vous souhaite la bienvenue dans l'émission ». Discours indirect → Le présentateur a dit aux candidats qu'il leur souhaitait la bienvenue dans l'émission. **g.** Il a dit qu'il aurait envoyé ce message s'il avait son numéro de téléphone. Discours direct → Il a dit : « j'aurais envoyé ce message si j'avais son numéro de téléphone ». **h.** La reporter a assuré qu'elle écrirait un nouvel article bientôt. Discours direct → La reporter a assuré : « j'écrirais un nouvel article bientôt ».

Bilan

1. Il existe différents médias : la presse écrite, les médias audios, les médias audiovisuels et les médias sociaux. Les lecteurs lisent la presse, les auditeurs écoutent la radio et les téléspectateurs regardent la télévision. Ces médias transmettent et diffusent des informations qui peuvent être locales, régionales, nationales ou internationales grâce aux journaux, revues ou magazines, aux journaux

télévisés à la télévision et aux programmes d'informations à la radio. Mais attention, certains médias peuvent, volontairement ou non, relayer des fausses nouvelles. C'est pourquoi il est important de vérifier ses sources avant de publier des informations.
2. a. La présentatrice radio a présenté les titres / La présentatrice radio présentait les titres. **b.** Le téléspectateur a zappé de chaîne / Le téléspectateur zappait de chaîne. **c.** Le reporter a écrit des articles pour le journal / Le reporter écrivait des articles pour le journal. **d.** Le journaliste a interviewé des personnes / Le journaliste interviewait des personnes. **e.** Le lecteur s'est abonné au magazine / Le lecteur s'abonnait au magazine. **f.** Les médias ont relayé des fausses informations / Les médias relayaient de fausses informations. **g.** La présentatrice a présenté les titres du journal télévisé / La présentatrice présentait les titres du journal télévisé.
3.

Passé composé	Imparfait	Conditionnel présent	Conditionnel passé
a voyagé a interviewé n'a pas eu a travaillé	était rédigeait animait gérait	souhaiterait	aurait souhaité

5.

Discours direct	Discours indirect
Il dit : « je dois écrire un nouvel article »	Il dit qu'il doit écrire un nouvel article.
La téléspectatrice lui demanda : « comment êtes-vous devenue journaliste ? »	La téléspectatrice lui demanda comment elle était devenue journaliste.
Les médias ont affirmé : « ils ont publié de fausses informations volontairement »	Les médias ont affirmé qu'ils avaient publié de fausses informations volontairement.
La rédactrice en chef me demande : « peux-tu m'envoyer cet article rapidement ? »	La rédactrice en chef me demande d'envoyer cet article rapidement.
Le reporter a répondu : « je dois partir demain en Afrique pour réaliser un reportage animalie ».	Le reporter a répondu qu'il devait partir le lendemain en Afrique pour réaliser un reportage animalier.

Chapitre 6

225. a. pomme ; **b.** banane ; **c.** kiwi ; **d.** orange ; **e.** raison ; **f.** poire ; **g.** abricots ; **h.** ananas
226. a. La mangue verte avec peu de sel et de sauce piquante, c'est délicieux. **b.** La reine Claude ou la quetsche sont des variétés de prunes. **c.** Ma tante fait une excellente confiture de myrtilles. **d.** Il a avalé un noyau de cerise sans faire attention. **e.** En Belgique, c'est la massepain et en France, c'est tout simplement la pâte d'amandes. **f.** Je n'ai jamais compris comment on faisait du vin blanc avec des raisins noirs.
227. M : mangue, mûre, myrtille ; P : pomme, poire, prune ; F : fraise, framboise, figue ; A : amande, abricot, ananas
228. a. pomme de terre ; **b.** choux-fleur ; **c.** courgette ; **d.** brocolis ; **e.** poireau ; **f.** aubergine ; **g.** poivron ; **h.** carotte
229. a. Je pleure à chaque fois que j'épluche des oignons. **b.** Il ne faut pas confondre le petit pois, qui est vert, avec le pois chiche. **c.** On associe souvent le lapin avec la carotte. **d.** Traditionnellement, c'est sur les hauts plateaux andins qu'on cultive la quinoa. **e.** Au petit déjeuner, elle préfère un bol de céréales plutôt qu'un café et du pain-beurre. **f.** Hier, on nous a servi un poulet sauté avec des bananes plantains et du manioc frit. C'était délicieux. **g.** Moi, ce que je préfère de l'artichaut, ce ne sont pas les feuilles mais le cœur.
230. a. On n'est pas encore à la fin du mois et je n'ai plus un radis. **b.** Ne le crois pas ! Il raconte tout le temps des salades. **c.** C'est un danger sur la route : il n'arrête pas d'appuyer sur le champignon. **d.** C'est un problème entre eux deux, ce ne sont pas nos oignons. **e.** C'est triste à dire mais il ne marche qu'au bâton et à la carotte. **f.** Je ne comprends pas comment ce film a eu un oscar. C'est un vrai navet ! **g.** Je me suis pris une châtaigne en voulant bricoler l'installation électrique de la maison. **h.** Pas toujours simple de prendre une décision sans fâcher les uns et les autres. C'est tout un art de savoir ménager la chèvre et le chou.
231. a. végétarien ; **b.** ingrédient ; **c.** laitier ; **d.** viande ; **e.** poisson ; **f.** végane ; **g.** alimentaire ; **h.** fromage
232. a. poisson ; **b.** viandes ; **c.** fromage ; **d.** végétarien ; **e.** ingrédient ; **f.** alimentaire ; **g.** veganes ; **h.** laitiers
233. a. En entrée, on a le choix entre salade de crudité ou assiette de charcuterie. **b.** On était en terrasse et on a pris une planche de fromages et de pâtés. **c.** Le matin, j'aime bien prendre un café au lait et y tremper mes tartines de pain grillé. **d.** D'habitude, je ne mange pas de poisson mais cette queue de lotte au four, qu'est-ce que c'était bon ! **e.** bulots ou huîtres sont des mollusques qu'on trouve souvent dans les plateaux de fruits de mer. **f.** On peut manger sur place mais ils ont aussi des plats à emporter.
g. Il faut toujours regarder les ingrédients contenus dans les plats élaborés.

234. L'agneau : gigot ; Le bœuf : l'entrecôte, le faux-filet, la bavette, Un steak (hâché) ; Le poulet : la cuisse, l'aile, le blanc ; Le porc : le jambon de Bayonne, le boudin, le saucisson
235. a. langue de bœuf ; **b.** un maquereau au vin blanc ; **c.** des sardines à l'huile ; **d.** Un civet de lapin ; **e.** Un magret de canard ; **f.** Un boeuf bourguignon ; **g.** Une truite aux amandes ; **h.** Des côtelettes d'agneau
236. a. un œuf dur ; **b.** un œuf brouillé ; **c.** un œuf sur le plat ; **d.** un œuf poché ; **e.** un œuf à la coque ; **f.** une omelette ; **g.** mimosa ; **h.** œuf bénédicte
237. de gauche à droite : bleu, saignant, à point, bien cuit, très cuit.
238. déjeuner, savourer, goûter, grignoter, souper
239.

Instruments	Vêtements	Récipients
Fouet Spatule Batteur	Tablier Toque Blouse de cuisine	Plat Poêle Marmite Moule à gâteau Casserole

240. a. passoire ; **b.** mortier ; **c.** louche ; **d.** entonnoir ; **e.** casserole ; **f.** moule
241. a. Faux. C'est le tire-bouchon. **b.** Vrai. **c.** Faux. Il est servi dans une « corbeille à pain ». Les déchets de la table sont placés dans une « poubelle de table ». **d.** Vrai. **e.** Faux. Ils comprennent la fourchette, le couteau et la cuillère. **f.** Vrai. **g.** Faux. On utilise une serviette de table
242. Un café : crème, noir, expresso, noisette – Un thé : noir, vert – Une bière : blanche, blonde, brune, rousse – Un vin : blanc, rosé, rouge – Une eau : gazeuse, pétillante, plate
243. a. cidre ; **b.** rhum ; **c.** café ; **d.** vin ; **e.** thé ; **f.** bière ; **g.** tisane ; **h.** champagne ; **i.** jus
244. a. Evian ou Vichy sont des eaux minérales. **b.** Quand il va au club de sport, il glisse toujours une boisson énergétique. **c.** Les pommes sont la base de l'élaboration du cidre. **d.** Je prendrais bien un café frappé pour me rafraîchir. **e.** Avec la chaleur qu'il fait aujourd'hui, je prendrais bien un sirop à la fraise. **f.** Bordeaux et sa région sont connus internationalement pour leurs vins. **g.** Il faut faire attention de ne pas abuser des sodas, très riches en sucres.
245. a. flamber ; **b.** éplucher ; **c.** assaisonner ; **d.** Gratiner ; **e.** hâcher ; **f.** mijoter ; **g.** râper ; **h.** rôtir ;
246. a. C'est facile ! ; **b.** Il a cherché minutieusement dans les archives. **c.** Ils l'ont fait attendre. **d.** C'est cher. **e.** Il l'a durement interrogé. **f.** Il coupe systématiquement tous les mots qu'il prononce. **g.** Il s'attend à ne pas obtenir le succès attendu.
247. a. safran ; **b.** pimenté ; **c.** épice ; **d.** paprika ; **e.** piquant ; **f.** basilic ; **g.** cannelle ; **h.** wasabi
248. a. Le thym accompagne très bien les marinades ou les grillades. **b.** Je mets toujours de la cannelle quand je fais un riz au lait. **c.** Il ne peut rien manger sans vouloir y ajouter de la sauce piquante. **d.** On dit qu'au Mexique, les plats sont très pimentés. **e.** Elle adore mettre du wasabi dans la sauce quand elle mange japonais. **f.** Il a rapporté d'Inde toute sorte d'épices, certaines que je ne connaissais même pas. **g.** Le paprika est certainement indissociable du goulash, plat typique de Hongrie. **h.** La base du pesto, c'est le basilic bien entendu !
249. a. pâtisserie ; **b.** boulangerie ; **c.** croissant ; **d.** meringue ; **e.** brioche ; **f.** chouquette ; **g.** tarte ; **h.** macaron
250. photo de haut en bas : un millefeuille ; un macaron : des pains au chocolat ; des éclairs ; des meringues ; une tarte tatin ; des chouquettes
251. a. salé ; **b.** umami ; **c.** amer ; **d.** acide ; **e.** fade ; **f.** aigre ; **g.** sucré
252.

Sucré	Un éclair, Les confitures, Les bonbons, Les fruits secs, Le chocolat
Salé	Le saucisson, Bouillon de bœuf, Saumon fumé, Les fromages bleus
Amer	Les agrumes (orange, pamplemousse), La bière Le café, Les asperges, Le cacao
Acide	Les groseilles, Les pommes vertes, Les fraises
umami	Sauce soja, L'huître, Le jambon cru, La sauce de soja, Le parmesan, La tomate mûre

253. a. On boit le champagne dans une coupe à champagne. **b.** Pour faire une mayonnaise, il faut mélanger les oeufs avec de l'huile. **c.** Tu prendras bien un verre de jus de fruits ? **d.** On lui a offert un beau service à café en porcelaine. **e.** Non, merci. Je préfère un verre d'eau. **f.** Elle prend toujours son café sans sucre. C'est plus amer mais plus véritable. **g.** Ce sont des tasses à thé héritées de sa grand-mère. C'est un beau service ! **h.** Pour le bien de l'environnement, évitons les assiettes en carton et les couverts en plastique !
254. a. Hier, on a mangé un poulet au curry absolument délicieux ! **b.** Pauvre serveur ! Le plateau plein de coupes à champagne a volé dans les airs quand il a glissé. **c.** Je suis désolé mais un poisson sans arêtes, ce n'est pas du poisson ! **d.** Tu préfères une glace à la vanille ou au fruit de la passion ? **e.** Ça, ce sont de vraies crêpes faites avec de la farine de blé noir ! **f.** Maman nous a fait un rôti de porc aux pommes. Qu'est-ce qu'il était bon ! **g.** Pour moi, ce sera une galette aux fruits de mer et une bolée de cidre. **h.** Tiens, tu achètes du pain sans gluten maintenant ? Tu es allergique ?
255. a. Je mets un sucre dans mon café, c'est suffisant. **b.** lle bois généralement du café le matin, de temps en temps du thé. **c.** Je prendrais bien une petite infusion avant d'aller dormir. **d.** J'ai oublié de mettre du beurre au fond du plat. **e.** J'ai acheté des

spaghetti et du fromage râpé. On se fait des pâtes pour ce midi ? **f.** Tu as de la sauce tomate ? **g.** J'ai goûté une sauce aux épices. Elle était excellente. **h.** Tu mets de la moutarde dans cette sauce ?
256. a. Elle ne boit pas d'eau quand elle se lève. **b.** Il ne prend jamais de poisson au déjeuner. **c.** Je ne veux pas manger de riz au curry. **d.** Il ne met pas de crème chantilly sur sa mousse. **e.** Je ne veux pas d'anchois dans ma salade ! **f.** Tu ne manges pas de glace ? **g.** Il ne faut pas lui donner de produits laitiers. **h.** Elle n'a pas fait de couscous cette semaine.
257. a. Ils ont commandé des pâtes en plat principal.
b. Elle met de la menthe dans sa recette.
c. Elle achète des tomates sur le marché.
d. Nous avons rapporté du sel de Guérande.
e. Je mange du beurre avec le pain. **f.** Il faut acheter de la farine. **g.** J'ai du jus de fruits à te proposer.
h. Tu veux du poivre sur ta viande ?
258. a. mon père ; **b.** les 2 ; **c.** le riz ; **d.** le café ; **e.** à Mélanie ; **f.** les 2
259. b 6 ; c 2 ; d 7 ; e 1 ; f 3 ; g 5
260. a. Écoute-la bien. **b.** C'est important de la faire bouillir. **c.** On leur a dit de venir diner à la maison. **d.** Il faut toujours les goûter en premier. **e.** Où les as-tu trouvées. **f.** Et pourtant je lui dis toujours de ne pas grignoter mais c'est plus fort qu'elle !
261. a. Tu prends ton thé avec ou sans sucre ? – Je le prends sans sucre, s'il te plait. **b.** C'est un excellent restaurant, je vous le recommande. **c.** Elle a une impressionnante collection de livres de cuisine. Elle les a ramenés de ces différents voyages à travers le monde. **d.** Il nous a ramené des confiseries traditionnelles de son dernier voyage. On les a toutes mangées le premier jour ! **e.** Le couscous ? Ma belle-sœur le fait merveilleusement bien !
f. Tu le prépares comment le poisson ?
262. a. Vous en reprendrez bien ? **b.** Etudiant, il en mangeait tous les jours. **c.** Non, c'est gentil mais je n'en veux pas. **d.** Il en a trop mis ! **e.** J'en ai acheté pour ce soir. **f.** Tu en veux ?
263. a. Non merci, je n'en prends jamais. **b.** Oui, ça m'arrive d'en acheter. **c.** Moi, en tout cas, j'en trouve de temps en temps. **d.** Oui, le voilà. **e.** Ah, tu les as déjà commandés ? **f.** Pas de problème, je vais en acheter. **g.** T'inquiète ! Je t'en apporte tout de suite.
264. a. Des œufs de Pâques ? Mon grand-père en achète tous les ans pour ses petits-enfants. **b.** C'est bien Asma qui apportera la boisson ? Mince, j'ai oublié de lui dire ! **c.** Il est délicieux. Tu me diras le secret ? Je ne sais pas si je peux le dire. **d.** Je ne trouve pas le lait dans le frigo ! Normal que tu ne le trouve pas, il n'en reste plus. **e.** Je mets du sucre dans ton café au lait ? Mets-en deux pierres, s'il te plait ! **f.** Il nous surprend toujours avec d'excellentes recettes. Il les trouve toutes sur internet.
265. a. Elles sont bonnes, ces cerises. Tu les as achetées où ? **b.** Sans eau, je me serais déshydratée avec la chaleur qu'il faisait. C'est pour ça que j'en ai bu beaucoup l'été dernier. **c.** Ça, c'est un plat typique des Antilles. Nous l'avons découvert chez nos amis de Martinique. **d.** Comme elle n'aime pas les anchois, on n'en a pas mis sur sa pizza. **e.** Elle fait une excellente confiture de groseilles. Elle en a donné pour toute la famille la dernière fois que nous allés chez elle. **f.** Cette recette est extraordinaire. Nous l'avons déjà faite plusieurs fois à la maison et tout le monde l'adore.
266. a. Faites attention à votre santé. N'abusez pas des sucreries ! **b.** Change ton dessert et commande le même que moi si ça te tente. **c.** Appelle le resto pour réserver une table de 4. **d.** Evitez les plats trop gras. Suivez mes conseils. **e.** Goûtez donc ces insectes. N'ayez pas peur ! Vous verrez. C'est très bon avec un peu de citron, du sel et du piment. **f.** Ne présente pas le plat comme ça ! Pense à le décorer un peu. N'oublie pas : nous mangeons d'abord avec les yeux.
g. Ne sois pas difficile. Apprends à manger de tout si tu veux profiter de tes voyages autour de la terre.
h. Sachez qu'il est important d'avoir une alimentation variée. Vous vivrez mieux.
267. a. Ne soyez pas timide ! Resservez-vous si vous avez aimé ce plat. **b.** Si tu n'as pas le temps de déjeuner, prépare-toi un sandwich au moins !
c. Bois un peu d'eau, ça te rafraichira. **d.** Si vous n'arrivez pas à dormir, prenez-vous une bonne infusion. **e.** Ne mangez pas si vite, les enfants ! Sachez savourer chaque cuillérée. **f.** Faites-vous plaisir, reprenez donc une part de gâteau, Mme Foulon ! **g.** Sens donc ces arômes. Tu te croirais dans un restaurant d'Istanbul.
268. a. Sa grand-mère cuisine d'excellents plats indiens. **b.** Si tu vas dans ce restaurant, goûte leurs desserts. Ils sont délicieux. **c.** Apportez-moi la tarte myrtille mais sans crème chantilly, s'il vous plait.
d. Prenez votre assiette et vos couverts puis servez-vous à volonté. **e.** On conseille de boire un verre d'eau avant d'aller se coucher. **f.** Pour les fêtes, nous nous réunissons autour d'un grand repas familial.
g. D'abord on bat les oeufs, puis on ajoute le sucre.
h. Ne remplis pas trop son verre, il va se renverser.
269. a. Nous réservons le resto pour samedi ? Oui ou non ? **b.** Choisissez ce que vous voulez sur la carte. Personnellement je vous recommande l'agneau en plat principal. **c.** Ne sois pas trop gourmand !
d. Levons nos verres et portons un toast à cette excellente nouvelle. **e.** N'oublie pas d'apporter les bougies pour son gâteau d'anniversaire. **f.** Tous ces plats ont l'air délicieux. Je ne sais pas lequel choisir.
g. Finis ton verre et on y va. **h.** Tu te fais souvent livrer des plats à domicile ?
270. a. Manges-en au moins trois par jour. **b.** Achètes-en, c'est la saison. **c.** Réchauffe-le, il est vraiment trop froid. **d.** Avale-le d'un coup pour ne pas sentir le goût. **e.** Mange-la, elle contient beaucoup de vitamines. **f.** Prends-en pour ne pas t'endormir au volant. **g.** Ajoutes-en un peu pour donner du goût.
271. a. Ces fraises ? Mange-les ! Elles sont pour toi.
b. De l'eau ? Bois-en beaucoup avec cette chaleur !
c. Ces macarons sont délicieux. Ne les avale pas

comme ça ! Savoure-les ! **d.** Des pommes, manges-en autant que tu veux. C'est bon pour la santé. **e.** Les viandes en sauce ? N'en abuse pas, c'est mauvais pour la santé. **f.** Tu peux manger un ou deux chocolats mais n'en prends pas plus ! **g.** Qu'est-ce qu'elles sont bonnes, ces figues ! Goûtes-les, tu verras.

Bilan

1. 1 c ; 2 c ; 3 b ; 4 c ; 5 b
2. a. Je prendrai une mousse au chocolat mais sans crème chantilly, s'il vous plait. Je n'aime pas ça. **b.** Son père nous a préparé un risotto aux champignons. On l'a dégusté avec un bon petit vin du pays. C'était délicieux ! **c.** Depuis quelque temps, on ne mange plus que du pain sans gluten à la maison. **d.** Pain-beurre demi-sel avec un peu de confiture de fraise accompagné d'un grand bol de café au lait, voilà un petit-déj' de rêve ! **e.** Elle a commandé une tarte aux pommes et lui, une glace à la vanille.
3. a. J'ai acheté de la limonade et du jus de fruits pour les enfants. **b.** Je ne bois pas de café au petit déjeuner. Je préfère boire du thé. **c.** Les enfants ne mangeront pas de poisson. Ils vont plutôt prendre du poulet et des frites. **d.** Avant, ils ne mangeaient du pain qu'aux grandes occasions. Au quotidien, c'était des crêpes. **e.** J'ai acheté des petits fours pour l'entrée, ça ira ?
4. a. Et si on lui apportait une tarte aux fraises ? **b.** Réchauffe-le un peu au micro-ondes. **c.** Oui, elle nous a préparé un excellent couscous. Il était fabuleux ! **d.** Désolé ! Il est un peu brûlé : je l'ai laissé au four trop longtemps. **e.** Et comment vous les préparez ?
5. a. Ne cuis pas trop la viande. Tu te souviens que je l'aime à point. **b.** Ajoutez un peu de sel mais pas trop. **c.** Venez manger à la maison samedi prochain. On vous attend à l'apéro. **d.** Vérifie bien la date de péremption des aliments. C'est important, tu sais ? **e.** N'ayez pas peur d'ajouter un peu de sucre. Vous verrez, ce sera encore meilleur.
6. a. Quand elle était petite, elle mangeait en mangeait trop. **b.** Oui, je veux bien en reprendre. **c.** Il en a trop mis. **d.** On me dit que j'en bois trop. **e.** J'adore en mettre dans la soupe de poisson, c'est si bon !

Chapitre 7

272. a. 9 ; b. 7 ; a. 1 ; a. 8 ; e 3 ; f 2 ; g 6 ; h 5 ; i 4
273. a. scrutin ; **b.** ballotage ; **c.** candidat ; **d.** campagne ; **e.** tour ; **f.** élection ; **g.** bulletin
274. a. On glisse un bulletin de vote dans une enveloppe. **b.** Chaque électeur dépose son enveloppe dans une urne. **c.** Pour convaincre les électeurs, les candidats partent en campagne électorale. **d.** Ils ont désigné leur candidat pendant le congrès du week end dernier. **e.** Si deux candidats passent ensemble au deuxième tour, ils sont en ballotage. **f.** Le scrutin se tiendra en octobre a annoncé le ministre de l'Intérieur. **g.** Qui seront les deux candidats qui passeront au second tour ?
275. a 3 ; b 4 ; c 2 ; d 7 ; e 1 ; f 8 ; g 5 ; h 6
276. a. Chaque député représente une circonscription. **b.** Les pouvoirs de l'Assemblée nationale sont fixés par la Constitution. **c.** Les députés siègent à l'Assemblée nationale. **d.** C'est à l'Assemblée nationale que les lois sont débattues et votées. **e.** Les élections législatives comprennent deux tours. **f.** En France, le Parlement est formé par l'Assemblée nationale et le Sénat. **g.** Les élections législatives permettent d'élire les députés.
277. a. Le ministre de l'intérieur répondait aux questions des journalistes. **b.** Elle concerne toute la France métropolitaine. **c.** Les services du Premier ministre ont refusé de faire des déclarations. **d.** Toute l'opposition est partie de l'Assemblée nationale. **e.** Le ministère de l'Économie et des Finances a imposé sa politique. **f.** Qu'en pense l'Académie française ?
278. a. Le Premier ministre a rejoint Matignon de toute urgence. **b.** Après les violents affrontements entre manifestants et force de l'ordre, on attend une déclaration de la Place Beauvau. **c.** Le Quai d'Orsay négocie une norme européenne qui sera prête dès l'été. **d.** C'est depuis l'Élysée que le Président a souhaité la bonne année aux Françaises et Français. **e.** Le garde des sceaux va organiser une table ronde entre juges et avocats. **f.** Bercy a lancé une vaste campagne contre la fraude fiscale.
279. a. une démocratie ; **b.** une monarchie ; **c.** une république ; **d.** une dictature ; **e.** une oligarchie ; **f.** une tyrannie
280. a. anarchique ; **b.** monarchique ; **c.** républicain / républicaine ; **d.** dictatorial / dictatoriale ; **e.** oligarchique ; **f.** tyrannique
281. À la tête d'une monarchie, il y a un roi ou une reine alors qu'à la tête d'une République, il y a un président ou une présidente. En Europe, les deux cas existent mais ce sont de toute façon des démocraties. Certains reprochent cependant que le pouvoir est trop concentré : que ce sont plutôt des oligarchies. Ce qui est sûr, c'est que les État de l'Union européenne ne sont pas des régimes dictatoriaux, ou pis encore des tyrannies.
282. 1. c, g, h ; **2.** d, f ; **3.** e ; **4.** a, b

283. a. députés ; **b.** cantonales ; **c.** amender ; **d.** président de la République ; **e.** le maire ; **f.** portefeuille (de la Santé, de l'Éducation…) ; **g.** au Parlement européen.

284. 1. L'emplacement que les députés occupent à l'Assemblée nationale est à l'origine des notions de gauche et de droite. En effet, traditionnellement, les députés regroupés en partis politiques occupent l'hémicycle selon leur position idéologique par rapport à la droite et à la gauche du président.
2. En France, il y a des élections présidentielles tous les cinq ans pour élire le président de la République. La durée de son mandat est donc un quinquennat. C'est le président qui nomme le premier ministre. Celui-ci est généralement issu du groupe majoritaire à l'Assemblée nationale. Le premier ministre est chargé de former le Gouvernement. **3.** On peut aussi ponctuellement consulter les citoyens français sur un sujet particulièrement délicat et considéré d'intérêt national. Ce ne sont pas des élections. Dans ce cas, il s'agit d'un référendum. Ce n'est pas très courant. Il y a en eu sur le statut de la Nouvelle Calédonie, sur le passage du septennat au quinquennat ou sur la constitution européenne.

285. a. Vrai ; **b.** Faux (législatives) ; **c.** Faux (délégué du personnel) ; **d.** Vrai ; **e.** Faux (députés) ; **f.** Faux (suffrage universel direct) ; **g.** Faux (c'est le conseil des ministres) ; **h.** Vrai

286.

Les institutions
Sénat ; Assemblée nationale ; Cour des Comptes ; Ministère ; Conseil d'Etat
Les représentants institutionnels
Sénateur ; député ; président de l'AN ; chef de l'opposition ; chef de l'État ; ministre ; conseiller
Les courants politiques / idéologiques
gauche ; droite ; centre ; socialisme ; libéralisme ; écologisme

287. L'assemblée nationale va examiner un nouveau projet de loi du Gouvernement. C'est le ministre de l'économie qui le présentera. Ce n'est pas une surprise, la majorité présidentielle a annoncé qu'elle votera pour. De son côté, l'opposition est divisée. À gauche, les socialistes ont annoncé la présentation de plusieurs amendements et ils pourraient finalement s'abstenir. Les autres partis de gauche ont réaffirmé leur opposition au projet. Ils voteront contre. Quant aux députés d'extrême-droite, ils n'ont pas voulu s'exprimer mais ils devraient eux-aussi voter contre.

288. 1 g ; 2 f ; 3 d ; 4 b ; 5 a ; 6 e ; 7 e

289. a. Précarité ; **b.** Grève ; **c.** Revendication ; **d.** Politique ; **e.** Syndicat ; **f.** Conflit

290. a. Les travailleurs menacent de se mettre en grève. **b.** La patronat est prêt à écouter les revendications syndicales. **c.** Le gouvernement mène une véritable politique d'austérité. **d.** Cette année, tous les syndicats ont défilé main dans la main à l'occasion du 1er mai. **e.** Le ministre annonce des mesures pour lutter contre la précarité de l'emploi. **f.** Sans négociation, le conflit entre la direction et les employés va se durcir.

291. a. QG = Quartier général ; **b.** SIDA = Syndrome d'immunodéficience acquise ; **c.** FIFA = Fédération internationale de Football Association ; **d.** SMIC = Salaire minimum interprofessionnel de croissance ; **e.** SDF = sans domicile fixe ; **f.** JT = journal télévisé ; **g.** TGV = Train à grande vitesse ; **h.** ONU = Organisation des Nations unies

292. a. J'ai vu l'info au JT de 20h. **b.** Les principaux responsables ont attendu les résultats au QG du parti. **c.** Malgré les progrès réalisés, le sida continue à faire des ravages dans beaucoup de coins du monde. **d.** La FIFA a décidé d'annuler la prochaine Coupe du monde. **e.** L'aggravation de la crise a fait augmenter le nombre de SDF. **f.** Comment voulez-vous acheter un logement en touchant même pas le SMIC ? **g.** Plusieurs parlementaires ont renoncé à l'avion et prennent donc le TGV pour rentrer chez eux le week end. **h.** Le Conseil de Sécurité de l'ONU a exigé à l'unanimité un cessez-le-feu dans la région.

293. a. La soucoupe volante en est un : un OVNI. **b.** C'est la compagnie de chemin de fer française : la SNCF. **c.** Hergé, Morris, Zep, Sihachakr en sont des auteurs reconnus : la BD. **d.** Le doublage est tellement mauvais parfois qu'on la préfère : la V.O. **e.** Elles luttent pour une société plus juste : les ONG. **f.** C'est là où on peut se restaurer à l'université : le RU

294. a. L'avocat a fait un plaidoyer remarquable en faveur de l'acquittement de son client. **b.** Le détenu est sorti après avoir purgé sa peine. **c.** L'assassin a avoué son crime. **d.** Il a été reconnu coupable de plusieurs délits contre le fisc. **e.** Elle a porté plainte contre son agresseur. **f.** Les suspects ont été remis en liberté faute de preuves. **g.** La juge a ordonné l'incarcération immédiate des auteurs du crime.

295. Accusation = Accu- -sation ; Incarcération = Incar- -cération ; Défense = dé- -fense ; Acquittement = acquit- -tement ; Libération = libé- -ration ; Aveux = av- -eux ; Réquisitoire = réqui- -sitoire ; Condamnation = condam- -nation

296. a. L'avocat de la défense a demandé la relaxe de son client en l'absence de preuves. **b.** Les jurés ont demandé l'acquittement du prévenu malgré le dur réquisitoire du procureur. **c.** Les manifestants exigent la libération immédiate de leur représentant. **d.** Après une nuit d'interrogatoire, le prévenu est passé aux aveux. **e.** Le procureur a demandé dans son réquisitoire l'application de la loi envers l'accusé. **f.** Le verdict est tombé : condamnation à 3 ans de prison ferme !

297. a 8 ; b 2 ; c 7 ; d 1 ; e 6 ; f 4 ; g. 5 ; h 3

298. a. Faux, accuser formellement une personne d'un délit. **b.** Vrai. **c.** Faux, commettre un délit. **d.** Vrai. **e.** Vrai. **f.** Faux, quand une des parties d'un jugement demande de revoir la sentence. **g.** Vrai

299. a. Plusieurs manifestants ont été arrêtés et placés en garde à vue. **b.** Après l'accident, la police a lancé un appel à témoins. **c.** Elle est allée à la gendarmerie pour porter plainte après s'être fait voler son sac à main. **d.** Une personne soupçonnée d'un délit peut être mise en examen. **e.** Malgré les preuves contre lui, le juge a autorisé sa mise en liberté sous caution. **f.** Comme il n'a pas déclaré l'entrée de ces produits à la douane, il s'est rendu coupable d'un délit. **g.** La sentence n'est pas définitive. L'accusé peut encore faire appel.
300. a. Je m'oppose à cette mesure. **b.** Une grande majorité approuve la position du Gouvernement. **c.** D'après lui, c'est une grave erreur de la part de l'opposition. **d.** Nous désapprouvons cette nouvelle loi. **e.** Selon nous, la mesure sera difficilement applicable. **f.** Vous vous rendez bien compte que dans la pratique, ce n'est pas faisable ! **g.** Tu as tort de protester comme ça !
301. a. C'est étonnant ! **b.** C'est bizarre ! **c.** C'est insupportable ! **d.** C'est génial ! **e.** C'est absurde ! **f.** C'est formidable !
302. a. demain ; **b.** dans ; **c.** la semaine prochaine ; **d.** prochainement ; **e.** après-demain ; **f.** d'ici
303. a. Elles ont beau avoir les mêmes objectifs, chacune d'elles emprunte des chemins différents pour les atteindre. **b.** Nous avons beau faire des efforts, ce n'est pas simple pour nous de changer nos habitudes. **c.** Elles ont beau prendre des mesures strictes, elles n'arrivent pas à résoudre le problème. **d.** Il a beau avoir obtenu la confiance du président, il a présenté sa démission. **e.** Il a beau donner des explications à l'opposition, il ne réussit pas à la convaincre. **f.** Certains représentants ont beau vouloir faire changer les choses même si la pression extérieure freine beaucoup leurs initiatives. **g.** Le président a insisté devant les journalistes, il a eu du mal à leur faire croire les nouvelles promesses. **h.** Les journalistes ont beau poser des questions sur la situation, le porte-parole refuse de faire des déclarations.
304. a. Même si le Conseil d'État a exprimé ses doutes, les députés ont voté la loi. **b.** Même s'il y a eu des protestations dans la rue, le Gouvernement a fait passer la loi. **c.** Même si l'opinion de ses concitoyens est plutôt favorable, le maire a renoncé au projet. **d.** Même si les électeurs se mobilisent, on continue à trouver que la participation aux élections reste faible. **e.** Même si les débats ont été intenses, les députés ont largement appuyé la nouvelle loi. **f.** Même si les demandes de démission se répètent, le député ne renonce pas à son mandat.
305. a. quand même ; **b.** malgré ; **c.** pourtant ; **d.** même si ; **e.** quand même ; **f.** toutefois
306. a. Malgré les nombreux scandales qui ont éclaté sous son mandat, le premier ministre compte bien se représenter aux élections. **b.** Le vote par correspondance est une option intéressante même si plusieurs candidats ne sont pas forcément pour. **c.** Les bureaux de vote ferment à 20h ; la plupart des électeurs ont néanmoins fait le choix d'aller voter tôt. **d.** Les députés sont élus au suffrage direct mais les sénateurs, eux, sont élus par les « grands électeurs ». **e.** Les députés ont voté la loi ; ils ont quand même introduit quelques amendements présentés par l'opposition.
307. a. il n'est pas passé aux aveux. **b.** ce n'est pas sûr qu'il gagne. **c.** je suis contre. **d.** son avocat l'a très bien défendu. **e.** il a continué. **f.** ils n'ont pas pu trouver un accord entre tous les partis.
308. a. Il est sorti sans parapluie malgré la pluie. **b.** Il pleut ; il est quand même sorti sans parapluie. **c.** Il a beau pleuvoir, il est sorti sans parapluie. **d.** Il est sorti sans parapluie. Pourtant il pleut. **e.** Les projets continueront, malgré la crise. **f.** La crise est profonde et pourtant les projets continueront. **g.** La crise est profonde. Les projets continueront quand même. **h.** La crise a beau être profonde, les projets continueront.
309. a. Le juge s'est directement adressé au prévenu. **b.** Selon les enquêteurs, elle a probablement participé au crime. **c.** La sentence a été vivement critiquée dans les médias. **d.** Nous avons certainement des preuves irréfutables contre lui. **e.** Les jurés ont écouté attentivement le plaidoyer de la défense. **f.** Le procureur a durement remis en cause les alibis présentés. **g.** Ce témoignage a remis radicalement en cause la thèse de la partie civile.
310. a. On lui a demandé d'attendre patiemment. **b.** Je pense qu'elle l'a dit inconsciemment. **c.** Elle a intelligemment déjoué les pièges tendus par le procureur. **d.** Nous avons été très méchamment attaquées par ce type. **e.** On entend fréquemment ces arguments. **f.** Le commissaire sait qu'il doit avancer prudemment dans cette affaire. **g.** Il parle très couramment l'anglais.
311. a. Malgré les insultes qu'il lui proférait, l'agent a poliment répondu. **b.** Ce n'est pas le hasard : il a volontairement placé l'objet à cet endroit pour confondre les enquêteurs. **c.** Tout le monde avait l'air étonné, mais nous, nous n'étions vraiment pas surpris par ses déclarations. **d.** La nouvelle recrue a été gentiment accueillie par ses collègues. **e.** Je ne dirais pas qu'il prend tous les jours le train mais en tout il le prend fréquemment. **f.** On ne la verra plus : elle est définitivement partie. **g.** Nous ne sommes évidemment pas d'accord avec cette mesure.

Bilan

1. a. La loi a bien été votée mais elle n'entrera en vigueur qu'une fois publiée dans le Journal officiel. **b.** Les élections législatives comprennent deux tours. **c.** Le juge a ordonné l'incarcération immédiate du jeune homme après qu'il a reconnu les faits. **d.** La police considère que c'est le suspect principal dans cette affaire. **e.** Le juge va écouter le verdict des jurés. **f.** De combien de députés l'Assemblée

nationale est-elle composée ? **g.** Gabriel a décidé de se présenter aux prochaines élections municipales. **h.** Beaucoup d'étudiants sont bénéficiaires des allocations logement. **i.** Les syndicats ont annoncé une grève dans les transports. **j.** Les ministres siègent au Conseil des ministres.
2. a. Les partis politiques ont beau essayer de séduire leur électorat, la distance se creuse entre les élus et le reste de la société. **b.** Ils ont eu beau faire de jolis discours d'engagement écologique, on savait bien que ce serait difficile à mettre en place. **c.** Les citoyens ont beau entendre des promesses de changements dans la société, ils perçoivent bien que ceux-ci n'auront pas vraiment lieu. **d.** Syndicats et patronat ont beau s'être réunis plusieurs fois, on dirait qu'aucun accord n'est en vue. **e.** Les sondages ont beau montrer une claire avance du candidat local, rien n'est encore joué. **f.** Même si des solutions existent, personne ne semble disposer à céder. **g.** Elle occupe la tête des sondages. Ce n'était pourtant pas la candidate favorite de son propre parti. **h.** On ne peut pas se déplacer pour voter. On peut quand même le faire en ligne. **i.** L'avocat a fait un superbe plaidoyer mais il n'a pas convaincu le jury. **j.** Même si les risques sont bien réels, personne ne veut annuler les élections.
3. a. Ce n'est quand même pas parce que la participation a été élevée qu'il a la garanti de passer au second tour. **b.** Même si le taux de chômage a baissé, il reste élevé. **c.** Il a perdu les élections. Il s'était pourtant / toutefois énormément investi dans la campagne des législatives. **d.** L'entreprise est parvenu à un accord avec les syndicats mais il doit encore être soumu au vote des militants. **e.** Selon la police, les preuves sont suffisantes. Le juge préfère pourtant / toutefois le maintenir en liberté.
4. a. Nous lui avons subtilement fait comprendre de ne pas continuer. **b.** Elle lui a gentiment dit non. **c.** Nous sommes absolument convaincus que tout s'arrangera. **d.** Est-il réellement venu ? **e.** Vous êtes donc venus directement ? Sans faire de pause ? **f.** Il a dû partir précipitamment. **g.** Ils ont entièrement raison. **h.** Nous n'avons malheureusement rien pu faire. **i.** Nous avons été merveilleusement reçus chez nos amis. **j.** Je ne pense pas qu'il l'ait fait consciemment.

Chapitre 8

312. a. Environnement ; **b.** Recyclage ; **c.** Préservation ; **d.** Végan ; **e.** Biologie ; **f.** Climat ; **g.** Pollution ; **h.** Énergies
313. préservation = encourager, réduire, réutiliser, favoriser, remédier – détérioration = polluer, ruiner, perturber, disparaître
314. Biodégradable, animaux, végétaux, énergies, glaciers, écosystème, extinction, réchauffement
315. a. animaux ; **b.** biodégradables ; **c.** énergies ; **d.** extinction ; **e.** réchauffement ; **f.** écosystème ; **g.** glaciers ; **h.** végétaux
316. a. environnement ; **b.** nature ; **c.** planète ; **d.** atmosphère ; **e.** climat ; **f.** biodiversité ; **g.** éléments ; **h.** surconsommation
317. a. La fonte des glaces est la principale cause de la montée des eaux. **b.** Le réchauffement climatique n'est pas la seule raison des catastrophes naturelles. **c.** La montée des eaux salinise les eaux et la terre. **d.** Si ça continue, nous aurons des hivers plus froids et des étés plus chauds. **e.** Il est primordial d'atténuer les changements climatiques afin de sauver la planète. **f.** Sans les glaciers, beaucoup d'espèces disparaitraient. **g.** La fonte des glaces reste la conséquence la plus lourde qu'a subi la terre. **h.** L'ours polaire est la principale victime du réchauffement climatique.
318. a. banquise ; **b.** Réchauffement ; **c.** Catastrophes ; **d.** Température ; **e.** Déchets ; **f.** Toxiques ; **g.** Replantation ; **h.** Déforestation
319. Photos de gauche à droite et de haut en bas : Cuisiner une fois par jour ; utiliser des énergies renouvelables ; utiliser un sac en tissu ; sauver un animal en danger ; trier ses poubelles ; réduire sa consommation d'eau ; consommer des produits bio ; planter un arbre ; favoriser les emballages en papier
320. a. La biodiversité permet à la nature de garder son équilibre. **b.** Le plastique est nocif pour tous les organismes vivants. **c.** Les ours polaires sont menacés d'extinction. **d.** Consommer des produits bio encourage les agriculteurs et est bon pour la santé. **e.** Il faut éviter de laisser l'eau couler quand on ne l'utilise pas. **f.** Les tremblements de terre sont la conséquence du réchauffement climatique. **g.** Le dioxyde de carbone est très polluant. **h.** Les énergies renouvelables s'élargissent de plus en plus.
321. Vrai : d ; g – Faux : a ; b ; c ; e ; f ; h
322.

```
                    1
                    E
                    C
                    O
                    S
                    Y
            2       S          3
            P       T          D
            L       E          U
        4 A T M O S P H E R E
            S       E          A
            T           6   5 B I O
            I           R     L
            Q       7 E N E R G I E
            U           C     E
            E           Y
                        C
                        L
                        A
                        G
        8 N A T U R E
```

323. Photos de gauche à droite et de haut en bas : voiture écologique ; véhicules polluants ; usine polluante ; déchet dans le smers ; énergie éolienne ; énergie solaire ; énergie hydraulique ; déversement des eaux usées

324.

Actions	Écotourisme
Exemple : Remplacer les serviettes d'hôtel tous les jours.	
Réduire le nombre de véhicule à utiliser pendant le séjour.	x
Consommer local pour encourager l'économie locale.	x
Prendre les transports en commun pour polluer au minimum.	x
Voyager en avion quand on peut y aller par bus.	
Ne pas gaspiller l'eau, une ressource vitale pour les locaux.	x
Ramener un animal avec soi pour le retour : tortue, oiseau, lézard, etc.	
Utiliser des produits de toilettes biodégradables.	x
Se promener à pieds, à vélo, etc.	x

325. Photos de gauche à droite et de haut en bas : poubelles de tri ; émission de CO2 ; atmosphère ; déforestation ; énergies renouvelables ; tempête ; véhicule polluant ; fonte des glaciers ; animaux menacés

326. a. Il existe plusieurs sortes de poubelles de recyclage. Elles sont un code couleur pour différencier leur contenu. **b.** La réduction de l'émission du CO2 est devenue nécessaire. **c.** La fonte des glaciers a pour conséquence l'inondation de la banquise et la disparition de ses animaux. **d.** Les voitures, les trains et les avions écolos sont l'avenir des transports. **e.** Plus il y a de gaz nocifs dans l'atmosphère plus il y aura de maladies respiratoires. **f.** La replantation des arbres est obligatoire pour assurer le bon fonctionnement de l'écosystème. **g.** Le mode de vie saint est de plus en plus tendance, les gens privilégient le naturel. **h.** Les plantes ont un pouvoir magique sur notre organisme.

327. Vrai : b, e, g ; Faux : a, c, d, f, h

328. b. atmosphère ; **c.** gaz à effet de serre ; **d.** Hortensia ; **e.** océans ; **f.** sécheresse ; **g.** tempête ; **h.** Surproduction

329. a. Les arbres captent le CO2 et dégagent le O2. **b.** Les océans regorgent d'animaux marins essentiels à l'écosystème. **c.** Les usines dégagent des gaz toxiques qui polluent l'atmosphère. **d.** Les animaux sont menacés d'extinctions pourtant nécessaires à notre survie. **e.** Les énergies renouvelables sont l'avenir parce qu'elles sauvent la terre. **f.** Les glaciers fondent à cause du réchauffement et inondent la terre. **g.** Les poubelles de tri permettent de recycler les déchets et de leur donner une seconde vie. **h.** Les bouleversements provoquent des catastrophes naturelles comme les tornades et les ouragans.

330. pollution – maladies - atmosphère – organisme – particules – biodiversité – espèces – comportements

331. a. L'humanité survivra si nous commençons à préserver notre source de nourriture. **b.** Si nous n'évitons pas de répandre les produits chimiques, nous serons dépassés par l'ampleur des dégâts qu'ils auront sur l'environnement. **c.** Or si la pollution se propageait, on risquerait de la retrouver dans notre nourriture que nous mangeons, dans l'eau que nous buvons et dans tout ce que nous consommons. **d.** Nous ne survivrions plus de quelques minutes si nous ne pouvions plus respirer. **e.** Et si certains d'entre eux pénètrent notre organisme, notre santé sera menacée. **f.** Si nous veillons à ne pas polluer notre atmosphère, nous pourrons continuer de respirer un air frais et pur nécessaire à notre organisme. **g.** Toutes ces espèces survivraient si elles étaient respectées. **h.** Si cela continue, c'est la survie et l'avenir de l'homme qui seront menacés. **i.** Si nous ne changeons pas nos habitudes, nous n'aurons plus de ressources pour survivre.

332. b. Nous pouvons éviter le piratage de nos données à condition de mettre un mot de passe fort. **c.** Sans tri, l'environnement serait très pollué. **d.** Il est inutile de parler d'écologie à moins que tu ne fasses réellement ce que tu dis. **e.** Apple ne peut révolutionner l'industrie automobile à moins qu'elle n'invente quelque chose de nouveau. **f.** Les clients n'auront pas confiance en la conduite autonome à moins qu'on leur prouve qu'elle est fiable. **g.** En supposant que les fabricants se mettent à l'hybride, le diesel diminuera. **h.** La pollution des voitures baissera pour peu que / si les gens passent à la voiture électrique. **i.** Sans authorisation de la haute autorité de santé, le vaccin ne pouvait sortir.

333. diminuerait – trouverait – aurait – rendrait – serait – s'observeraient – pourront – serait

334. a. pourrais ; **b.** survivraient ; **c.** détériorerait ; **d.** j'adopterais ; **e.** participerions ; **f.** j'utiliserais ; **g.** serais ; **h.** chuterait.

335. a. conditionnel ; **b.** futur ; **c.** conditionnel ; **d.** futur ; **e.** futur ; **f.** conditionnel ; **g.** futur ; **h.** conditionnel

336. a. Nous devions installer des poubelles de tri dans toute l'école. **b.** L'homme devrait changer son rapport à la nature. **c.** J'aimerais éviter les emballages et les sacs en plastique. **d.** Vous ne devriez plus porter de cuir animalier. **e.** Le gaspillage d'eau aurait des conséquences dramatiques sur la planète. **f.** Certaines espèces pourrait disparaître à cause du réchauffement climatique. **g.** La surconsommation et la surproduction seraient à l'origine de la fonte des glaciers. **h.** Tu revendrais tes anciens habits ?

337. a. aurait permis ; **b.** aurait amélioré ; **c.** aurait conduit ; **d.** aurais aimé ; **e.** se serait rendu ; **f.** se serait mis ; **g.** aurait réparé ; **h.** serions arrivés

338. se levait – serait – pourrait – veille – pourra – avait pris – aurait réussi – donne – aura.

339.

Présent	Futur	Imparfait	Conditionnel présent	Plus que parfait	Conditionnel passé
Veille Donne	Pourra Aura	Levait	Pourrait Serait	Avait pris	Aurait réussi

340. a. Si j'avais eu le temps je serais passé chez toi. **b.** Si tu n'avais pas vu le film nous serions partis au cinéma ensemble. **c.** Je viendrais si ma mère me laissait sortir. **d.** Si je n'avais pas raté mon avion j'aurais été à New York maintenant. **e.** Si tu la connaissais tu ne dirais pas ça. **f.** Si j'avais ma carte j'aurais acheté ce pull. **g.** J'aurais adoré venir si j'étais resté à Paris. **h.** Je referais mon visa si j'avais le temps.

341. a. aurais pris ; **b.** aurais été ; **c.** serions venus ; **d.** serais tombé ; **e.** aurions rassemblé ; **f.** serions partis ; **g.** aurait fait ; **h.** auriez su

342. a. ramènerai ; **b.** verrais ; **c.** aurions fait ; **d.** arrivera ; **e.** achèterais ; **f.** auriez évité ; **g.** raterons ; **h.** aurions passé

343.

Phrase	Cause	Conséquence
a.		X
b.	X	
c.		X
d.	X	
e.		X
f.		X
g.	X	
h.	X	

344. a. Les glaciers fondent alors les ours polaires sont menacés. **b.** L'agriculture biologique est l'avenir puisqu'elle encourage la préservation de la flore. **c.** Jeter sa cigarette par terre nuit à la nature ainsi un mégot met 12 ans à se décomposer. **d.** L'environnement peut être protégé grâce aux efforts de tout le monde. **e.** J'utilise un sac en coton biologique parce que les sacs en plastique sont polluants. **f.** L'air transporte les gaz que nous produisons par conséquent ce que nous respirons est nocif. **g.** L'eau potable est de plus en plus rare à cause des insalubrités causées par la surproduction. **h.** Le climat change tous les ans, c'est pourquoi des populations quittent leur région. **i.** Les plantes ont subi des transformations génétiques donc elles ont perdu leurs vertus.

345.

Phrase	Cause	Conséquence
a.		X
b.	X	
c.		X
d.	X	
e.		X
f.		X
g.	X	
h.		X

347. 6. cause ; **b.** cause ; **c.** conséquence ; **d.** conséquence ; **e.** conséquence ; **f.** Cause ; **g.** conséquence ; **h.** conséquence

347. a. Elle recycle, alors elle fait beaucoup d'économies. **b.** Il a une vignette Crit'Air 3, c'est pourquoi il ne peut pas aller à Paris. **c.** Laetitia fait du télétravail parce qu'elle habite loin de son lieu de travail. **d.** Les GAFAM ont un poids politique considérable parce qu'ils ont énormément de pouvoir. **e.** La ville s'agrandit puisque son parc immobilier est limité. **f.** La planète se dégrade parce que l'Homme ne prend pas soin d'elle. **g.** Karim ne porte plus de cuir animalier parce qu'il est végan. **h.** J'ai décidé d'acheter une nouvelle voiture parce que l'État finance l'achat d'un véhicule non-polluant.

348. Réponse libre

349. a. Il y a une montée des eaux à cause de la fonte des glaces. **b.** La nature garde un certain équilibre grâce à la biodiversité. **c.** Les ours polaires sont menacés à cause du réchauffement climatique. **d.** Les agriculteurs augmentent leurs bénéfices parce que les clients mangent moins de produits transformés. **e.** Les villes sont très polluées parce qu'il y a énormément de voitures. **f.** Grâce au télétravail, les salariés se déplacent moins. **g.** Les étudiants sont très fatigués à cause de la multiplication des visioconférences. **h.** Beaucoup d'employés ont un mal de dos à cause du travail à distance.

350. a. Les glaciers d'Arctique fondent, c'est pourquoi il y a une montée des eaux. **b.** Nous retrouvons une diversité biologique sur terre, c'est pourquoi la nature garde un certain équilibre. **c.** Le réchauffement climatique est à un stade critique, par conséquent les ours polaires sont menacés. **d.** Les clients mangent moins de produits transformés, alors les agriculteurs augmentent leurs bénéfices. **e.** Il y a énormément de voitures dans les villes, donc elles sont très polluées. **f.** Les salariés font du télétravail, alors ils se déplacent moins. **g.** Les visioconférences se multiplient, c'est pourquoi les étudiants sont très fatigués. **h.** Les employés qui travaillent à distance n'ont pas de chaise de bureau, alors ils ont mal au dos.

351. a. Il fait beaucoup de kilomètres parce que la batterie de sa voiture électrique est plus puissante.

Corrigés

b. Puisqu'il y a peu d'espace dans les appartements des grandes villes, les habitants les quittent. **c.** Il a quitté son travail parce qu'il veut donner un meilleur sens à sa vie. **d.** À cause des cours à distance, les étudiants ont un contact social très réduit. **e.** Ses données privées sont partagées parce qu'il utilise un assistant vocal. **f.** Les constructeurs réduisent la production de véhicules diesel parce que les clients préfèrent les voitures hybrides. **g.** Les gens font moins de choses parce que les maisons deviennent connectées. **h.** Il se forme au numérique parce qu'il représente l'avenir.

Bilan

1. a. Il se serait formé au numérique. **b.** Elle aurait eu accès à des données confidentielles. **c.** Le changement à la tête de l'entreprise serait très attendu. **d.** Inès aurait lu tous les tomes de cet ouvrage. **e.** Les voitures autonomes seraient devenues la priorité de l'industrie automobile. **f.** Nous aurions dû y penser. **g.** Il aurait refusé de travailler à nouveau en présentiel. **h.** Nous aurions aimé le voir parmi nous. **i.** J'aurai dû faire les courses plus tôt. **j.** Elle aurait été ravie de te revoir. Une prochaine fois !
2. a. cause ; **b.** cause ; **c.** cause ; **d.** conséquence ; **e.** cause ; **f.** cause ; **g.** conséquence ; **h.** conséquence
3. a. Les données numériques sont très importantes, c'est pourquoi la cybersécurité est un domaine très sensible. **b.** Il y a une forte concurrence de sites Internet, alors les agences de voyages pourraient disparaître. **c.** Il a un assistant vocal, alors il gère les lumières de sa maison. **d.** Il a été sanctionné parce qu'il récupérait les données de ses utilisateurs. **e.** Il n'a pas mis de mot de passe suffisamment fort, donc il s'est fait pirater son compte. **f.** Les conducteurs ont peur, c'est pourquoi ils ne souhaitent pas passer à la voiture autonome. **g.** Les gens utilisent moins la voiture parce que la ville propose des vélos en libre-service. **h.** Les réseaux sociaux doivent être régulés parce qu'ils sont dangereux.

Chapitre 9

352. a. sa nièce ; **b.** ses neveux ; **c.** leur arrière-grand-père ; **d.** leur gendre ; **e.** ses beaux-enfants ; **f.** mes oncles ; **g.** son fiancé
353.

Masculin	père	veuf	frère	fils	oncle	neveux	gendre
Féminin	mère	veuve	sœur	fille	tante	nièce	bru / belle-fille

354. a. monoparentale ; **b.** recomposée ; **c.** homoparentale ; **d.** d'adoption ; **e.** multiculturelle ; **f.** d'accueil
355. a. en couple ; **b.** demi-sœur ; **c.** compagnon ; **d.** amis ; **e.** Veuf ; **f.** célibataire
356. a. parents, orpheline, proches, d'adoption, enfants, aîné, frère ; **b.** jumeaux, sœur, âgée, petits, parents ; **c.** demi-sœur, papa, maman, belle-mère, familles
357. a. daron ; **b.** beauf ; **c.** compagnon ; **d.** tonton ; **e.** mamie ; **f.** frangin
358. a. grand-mère ; **b.** parents ; **c.** sœur – frère ; **d.** beau-frère ; **e.** tante ; **f.** fils
359. naître – la naissance ; vieillir – la vieillesse ; mettre au monde – l'accouchement ; se marier – le mariage ; prendre sa retraite – la retraite ; décéder – le décès ; grandir – la croissance
360. a. mariage ; **b.** grossesse ; **c.** naissance ; **d.** vieillesse ; **e.** pacs ; **f.** maternité ; **g.** séparation
361. a. la naissance ; **b.** mariage ; **c.** pacsés ; **d.** divorce ; **e.** en couple ; **f.** célibat
362. a. Comme ses parents travaillaient, ce sont surtout ses grands-parents qui l'ont élevé. **b.** Mamy aime bien raconté ses souvenirs d'enfance à ses petits-enfants. Mais comment faisait-elle sans internet, se demandent-ils ! **c.** La petite enfance commence, selon les spécialistes, quand le bébé cesse d'être un nourrisson. **d.** Pour Amélie et Yves, tout est très clair : elle prendra un congé-maternité les premières semaines après l'accouchement, puis c'est c'est lui qui prendra un congé-paternité. **e.** Ils traversaient des villages où on voyait encore ces femmes, âgées souvent mais jeunes aussi, vêtues toujours en noir comme si elles devaient porter le deuil tout le reste de leur vie. **f.** Avant quand on évoquait la retraite, c'était comme un synonyme de vieillesse. Aujourd'hui, c'est pour beaucoup le début d'une nouvelle étape de leur vie, faite de nouvelles expériences.
363. a. Mère-Grand ; **b.** Un cousin à la mode de Bretagne ; **c.** un parent par alliance ; **d.** sa marâtre ; **e.** une maman poule / un papa poule ; **f.** Qu'on lave son linge sale en famille.
364. Il s'est pris un râteau – Elle lui a dit non ; Elle a des papillons dans le ventre – Elle est amoureuse ; Ils ont eu le coup de foudre – Ils sont immédiatement tombés amoureux ; Elle s'est fait larguer – Il l'a quittée ; Elle a chagrin d'amour – Elle est triste parce qu'il l'a quittée ; Il a un cœur d'artichaut ; Il tombe facilement amoureux.
365. a. La pauvre, elle vient de se faire larguer par Tom. On l'avait pourtant prévenue. **b.** Il s'est pris un râteau mais il n'a qu'à comprendre que quand c'est non, c'est non. **c.** Patrick est complètement dingue de cette fille. Je ne vois franchement pas ce qu'il lui trouve. **d.** Elle a chagrin d'amour et rien n'y fait : elle ne se remet pas de sa séparation.
e. Leurs regards se sont croisés dans le métro et ça a été le coup de foudre. **f.** Voilà 20 ans qu'il est avec la même personne. Lui qui traînait une réputation de cœur d'artichaut dans sa jeunesse.

366. a.3 ; b.4 ; c.2 ; d.5 ; e.1
367. a. Dans de nombreuses cultures, on se salue sans se serrer la main. **b.** À peine descendu du train, son vieil oncle se jeta sur lui et lui donna une forte accolade. **c.** Ce n'était pas une tape sur l'épaule dont il avait besoin mais une vraie aide de ses collègues. **d.** La poignée de main sera-t-elle remplacée par un coude-à-coude ? **e.** Il l'a prise alors dans ces bras, elle a fermé les yeux et ils se sont embrassés. **f.** On conseille aujourd'hui de ne plus se faire la bise. Faudra-t-il se toucher le pied ?
368. a. la haine ; **b.** la jalousie ; **c.** le désespoir ; **d.** la tristesse ; **e.** le bonheur ; **f.** la passion
369. a. La passion initiale a été remplacée par l'ennui du quotidien. **b.** Quand son copain l'a quitté pour une autre, elle pensait qu'elle allait le détester mais elle n'a finalement éprouv aucun sentiment de haine ; elle n'était même pas jalouse. **c.** Ce n'était pas un mariage heureux. Cela se sentait dans la tristesse de son regard. **d.** Quand elle a découvert la vérité, elle était désespérée. C'est sa vie qui s'effondrait. **e.** A 50ans, elle ne pensait pas connaître de nouveau l'amour et qu'elle pourrait refaire sa vie auprés de quelqu'un.
370. a. Jérôme ressemble énormément à son grand-père. **b.** On reconnait bien un petit air de famille. **c.** Je pensais qu'elles étaient jumelles, elles se ressemblent comme deux gouttes d'eau. **d.** Elle a des yeux comme ceux de sa mère. **e.** Oui, ils ont les mêmes yeux. **f.** Noelia est vraiment le portrait craché de sa mère. **g.** On n'aurait jamais dit qu'ils étaient frères. Entre eux, c'est le jour et la nuit. **h.** J'aurais juré qu'elles étaient sœurs : elles ont le même ton de voix, les mêmes tics...
371. a. La grand-mère de Marion est plus âgée que le grand-père de Patricia. **b.** Sylvain a les cheveux aussi clairs que son frère. **c.** Astrid est plus petite que sa sœur. **d.** Elle est aussi têtue que son père. **e.** La famille de Dora est moins nombreuse que la tienne. **f.** Fatma a les yeux plus foncés que sa fille.
372. a. En 2017, il y a eu autant de mariage entre hommes qu'entre femmes. **b.** Les hommes sont plus âgés en 2020 quand ils se marient qu'en 2000. **c.** Les femmes sont plus âgées en 2020 quand elles se marient qu'en 2000. **d.** Il y a plus de mariages mixtes en 2015 qu'en 1950. **e.** Il y a eu plus de Pacs en 2020 qu'en 2015. **f.** En 2020, il y a eu moins de divorces qu'en 2005.
373. a. plus ; **b.** plus ; **c.** plus ; **d.** plus ; **e.** aussi ; **f.** moins ; **g.** autant
374. a. Thomas a 2 ans de moins que Laurent. **b.** Elles sont nées la même année. **c.** Ali est resté en Angleterre. **d.** Justine est partie trois ans après que son frère. **e.** Charline a passé autant d'années à étudier à l'étranger que la moyenne nationale. **f.** Il a obtenu les meilleurs résultats de sa promotion.
375. a. aussi ; **b.** autant de ; **c.** aussi ; **d.** autant de ; **e.** autant ; **f.** aussi ; **g.** aussi
376. On constate qu'en France, il y a nettement moins de mariages aujourd'hui que dans les années 80. Le nombre de mariage était encore bien plus élevé dans les années 60-70. Même si le nombre de mariages entre personnes du même sexe est moindre que celui de sexes différents, celui-ci est en augmentation. Par contre, il y a autant de mariages entre hommes que de mariages entre femmes. On constate qu'aussi bien les hommes que les femmes se marient plus vieux actuellement qu'en 2000. Les hommes frôlent les 40 ans et les femmes en ont presque 36 au moment de se marier, soit environ 5 ans de plus qu'en 2000. Les mariages mixtes, c'est-à-dire entre une personne étrangère et un citoyen sont en nette augmentation depuis les années 60. Quant aux divorces, ils sont moins nombreux actuellement que dans les toutes premières années du xxiᵉ siècle.
377. a. Elle n'est pas assez âgée pour avoir connu cette époque. **b.** Je suis très content que tu aies réussi ton examen. **c.** Son fils est très jeune, il doit avoir 4 ou 5 ans, pas plus. **d.** Nous sommes moyennement satisfaits du résultat : nous aurions pu faire mieux. **e.** Tu peux répéter ? Je n'ai pas très bien compris. **f.** Avec des températures de -35, on peut dire qu'il y fait extrêmement froid. **g.** Malgré la difficulté des questions, il y a parfaitement répondu.
378. a. Non, il est trop jeune pour ça. **b.** Bien sûr, je suis très au courant. Pourquoi ? **c.** Je l'ai trouvé très en forme ! **d.** Oui, il y avait beaucoup de monde. **e.** Peut-être pas toute mais presque toute. **f.** Non, mais il est vraiment proche de ma femme. **g.** Eh bien non, nous ne sommes pas assez pour prétendre au tarif « famille nombreuse ».
379. a. Ne trouvez-vous pas qu'il est trop fatigué pour continuer ? **b.** Nous avons beaucoup de plaisir à accueillir les étudiants du monde entier pendant leurs études en France. **c.** Nous sommes vraiment ravis de vous revoir. **d.** J'ai presque terminé. Donnez-moi cinq minutes et ce sera bon. **e.** Vu son large sourire et ses yeux qui brillent, je dirais qu'il est pas plutôt content du résultat. **f.** Sa retraite ? Déjà ? Non, il n'est pas assez âgé pour la prendre ! **g.** Cette chemise ne lui va pas : elle est beaucoup trop grande pour lui !
380. a. Son frère parle tellement qu'il ne peut pas garder un secret. **b.** Ils ont tellement de cousins et cousines qu'ils ne se sont jamais tous retrouvés ensemble à la fois. **c.** Ses beaux-parents ont tellement travaillé toute leur vie qu'ils ont maintenant une belle maison en bord de mer. **d.** Leurs enfants ont tellement grandi pendant l'été qu'ils n'entrent plus dans leurs vêtements. **e.** Mes parents disposent de tellement de temps depuis qu'ils sont en retraite qu'ils en profitent pour faire des tas d'activités de loisir. **f.** J'ai un cousin qui est tellement / si fort en foot qu'il a été repéré pour jouer dans une grande équipe.
381. a. Il y a un tel taux de naissances dans ce pays qu'une politique de natalité s'avère nécessaire. **b.** Il a hérité d'une telle fortune qu'il a décidé de faire don d'une partie à une fondation pour l'éducation. **c.** Il y a une telle entente entre tous les

frères et sœurs qu'on peut vraiment parler d'une famille unie. **d.** Elle a de tels liens avec ce pays qu'on croirait presque qu'elle est de là-bas. **e.** Ce sont des politiques sociales importantes. Elles contribueront à améliorer la vie des citoyens. **f.** Ils ont une telle envie de retrouver les leurs qu'ils sont partis pour le sud à peine sortis du travail. **g.** On a publié de tels chiffres sur la précarisation des familles que cela devrait inquiéter les responsables politiques.
382. a. Ils prennent tellement de plaisir entre amis qu'ils se voient régulièrement. **b.** J'étais tellement fatigué ce jour-là que j'ai préféré qu'on se voie en visio plutôt que de sortir. **c.** La famille est tellement grande qu'on en sait plus trop qui est qui. **d.** Il y avait tellement de monde au mariage de Sibylle qu'on se sentait un peu perdu. **e.** Les enfants étaient tellement petits quand leurs parents ont divorcé qu'ils se sont vite habitués à leur nouveau rythme de vie. **f.** J'ai une nièce qui est si forte en judo que tout le monde l'admire. **g.** Nous sommes tellement de cousins et cousines que c'est toujours très difficile de pouvoir tous nous réunir.
383. a. Il est toujours là s'il y a le moindre problème familial. **b.** Les repas de famille sont-ils les meilleures occasions pour soulever certaines questions ? **c.** Juliette, c'est la plus jeune de la famille. Elle a tout juste quelques mois. **d.** Pas toujours simple de choisir le meilleur moment pour parler d'affaires délicates concernant toute la famille. **e.** Tante Sylvie, c'est certainement la plus gentille de toute la famille : toujours souriante et toujours les bons mots quand il faut. **f.** Je me souviens de ce moment difficile, certainement le pire de tous. **g.** Pour vous, quels sont vos plus beaux souvenirs de famille ? **h.** Son départ a été la meilleure des choses qu'elle a pu faire.
384. a. La pire occasion ; **b.** La pire douleur ; **c.** La pire idée ; **d.** Le pire moment ; **e.** La pire détresse ; **f.** La pire erreur ; **g.** Le pire mal ; **h.** Le pire malheur
385. a. mieux ; **b.** meilleur ; **c.** mieux ; **d.** meilleures ; **e.** mieux ; **f.** meilleure
386. a. meilleure ; **b.** mieux ; **c.** mieux ; **d.** meilleure ; **e.** mieux ; **f.** meilleurs
387 a. le meilleur ; **b.** mauvaise ; **c.** mieux ; **d.** meilleure ; **e.** mauvaise ; **f.** pire ; **g.** mal ; **h.** bien

Bilan

1. a. en retraite ; **b.** décès ; **c.** divorce ; **d.** pacsés ; **e.** frossesse ; **f.** « frangine » ; **g.** naissance ; **h.** en couple ; **i.** crèche ; **j.** célibataire.
2. rencontrés ; en amour ; coup de foudre ; divorcer ; histoire d'amour ; faire connaissance ; embrassé ; baiser ; romance ; quittés
3. a. Il n'a pas eu autant de chance dans la vie que ses frères. **b.** Je crois tout va mieux maintenant. **c.** Elle est bien plus âgée que sa sœur. **d.** Ces deux frères sont aussi talentueux l'un que l'autre.

e. Fatima est meilleure que son frère en maths. **f.** Cette année, ils ont perçu moins d'allocations logement que d'habitude. **g.** Cette situation n'est pas pire que celle que nous connaissions il y a 5 ans. **h.** La population est moins malade aujourd'hui qu'il y a 100 ans. **i.** On n'a jamais autant voyagé qu'aujourd'hui. **j.** Consacrons-nous plus de temps à la famille qu'avant la crise ?
4. a. le plus beau ; **b.** le pire ; **c.** moindres ; **d.** La meilleure chose ; **e.** le plus

Chapitre 10

388. a. cerveau ; **b.** poumons ; **c.** cœur ; **d.** foie ; **e.** estomac
389. a. crâne ; **b.** mâchoire ; **c.** clavicule ; **d.** côtes ; **e.** colonne vertébrale ; **f.** fémir ; **g.** rotule ; **h.** péroné
390. les poumons ; la clavicule ; les reins ; les côtes ; les muscles ; le cerveau ; le fémur ; le cœur ; l'estomac
391. a. Ils appartiennent au système respiratoire, ce sont les poumons. **b.** Les biceps en sont : les muscles. **c.** On peut facilement se fracturer la clavicule en faisant une chute. **d.** Les reins permettent d'éliminer les toxines contenues dans le sang. **e.** L'ensemble des os qui constituent la cage thoracique : les côtes. **f.** C'est lui qui donne des ordres à l'ensemble du corps : le cerveau. **g.** Saviez-vous que le fémur est le plus grand des os de l'anatomie humaine ? **h.** Il agit comme une véritable pompe qui permet la circulation sanguine. C'est le cœur.
392. a. Il s'est fait vacciner contre la grippe. **b.** Son père a fait un AVC. **c.** On lui a diagnostiqué un cancer. **d.** Ces démangeaisons sont causées par la varicelle. **e.** Les moustiques propagent les maladies comme la malaria. **f.** Elle a souvent de problème pour respirer à cause de son asthme. **g.** Il faut surveiller son taux de glycémie en raison de son diabète.
393. les oreillons ; la grippe ; un rhume ; la rougeole ; la malaria ; la varicelle ; une otite ; une angine
394. a. Des troubles oculaires, ce sont des problèmes relatifs aux yeux. **b.** Tu dois prendre ce médicament par voie buccale. Bref, tu le mets dans ta bouche ! **c.** Il avait des problèmes capillaires : il perdait ses cheveux. **d.** Elle a des problèmes cutanés au moindre contact avec l'eau : sa peau est très sensible. **e.** Il a souvent des crises hépatiques. Il a le foie très fragile. **f.** Les problèmes pulmonaires causés par la pollution sont en nette augmentation : une simple radio des poumons nous le démontre. **g.** Les calculs rénaux, ce sont comme de toutes petites pierres que l'on retrouve dans les reins.
395. a. J'ai mal à la gorge. **b.** J'ai des frissons. **c.** J'ai de la fièvre. **d.** Ça me gratte. **e.** J'ai les yeux qui piquent. **f.** J'ai le nez qui coule. **g.** J'ai des douleurs d'estomac.

396. a. Il a été victime d'une crise cardiaque en pleine rue et c'est un passant qui l'a réanimé. **b.** On lui a fait une transfusion sanguine dès son arrivée à l'hôpital. **c.** Si tu ne soignes pas ces troubles auditifs, tu vas devenir sourd ! **d.** Plusieurs patients présentent des troubles pulmonaires qui rendent difficile la respiration. **e.** Elle a souvent des hémorragies nasales. Bref, elle saigne souvent du nez ! **f.** Si les reins ne font pas leur travail, on parle d'une insuffisance rénale.
397. a. Une maladie cutanée. **b.** Une infection pulmonaire. **c.** Insuffisance rénale. **d.** Accélération cardiaque. **e.** Prélèvement sanguin. **f.** Hémorragie cérébral. **g.** Hygiène buccale. **h.** Respiration nasale.
398. a. à l'estomac ; **b.** au dos ; **c.** asthmatique ; **d.** vos poumons ; **e.** au cœur ; **f.** d'obésité ; **g.** à la gorge ; **h.** allergique.
399. 1. ophtamologiste ; **2.** chirurgien ; **3.** gynécologue ; **4.** psychiatre ; **5.** orthopédiste ; **6.** rhumatologue ; **7.** kinésithérapeute
400. médecin ; infirmier ; pharmacien ; chirurgien ; acupuncteur ; gynécologue ; kinésithérapeute ; cardiologue ; diététicien ; dentiste ; ophtalmologiste
401. a. Elle a fait médecine et elle s'est installée comme médecin généraliste. **b.** Un infirmier ou une infirmière à domicile est chargé des soins chez des personnes âgées ou dépendantes. **c.** Le pharmacien ou la pharmacienne délivre les médicaments prescrits par le médecin. **d.** Parmi ses fonctions, il ou elle suit la grossesse, c'est le ou la gynécologue. **e.** Il est un peu comme le responsable du bloc opératoire, c'est le chirurgien ou la chirurgienne. **f.** Il ou elle se charge de la rééducation de la fonction de membres du corps, après un accident par exemple, c'est le kinésithérapeute. **g.** C'est avec ses aiguilles qu'il ou elle guérit ou apaise les souffrances du patient, c'est un acupuncteur ou une acupunctrice. **h.** Le ou la dentiste est spécialiste des pathologies (ou maladies) en lien avec les dents et les gencives. **i.** L'ophtalmologiste se charge des troubles de la vue et des problèmes aux yeux.
402. En France, quand on va chez son médecin traitant, on présente sa carte vitale qui nous permettra d'obtenir le remboursement de cette visite. Si la visite concerne un enfant, notre médecin va nous demander son carnet de santé mais il peut avoir accès à nos informations de santé sous forme télématique grâce au dossier médical partagé ou DMP. Si nécessaire, il ou elle nous fera une ordonnance où sera indiqué le traitement à suivre avec, éventuellement, l'information sur les médicaments à prendre.
403. a. une attelle ; **b.** une prothèse ; **c.** des lentilles ; **d.** des lunettes ; **e.** des béquilles ; **f.** un fauteuil roulant ; **g.** un appareil auditif
404. a. Une chambre d'hôpital ; **b.** des essais cliniques ; **c.** Une crise de foie ; **d.** la crise sanitaire ; **e.** Un carnet de santé ; **f.** un masque chirurgical ; **g.** une crise cardiaque ; **h.** un bloc opératoire
405. a. le foie ; **b.** les os ; **c.** l'estomac ; **d.** l'ouïe ; **e.** un doigt ; **f.** le pouls ; **g.** le dos ; **h.** le bras
406. a. Pour connaître la pulsation du flux sanguin, on prend le pouls. **b.** Populairement en France, on parlait de crise de foie pour désigner les nausées et maux de ventre après un repas copieux. **c.** Elle a mal au coude quand il plie le bras. **d.** Il entend vraiment très bien. Il a une ouïe très fine. **e.** Les orteils désignent les doigts des pieds. **f.** Une digestion difficile peut entraîner des problèmes d'estomac. **g.** Ne porte pas de choses trop lourdes si tu ne veux pas avoir des problèmes de dos. **h.** Notre squelette est constitué de plus de 200 os !
407. a. S'il ne suit pas bien le traitement, il risque de faire une rechute. **b.** On lui a souhaité un prompt rétablissement. **c.** Il a repris le travail alors qu'il n'est pas encore complètement guéri. **d.** Il a demandé un arrêt maladie pour ne pas contaminer ses collègues. **f.** En huit jours il sera remboursé s'il présente sa carte vitale. **g.** Toutes ses maladies et vaccins sont inscrites dans son DMP.
408. a. J'ai dû arrêter la course à pied parce que je souffre du genou droit. **b.** Il souffre de migraines qui lui donnent de terribles maux de tête. **c.** Elle a subi une intervention chirurgicale pour se faire enlever un kyste. **d.** Il est important de se laver les mains avec du savon ou un gel désinfectant. **e.** Il faut adopter les gestes barrières rudimentaires pour prévenir la maladie. **f.** Le carnet de vaccination est très pratique parce qu'il informe contre quoi nous sommes vaccinés. **g.** Son médecin lui a prescrit des médicaments contre la douleur. **h.** Elle a pris froid à cause des courants d'air et depuis, elle est enrhumée.
409. a. L'infirmier a pratiqué un massage cardiaque sur la victime. **b.** Est-ce que ces soins sont pris en charge par la Sécurité sociale ? **c.** Les sapeurs-pompier ont porté secours à la vieille dame. **d.** Elle a décidé de faire un bilan santé. **e.** Pour prévenir une maladie, il est recommandé de se faire dépister. **f.** Je viens de recevoir les analyses de la prise de sang. **g.** Son médecin l'a envoyé se faire une radio des poumons. **h.** Il a été admis aux urgences.
410. a. Rappeler quelque chose à quelqu'un. **b.** Être fatigué. **c.** Ne pas respecter tous les aspects du règlement. **d.** Être enroué, avoir une gêne dans la gorge. **e.** Faire changer sous la contrainte les idées de quelqu'un. **f.** S'informer de l'état d'une situation. **g.** Désigne un État ou une entreprise qui a besoin d'être assisté.e.
411. a. D'abord, il était contre mais sa petite soeur lui a lavé le cerveau tout le week-end et il a dit oui. **b.** Normalement ils connaissent les normes, mais ça ne fait pas de mal une petite piqûre de rappel. **c.** Elle n'arrivait pas à parler à cause d'un chat qu'elle avait dans la gorge depuis le petit matin. **d.** La pauvre, elle est sur les rotules après une dure et longue journée de travail. **e.** Normalement c'est interdit mais pour une fois, on peut bien faire une entorse au règlement. **f.** Je ne voulais pas m'en séparer. Ça m'a vraiment fait mal au coeur. **g.** Avant de mettre en place une telle politique, il est conseiller de prendre le pouls

Corrigés

de la population. **h.** Cette crise oblige à mettre sous perfusion plusieurs secteurs de l'économie.
412. a. ma trousse à pharmacie ; **b.** les instructions d'usage ; **c.** un pansement ; **d.** un répulsif ; **e.** une crème ; **f.** un pansement gastrique ; **g.** périmés
413. a. Parler : que je parle, que tu parles, qu'il / elle / on parle, que nous parlions, que vous parliez, qu'ils / elles parlent. **b.** Venir : que je vienne, que tu viennes, qu'il / elle / on vienne, que nous venions, que vous veniez, qu'ils / elles viennent. **c.** Envoyer : que j'envoie, que tu envoies, qu'il / elle / on envoie, que nous envoyions, que vous envoyiez, qu'ils / elles envoient. **d.** Appeler : que j'appelle, que tu appelles, qu'il / elle / on appelle, que nous appelions, que vous appeliez, qu'ils / elles viennent. **e.** Définir : que je définisse, que tu définisses, qu'il / elle / on définisse, que nous définissions, que vous définissiez, qu'ils / elles définissent. **f.** Recevoir : que je reçoive, que tu reçoives, qu'il / elle / on reçoive, que nous recevions, que vous receviez, qu'ils / elles reçoivent. **g.** Se réveiller : que je me réveille, que tu te réveilles, que nous nous réveillions, que vous vous réveilliez, qu'ils / elles se réveillent. **h.** Mettre : que je mette, que tu mettes, qu'il / elle / on mette, que nous mettions, que vous mettiez, qu'ils / elles mettent
414. Aller ; Être ; Avoir ; Pouvoir ; Savoir ; Faire ; Vouloir ; Valoir ; Falloir ; Pleuvoir
415. a. Être : que je sois, que tu sois, qu'il / elle / on soit, que nous soyons, que vous soyez, qu'ils /elles soient. **b.** Avoir : que j'aie, que tu aies, qu'il / elle / on ait, que nous ayons, que vous ayez, qu'ils /elles aient. **c.** Pouvoir : que je puisse, que tu puisses, qu'il / elle / on puisse, que nous puissions, que vous puissiez, qu'ils / elles puissent. **d.** Savoir : que je sahe, que tu saches, qu'il / elle / on sache, que nous sachions, que vous sachiez, qu'ils / elles sachent. **e.** Faire : que je fasse, que tu fasses, qu'il / elle / on fasse, que nous fassions, que vous fassiez, qu'ils /elles fassent. **f.** Vouloir : que je veuille, que tu veuilles, qu'il / elle / on veuille, que nous voulions, que vous vouliez, qu'iles / elles veuillent. **g.** Falloir : qu'il faille. **h.** Pleuvoir : qu'il pleuve
416. a. aller ; **b.** être **c.** pouvoir ; **d.** jeter ; **e.** agiter ; **f.** savoir ; **g.** pleurer
417. a. Il faut que tu ailles chez le docteur. **b.** Il faut qu'ils boivent beaucoup pour éviter la déshydratation. **c.** Il faut que vous fassiez plus d'activités physiques. **d.** Il faut que tu aies une consommation plus modérée. **e.** Il faut vous lisiez la notice avant de prendre ces cachets. **f.** Il faut que tu puisses prendre un RDV chez le dentiste au plus vite. **g.** Il faut que je dorme plus d'heures selon mon médecin.
418. a. Il ne faut pas que vous oubliez de prendre vos médicaments. **b.** Il est important que vous fassiez vacciner avant le départ. **c.** Il faudra que tu prennes ce sirop deux fois matin et soir pendant une semaine. **d.** Il est vivement conseiller que vous réalisiez le test de dépistage. **e.** Les autorités exigent que vous portiez le masque dans les lieux fermés. **f.** C'est toujours utile que tu fasses une prise de sang. **g.** Il faut que vous sachiez que c'est une zone hautement contaminée.

419. a. présent du subjonctif ; **b.** présent du subjonctif ; **c.** on ne sait pas ; **d.** présent de l'indicatif ; **e.** on ne sait pas ; **f.** présent du subjonctif ; **g.** présent de l'indicatif ; **h.** on ne sait pas
420. a. Ce serait bien que vous soyez suivi par votre médecin. **b.** Nous espérons que les résultats seront négatifs. **c.** Ils souhaitent vivement que tout le monde puisse en bénéficier. **d.** Je crois que sa femme se fera opérer la semaine prochaine. **e.** Nous nous assurons que les mesures sont correctes. **f.** Je ne pense pas qu'il sorte de chez lui avec une telle fièvre. **g.** Nous voyons bien que la situation s'est améliorée depuis l'autre jour.
421. a. vous rétablissiez au plus vite. **b.** soit difficile à guérir. **c.** que ce sera nécessaire d'être vacciné. **d.** ont été commises. **e.** qu'il faut le prendre deux fois par jour. **f.** qu'il soit trop tard. **g.** qu'ils finiront par trouver un remède.
422.

+ indicatif		+ subjonctif	
Constater	Affirmer	Désirer	Ordonner
Observer	Déclarer	Aimer	Interdire
Remarquer	Dire	Souhaiter	Exiger
Penser	Se douter	Craindre	Supplier
Croire	Être sûr.e	Redouter	Regretter
Espérer	Trouver		
Supposer	Voir		
Imaginer			

423. a. Je redoute que le virus soit encore bien présent. **b.** Les organisateurs informent qu'on prendra la température du public à l'entrée de la salle. **c.** Nous regrettons que la population n'ait pas pris au sérieux les recommandations sanitaires. **d.** Vous affirmez qu'il n'y a donc aucun risque. **e.** Tu trouves que nous avons raison de suivre ces recommandations. **f.** Je crains qu'il soit trop tard. **g.** On se doute bien que la crise sanitaire aura des conséquences sur l'économie.
424. a. Crois-tu que Bastien aille chez le médecin ? **b.** Penses-tu qu'il y ait des effets secondaires ? **c.** Es-tu certain que ce soit nécessaire ? **d.** Êtes-vous sûr que Grand-père prenne bien ses médicaments ? **e.** Penses-tu que Samira soit vaccinée contre la fièvre jaune ? **f.** Es-tu convaincue que les résultats soient négatifs ? **g.** Croyez-vous que Nico doive aller se faire dépister ?
425. a. Crois-tu que ce soit vraiment grave ? **b.** Êtes-vous sûr qu'il fasse tout son possible ? **c.** Penses-tu qu'ils puissent s'en remettre ? **d.** Êtes-vous certain qu'il sache le faire ? **e.** Pensez-vous qu'il y ait des risques de rechute ? **f.** Pourquoi penses-tu qu'il faille refaire le test ? **g.** Pensez-vous qu'elle parvienne à retrouver un rythme normal ?
426. D'habitude Pierre ne tombe jamais malade mais cette fois-ci, j'ai l'impression qu'il a quelque chose de sérieux. Je ne crois pas qu'il puisse partir en vacances avec cette fièvre. En tout cas, nous ne voulons pas qu'il sorte de chez lui dans cet état. Nous préférons que ce soit le médecin qui vienne à la maison. Il l'a

ausculté. « C'est important que vous restiez alité un ou deux jours. On peut espérer que la fièvre passera avec un peu de repos. ». « Pensez-vous que je sois en mesure de voyager, docteur ? » S'est-il empressé de demander. Je suis sûr que je vais vite me remettre. « Ah, mon garçon. J'aimerais que ma réponse aille dans le sens de vos souhaits mais je crains que ce ne soit pas le cas. Vous ne pourrez pas voyager d'ici quelques jours au moins ! »
427. a. Voici l'adresse où aller pour que vous vous fassiez dépister. **b.** L'aide soignante reste avec lui pour qu'il prenne bien sa pastille avant de se coucher. **c.** Le médecin lui a donné un médicament pour qu'elle puisse dormir sans interruption du sommeil. **d.** Je disais ça pour que vous alliez faire un bilan santé. **e.** Ta mère a réduit l'achat de boissons sucrées pour que tu en boives moins à la maison. **f.** Il paie une excellente assurance pour que sa famille reçoive tous les soins nécessaires en voyage. **g.** Ses mesures sont indispensables pour que vous évitiez les risques de contagion.
428. a. Qu'est-ce qu'il faut faire pour que les personnes âgées n'attrapent pas la grippe ? **b.** Qu'est-ce qu'il faut faire pour que la population fasse plus attention à son alimentation ? **c.** Qu'est-ce qu'il faut faire pour que les maladies rares puissent enfin être soignées ? **d.** Qu'est-ce qu'il faut faire pour que ce remède soit vraiment efficace ? **e.** Qu'est-ce qu'il faut faire pour que chaque individu reçoive la même qualité de soin ? **f.** Qu'est-ce qu'il faut faire pour qu'un étudiant étranger ait la carte vitale ? **g.** Qu'est-ce qu'il faut faire pour que sa respiration redevienne normale ?
429. a. Il te dit ça pour que tu fasses plus de sport. **b.** Apprenez à connaître les aliments afin de manger plus équilibré. **c.** Nous devons manger des fruits plusieurs fois par jour pour rester en forme. **d.** Il s'est inscrit au club de sport afin que tu t'inscrives à ton tour. **e.** Le menu contient des informations nutritionnelles pour que les clients sachent ce qu'ils ont dans leur assiette. **f.** Appelle le docteur pour qu'il vienne à la maison. **g.** On lui a prescrit ses médicaments afin qu'il se rétablisse au plus vite.
430. a. finissant ; **b.** courant ; **c.** sachant ; **d.** étant ; **e.** ayant ; **f.** venant ; **g.** avançant ; **h.** prescrivant
431. a. Le cerveau travaille énormément en dormant. **b.** Natéo s'est cassé une dent en croquant trop fort dans une pomme. **c.** En voyant ces images, tu arrêteras certainement de fumer. **d.** En prenant les mesures nécessaires, on éviterait d'avoir plus de victimes. **e.** Léa s'est étranglée en avalant son médicament. **f.** Tu irais mieux en faisant du sport. **g.** Il y aurait certainement moins d'obésité dans le monde en consommant moins de boissons sucrées.
432. a. C'est en regardant un reportage sur cette maladie qu'il s'est senti concerné. **b.** Il est entré dans la salle en toussant. **c.** C'est en se faisant dépister que plusieurs nouveaux cas sont apparus. **d.** En lançant un appel au don de sang, les autorités espèrent faire remonter le niveau des réserves.

e. On va essayer de limiter la contagion en sachant très bien que le risque 0 n'existe pas. **f.** Vous pouvez demander de l'aide en appelant directement le service des urgences.
433. a. Il s'expose à des risques réels en ne prenant pas de précautions. **b.** Il s'est fait renverser car il traversait sans faire attention. **c.** Tu ne pourras pas t'y rendre sans demander l'autorisation. **d.** Je ne partirai pas sans savoir la vérité. **e.** En ne suivant pas tes conseils, il a fini par tomber malade. **f.** C'est un exercice à faire sans parler.
434. a. Comme Rodolphe est sous antibiotique, il ne boit que de l'eau et des jus de fruits.
b. Ana ne mange que des produits sans gluten.
c. Olivier n'entend que d'une oreille, mais il entend.
d. Tatiana n'a dormi que 4 heures aujourd'hui.
e. Cédric n'a qu'un léger surpoids. **f.** Morgane ne suit que des traitements naturels. **g.** Pauvre Élise, après cette intervention dentaire, elle ne peut prendre que des liquides. **h.** Saïd n'est parti qu'après avoir été rassuré par le médecin.
435. a. Ses enfants ne passent qu'une fois par semaine pour lui rendre visite. **b.** Mégane ne s'est finalement arrêtée que quelques jours. **c.** Il n'a que trente-sept de fièvre, il peut monter à bord. **d.** Johanna n'est restée au lit que le premier jour de la maladie.
e. Fabrice ne présente que des symptômes légers.
f. Rachid ne peut presque pas bouger à causes des douleurs. **g.** Fatou ne parle que français.
437. a. Elle ne peut manger que des aliments sans sel. **b.** Avec son bras droit cassé, il ne peut écrire qu'avec sa main gauche. **c.** Il n'a eu de la fièvre que pendant les deux premiers jours. **d.** Le petit Jonathan n'a que ses deux dents de devant. **e.** Elle n'a pu obtenir un rendez-vous que pour le mois d'octobre. **f.** Vous n'aurez qu'à télécharger l'application pour permettre le suivi. **g.** Sans lunette, elle ne distingue que les choses de près.

Bilan

1. a. Ophtalmologiste ; **b.** Symptôme ; **c.** Estomac ; **d.** Rhume ; **e.** Gynécologue ; **f.** Chirurgien ; **g.** Analyse ; **h.** Guérir ; **i.** Hématome ; **j.** Torticolis
2. a. Se fouler le poignet ; **b.** Se casser le tibia ; **c.** Se briser les côtes ; **d.** Se tordre le pied ; **e.** Se disloquer l'épaule
3. a. médecine ; **b.** chirurgien ; **c.** clinique ; **d.** dentaire ; **e.** généraliste ; **f.** soigner ; **g.** souffrent ; **h.** maladies ; **i.** centre de soins ; **j.** médecins
4. a. gorge ; **b.** poignet ; **c.** jambe ; **d.** cheville ; **e.** dos ; **f.** bras ; **g.** ventre ; **h.** doigt ; **i.** tête ; **j.** cœur
5. a. Il n'est pas nécessaire que tu ailles chez le médecin. **b.** Je suis persuadé que c'est complètement inutile. **c.** Les autorités sanitaires veulent qu'une grande partie de la population fasse le test. **d.** Ça me fait plaisir que vous soyez présents à la cérémonie. **e.** Il faut que la fièvre baisse sinon elle restera à

la maison. **f.** Penses-tu que nous puissions aller lui rendre visite ce weekend ? **g.** Il y a une chose qu'il faut que vous sachiez… **h.** Je ne suis pas certain qu'il ait le temps d'y aller. **i.** Il nous dit que nous avons encore un peu de temps avant de partir. **j.** Je pense que tu dois quand même aller faire le test.
6. a. Nous éviterons la propagation de la maladie en nous lavant régulièrement les mains. **b.** On récupère tout nos forces en dormant. **c.** En mangeant trop épicé, on peut s'exposer à des problèmes d'estomac. **d.** En restant assis toute la journée face à son écran, il ne risque pas de perdre du poids ! **e.** Le bébé a traversé le salon en avançant à quatre pattes.
7. a. On ne peut prendre ces médicaments que sur ordonnance. **b.** Son bébé n'a encore que quelques dents. **c.** Elle n'a qu'une petite grippe, rien de grave. **d.** Ils ne l'ont laissé partir qu'après être certains qu'il était guéri. **e.** Les visiteurs ne sont admis que s'ils sont vaccinés.
8. a. L'agence de voyages a bien insisté pour que vous n'oubliez pas chez vous votre certification de vaccination à jour avant le départ. **b.** Prenez un répulsif contre les moustiques pour que vous ne vous fassiez pas piquer. **c.** Pour que ce ne soit pas un problème au retour, il faut éviter certaines zones à risque. **d.** Il te dit ça pour que tu n'aies pas peur. **e.** Donnons-leur jusqu'à demain afin qu'ils puissent prendre le temps de se reposer.

Chapitre 11

437. Cinéma ; Cirque ; Théâtre ; Concert ; Musée ; Opéra ; Tragédie ; Cabaret
438. a. Le jongleur ou le clown sont des figures incontournables du cirque. **b.** Avec des pièces comme la Cantatrice chauve, Ionesco est un des précurseurs du théâtre de l'absurde. **c.** J'ai visité le parcours des masques au musée du Quai-Branly. **d.** Carmen est un opéra composé par Bizet. **e.** De la tragédie, on dit souvent qu'elle est grecque. **f.** Nous sommes allés au festival des Vieilles Charrues : on a vu tous les concerts. **g.** Toulouse-Lautrec est connu pour avoir capté dans ses toiles le monde des cabarets parisiens.
439. a. photographie ; **b.** musique ; **c.** sculpture ; **d.** chant ; **e.** magie ; **f.** opérette ; **g.** chanson
440. a. le cirque ; **b.** la musique ; **c.** le cinéma ; **d.** la photographie ; **e.** la sculpture ; **f.** la magie ; **g.** le théâtre ; **h.** la danse ; **i.** la bande-dessinée
441. a. Bigflo & Oli, Zaz, Angèle… font partie du paysage de la chanson francophone du xxie siècle. **b.** On dit souvent que l'opérette est à l'origine de la comédie musicale. **c.** Je garde un excellent souvenir d'une exposition des sculptures de Giacometti. **d.** Qui n'a jamais vu la photographie du Baiser de l'hôtel de ville ? **e.** Le Clézio est un écrivain de langue française qui a obtenu le prix Nobel de Littérature. **f.** On connaît tous la musique de Strauss qui ouvre 2001 l'Odyssée de l'espace. **g.** L'oncle Denis nous impressionne avec ses tours de magie.
442. acteur ; écrivain ; danseur ; photographe ; sculpteur ; comédien ; humoriste ; romancier ; dessinateur
443. a. Victor Hugo est sans aucun doute l'un des écrivains francophones les plus connus au monde. **b.** Elle est danseuse étoile à l'Opéra de Paris. **c.** C'est vraiment un excellent photographe. Il n'y a qu'à voir la qualité de ses clichés. **d.** Les prix du cinéma français les plus connus sont représentés par une statuette du sculpteur César. **e.** C'est un grand comédien de la cinématographie française. **f.** Pour passer un bon moment de détente et de rire, on peut assister à un spectacle d'un des nombreux humoristes. **g.** La célèbre romancière Amélie Nothomb vient de publier un ouvrage qui occupe déjà la tête des ventes en librairie. **h.** Qui se souvient du nom du dessinateur qui signe les vignettes du quotidien Le Monde ?
444. a. d'être très bien placé.e. **b.** ce qui se passe (souvent en négatif) pendant le tournage du film mais qu'on ne voit pas. **c.** On ne parle que d'elle sur les réseaux et dans la presse spécialisée. **d.** On pense que la solution sera facile à résoudre. **e.** Il a dû exagérer sa colère. **f.** à être la leader du mouvement. **g.** Elle a accepté de parler de sa vie privée.
445. a. C'est le producteur. **b.** C'est le directeur de la photographie. **c.** C'est le machiniste. **d.** C'est le réalisateur. **e.** C'est le script. **f.** C'est le costumier. **g.** C'est le cascadeur. **h.** C'est le monteur.
446. a. Arrête donc de faire ton cinéma, la situation n'est pas si dramatique ! **b.** J'ai lu son analyse, il y a quelque chose qui sonne faux. **c.** Il ne supporte plus son adversaire au point de ne plus vouloir le voir, même en peinture. **d.** Pendant l'assemblée, Nicolas a pris la parole pour faire son numéro mais personne ne l'a vraiment écouté. **e.** Les discours ne valent rien, c'est ce qui se passe en coulisses qui importent vraiment. **f.** Le président des jeunesses socialistes est la nouvelle étoile montante de la littérature francophone nous disent les journaux. **g.** Depuis quelques mois, c'est une nouvelle tête qui occupe les devants de la scène politique française.
447. a. Les acteurs ont souvent le trac. **b.** Dans leur loge. **c.** On le lui souffle. **d.** Les coulisses. **e.** Le rideau se lève. **f.** A dû répéter la pièce. **g.** elle montait sur les planches.
448. a. Ils ont répété la scène une bonne dizaine de fois avant de pouvoir la jouer. **b.** J'ai oublié mon texte, tu peux me souffler la réplique ? **c.** Elle a accepté de recevoir les journalistes dans sa loge pour répondre à leurs questions. **d.** C'était un acteur déjà retiré depuis quelques années mais il a décidé de remonter sur les planches pour ce rôle de Tartuffe. **e.** Ah si les spectateurs voyaient tout ce qui se passe en coulisses ! **f.** Juste avant d'entrer en scène, il a été pris d'un trac terrible. **g.** Le spectacle

était tellement nul que les spectateurs n'ont pas attendu la fin pour siffler les comédiens.
449. a. L'ensemble de la production d'un artiste constitue son oeuvre. **b.** Un tableau qui n'a aucune valeur artistique est une croute. **c.** Un film qui est vraiment mauvais est un navet. **d.** C'est un artiste qui a toujours fait preuve d'un immense talent. **e.** Si le public a réservé un mauvais accueil, on peut dire que c'est un échec. **f.** Au contraire, s'il fait beaucoup d'entrées, on peut dire qu'il a rencontré un énorme succès.
450. a. Tous les festivaliers ont applaudi à la fin de la projection de son dernier film. **b.** Demain, c'est le vernissage d'une exposition d'art contemporain au Centre culturel municipal. **c.** Pendant tout l'été, cette petite chapelle a accueilli des concerts de musique baroque. **d.** Les festivals de musique, mais de cinéma, de photographie, etc. animent les villes de France surtout pendant la période estivale. **e.** Des jongleurs, des marionnettes, des cracheurs de feu font partie des artistes habituels du spectacle de rue. **f.** Elle ne rate jamais le salon annuel de la bande dessinée que la ville organise.
451. Documentaire ; Chaine ; Série ; Plateforme ; Téléviseur ; Écran ; Saison ; Abonnement ; Programme ; Télé
452. On ne regarde plus la télé comme avant. Ces dernières années nous avons assisté à l'essor des plateformes en streaming. Celles-ci ont ont bouleversé le panorama audiovisuel. On ne dépend plus de la grille des programmes des chaînes de télévision mais de l'offre d'un catalogue de films, de séries ou de documentaires que l'on peut voir sur demande contre abonnement mensuel. Un peu comme l'on choisit les livres de notre choix dans une bibliothèque ou une librairie. C'est une vraie révolution dans nos habitudes ! Avant on regardait les séries au rythme d'un épisode par semaine. Maintenant, on peut voir des saisons entières en quelques jours. Et en plus, ces plateformes s'adaptent à nos goûts ou plutôt à notre profil. Le téléviseur reste donc un écran essentiel dans les foyers mais la télé est de plus en plus remplacée par cette offre personnalisée que les plateformes en streaming proposent.
453. Après des centaines de représentations, ce soir, c'est la dernière. Le rideau est définitivement tombé. Tous les membres de la troupe ont rejoint leur loge après plusieurs rappels. Mais la joie n'y est pas. Eh oui, c'est fini. Les acteurs se souviennent encore de la première. Toutes les entrées avaient été vendues. Et depuis, la salle n'a pas désempli. Il faut dire que les critiques des journalistes qui avaient assisté à l'avant-première avaient toutes été excellentes. Quand le rideau s'est levé pour la première fois après les trois coups, les projecteurs empêchaient de voir la salle depuis la scène mais on pouvait deviner le visage de satisfaction du public admiratif de l'excellent jeu des acteurs. Le metteur en scène qui observait le déroulement de la pièce depuis les coulisses avait encore plus le trac que ses acteurs. Quel dommage que des circonstances exceptionnelles obligent à fermer les théâtres et les salles de spectacles.
454. a.6 ; b.1 ; c.3 ; d.5 ; e.2 ; f.7 ; g.4
455. a. L'art déco ; **b.** l'art de la Grèce Antique ; **c.** d'art gothique ; **d.** à l'art rupestre ; **e.** l'art nouveau ; **f.** l'art byzantin ; **g.** l'art maya
456. a. Une archéologue [k] ; **b.** Une arche [ʃ] ; **c.** Une architecte [ʃ] ; **d.** Une choriste [k] ; **e.** Une orchestre [k] ; **f.** Une chronologie [k] ; **g.** Une chorégraphie [k] ; **h.** Une chorale [k]
457. a. mosquée ; **b.** dolmens ; **c.** remparts ; **d.** fouilles ; **e.** musée ; **f.** vestiges ; **g.** château ; **h.** synagogue ; **i.** temple
458. a. Il travaille comme guide-conférencier dans le plus important musée de la ville. **b.** La vieille ville est entourée de remparts. **c.** Ronan et son équipe effectuent encore des fouilles sur ce site archéologique. **d.** La grande mosquée de Tombouctou est inscrite au patrimoine de l'humanité. **e.** On peut apercevoir ça et là des vestiges de la cité romaine. **f.** La quantité impressionnante de menhirs et de dolmens en fait le site mégalithique le plus important du monde. **g.** Pendant leur séjour à Yogyakarta, ils ont visité le superbe temple de Borobudur. **h.** On peut apprécier le style néo-byzantin de la grande synagogue de Paris. **i.** Alors qu'elle était en ruine il y a une dizaine d'années, la tour médiévale a été complètement restaurée.
459. a. Nous avons écouté un récital de poésie médiévale. **b.** J'ai adoré le concert de jazz d'hier soir. **c.** La mairie a inauguré une salle de cinéma d'art et essai. **d.** En été, la municipalité organise un festival de théâtre de rue. **e.** Elle s'occupe d'une petite galerie d'art en centre ville. f. Il y a plusieurs salles d'exposition dans la ville. **f.** Le programme des activités du centre culturel est très varié. **g.** Les collégiens ont visité le musée des sciences.
460. a. ce ; **b.** Cet ; **c.** cette ; **d.** Ces ; **e.** cet ; **f.** ce ; **g.** cette ; **h.** Cet
461. a. ce tableau ; **b.** cette série ; **c.** cette ville ; **d.** ce livre ; **e.** ce film ; **f.** ces ponts ; **g.** cette église ; **h.** ce roman
462. a. Celui-ci, celui-là ; **b.** celui-ci ; **c.** ceux ; **d.** celles ; **e.** celui ; **f.** ceux ; **g.** celle ; **h.** Celui
463. Celui, celui, celle, celle-là, c'est, ceux, c'est, c'est ça, celle, celle-là, celle, C'était, ça, celui-ci, C'est, C'est, ça
464. a. C'est la période qui est associée à ses premiers tableaux. **b.** Ce sont des objets que les archéologues ont retrouvés lors des fouilles. **c.** Ce n'est pas ce que j'ai dit. **d.** C'est une pièce que je recommande vivement d'aller voir. **e.** C'est sous la IIIe République qu'on a commencé à mettre en valeur ces périodes de l'Histoire. **f.** C'est pendant notre séjour dans le Sud-Est asiatique que nous avons visité ces temples. **g.** Est-ce que ce sont ces colonnes qui caractérisent l'ordre dorique grec ? **h.** C'est l'ouvrage qu'il faut avoir pour comprendre l'Histoire de l'art.

Corrigés

465. a. C'est ce film qui a remporté plusieurs Césars. **b.** C'est un numéro que le public adore. **c.** C'est Eric-Emmanuel Schmitt qui a écrit cette pièce. **d.** C'est nous qui lui avons offert des entrées pour le festival. **e.** C'est l'actrice Sara Giraudeau que nous avons vue dans plusieurs séries dont *Le bureau des légendes*. **f.** C'est en banlieue parisienne que *Les misérables* du réalisateur malien Ladj Ly a été tourné.
466. a. On n'a pas l'habitude de la voir dans ce rôle. **b.** Il s'est fracturé une jambe en tournant ce film. **c.** Je n'irai pas voir cette pièce. **d.** Ce tableau illustre le mieux son œuvre. **e.** Elle s'est d'abord fait remarquer dans la mode. **f.** Il ne risque pas de gagner une Victoire de la musique. **g.** Les spectateurs sont allés voir ce film parce qu'elle joue dedans.
467. a. avaient lu ; **b.** n'était pas sorti ; **c.** était montée ; **d.** n'étais pas venu ; **e.** avions fait ; **f.** s'était retrouvée ; **g.** aviez publié ; **h.** nous nous étions rendus
468. a. n'étions jamais allés ; **b.** elle en avait déjà faite ; **c.** avait joué ; **d.** nous avions visité ; **e.** vous aviez vu ; **f.** était venu ; **g.** s'étaient levés ; **h.** avait été
469. b. On nous avait donné deux entrées pour le spectacle mais nous n'y sommes finalement pas allés. **c.** C'était un peintre qui avait d'abord suivi un parcours très classique avant de se lancer dans un style complètement révolutionnaire. **d.** Elle était devenue une star de cinéma en à peine quelques années mais elle n'y était pas vraiment préparée. **e.** Quand j'ai vu le film, je n'avais pas encore lu le roman. **f.** Il a connu le succès alors qu'il était déjà mort. **g.** Elle était tombée dans l'oubli jusqu'au moment où un jeune réalisateur lui a donné ce rôle merveilleux qui l'a remise en tête d'affiche.
470. a. s'était durement battue, avait attribué ; **b.** s'était initiée, avait commencé, était sortie, n'avait pas encore rencontré ; **c.** avait obtenue, avait réalisés, ne s'était pas orientée, s'était installée
471. a. Quand il était enfant, il avait déjà joué dans plusieurs films. **b.** A sa sortie, le film avait unanimement été salué par la critique. **c.** Elle s'était apparemment trompée dans sa réplique mais personne ne l'a remarqué. **d.** Il était déjà célèbre à cette époque-là mais il n'avait pas encore reçu de César. **e.** Elle n'avait jamais occupé la tête d'affiche mais tout le monde l'aimait bien. **f.** Avant de devenir célèbres chacun de leur côté, ces deux acteurs avaient souvent joué ensemble à leur début. **g.** Après des années à jouer les seconds rôles, on l'avait enfin appelée pour être l'actrice principale.
472. a. je suis ; **b.** avaient ; **c.** j'avais ; **d.** ils avaient ; **e.** a ; **f.** n'avait pas encore ; **g.** a ; **h.** n'était toujours pas

Bilan

1. a. un théâtre ; **b.** un chef-d'œuvre ; **c.** une œuvre d'art ; **d.** une sculpture ; **e.** une archéologue ; **f.** un danseur ; **g.** un architecte ; **h.** les coulisses ; **i.** le studio ; **j.** le scénariste

2. Texte 1 : Nous n'étions jamais allés à l'opéra. Alors l'autre jour, nous avons décidé d'aller voir *Don Giovanni* de Mozart. Quel spectacle ! C'était vraiment merveilleux, dans une mise en scène parfaite. Les acteurs étaient particulièrement bons. Quelles voix ! L'orchestre m'a aussi beaucoup impressionné. En plus, nous étions aux premières loges. Quelle chance ! Franchement, moi qui pensais m'ennuyer pendant la représentation, j'ai adoré. **Texte 2** : Si on me demandait de citer deux sculpteurs à m'avoir marqué, je citerais Giacometti et Botero. Les deux artistes ont un style différent et même opposé mais j'aime beaucoup leur œuvre. De Giacometti, je garde l'excellent souvenir d'une exposition au début des années 90.
Et de Botero, c'est son musée à Bogota qui m'a séduit. Une grande partie de ses peintures et de ses sculptures y sont exposées. **Texte 3** : Beaucoup de villes d'Europe ont su préserver leur patrimoine. Il y a souvent des remparts qui entourent la vieille ville qui constitue la cité médiévale où on trouve aussi des églises gothiques ou romanes. Ce n'est pas rare non plus d'y apprécier des ruines qui remontent à l'époque romaine et qui ont été mises au jour à l'occasion de fouilles archéologiques.
3. a. ce ; **b.** celles ; **c.** Ces ; **d.** celle-là ; **e.** ceux/celles ; **f.** celui ; **g.** cet ; **h.** cette ; **i.** Cette ; **j.** celle
4. a. Ce sont les photos qu'il expose à la Galerie Seurat. **b.** C'est son dernier roman que je viens de lire. **c.** C'est à cette étape de sa vie qu'elle s'est mise à écrire. **d.** Ce sont surtout des films de ses années parisiennes que nous vus. **e.** Ce sont ces fouilles qui ont permis de mettre au jour de véritables trésors.
5. a. nous n'avions jamais assisté ; **b.** étiez déjà allés ; **c.** avais déjà visité ; **d.** avaient pris ; **e.** avait reçu ; **f.** ne s'était vraiment pas lancée ; **g.** avait écrit ; **h.** avait exposé ; **i.** n'avais pas réussi ; **j.** ne s'étaient pas revus

Chapitre 12

473. a. vendeuse ; **b.** informaticienne ; **c.** docteure ; **d.** écrivain ; **e.** secrétaire ; **f.** professeur ; **g.** chauffeur ; **h.** ingénieur
474. a. sexeur de poussin ; **b.** testeur de toboggans ; **c.** verbicruciste ; **d.** nounou de pandas ; **e.** grutier ; **f.** sirène d'aquarium ; **g.** sage-homme ; **h.** nez
475. a. Crée les grilles de mots croisés. Verbicruciste. **b.** Plonge dans un bassin pour jouer le rôle d'une créature mythique. Sirène d'aquarium. **c.** Est capable de reconnaitre les mâles et les femelles poussins. Sexeur de poussins. **d.** Assiste les femmes qui accouchent et s'occupent des bébés. Sage-homme. **e.** Compositeur, parfumeur et créateur de parfums.

Nez. **f.** Technicien qualifié dans la conduite et manœuvre des engins de chantier. Grutier. **g.** Nourrir, caresser, s'occuper et veiller sur des bébés pandas. Nounou de pandas ; **h.** Essayer les attractions de parcs aquatiques avant l'ouverture au public. Testeur de toboggans.
476. plombier ; employée de maison ; hôtesse de l'air ; mécanicien-ne ; bûcheron ; aide soigante ; pompier
477.

Hygiène	Santé	Beauté
Agent d'entretien ; technicien de surface ; contrôleur d'hygiène ; inspecteur d'hygiène en restauration	Sage-femme ; kinésithérapeute ; infirmière ; garde-malade ; technicien de laboratoire	Pothésiste ongulaire ; esthéticien ; chirurgien esthétique ; maquilleuse.

478. a. enseigner ; **b.** piloter ; **c.** commercialiser ; **d.** réparer ; **f.** construire ; **g.** diriger ; **h.** protéger ; **i.** élever
479.

Enseigner	instituteur, maitresse, professeur, assistant pédagogique, conseiller pédagogique,
Construire	maçon, architecte, ingénieur en génie civil, plâtrier, charpentier,
Réparer	mécanicien, plombier, électricien,
Piloter	pilote, co-pilote, aviateur,
Diriger	directeur, manager, chef de projet, entrepreneur
Décorer	décorateur d'intérieur, peintre
Protéger	policier, pompier, gendarme, militaire, agent de sécurité,
Commercialiser	vendeur, responsable commercial, chargé de communication, publicitaire,
Élever	agriculteur, cultivateur, paysan, dresseur de chien

480. a. vendeur de fruits et légumes ; **b.** informaticien ; **c.** musicien ; **d.** caméraman ; **e.** chirurgien ; **f.** chanteur
481. Développeur informatique, architecte réseau, contrôleur des impôts, chef de chantier, surveillant pénitentiaire, conducteur routier, directeur artistique, assistante sociale.
482. a. médecin ; **b.** professeure ; **c.** fonctionnaires ; **d.** avocate ; **e.** pharmacien ; **f.** dentiste ; **g.** astronaute ; **h.** assistantes.
483. mannequin ; commercial ; cuisinier ; puéricultrice ; concepteur ; modéliste ; paysagiste peintre

484. a. puéricultrice ; **b.** concepteur ; **c.** commercial ; **d.** peintre ; **e.** cuisinier ; **f.** mannequin ; **g.** modéliste ; **h.** paysagiste
485. a. Marine a engagé un détective privé pour enquêter sur le cambriolage de sa maison. **b.** Le juge qui a tranché dans l'affaire est une dame fort sympathique. **c.** Un espion a été démasqué en Italie. **d.** J'aimerais engager un laveur de vitres pour l'immeuble de mon entreprise. **e.** Le fils de Nathalie souhaite devenir dessinateur professionnel. **f.** Les chimistes travaillent dans des laboratoires sur la création de médicaments. **g.** Les politiciens sont de bons orateurs, ils maitrisent l'art de la parole. **h.** Tous les dimanches matin je vais chez le laitier du village pour chercher du fromage.
487. a. chanteuse ; **b.** laitière ; **c.** auteure ou autrice ; **d.** agricultrice ; **e.** magicienne ; **f.** factrice ; **g.** serveuse ; **h.** boulangère
488. a. Handballeur ; **b.** Footballeur ; **c.** Nageur ; **d.** Tennisman ; **e.** Rugbyman ; **f.** Volleyeur ; **g.** Hockeyeur ; **h.** Skieur
489. a. Emplois ; **b.** Métiers ; **c.** Formation ; **d.** Parcours ; **e.** Fonction ; **f.** Contrat ; **g.** Profils ; **h.** Travailleurs
490. a. Vrai ; **b.** Vrai ; **c.** Faux ; **d.** Faux ; **e.** Vrai ; **f.** Faux ; **g.** Vrai ; **h.** Vrai
491. a. Le responsable marketing en ligne : définit la stratégie commerciale du site, met en place des outils pour mesurer la fréquentation et les résultats, veille à la cohérence avec l'image de l'entreprise. **b.** Un chef de projet web est responsable d'un projet sur un site internet. **c.** Le rédacteur web est souvent un jeune journaliste qui va chercher l'information et doit la mettre en forme avec rapidité et concision. **d.** Le développeur web doit traduire toutes les fonctions d'un site en langage informatique. Il doit donc maîtriser les logiciels de programmation. **e.** Youtubeur désigne généralement un individu dont l'activité professionnelle ou quasi-professionnelle est de produire des vidéos diffusées sur YouTube dans lesquelles il figure le plus souvent. **f.** Le webdesigner conçoit la charte graphique d'un site (couleurs, polices), mais doit aussi veiller à ce que la navigation soit aisée et agréable. **g.** Le blogueur est un producteur de contenus web. Souvent spécialisé dans un ou plusieurs domaines, il a pour objectif de générer du trafic sur son blog afin de bénéficier de revenus publicitaires. **h.** L'analyste de données est chargé de la gestion, de l'analyse et de l'exploitation des données massives au sein d'une entreprise, c'est l'évolution de l'analyste de données (data analyst) à l'ère du Big Data.
491.

Nom	Verbe	Adjectif
Maire, mère, mer, avocat, avocat, père, paires, vers, verres,	Perd	Vert

492. correction libre
493. Gagne-pain, taf, boulot, job
494. a. pédiatre ; **b.** dentistre ; **c.** pharmacien ; **d.** chirurgien ; **e.** anesthésiste ; **f.** sage femme ; **g.** brancardier ; **h.** infirmier
495. a. opposition ; **b.** opposition ; **c.** pas d'opposition ; **d.** opposition ; **e.** pas d'opposition ; **f.** opposition ; **g.** opposition ; **h.** pas d'opposition
496. a. Alia aime la médecine, c'est pourquoi elle est chirurgienne. **b.** Il a fait des études de lettres pourtant il exerce dans un autre domaine. **c.** Il travaille en boulangerie car il n'a pas trouvé le poste qu'il voulait. **d.** Beaucoup de nos élèves d'insèrent facilement dans le monde du travail parce que notre université est de renommée. **e.** Il a fini ses études d'architecture néanmoins il ne veut pas travailler tout de suite. **f.** Il a toujours aimé l'artisanat si bien qu'il a arrêté ses études. **g.** Il a obtenu son aptitude à exercer en tant qu'avocat bien qu'il ne compte pas le faire. **h.** Il a réussi ses examens, cependant il n'est pas content des résultats.
497. a. Marie part à l'étranger même si elle devait assister au mariage demain. **b.** Lisa et Clothilde sont médecins pourtant Benjamin est infirmier. **c.** Il a oublié son attestation or elle est obligatoire pour rentrer. **d.** Sa mère est professeure en revanche son père est à la retraite. **e.** Bien qu'elle soit diplômée, elle ne trouve pas de travail. **f.** Il n'a pas un bon salaire mais il est content dans son travail. **g.** Il rentre tôt du travail cependant il fait du télétravail le soir. **h.** Il compte changer de métier portant il aime ce qu'il fait.
498. correction libre
499. a. Il espère avoir de bons résultats, alors qu'il n'avait pas révisé. **b.** Les professeurs ont constaté son échec, pourtant ils n'ont fait aucun retour aux parents. **c.** Paul est arrivé en retard alors que le train était à l'heure. **d.** Inès adore cette robe, mais elle souhaite la vendre. **e.** Florian affirme qu'il est végan, mais il continue à manger de la viande. **f.** Jessica ne trie jamais, pourtant la ville fait une compagne de sensibilisation au tri. **g.** Il ne souhaite pas changer de travail même s'il est mal payé. **h.** Kate n'est pas douée avec les chiffres, mais elle souhaite devenir comptable.
500. correction libre
501. a. Il fait du démarchage. Pourtant, il n'aime pas le contact avec les gens. **b.** Il fait du télétravail. Néanmoins, il préfère travailler au bureau. **c.** Nelya n'aime pas les influenceuses. Toutefois, elle regarde leurs vidéos. **d.** Stéphanie a enseigné pendant quinze ans, pourtant elle n'a jamais voulu être professeure. **e.** Sarah s'est formée pendant longtemps, pourtant son métier sera amené à disparaitre dans quelques années. **f.** Elle gère une équipe. Toutefois, elle ne sait pas manager. **g.** Le responsable était absent. Cependant, la réunion s'est bien déroulée. **h.** Jean est un employé fiable, pourtant, il n'est pas très productif.
502. Si j'avais eu la moyenne requise j'aurais étudié l'architecture. Je ne sais pas si j'aurais été heureuse si j'avais fait ces études. Si je n'avais pas choisi ce domaine je n'aurais pas connu le bonheur de travailler avec les enfants. Si je perds le contact que j'ai avec mes élèves je serai triste. Si je réussis mon examen de titularisation, je ferai ce travail pendant de longues années. Je pourrais enseigner à l'étranger si l'occasion se présentais. Si je n'ai pas de visa je ne pourrai pas. Je serais partie l'année dernière si je n'avais pas reçu de refus.
503. a. Si j'avais du temps et de l'énergie j'étudierais la médecine. **b.** Si j'obtiens le travail que je veux je ferai une fête. **c.** Si j'avais révisé ce module j'aurais obtenu mon année. **d.** Si j'ai un chat je l'emmènerai au bureau. **e.** Si j'avais le choix je soignerais mes dents chez ton dentiste. **f.** Si je trouve un bon peintre je le prendrai directement. **g.** Si nous avions eu la voiture qu'on voulait nous n'aurions pas choisi celle-ci.
504. correction libre
505. a. Si tu viens aujourd'hui, tu auras une chance d'être embauché. **b.** S'il s'excuse pour son erreur, il lui pardonnera. **c.** Si j'étais riche, je lancerais ma start-up. **d.** Si tu avais été plus attentif, tu n'aurais pas fait ces erreurs. **e.** Si tu nous avais appelé, nous serions venus. **f.** Si tu avais réellement préparé ta réunion, tu n'aurais pas été en dificulté. **g.** Si tu veux réussir, travailles.
506. a. hypothétique réelle ; **b.** hypothétique réelle ; **c.** hypothétique irréelle ; **d.** hypothétique irréelle ; **e.** hypothétique réelle ; **f.** hypothétique irréelle ; **g.** hypothétique réelle ; **h.** hypothétique irréelle
507. a. Tu passeras en premier si tu viens tôt demain matin. **b.** S'il vient à l'heure, nous l'embaucherons. **c.** Il ne se ferait pas licencier s'il était plus productif. **d.** Si elles avaient commencé à temps, Marie et Elise auraient terminé leur travail. **e.** Je peux t'aider si tu veux. **f.** Je lancerais ma startup si j'avais de l'argent. **g.** Je n'aurais pas commis cette erreur si j'avais demandé à mon responsable. **h.** Il n'aurait pas été pris s'il n'avait eu les recommandations de son supérieur.

Bilan

1. a. Contrairement à ce que les gens pensent, le métier de professeur est très dur. **b.** Au lieu de se reposer, il continue de travailler. **c.** L'âge moyen d'un directeur a baissé : 40 ans, contre 45 ans, une décennie plus tôt. **d.** Il demande à être remboursé même s'il a pu voyager. **e.** Axyl aime le football, sa sœur le tennis. **f.** Il n'a pas rendu son rapport alors qu'il devait le faire hier. **g.** Bien qu'ils fassent le même travail, ils n'ont pas le même rendement. **h.** Malgré mon attachement à mon travail, j'envisage de changer d'entreprise.
2. correction libre
3. a. Si elle était en déplacement professionnel, elle ne serait pas présente à la réunion. **b.** Si vous n'étiez

pas partis plus tôt, vous auriez loupé votre rendez-vous ! **c.** Si tu n'aimes pas beaucoup ton patron, va voir ailleurs ! **d.** Si tu as bien révisé, tu n'auras pas de mauvaise note. **e.** Si nous étions en congés, nous ne serions pas là aujourd'hui pour vous aider.
f. Si tu ne m'avais pas écouté, tu aurais envoyé ce courriel plein de fautes ! **g.** S'il l'a reçu, qu'il ne prévienne pas Michaël. **h.** Si j'appelle avant 13h, c'est que je ne pourrai pas venir. **i.** S'il était aussi dépensier, il n'aurait pas pu s'acheter cette voiture.
j. S'il travaillait autant, il n'aurait pa été en meilleure santé.

Chapitre 13

508. a.6 ; b.5 ; c.6 ; d.3 ; e.2 ; f.4 ; g.1
509. a. *Le corbeau et le Renard* est une célèbre fable de Lafontaine. **b.** Ce qui vous est arrivé est incroyable ! C'est une histoire à dormir debout.
c. Qui ne connaît pas le mythe de Sisyphe ou celui d'Orphée ? **d.** L'*Odyssée* est certainement une des plus connues des épopées grecques. **e.** Tous les soirs, pour s'endormir, sa maman lui lisait un conte !
f. J'ai toujours aimé lire des récits de voyages, réels ou imaginaires.
510. a. un mythe ; **b.** un fantôme ; **c.** un héros ; **d.** un génie ; **e.** une sorcière ; **f.** un château ; **g.** une épopée
511. a. une fée ; **b.** un lutin ; **c.** un génie ; **d.** un fantôme ; **e.** une sirène ; **f.** un dragon ; **g.** un ogre ; **h.** une licorne
512. a. Le jeune garçon et la princesse se sont enfuis sur un tapis volant. **b.** On dit que les dragons volent et crachent du feu. **c.** Les habitants du village racontent que des lutins habitent la forêt. **d.** Les nuits de pleine lune, on peut apercevoir une sorcière sur son balai. **e.** D'un coup de baguette magique, la fée a transformé le crapaud en prince charmant.
f. Une licorne ? C'est un peu comme un cheval imaginaire avec une corne. **g.** Tous les ogres ne sont pas méchants ! Regardez, Shrek est très gentil.
h. Les habitants du village disent que le fantôme du baron hante le manoir.
513. a. fontaine ; **b.** château ; **c.** lac ; **d.** prince ; **e.** forêt ; **f.** royaume ; **g.** héroïne ; **h.** palais
514. a. La légende raconte que l'eau de la fontaine guérit les maladies. **b.** La princesse guettait le retour du chevalier depuis la plus haute tour du château. **c.** Les princes charmants n'existent que dans les contes, on le sait bien. **d.** Le chevalier a tué le dragon et libéré la princesse. **e.** Le sultan habite un beau et grand palais sur les rives du golfe. **f.** La jeune fille est la véritable héroïne de l'histoire. **g.** Les anciens racontent que les vieux arbres de la forêt parlent aux passants les soirs de tempête. **h.** On dit que les matins de brume, une ombre marche sur les eaux du lac.

515. a. roi ; **b.** prince ; **c.** tradition ; **d.** mythe ; **e.** légende ; **f.** chevalier ; **g.** héros ; **h.** épopée
516. a. Le mariage princier s'est tenu dans la grande cathédrale de la capitale. **b.** Il a eu une attitude chevaleresque envers son ennemi. **c.** Citez trois personnages mythologiques grecs. **d.** Les Acadiens se souviennent des actes héroïques de Françoise-Marie Jacquelin pour défendre leurs libertés. **e.** Roland est considéré comme un véritable personnage épique.
f. C'est un plat traditionnel indien. **g.** Ce sont des héros légendaires.
517. a. Ali Baba ; **b.** Le petit Chaperon rouge ;
c. Le chat botté ; **d.** La Belle au bois dormant ;
e. Boucle d'Or et les trois ours ; **f.** Les trois petits cochons ; **g.** Le vilain petit canard
518. a. Les trois petits cochons ; **b.** Ali Baba ; **c.** Boucle d'Or et les trois ours ; **d.** La Belle au bois dormant ;
e. Le vilain petit canard ; **f.** Le petit Chaperon rouge
519. a. une sorcière – un chat noir ; **b.** une princesse – un crapaud ; **c.** un prince charmant – un cheval blanc ; **d.** Boucle d'Or – une famille d'ours ; **e.** un preux chevalier – un dragon ; **f.** Cendrillon – des rats ; **g.** Alice – un lapin ; **h.** Le petit chaperon rouge – un loup
520. a. un roman ; **b.** une nouvelle ; **c.** une pièce de théâtre ; **d.** une poésie ; **e.** une biographie ;
f. un manga ; **g.** un polar
521. a. un/une conteur/conteuse ; **b.** un/une auteur/auteure (on peut aussi dire autrice) ; **c.** un/une écrivain/écrivaine ; **d.** un/une poète/poétesse ; **e.** un/une romancier/romancière ; **f.** un/une dramaturge
522. a. Un romancier – un roman ; **b.** Un essayiste – un essai ; **c.** Un poète – un poème ; **d.** Un dramaturge – une pièce de théâtre ; **e.** Un bédéiste – une bande dessinée
523. a. vers ; **b.** vers ; **c.** vert ; **d.** ver ; **e.** vers ; **f.** verre ; **g.** vers
524. a. L'alexandrin est un vers classique de 12 pieds ou syllabes. **b.** La bouteille est tombée et il y a des morceaux de verre partout. **c.** Combine du bleu et du jaune et tu obtiendras du vert. **d.** On lui a servi du champagne dans un verre à eau ! **e.** On dit que les souliers de Cendrillon était en verre. **f.** Il marche droit vers sa perte. **g.** Elle n'a pas mangé la pomme : elle contenait un ver.
525. a. bibliobus ; **b.** libraire ; **c.** un marque-page ;
d. lire un livre ; **e.** le sommaire ; **f.** numérique ;
g. des médiathèques.
526. a. les pages ; **b.** la table des matières ; **c.** les notes en bas de page ; **d.** les chapitres ; **e.** un bouquin ;
f. une liseuse ; **g.** une maison d'édition ; **h.** une librairie
527. a. médiathèque ; **b.** sommaire ; **c.** bouquiniste ;
d. prologue ; **e.** livre numérique ; **f.** tablette ; **g.** critique
528. a. Si le film est mauvais, c'est un navet.
b. Il a obtenu un prix pour son rôle de docteur.
c. Je n'ai pas eu le temps de rédiger un article sur le sujet. **d.** Sa dernière pièce est un chef-d'œuvre.
e. Les privilégiés qui ont pu assister à l'avant-première sont vraiment chanceux. **f.** J'admire le jeu de cette actrice. **g.** Qui va présenter la prochaine cérémonie des Césars ?

529. a. L'auteur fétiche des Français sera dans l'émission littéraire de ce soir pour présenter son tout dernier roman. **b.** Elle avait décidé de relater les évènements qui secouèrent son enfance dans un livre en grande partie autobiographique. **c.** Cette histoire prétend retracer la vie de cette femme qui a marqué la politique des années d'après-guerre. **d.** Enfant, il adorait que le maître l'appelle pour réciter les vers du poème appris la veille. **e.** Je vais vous narrer les aventures de ce personnage. Vous verrez qu'il était vraiment exceptionnel ! **f.** Je trouve qu'il a su merveilleusement bien interpréter ce rôle. **g.** Le directeur m'a demandé de rédiger un article sur la situation actuelle. **h.** Sa fille lui demandait systématiquement de lui raconter une histoire avant d'éteindre la lumière et de s'endormir.

530. a. C'est un excellent roman, un vrai chef-d'œuvre. **b.** J'ai eu le privilège de voir la pièce en avant-première. **c.** Il a commencé sa carrière d'artiste dans des petits rôles au cinéma. **d.** C'est une grande actrice. Elle interprète si bien ses personnages. **e.** Quel navet ! C'est le plus mauvais que j'ai vu depuis longtemps. **f.** La critique a été dure avec lui mais le public a salué son jeu. **g.** J'ai envie d'aller voir un bon film. Qu'est-ce que tu me recommandes ?

531. a. coloriste ; **b.** illustrateur ; **c.** vignette ; **d.** scénariste ; **e.** planche ; **f.** onomatopée ; **g.** festival

532. a. Vrai ; **b.** vrai ; **c.** faux ; **d.** faux ; **e.** vrai ; **f.** faux

533. a. Dans une BD, les bulles contiennent les paroles ou pensées des personnages. **b.** Une page complète de vignettes constitue une planche. **c.** Les vignettes sont chacune des cases qui forment la BD. **d.** On appelle communément un livre de BD un album. **e.** Zep est un dessinateur suisse dont l'œuvre principale est le personnage de Titeuf. **f.** Les onomatopées « Oh », « Grrrr », etc. sont des recours fréquents en BD.

534.

Pour commencer	Pour continuer	Pour conclure
D'abord	Deuxièmement	En dernier lieu
En premier lieu	Ensuite	Enfin
Premièrement	puis	Finalement

535. Texte 1 : Tout d'abord, je dirais qu'il faut faire preuve d'un peu d'imagination. La lecture aide à en avoir. Puis, il faut commencer à planifier l'histoire (les personnages, leur rapport, le contexte dans lequel ils évoluent, un fait déclencheur, une fin...). Finalement, il faut passer à l'écrire, pas nécessairement sur du papier ou à l'écran : on peut le faire dans sa tête avant.
Texte 2 : Je pense que les contes populaires le sont de moins en moins. Pourquoi ? Tout d'abord, parce que les enfants lisent de moins en moins et ensuite parce que les parents passent moins de temps à leur lire des histoires. Finalement, les contes traditionnels sont de plus en plus critiqués en raison de leur contenu.

536. a. D'une part, nous avons l'Histoire, avec un grand H. Ce sont d'abord des faits et des dates ; ensuite ce sont des noms de lieux et de personnages. D'autre part, il y a ce qu'on raconte. Des récits plus ou moins justes qui parfois se transforment en légende. **b.** En premier lieu, je voudrais signaler l'universalité des contes ou des légendes. On en trouve dans toutes les cultures. Puis je voudrais faire remarquer les nombreuses similitudes que ces histoires présentent. En dernier lieu, je voudrais insister sur l'importance de continuer à les transmettre. Cela fait partie de notre patrimoine immatériel.

537. a. Victor Hugo a écrit La légende des siècles alors qu'il était exilé à Guernesey. **b.** George Sand a eu une grande influence sur la vie intellectuelle et littéraire du XIXᵉ siècle. C'était aussi une écrivaine très prolifique. **c.** C'est un journal qui a d'abord publié Les trois mousquetaires sous forme de feuilleton. Les célèbres aventures de D'Artagnan ne sont sorties en roman que quelques années plus tard. **d.** Moins connue que George Sand, Delphine Gay a pourtant écrit plusieurs romans, ainsi que des poèmes et des pièces de théâtre. Elle réunissait régulièrement le monde littéraire dans son salon. **e.** Emile Zola s'est fait connaître pour ses romans dont les plus célèbres regroupés sous le titre des Rougon-Macquart mais il s'est aussi engagé pour des causes politiques comme l'affaire Dreyfus.

538. a. C'était mon intention mais il était déjà parti. **b.** Non, comme on y était allés l'année dernière, on a préféré aller sur la côte. **c.** Avant-hier, il n'est pas venu parce qu'il avait raté son bus mais aujourd'hui qu'est-ce qu'il a comme excuse ? **d.** Son nouveau roman n'était pas encore sorti qu'on commençait à le critiquer. **e.** Pour ce film, elle avait tourné les extérieurs dans le Sud de la France mais tout le reste se passait en studio. **f.** La semaine dernière, je leur ai rendu visite et j'ai vu qu'ils avaient refait toute la décoration. **g.** Au départ, je m'étais dit que c'était une bonne idée mais après j'ai pensé que c'était trop compliqué. **h.** Dans un premier temps, c'est vrai que je n'étais d'accord avec ce qu'il avait proposé, mais tout compte fait, j'ai fini par accepter.

539. a. Quand j'ai lu le roman – que j'ai adoré –, je n'avais pas encore vu son adaptation cinématographique. J'avoue que je l'ai trouvée très réussie. **b.** A l'époque, cette série avait été diffusée sur une chaîne publique. Elle n'avait pas eu beaucoup de succès auprès des téléspectateurs. Après, elle est passée en streaming et depuis, elle fait partie des préférées. **c.** Avant, nous allions souvent au cinéma mais depuis que nous sommes abonnés à une chaîne en streaming, nous n'y allons presque plus. **d.** J'avais toujours été très réticent à lire un livre sur tablette mais je m'y suis mis il y a quelques mois et depuis, je ne lis que sur écran. **e.** Dans les années 90, c'était la mode du zapping. Les téléspectateurs découvraient alors la multiplicité des chaînes puis, avec l'arrivée d'Internet, ils ont fini par délaisser petit à petit la télé dans son format traditionnel.

540. a. dire ; **b.** naître ; **c.** boire ; **d.** vivre ; **e.** être ; **f.** pouvoir ; **g.** mettre ; **h.** prendre

541. Il était une fois l'histoire de deux jeunes amants qui décidèrent de s'enfuir à jamais de leur petit village. Ils partirent en cachette dans l'après-midi, quand tout le monde était aux champs. Ils arrivèrent alors à la croisée de plusieurs chemins. Il fallait faire un choix avant la tombée de la nuit. Ils prirent celui du soleil couchant et ils le suivirent sur une demi-lieue environ. C'est à ce moment qu'ils virent une maison, une très grande maison. On aurait dit un vieux manoir. Ils s'en approchèrent dans l'espoir d'y trouver un couvert et un lit, même de paille, pour se reposer. Alors qu'ils avançaient en direction de la demeure, ils entendirent un horrible bruit puis un chien aboya. Ils se mirent à trembler. Que faire ? Ils voulurent revenir sur leurs pas mais ils s'aperçurent que le chemin était devenu impraticable. Comment était-ce possible ? Ils durent se résoudre à aller vers la maison. Remplis de peur, le jeune garçon frappa à la porte. (Les contes du Soleil couchant)

542. a. arriver / ils sont arrivés ; **b.** décider / ils ont décidé ; **c.** devoir / ils ont dû ; **d.** entendre / ils ont entendu ; **e.** frapper / il a frappé ; **f.** partir / ils sont partis ; **g.** prendre / ils ont pris ; **h.** s'approcher / ils se sont approchés ; **i.** s'apercevoir / ils se sont aperçu ; **j.** se mettre / ils se sont mis ; **k.** suivre / ils ont suivi ; **l.** voir / ils vu ; **m.** vouloir / ils ont voulu

543. a. Les jeunes amants ont décidé de partir loin, très loin. **b.** La fée est allée voir la vieille sorcière des bois. **c.** Le roi s'est levé de très méchante humeur ce jour-là. **d.** Après des heures de marche dans les bois, les enfants ont fini par trouver une maisonnette. **e.** Le coq a chanté au beau milieu de la nuit. **f.** Ils sont parti en bateau pour une destination inconnue. **g.** Le garçon s'est jeté à la rivière pour échapper aux voleurs. **h.** Les chevaliers sont arrivés au château au coucher du soleil.

544. a. Le dragon a pris son envol. **b.** Personne n'a voulu l'écouter. **c.** Jeannette a mis les morceaux de pain dans son sac. **d.** Les courageux marins ont survécu à la colère des Dieux. **e.** Elle est née dans une lointaine contrée oubliée de tous. **f.** Hélas, ils n'ont pas eu le temps d'être heureux. **g.** Le chevalier n'a pas bu la potion que la sorcière avait préparée. **h.** Le jeune homme a fait très attention de suivre les conseils du lutin.

Bilan

1. a. un fantôme ; **b.** un sommaire ; **c.** un mythe ; **d.** un dessinateur ; **e.** une légende ; **f.** une médiathèque ; **g.** un héros ; **h.** une princesse ; **i.** un bouquin ; **j.** un chapitre
2. a. les comtes ; **b.** verre ; **c.** un conte ; **d.** des vers ; **e.** compte ; **f.** vers
3. a. Personne n'osait monter jusqu'au château qu'on disait hanté. **b.** Ils ont réussi à prendre la fuite sur un tapis volant. **c.** Les lutins, ce sont bien ces petits habitants de bois ? **d.** Avant ce livre, il avait déjà publié plusieurs romans. **e.** En BD, les dialogues sont généralement dans des bulles. **f.** Qu'est-ce que tu bouquines en ce moment ? Moi, un polar d'un auteur martiniquais. **g.** C'est une femme l'héroïne de ces aventures. **h.** Elle aime venir étudier dans la bibliothèque municipale. **i.** Il a vraiment de la chance dans la vie. Une gentille fée a dû se pencher sur son berceau. **j.** Quand j'étais petit, j'ai dû lire tous les albums de Tintin.
4. a. Cela faisait longtemps qu'il cherchait le trésor. Il l'a finalement trouvé. **b.** Avant de céder la parole à notre invitée, je voudrais d'abord dire quelques mots sur son parcours. **c.** Pourquoi ce succès? D'une part, parce que l'oeuvre est vraiment originale et d'autre part, parce qu'elle est très bien écrite.
5. j'étais – racontait – était – sortait – assuraient – l'avaient vu – n'avais jamais cru – je suis allé – faisait – couvrait
6. a. était ; **b.** nous sommes approchés ; **c.** avons entendu ; **d.** nous sommes regardés ; **e.** rappelait ; **f.** ne savions pas ; **g.** s'agissait ; **h.** C'était ; **i.** avait fait ; **j.** avions entendu.
7. a. Ils ont fait ; **b.** Ils ont vécu ; **c.** Il a vu ; **d.** Elles ont su ; **e.** Elle a chanté ; **f.** Ils sont allés ; **g.** Il a fini ; **h.** Elles ont pris ; **i.** Elle a dit

Transcriptions

Chapitre 1

Piste 1, exercice 3, page 8
a. C'est par elle que nous mangeons ou que nous pouvons respirer.
b. Elles nous permettent de mâcher les aliments.
c. Nous les avançons pour souffler. On les utilise aussi pour faire la bise.
d. Ils nous permettent de voir.
e. Grâce à elle, nous parlons ou nous pouvons apprécier les goûts.
f. Elles nous aident à mieux entendre.
g. Grâce à lui, nous percevons les odeurs.

Piste 2, exercice 5, page 8
a. On dit d'une personne qu'elle est « chauve » quand elle a beaucoup de cheveux.
b. Une personne qui porte la moustache est « moustachue ».
c. « Yeux » est le pluriel d'« œil ».
d. Les oreilles nous permettent de sentir.
e. Une personne âgée a souvent des rides.
f. On voit avec la bouche.
g. Si j'ai le nez bouché, je ne peux rien sentir.
h. On peut dire d'une personne qu'elle a les yeux « châtain ».

Piste 3, exercice 15, page 12
a. Ferme les yeux et ouvre la bouche !
b. Les nez dans les peintures du Greco sont très spécifiques.
c. C'est chaud ! Je me suis brûlé la langue.
d. Tu as de l'aspirine ? J'ai terriblement mal à la tête.
e. J'ai une poussière dans l'œil.
f. Le coiffeur lui a coupé les cheveux très courts.
g. Elle s'est cassé une dent quand elle est tombée.
h. « Pourquoi tu as de grandes oreilles, Mère-Grand ? »
i. Quand on vous enlève une dent de sagesse, les joues gonflent.

Piste 4, exercice 19, page 13
a. Je tiens bien chaud à la tête et aux oreilles quand il fait froid.
b. On me porte pour aller à la mer ou à la piscine.
c. On ne sort jamais sans moi. Je contiens tout ce dont on a besoin : portefeuille, papiers, clés, gel hydraulique, masque de rechange....
d. Je suis un bijou qu'on porte au poignet.
e. Je protège de la pluie. Mes cousins de Cherbourg sont très célèbres !
f. Grâces à nous, les pieds respirent enfin quand les vacances arrivent.
g. Nous sommes deux mais nous finissons souvent orphelines après un lavage en machine à laver !

Piste 5, exercice 46, page 24
a. Jamais treize à table ! disait ma grand-mère.
b. 1789 est une date qui a marqué l'Histoire de France.
c. Tu as regardé le JT de 20h hier ?
d. Ces vêtements étaient très à la mode dans les années 70.
e. Elle a décidé de voyager dans le monde entier après avoir lu Le tour du monde en 80 jours.
f. C'est bien en 1969 qu'on a marché sur la Lune ?
g. A sa sortie, 2001 L'Odyssée de l'espace a marqué les esprits.

Piste 6, exercice 61, page 33
1. Bonjour, eh bien moi, je saute des obstacles. Je suis très agile. Je suis une traceuse.
2. Moi, je passe mon temps dans l'eau. Je suis champion du 100m papillon.
3. Je suis la première femme à avoir réalisé le tour du monde à la voile en solitaire. Je suis skippeuse.
4. Alors moi, je parcours à toute vitesse des circuits du monde entier.
5. Salut, personne ne descend en slalom comme moi.
6. Mon rêve à moi ? Pouvoir jouer un jour en 1re poule et marquer beaucoup d'essais.
7. J'ai déjà gagné plusieurs grands tournois. Mes coups de raquette sont uniques.
8. Certains disent que ce n'est pas un sport ! Mais vous savez les kilomètres que nous faisons d'un trou à l'autre ?!

Piste 7, exercice 63, page 33
Selon un sondage réalisé auprès de 1000 Français, 32% a fait du fitness, 13% a pratiqué la marche. Après vient le yoga avec 8% suivi de la musculation, 7%, qui est à égalité avec la course à pied. 3% ont fait du vélo d'appartement, 2% du pilates et seulement 1% a couru ou marché sur un tapis de marche. Mais 19% a préféré ne faire aucune activité sportive et est resté tranquillement dans son canapé !

Piste 8, exercice 65, page 34
Connaissez-vous le Lacrosse ?
C'est certainement l'un des sports les plus anciens du monde. Il nous vient des tribus amérindiennes. C'est aujourd'hui un sport d'équipe très populaire aux Etats-Unis et au Canada. On le joue sur le gazon. Les équipes sont de 10 joueurs dont un gardien. Les joueurs doivent mettre une balle dans le but adverse à l'aide d'une crosse, qui est un bâton de bois avec une tête ou un filet qui sert à réceptionner la balle. Les joueurs doivent être bien protégés. Ils doivent porter un casque pour protéger la tête, des gants pour les mains et des coudières pour protéger les bras. Et ne pas oublier non plus le plastron pour se protéger le buste.

Piste 9, exercice 67, page 35
1. Ça te dit d'aller voir un film ? Il y a une séance à 19h30.
2. C'est leur sortie du samedi : faire les boutiques dans un grand centre commercial puis un restaurant sur place ! Drôle de loisir !
3. Moi, pour me détendre, rien de tel que m'occuper de mes plantes.
4. Il y a une expo sur l'art pré-inca. On y va ?
5. Elle est capable de passer des heures et des heures sur les réseaux.
6. Les ados passent des week-ends entiers connectés avec des amis à l'autre bout du monde pour jouer.
7. Moi, quand je veux me déconnecter un peu, je prends un bon roman.
8. C'est sa façon d'oublier le stress de la journée : il enfile ses tennis et descends courir dans le parc à côté.

Piste 10, exercice 68, page 35
a. Beaucoup rêvent d'en faire une sur des mers lointaines.
b. Les Français adorent y aller en été pour prendre le soleil ou se baigner.
c. Ce sont des vacances loin du bruit de la ville ; c'est calme et vert.
d. C'est le mode de vacances préféré de plus jeunes, en tente ou dans une caravane.
e. Ce sont des vacances qui permettent de découvrir la vie dans le monde rural et ses métiers.
f. On peut le louer pour des vacances ou une occasion spéciale où on veut réunir beaucoup de monde.
g. Il peut avoir plusieurs étoiles... ou pas.
h. C'est un synonyme de vacances.

Piste 11, exercice 93, page 47
Exemple : Je viens tous les jours.
a. Ces livres, je les ai tous à la maison.
b. Tu es sûr que tu les as tous ?
c. Ne me dis qu'elle va tous les mois à Paris.
d. Pas tous, mais presque.
e. Il va tous les ans à Madagascar.
f. J'adore tous ses films.
g. C'est pas vrai ? Tous ? Même le dernier ?
h. Tu as regardé tous les épisodes ?

Piste 12, exercice 97, page 48
a. On peut jouer au tennis à deux ou à quatre.
b. D'habitude on va en vacances en Italie mais cette année, on ira en Grèce.
c. En France, on aime bien jouer à la pétanque.
d. Si on se faisait une partie de Scrabble. Ça vous tente ?
e. A la maison, on fait tous du bricolage ou du jardinage.
f. Lors de mon voyage au Québec, j'ai vu qu'on jouait beaucoup au hockey.
g. On fait quoi comme sport dans ton pays ?
h. On aime bien se faire un chat entre amis de temps en temps, chacun dans un coin du monde.

Piste 13, Bilan exercice 1, page 52
a. bricoleur
b. marteau
c. jardinage
d. pion
e. croisière
f. joueur
g. arrosoir
h. pinceau
i. case
j. juilletiste
k. lecture
l. loisir

Piste 14, Bilan exercice 2, page 52
1. Le dimanche matin, il prend son vélo et va faire une sortie de 100km.
2. Pour travailler le cœur et perdre du poids, rien de tel ! J'en fais à la salle de sport et à la maison aussi.
3. Moi, ce que j'adore, c'est partir au petit matin et marcher toute la journée dans les sentiers de montage.
4. Avant le travail, elle va faire quelques longueurs dans la piscine de son quartier.
5. Elle et son copain vont à leur cours tous les jeudis soirs : valse, tango... ils font un peu de tout avec leur groupe.
6. Mon fils est rentré content à la maison : il a marqué deux essais avec son équipe.

Piste 15, exercice 113, page 58
1. Ça se réchauffe avec des températures en hausse dans le Sud-Ouest de la France.
2. Des averses sont attendues en Alsace.
3. Belles éclaircies sur toute la France.
4. On annonce le retour des orages à partir de mardi.
5. Des chutes de neige sont attendues à partir de 2300 mètres.
6. Nous aurons droit à un beau soleil pendant toute la journée.
7. Ça se refroidit avec des températures en baisse dans le Nord de la France.

Piste 16, exercice 114, page 58
Sur une grande partie de l'Ouest de la France, il va pleuvoir. Dans le Sud-Ouest, la journée va être ensoleillée sauf sur les Pyrénées où la neige est attendue à partir de 1700 mètres. Le soleil va être au rendez-vous dans une très grande partie du sud de la France, avec toutefois des brouillards matinaux du côté de Montpellier. Dans les Alpes, des chutes de neige sont attendues à partir de 1200m. Il y a des risques d'orage en fin de journée sur la Franche-Comté. En Alsace, c'est un ciel nuageux avec des éclaircies qui vont laisser passer les rayons de soleil en fin de journée alors que l'on attend du vent avec des rafales à plus de 70km sur la Champagne. Dans le nord de la France, après une belle matinée ensoleillée, on constatera une chute des températures dès le début de l'après-midi. Finalement, c'est un temps couvert mais avec des éclaircies ponctuelles qu'auront les parisiens pendant toute la journée.

Piste 17, exercice 121, page 61
1. Je veux acheter une baguette et des chouquettes.
2. J'ai besoin d'une nouvelle chemise.
3. Il est temps d'aller se faire couper les cheveux.
4. Je dois ouvrir un compte bancaire.
5. Le docteur m'a fait l'ordonnance, je vais chercher les médicaments.
6. On veut se renseigner sur les tarifs pour faire une croisière en Méditerranée.
7. Nous recherchons un studio, pas trop loin du centre.

Piste 18, exercice 129, page 64
Exemple : Ne tourne pas à droite, tu vas être en contre-sens.
1. Ici, c'est une voie réservée au vélo.
2. Plus qu'à faire demi-tour, c'est une impasse.
3. Ne te gare pas ici. Tu vas avoir une amende.
4. Pas le choix, tu es obligé de prendre à gauche.
5. Attention, à partir de la prochaine rue, ça circule dans les deux sens.
6. Vous devez prendre la deuxième sortie.
7. Tu peux marcher au milieu de la rue sans problème, elle est fermée à la circulation à partir de 9h du matin.

Piste 19, exercice 146, page 72
Exemple : Cet été, je passe mes vacances en Tunisie.

Transcriptions

a. Vous aussi vous allez dans les Caraïbes ?
b. Tu es bien de Maurice ?
c. Tu peux me ramener un livre de là-bas ?
d. Alors, vous ne connaissez pas encore le coin ?
e. Votre mari est du nord de l'Italie ?
f. Elle va à Québec en septembre.

Piste 20, exercice 161, page 81
a. Fais attention à tes informations personnelles sur internet. Tu peux te faire pirater !
b. Tu peux m'envoyer les photos du week-end dernier ?
c. Tu as un compte sur ce réseau social ?
d. Il faut changer ton mot de passe de temps en temps.
e. Ils chattent en ligne tous les jours.
f. Les enfants de moins de 13 ans n'ont pas le droit de se créer un compte utilisateur sur les réseaux sociaux.
g. Nous faisons nos courses en ligne.
h. Elle a trouvé du travail sur internet.

Piste 21, exercice 164, page 82
a. La chaîne de cette influenceuse compte beaucoup d'abonnés.
b. Il doit persuader ses fans d'acheter les produits de la marque.
c. Nous participons beaucoup sur des forums.
d. Le mode de consommation des jeunes change depuis l'explosion de la popularité de certains influenceurs.
e. La communauté a une grande influence sur les réseaux sociaux.
f. Cet influenceur est très populaire sur ce réseau social.
g. Vous n'aimez pas faire de la publicité.
h. Elle partage des vidéos sur cette plateforme.

Piste 22, exercice 179, page 88
a. Connexion
b. Joueur
c. Identifier
d. Inscription
e. Informer
f. Internaute
g. Influenceuse
h. Suivre

Piste 23, exercice 194, page 97
Audio 1 : *Bienvenue/Bienvenido a todos sur RadioLatina !* Aujourd'hui nous allons vous faire découvrir de nouvelles musiques qui sentent bon l'Amérique du Sud. Eduardo Torres ensuite nous présentera les dernières nouvelles d'Amérique latine puis un grand chef viendra nous présenter ses dernières nouveautés culinaires à base de bons produits de chez nous comme le piment, le maïs ou encore les poivrons.
Audio 2 : Bonjour chers auditrices et auditeurs, bienvenue sur InfoTV. Aujourd'hui au programme : intervention du chef de la République sur les prochaines élections des maires de France, ensuite nous irons interviewer des jeunes diplômés du Baccalauréat sur leur orientation et futures études universitaires. Mais tout d'abord, information de dernière minute, le Ministre des sports vient d'arriver à la piscine municipale de la commune de Saint-Denis qui accueillera les prochains jeux olympiques.
Audio 3 : Chers auditeurs bonjour. Voici les titres d'aujourd'hui. Aux Etats-Unis, plusieurs villes de la côte est se retrouvent sous l'eau, suite à de nouvelles tempêtes très violentes. Nous partirons ensuite sur le continent Africain, où plusieurs équipes de Médecins sans frontières viennent d'atterrir à l'aéroport d'Addis-Abeba Bole en Ethiopie pour venir en aide aux familles victimes de famine. Mais tout d'abord au Royaume-Uni, la famille royale vient d'annoncer la naissance d'un de ses derniers membres qui sera peut-être un jour le prochain roi.
Audio 4 : Bonjour à tous ! Chers auditeurs, aujourd'hui c'est une journée chargée en informations, découvertes culturelles et musique qui vous attend ! Nous avons prévu d'accueillir plusieurs auteurs afin de nous présenter leurs dernières œuvres. Ce soir ne manquez pas de 17h30 à 19h votre rendez-vous quotidien « Music & vous » pour vous faire écouter le meilleur de la musique. Mais tout de suite, commençons avec l'horoscope du jour qui vous est présenté par Sophie. C'est à vous !
Audio 5 : Bonjour et bienvenue chez auditeurs sur CulturInfo. Au programme aujourd'hui, une actualité politique agitée. Des tensions entre la Chine et ses pays voisins concernant de nouvelles politiques pour les vols opérant en Asie. L'Australie fait elle face à de nouveaux incendies ravageurs et réclame l'aide internationale. Ensuite, nous passerons la main au chroniqueur Thomas Martin qui nous parlera aujourd'hui de la percée fulgurante du livre numérique à l'école.

Piste 24, exercice 207, page 103
a. Les journalistes sont allées interviewer des gens dans la rue.
b. Il a écrit plusieurs critiques de cinéma.
c. La présentatrice a défendu son collègue.
d. Elle a participé à des émissions de téléréalité.
e. Elles ont appris le nom du gagnant au jeu télévisé.
f. Il a terminé de lire le journal.
g. La reporter est allée interviewer des personnes dans la rue.
h. Elle a présenté un documentaire à la télévision lundi dernier.

Piste 25, exercice 211, page 104
a. Quand il était petit, il écoutait beaucoup la radio.
b. Comment s'appelait cette présentatrice ?
c. Cette chaîne proposait beaucoup de programmes pour les enfants et diffusait aussi des clips musicaux.
d. Nous venions souvent participer à cette émission en famille.
e. Vous écriviez souvent vos articles tard le soir.
f. Cette radio diffusait trop de publicités.
g. Elle préférait lire les journaux sur internet.
h. La chroniqueuse intervenait souvent en fin d'émission.

Piste 26, exercice 219, page 108
a. Il aurait fallu demander au journaliste son avis.

b. Attention à ce que tu relayes comme information, tu finirais par avoir des ennuis !
c. Elle se serait abonnée le mois dernier.
d. Nous aimerions avoir plus d'information concernant le dernier article.
e. S'il avait pu faire des études de journalisme, il aurait voulu devenir reporter de guerre.
f. Pourriez-vous me confirmer ces sources ?
g. Le rédacteur en chef m'a dit qu'il approuverait la publication des nouveaux articles.
h. La présentatrice aurait proposé à certains candidats de revenir jouer la semaine prochaine.

Piste 27 exercice 222, page 110
Exemple : « Il y a une nouvelle émission de téléréalité »
a. Elle a soutenu : « Nous n'avons rien entendu à la radio »
b. Elle a dit : « Elle a publié un nouvel article en ligne »
c. Il a expliqué : « Les chroniqueurs ne pouvaient pas poser de questions »
d. Il a annoncé : « L'animateur va peut-être présenter cette émission »
e. Elle a expliqué : « Les journalistes auraient relayé de fausses informations »
f. Il a dit : « Je n'ai plus rien à ajouter concernant cette affaire »
g. Elle a dit : « J'aurais envie de regarder la télé »
h. Ils ont dit : « Nous aimions beaucoup cette émission. »

Piste 28, exercice 243, page 122
a. En France, je suis typique de Normandie et de Bretagne. J'accompagne très bien les crêpes. Je suis...
b. J'arrive des Caraïbes, fait à partir de la canne à sucre, on m'associe souvent au monde des pirates. Je suis...
c. Je grandis dans les montagnes des régions tropicales et je termine souvent dans une tasse au petit déjeuner ou à la fin des repas. Je suis...
d. En France, on me trouve rouge, blanc ou rosé. Essentiellement originaire du Sud de la Loire, on me trouve aussi en Alsace. Je suis...
e. Je peux être vert, noir, rouge. Originaire d'Asie, je suis la boisson chaude par excellence de nombreuses régions du monde. Savoir me servir est un art ! Je suis...
f. Souvent blonde, je peux aussi être rousse, blanche ou brune. En Belgique, je suis une vraie institution ! Je suis...
g. On m'attribue des propriétés bienfaisantes pour la santé. On me prend souvent en infusion le soir avant d'aller dormir. Je suis...
h. Je suis de la même famille que le vin mais je pétille. Je participe à toutes les célébrations ! Je suis...
i. Je peux être fait à base d'oranges, de pommes, de raisins, d'ananas, etc. Bref, je suis plein de vitamines et je rafraichis. Je suis...

Piste 29, exercice 263, page 130
Exemple : Tu as déjà fait ton choix ?
a. Vous prendrez un peu de lait avec votre café ?
b. Tu achètes des produits sans gluten ?
c. On peut trouver des fruits exotiques dans cette épicerie ?
d. Vous pouvez me passer le sel, s'il vous plait ?
e. J'ai commandé les desserts.
f. Il n'y a plus de glaçons !
g. J'ai une soif d'eau, c'est terrible !

Piste 30, exercice 285, page 142
a. Le maire est l'élu qui dirige une ville.
b. Les élections nationales, ce sont les élections pour élire les députés.
c. Le syndicaliste représente ses collègues dans les négociations professionnelles.
d. La grève est une action qui prétend faire pression sur le patronat.
e. La loi est votée par les juges.
f. Le président de la République est élu au suffrage indirect par les députés de l'Assemblée nationale.
g. La réunion hebdomadaire présidée par le président de la République en présence du gouvernement, c'est le Conseil d'État.
h. Le ministre présente son projet de loi devant les députés.

Piste 31, exercice 316, page 157
a. Nous n'avons pas préservé l'environnement donc notre survit est menacée.
b. Si la nature est malade, nous le serons aussi parce qu'elle est notre source de nourriture et d'eau potable.
c. Grâce aux efforts de chacun, nous pouvons sauver la planète et éviter une catastrophe.
d. L'air que nous respirons ne comporte pas que l'oxygène, il contient beaucoup d'autres choses, c'est pourquoi nous devons veiller à ne pas polluer notre atmosphère.
e. Si le climat change, quelques populations se verront obligées de quitter leur territoire pour aller vivre dans les régions épargnées, par conséquent des conflits territoriaux éclateront.
f. La biodiversité est la variété des espèces animales et végétales où la survie de chacun permet la survit de l'homme puisque les plantes et les animaux contribuent à la découverte des médicaments.
g. L'homme est dépendant de tous les éléments qui l'entourent ainsi il ne pourra pas survivre s'ils se détériorent malgré toute l'avancée technologique dont il bénéficie.
h. À cause de la surconsommation des tonnes de déchets sont produits chaque jour dont beaucoup prennent des centaines d'années à se dégrader.

Piste 32, exercice 317, page 158
a. La fonte des glaces est la principale cause de la montée des eaux.
b. Le réchauffement climatique n'est pas la seule raison des catastrophes naturelles.
c. La montée des eaux salinise les eaux et la terre.
d. Si ça continue, nous aurons des hivers plus froids et des étés plus chauds.
e. Il est primordial d'atténuer les changements climatiques afin de sauver la planète.
f. Sans les glaciers, beaucoup d'espèces disparaitraient.

Transcriptions

g. La fonte des glaces reste la conséquence la plus lourde qu'a subi la terre.
h. L'ours polaire est la principale victime du réchauffement climatique.

Piste 33, exercice 335, page 167
Exemple : J'aimerais être volontaire dans une association si l'occasions se présentait.
a. Vous seriez prêts à vous engager avec nous si vous aviez du temps ?
b. Tu adopteras les gestes écolos si tu emménages dans un nouvel appartement pour participer à la protection de l'environnement.
c. Si j'avais un jardin je prendrais un chien et un chat.
d. Si tu jettes du plastique par terre il prendra plusieurs centaines d'années avant de se dégrader.
e. Nous irons visiter un refuge pour animaux si tu viens ce weekend.
f. Je décorerais toute ma maison avec des plantes si je savais m'en occuper.
g. Si je crée une entreprise elle sera totalement respectueuse de l'environnement.
h. Si j'avais le temps je voyagerais en vélos et en moyens de transports respectueux de l'environnement.

Piste 34, exercice 336, page 168
a. Nous devions installer des poubelles de tri dans toute l'école.
b. L'homme devrait changer son rapport à la nature.
c. J'aimerais éviter les emballages et les sacs en plastique.
d. Vous ne devriez plus porter de cuir animalier.
e. Le gaspillage d'eau aurait des conséquences dramatiques sur la planète.
f. Certaines espèces pourrait disparaître à cause du réchauffement climatique.
g. La surconsommation et la surproduction seraient à l'origine de la fonte des glaciers.
h. Tu revendrais tes anciens habits ?

Piste 35, exercice 352, page 177
Exemple : c'est la femme de mon père.

a. Je suis la fille de la sœur de sa mère.
b. Nous sommes les enfants de son frère.
c. Vous êtes le père de leur grand-mère.
d. Je suis le mari de leur fille.
e. Ce sont les enfants de sa première femme.
f. C'est le frère de ma mère et sa compagne.
g. C'est le futur époux de leur fille.

Piste 36, exercice 374, page 186
Exemple : Amélie est née en 1995. Gérald, son petit ami, en 1985.
a. Thomas a 20 ans et Laurent en a 22.
b. Lydie est née en 2005 et sa meilleure amie aussi.
c. Ali et son ami Denis sont partis la même année en Angleterre pour finir leurs études mais Ali n'est toujours pas rentré deux ans après.
d. Justine est partie de chez ses parents juste après son bac. Comme son frère trois ans avant.
e. Charline a fait un an d'études à l'étranger. C'est la moyenne des étudiants français.
f. Mehdi est arrivé premier de sa promotion.

Piste 37, exercice 390, page 196
les poumons
la clavicule
les reins
les côtes
les muscles
le cerveau
le fémur
le cœur
l'estomac

Piste 38, exercice 399, page 200
1. Ophtamologiste
2. Chirurgien
3. Gynécologue
4. Psychiatre
5. Orthopédiste
6. Rhumatologue
7. Kinésithérapeute

Piste 39, exercice 405, page 202
a. Le foie
b. Les os
c. L'estomac
d. L'ouïe
e. Un doigt
f. Le pouls
g. Le dos
h. Le bras

Piste 40, exercice 416, page 206
Exemple : Qu'il fasse
a. Que j'aille
b. Qu'il soit
c. Que tu puisses
d. Qu'il jette
e. Qu'ils s'agitent
f. Qu'il sache
g. Qu'il pleure

Piste 41, exercice 419, page 207
Exemple : que tu dormes
a. Que j'aille
b. Qu'il soit
c. Que tu puisses
d. Qu'il jette
e. Qu'ils s'agitent
f. Qu'il sache
g. Qu'il pleure

Piste 42, page 8 Bilan exercice 1, page 215
a. Ophtalmologiste
b. Symptôme
c. Estomac
d. Rhume
e. Gynécologue
f. Chirurgien
g. Analyse
h. Guérir
i. Hématome
j. Torticolis

Piste 43, exercice 437, page 218
Cinéma
Cirque
Théâtre
Concert
Musée
Opéra
Tragédie
Cabaret

Piste 44, exercice 445, page 221
Exemple : Il écrit les dialogues et décrit les actions du film.
a. C'est lui qui se charge de chercher les financements pour le film.
b. Il se charge de contrôler la lumière sur le plateau de tournage.
c. Il s'occupe du matériel sur le plateau de tournage.
d. Il dirige les acteurs.
e. Il s'occupe de noter tout ce qui se passe sur le plateau et assure

la cohérence entre les différents plans.
f. Il s'occupe de coordonner tout ce qui concerne l'habillement des comédiens. Il dirige une équipe composée de l'habilleur, de l'accessoiriste, du couturier...
g. Il prend la place de l'acteur ou l'actrice pour jouer des scènes dangereuses.
h. Il s'occupe d'assembler les scènes sous la direction du réalisateur.

Piste 45, exercice 453, page 224
Après des centaines de représentations, ce soir, c'est la dernière. Le rideau est définitivement tombé. Tous les membres de la troupe ont rejoint leur loge après plusieurs rappels. Mais la joie n'y est pas. Eh oui, c'est fini. Les acteurs se souviennent encore de la première. Toutes les entrées avaient été vendues. Et depuis, la salle n'a pas désempli. Il faut dire que les critiques des journalistes qui avaient assisté à l'avant-première avaient toutes été excellentes. Quand le rideau s'est levé pour la première fois après les trois coups, les projecteurs empêchaient de voir la salle depuis la scène mais on pouvait deviner le visage de satisfaction du public admiratif de l'excellent jeu des acteurs. Le metteur en scène qui observait le déroulement de la pièce depuis les coulisses avait encore plus le trac que ses acteurs. Quel dommage que des circonstances exceptionnelles obligent à fermer les théâtres et les salles de spectacles.

Piste 46, exercice 456, page 226
Exemple : une archive
a. Une archéologue
b. Une arche
c. Une architecte
d. Une choriste
e. Un orchestre
f. Une chronologie
g. Une chorégraphie
h. Une chorale

Piste 47, exercice 461, page 228
Exemple : Ce sont des restes archéologiques du IXe *siècle.*

a. La plupart de ses tableaux sont de la fin du XIXe.
b. Le château a été construit tout au long du XVIIe.
c. Que retiendrons-nous de l'art du XXIe siècle ?
d. La fin du XVe siècle a signifié un tournant historique pour l'Europe.
e. Ces statues datent du IIIe siècle avant notre ère.
f. Art et politique ont occupé une place importante tout au long du XXe siècle.
g. Dès le XVIe siècle, on peut parler de Renaissance italienne.
h. Ce temple doit bien dater au moins du Ve siècle avant Jésus-Christ.

Piste 48, page 8 Bilan exercice 1, page 234
a. un théâtre
b. un chef-d'œuvre
c. une œuvre d'art
d. une sculpture
e. une archéologue
f. un danseur
g. un architecte
h. les coulisses
i. le studio
j. le scénariste

Piste 49, exercice 485, page 241
a. Marine a engagé un détective privé pour enquêter sur le cambriolage de sa maison.
b. Le juge qui a tranché dans l'affaire est une dame fort sympathique.
c. Un espion a été démasqué en Italie.
d. J'aimerais engager un laveur de vitres pour l'immeuble de mon entreprise.
e. Le fils de Nathalie souhaite devenir dessinateur professionnel.
f. Les chimistes travaillent dans des laboratoires sur la création de médicaments.
g. Les politiciens sont de bons orateurs, ils maitrisent l'art de la parole.
h. Tous les dimanches matin je vais chez le laitier du village pour chercher du fromage.

Piste 50, exercice 494, page 244
Exemple : Est à la fois un auxiliaire sanitaire et un transporteur spécialisé. Il est responsable du confort et de la santé du malade qu'il transporte.

a. Surveille le développement et soigne les pathologies courantes d'un enfant.
b. S'occupe médicalement de la bouche, des dents, des gencives et des maxillaires. Il soulage, répare et veille aussi à l'esthétique du sourire.
c. Fabrique et délivre les médicaments prescrits par un médecin ou tout autre professionnel de la santé habilité à le faire.
d. Exerce une spécialité hyper technique. Il pratique des interventions physiques sur des tissus corporels, répare des traumatismes graves, corrige des malformations, soigne des infections, retire des organes malades.
e. Endort le patient avant une opération chirurgicale. Ensuite, il surveille l'état de son patient pendant toute la durée de son opération, puis à son réveil.
f. Accompagne les femmes enceintes tout au long de leur grossesse, de l'établissement du diagnostic jusqu'au jour de l'accouchement.
g. Est un(e) agent(e) des services hospitaliers chargé du transport et de l'accompagnement des malades à l'intérieur des centres de soins
h. Assure les soins de confort et de bien être des malades et exécutent les prescriptions médicales.

Piste 51, exercice 503, page 249
a. Si j'avais du temps et de l'énergie j'étudierais la médecine.
b. Si j'obtiens le travail que je veux je ferai une fête.
c. Si j'avais révisé ce module j'aurais obtenu mon année.
d. Si j'ai un chat je l'emmènerai au bureau.
e. Si j'avais le choix je soignerais mes dents chez ton dentiste.
f. Si je trouve un bon peintre je le prendrai directement.
g. Si nous avions eu la voiture qu'on voulait nous n'aurions pas choisi celle-ci.

Piste 52, exercice 510, page 255
Exemple : une histoire

a. un mythe
b. un fantôme
c. un héros
d. un génie
e. une sorcière
f. un château
g. une épopée

Piste 53, exercice 523, page 260
Exemple : Il a bu un verre d'eau pour se désaltérer.
a. M. Jourdain faisait des vers sans en avoir l'air.
b. C'est vers 8h qu'elle est arrivée.
c. Soleil vert, c'est le titre d'un roman et d'un film.
d. Mon grand-père accrochait un ver à l'hameçon pour pêcher.
e. Il est venu vers moi et m'a salué.
f. Incroyable ! J'ai vu un fakir qui marche sur du verre !!
g. C'est un texte en prose ou en vers ?

Piste 54, exercice 525, page 261
Exemple : Je suis un livre qu'on écoute
a. Je passe dans les écoles ou dans les villages pour proposer des livres, des revues...
b. Je vends des livres mais avant tout je conseille les lecteurs.
c. J'indique la page où le lecteur s'est arrêté.
d. Bouquiner, c'est...
e. Pour connaître les différentes parties du livre et les pages où les trouver, on consulte...
f. La lecture en ligne ou sur une tablette est...
g. Les bibliothèques sont souvent devenues ajour'hui...

Piste 55, exercice 527, page 262
Exemple : prologue
a. Médiathèque
b. Sommaire
c. Bouquiniste
d. Prologue
e. Livre numérique
f. Tablette
g. Critique

Piste 56, exercice 532, page 263
Exemple : En français, la bande dessinée est aussi connue sous le nom de BD.
a. On considère la bande dessinée comme le 9e art.
b. Dans la bande dessinée, une planche est l'ensemble des cases contenues dans une page.
c. Dans la bande dessinée, le texte des dialogues apparait dans des ballons.
d. On peut dire que la bande dessinée est un art qui se situe entre l'art graphique et l'art littéraire.
e. Plutôt que d'un livre, on parlera d'un album de bandes dessinées.
f. Les super-héros de bandes dessinées sont rarement nés d'un seul auteur mais sont l'œuvre d'équipe travaillant en studio.

Piste 57, Bilan exercice 1, page 270
a. Un fantôme
b. Un sommaire
c. Un mythe
d. Un dessinateur
e. Une légende
f. Une médiathèque
g. Un héros
h. Une princesse
i. Un bouquin
j. Un chapitre

Pratique Révision

540 exercices

B1

Jugurta Bentifraouine
Philippe Liria

CLE INTERNATIONAL

Audio disponible en ligne ou en téléchargement sur l'espace digital

pratique.cle-international.com

ou directement en scannant le QR code ci-dessous :

Direction éditoriale : Béatrice Rego
Marketing : Thierry Lucas
Édition : Marie-Charlotte Serio
Conception maquette : Dagmar Stahringer
Conception couverture : Sophie Ferrand
Couverture : Dagmar Stahringer
Mise en page : AMG
Studio : Bund

© CLE INTERNATIONAL 2022
ISBN : 978 209 038995 1

Sommaire

1 • Un corps en liberté

Vocabulaire :
Corps, vêtements, mode 7

Grammaire / Conjugaison :
Les prépositions à, de et en 17
Les adjectifs possesifs 18
Les pronoms possesifs 19
La place de l'adjectif 20, 21
Les adjectifs numéraux et ordinaux 23, 24

2 • Un temps pour tout

Vocabulaire :
Sport, loisirs, corps, bien-être 30

Grammaire / Conjugaison :
Les prépositions de temps 40
Les adverbes et locutions adverbiales
   de temps 41
La fréquence 43
Les indéfinis 45
Les formes impersonnelles 48
Le passif 49

3 • Des territoires et des êtres

Vocabulaire :
Nom de lieu, le climat, les transports,
   le logement (habitat, aménagement,
   jardin) 55

Grammaire / Conjugaison :
La position 66
La position relative 67
Le passage ou la destination 68
Les adverbes de lieu 69
Les pronoms de lieu *en* et *y* 70
Le pronom *dont* 72

4 • Internet et les réseaux sociaux

Vocabulaire :
Lexique de l'internet et des réseaux
   sociaux, écriture en réseau 77

Grammaire / Conjugaison :
Les pronoms relatifs composés 84
La nominalisation 87
Les verbes prépositionnels 88

5 • Une actualité agitée

Vocabulaire :
Fakenews, les médias 93

Grammaire / Conjugaison :
Le passé composé 101
L'imparfait 103
L'utilisation du passé composé
   et de l'imparfait 105
Le conditionnel présent et passé 107
Le discours direct et indirect 109

6 • Des saveurs de partout

Vocabulaire :
Aliments, plats de la Francophonie,
   les goûts 115

Grammaire / Conjugaison :
Les prépositions 126
Les articles partitifs 127
Les pronoms compléments 128
L'accord du participe passé 129
L'impératif 131
La place des pronoms à l'impératif 133

7 • Un citoyen engagé

Vocabulaire :

Politique, économie, société, consommation 137

Grammaire / Conjugaison :

L'expression de la concession 149
Indiquer la manière 152

8 • Quel monde pour demain

Vocabulaire :

Environnement, actualité, émotions 156

Grammaire / Conjugaison :

La condition 166
Le conditionnel présent 167
Le conditionnel passé 168
La cause et la conséquence 170

9 • La famille aujourd'hui et les relations sociales

Vocabulaire :

Familles d'aujourd'hui, règles de politesse, rapports sociaux 177

Grammaire / Conjugaison :

La comparaison 185
L'intensité 187
Les superlatifs 191

10 • Une santé de fer

Vocabulaire :

Maladies, professions de santé 195

Grammaire / Conjugaison :

Formation du subjonctif présent 205
L'emploi du subjonctif 208

Interrogation et subjonctif 209
Exprimer le but 210
Le gérondif 212
La restriction 213

11 • D'arts et de culture

Vocabulaire :

Les arts et spectacles, critique, l'appréciation 218

Grammaire / Conjugaison :

Les adjectifs démonstratifs 227
Les pronoms démonstratifs 228
La mise en relief 229
Le plus-que-parfait 231
Le gérondif 212
La restriction 213

12 • Des professions en mutation

Vocabulaire :

Le monde du travail, économie et affaires 234

Grammaire / Conjugaison :

L'opposition 243
L'hypothèse 246

13 • Il était une fois

Vocabulaire :

Genres littéraires, description personne, sentiments, émotions 254

Grammaire / Conjugaison :

Les connecteurs 264
Les temps du passé 265
Le passé simple 267

Présentation de l'ouvrage

Des **parties thématiques** qui permettent de travailler le français en contexte.

Des **encadrés** illustrés pour découvrir les mots nouveaux, avec des explications.

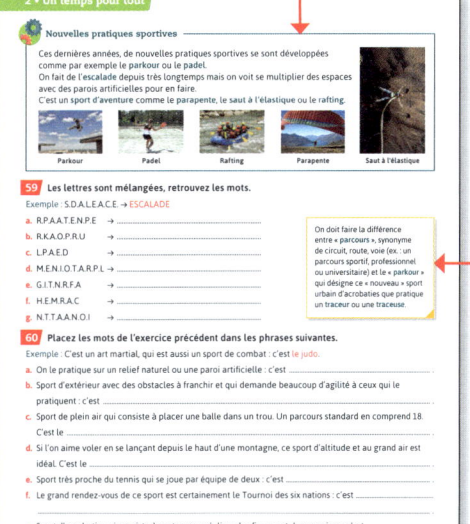

Des **notes** donnent des informations utiles sur certains mots et expressions idiomatiques.

Des **exercices** de réemploi pour vérifier la bonne compréhension des mots nouveaux.

Des **encadrés** de grammaire et de conjugaison conçus de façon progressive. Chaque encadré est illustré par un exemple accompagné de règles courtes et simples, dans le respect de l'approche communicative.

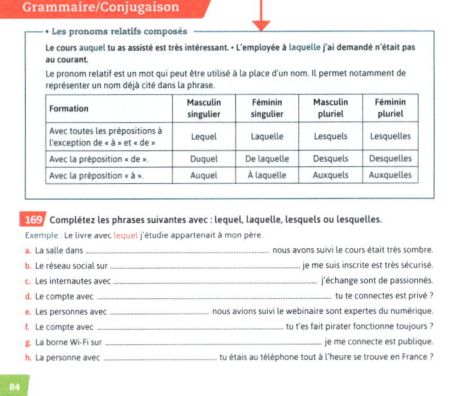

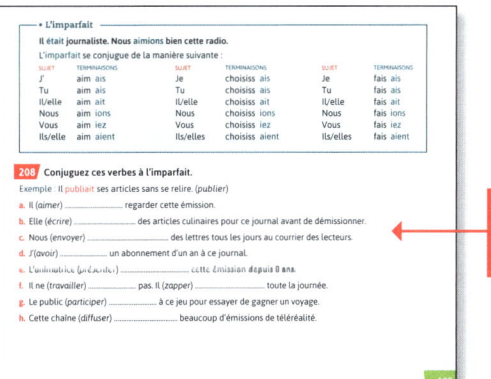

Des **exercices** variés qui abordent les aspects culturels du monde francophone contemporain.

Bilan

1. Cochez la bonne réponse. (1 point/réponse)

Si, comme spécialité locale, on me propose...

1. une fondue. Je suis certainement...
   a. ☐ en Alsace   b. ☐ en Corse   c. ☐ en Savoie
2. une poutine. Je suis certainement...
   a. ☐ en Wallonie   b. ☐ en Guyane   c. ☐ au Québec
3. une galette-saucisse. Je suis certainement...
   a. ☐ en Normandie   b. ☐ en Bretagne   c. ☐ en Vendée
4. une quiche. Je suis certainement...
   a. ☐ en Alsace   b. ☐ en Champagne   c. ☐ en Lorraine
5. un tajine. Je suis certainement...
   a. ☐ dans la Caraïbe   b. ☐ au Maghreb   c. ☐ dans le Sud-Est asiatique

Total : ……………… /5

2. Complétez avec la préposition qui convient. (1 point/réponse)

1. Je prendrai une mousse …………………… chocolat mais …………………… crème chantilly, s'il vous plaît. Je n'aime pas ça.
2. Son père nous a préparé un risotto …………………… champignons. On l'a dégusté …………………… un bon petit vin du pays. C'était délicieux !
3. Depuis quelque temps, on ne mange plus que du pain …………………… gluten à la maison.
4. Pain-beurre demi-sel …………………… un peu de confiture …………………… fraise accompagné d'un grand bol de café …………………… lait, voilà un petit-déj' de rêve !
5. Elle a commandé une tarte …………………… pommes et lui, une glace …………………… vanille.

Total : ……………… /5

3. Complétez avec la forme qui convient. (1 point/réponse)

1. J'ai acheté …………………… limonade et …………………… jus de fruits pour les enfants.
2. Je ne bois pas …………………… café au petit déjeuner. Je préfère boire …………………… thé.
3. Les enfants ne mangeront pas …………………… poisson. Ils vont plutôt prendre …………………… poulet et …………………… frites.
4. Avant, ils ne mangeaient …………………… pain qu'aux grandes occasions. Au quotidien, c'était …………………… biscottes.
5. L'oncle Samuel a ramené …………………… épices de son dernier voyage.

Total : ……………… /5

4. Complétez avec le pronom manquant. (1 point/réponse)

1. – Qu'est-ce qu'on achète comme gâteau pour la fête d'anniversaire d'Alma ?
   – Et si on …………………… apportait une tarte aux fraises ?
2. – Le plat est froid.
   – Réchauffe- …………………… un peu au micro-ondes.
3. – Vous avez goûté la cuisine de Sandrine ?
   – Oui, elle …………………… a préparé un excellent couscous. Il était fabuleux !
4. – Il a un drôle de goût, ton far !
   – Désolé ! Il est un peu brûlé : je …………………… ai laissé au four trop longtemps.
5. – On a acheté des crabes sur le marché.
   – Et comment vous …………………… préparez ?

Total : ……………… /5

5. Conjuguez à l'impératif les verbes entre parenthèses. (1 point/réponse)

1. Ne …………………… pas trop la viande. Tu te souviens que je l'aime à point. (cuire)
2. …………………… un peu de sel mais pas trop. (ajouter)
3. …………………… manger à la maison samedi prochain. On vous attend à l'apéro. (venir)
4. …………………… bien la date de péremption des aliments. C'est important, tu sais ? (vérifier)
5. N' …………………… pas peur d'ajouter un peu de sucre. Vous verrez, ce sera encore meilleur. (avoir)

Total : ……………… /5

6. Remplacez la forme soulignée par le pronom en. (1 point/réponse)

1. Quand elle était petite, elle mangeait beaucoup trop de bonbons.
   ……………………………………………………………………………
2. Oui, je veux bien reprendre un peu de pâtes.
   ……………………………………………………………………………
3. Il a mis trop de piment dans la sauce !
   ……………………………………………………………………………
4. On me dit que je bois trop de café.
   ……………………………………………………………………………
5. J'adore mettre du lait de coco dans la soupe de poisson, c'est si bon !
   ……………………………………………………………………………

Total : ……………… /5

Mon score : ……… /30

Des **bilans** en fin de chapitre pour faire le point sur les connaissances avec des phrases à compléter.

Les **corrigés des exercices** et les **transcriptions** dans un livret encarté

1 • Un corps en liberté

Vocabulaire

 Les parties du visage

Féminin	langue	**Masculin**	nez
barbe	lèvre	cheveu*	œil (pluriel : yeux)
bouche	moustache	cil	poil*
dent	oreille	front	visage
joue	paupière	menton	

*On ne doit pas confondre les poils (ceux de la barbe ou de la moustache) avec les cheveux qui désignent uniquement les poils qui poussent sur le haut de la tête. Une personne sans cheveux est **chauve**.

1 Associez ces mots à chaque partie des photos.

lèvres – yeux – **nez** – front – sourcils – dents – œil – cils – paupière – cheveux – joues – visage – menton

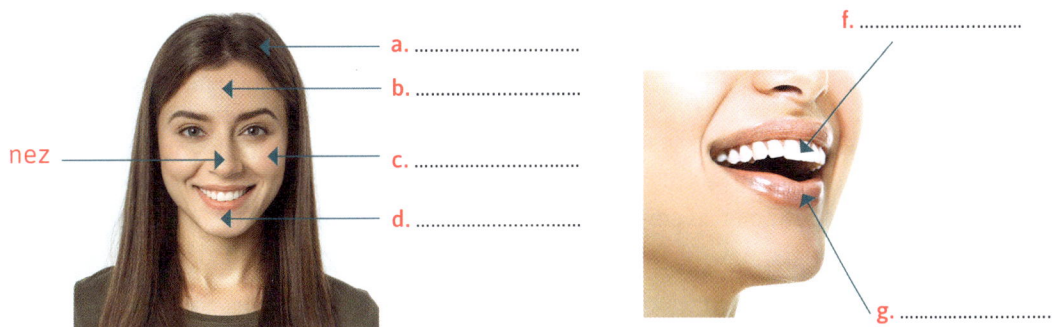

a. ....
b. ....
c. ....
d. ....
e. ....
f. ....
g. ....
h. ....
i. ....
j. ....
k. ....
nez

Expressions idiomatiques
On retrouve les parties du visage dans plusieurs expressions idiomatiques.
Si le prix d'un objet est excessivement élevé = il coûte les yeux de la tête.
Rater une occasion = passer sous le nez.
Trop parler = avoir la langue bien pendue.
Un sujet qui est commenté par tout le monde = il est sur toutes les lèvres.
Dormir sans inquiétude = dormir sur ses deux oreilles.
Être fâché.e après quelqu'un = avoir une dent contre quelqu'un.
Être surpris = rester bouche bée.
Travailler durement, péniblement = gagner quelque chose à la sueur de son front

2 Complétez avec la partie du visage qui convient.

Exemple : Cette veste est vraiment très chère. Elle coûte les **yeux** de la tête !

a. Il ne lui parle plus : il a une .... contre elle.
b. Je ne l'avais jamais vu si bien habillé ! J'en suis restée .... bée.
c. Mon .... ! Je ne crois pas un mot de ce qu'il raconte !
d. Elle parle et elle parle ! Elle a la .... bien pendue.
e. C'est un scandale ! Tout le monde dans la rue en parle.
   Cette affaire est sur toutes les ....
f. Aujourd'hui, j'ai tellement bien dormi. J'ai dormi sur mes deux ....

1 • Un corps en liberté

g. Il a perdu le concours à cause d'une seule mauvaise réponse. La chance lui est vraiment passée sous le
.... !

h. Elle mérite d'avoir une bonne note parce qu'elle a vraiment travaillé son examen à la sueur de son
....

3 Écoutez et cochez la bonne réponse. 01

Exemple : **a.** ☐ les joues   ☒ la bouche   ☐ les oreilles
b. ☐ les dents   ☐ les oreilles   ☐ les joues
c. ☐ la bouche   ☐ les dents   ☐ les lèvres
d. ☐ les cheveux   ☐ les yeux   ☐ les oreilles
e. ☐ la langue   ☐ l'œil   ☐ la bouche
f. ☐ les yeux   ☐ les oreilles   ☐ les dents
g. ☐ l'œil   ☐ le front   ☐ le nez

Quelle jolie coupe !

Pour ne pas avoir les cheveux **décoiffés** ou **ébouriffés**, on peut les **peigner** ou les **coiffer**. Les cheveux peuvent être **raides**, **frisés** ou **bouclés**, **ondulés**, **longs** ou **courts**. Cela dépend de la **coupe** de cheveux de chacun. Leur couleur aussi varie : on peut être blond(e), **brun(e)**, **roux(-sse)** ; on peut aussi avoir les cheveux **châtains**, **gris** ou **blancs** mais on peut aussi les **colorer** ou les **teindre** de la couleur qu'on veut. On peut être coiffé de différentes façons ou avoir différents styles de **coiffure**. Par exemple, on peut se faire une **frange**, un **chignon**, des **tresses** (ou **nattes**) ou une **queue de cheval**.
Si on s'épile, on retire les poils du corps (jambe, torse…) mais au petit matin, pour couper les poils du visage, on se **rase**.

4 Reliez ces verbes à une partie du visage.

Entendre •
Manger •
Parler • ⟶ • La bouche
Écouter • • Les oreilles
Regarder • • Le nez
Sentir • • Les yeux
Souffler •
Voir •
Respirer •

Expressions idiomatiques
La moutarde me monte au nez = je suis en train de m'énerver.
Froncer les sourcils = ne pas être content

5 Écoutez et cochez la bonne réponse. 02

a. ☐ vrai   ☒ faux
b. ☐ vrai   ☐ faux
c. ☐ vrai   ☐ faux
d. ☐ vrai   ☐ faux

On dit : Ouvre / Ferme la bouche ! Ouvre / Ferme les yeux ! Mais on dit : ouvre bien grand les oreilles ! / Bouche tes oreilles !
En altitude, on peut avoir les oreilles bouchées et si on attrape un rhume, on a le nez bouché.

Vocabulaire

e. ☐ vrai ☐ faux
f. ☐ vrai ☐ faux
g. ☐ vrai ☐ faux
h. ☐ vrai ☐ faux

6 Les lettres sont mélangées. Retrouvez les mots et écrivez-les.

Exemple : E.D.A.R.I.S = RAIDES

a. I.C.F.E.R.O.F.U = ...
b. H.N.A.A.C.T.I = ...
c. D.F.O.I.F.E.E.C = ...
d. H.I.N.G.O.C.N = ...
e. R.E.F.I.S = ...
f. G.A.E.N.R.F = ...
g. N.E.D.I.R.T.E. = ...

7 Toutes ces syllabes mélangées forment des mots en rapport avec les cheveux. Retrouvez-les.

Syllabes : fran, nat, rai, des, chi, tes, ge, veux, tain, coif, châ, bou, fure, che, fri, gnon, sés, clés

bouclés
....
....
....
....
....
....
....
....

8 Placez les mots de l'exercice précédent dans les phrases suivantes.

Exemple : Quand on tresse ses cheveux, on forme des nattes.

a. Cette fillette aux cheveux .... est le personnage principal d'un conte où il y aussi une famille ours.
b. Si les cheveux de cette fillette sont frisés, ils ne sont justement pas ....
c. .... est une couleur de cheveux qui évoque celle d'un fruit d'automne.
d. Une personne aux cheveux longs peut décider de les mettre en boule à l'arrière de la tête. On dit qu'elle se fait un ....
e. Souvent, pour se faire couper ou teindre les cheveux, on va dans un salon de ....
f. Fini ces cheveux bien droits sur le front ! J'ai décidé de couper ma ....
g. On peut avoir les cheveux bouclés ou .... Ces deux adjectifs sont presque synonymes.

1 • Un corps en liberté

9 Associez chacune de ces illustrations à une description.

1. ....

2. ....

3. ....

4. ....

5. ....

6. ....

a. Julie a les cheveux longs et légèrement ondulés. Elle est blonde et porte une queue de cheval.
b. Maude a les cheveux châtains. Elle a des tresses.
c. Florentin a les cheveux bruns et frisés.
d. Mamie Charlotte a les cheveux gris. Elle porte un chignon.
e. Tugdual est roux. Il a les cheveux frisés.
f. Tonton Henri a de longs cheveux blancs et une queue de cheval.

10 Complétez avec le mot qui convient. Faites les accords si nécessaire.

chauve – chignon – coupe – ébouriffé – frange – friser – se coiffer – teindre

Exemple : Elle passe un temps fou devant le miroir le matin à se coiffer.

a. Quand je me lève le matin, j'ai les cheveux tout ....
b. Pour ne pas être dérangé par ses cheveux longs, elle se fait souvent un ....
c. Il n'avait pas les cheveux bruns. Tu crois qu'il s'est fait .... ?
d. Je n'ai plus beaucoup de cheveux. À ce rythme, je serai vite ....
e. Elle s'est fait .... les cheveux : elle n'aimait pas ses cheveux raides.
f. Elle a une nouvelle .... de cheveux qui lui va très bien.
g. On ne voit plus ses yeux ! Il faut qu'il coupe un peu cette horrible ....

11 Soulignez l'expression idiomatique qui convient.

Exemple : Ce roman raconte l'histoire d'un terrible drame. *J'ai les yeux plus gros que le ventre* / <u>*J'en ai les larmes aux yeux.*</u>

a. Si un produit a un prix exorbitant, on dit *qu'il coûte les yeux de la tête* / *que ça crève les yeux.*
b. Si une personne veut avoir plus que ce qu'il peut vraiment avoir, *elle fait de gros yeux* / *elle a les yeux plus gros que le ventre.*

Vocabulaire

c. Face à une situation incroyable, on dit *qu'on n'en croit pas ses yeux / qu'on n'a pas froid aux yeux*.

d. C'est une évidence ! *Ça crève les yeux / Ça fait les gros yeux*.

e. C'est une personne vraiment courageuse, *elle crève les yeux / elle n'a pas froid aux yeux*.

f. Si on veut reprocher quelque chose à quelqu'un sans rien dire, *on lui fait les gros yeux / on a un bandeau sur les yeux*.

g. Pour séduire, certaines personnes *font les yeux doux / en ont les larmes aux yeux*.

h. Si une personne refuse de voir la vérité, on dit *qu'elle fait les yeux doux / qu'elle a un bandeau sur les yeux*.

12 Observez ces photos et entourez les mots qui conviennent.

Leïla Slimani

C'est une femme dans la trentaine. Elle a le teint légèrement *mat/pâle*. Elle a un *long/petit* nez. Elle est *blonde/châtain*. Ses cheveux sont *frisés/raides*. Elle a le front *dégagé/épais*.

Sous des sourcils *courts/épais*, elle a les yeux marrons, qu'elle ouvre bien *grand/large*. Son regard est franc et il dégage une certaine joie. Elle a les lèvres *fines/dégagées* et porte un rouge-à-lèvres discret. Quand elle sourit, elle laisse entrevoir de *belles dents/oreilles blanches*.

C'est une écrivaine franco-marocaine très appréciée des lecteurs avec des romans comme *Chanson douce* qui a obtenu le Goncourt.

Mathieu Kassowitz

C'est un homme d'une quarantaine d'années à la peau *blanche/mate* : il n'a pas l'air d'être bien *rasé/épilé*. Il porte *une barbe/une moustache* de trois jours. Ses cheveux sont *bruns/blonds* et *courts/longs*. Il est légèrement *dégarni/ébouriffé*. Ses oreilles sont *dégagées/grandes*.

Sur la photo, il ferme les yeux et fronce les *sourcils/lèvres*. Son *visage/nez* a les traits marqués, peut-être par la fatigue mais il sourit et montre un peu *ses dents/ sa langue*. Il a l'air sympathique. C'est un acteur français, célèbre pour son rôle d'espion dans *Le bureau des légendes*.

13 Retrouvez le sens de ces mots familiers qui désignent le visage ou une partie. N'oubliez pas de placer l'article défini (le, la, les).

lèvres – visage – cheveux – tête – bouche – nez

a. Le pif (c'est grâce à lui qu'on a de l'odorat) = le nez

b. La gueule (on l'ouvre pour parler ou manger) = ...

c. Les babines (elles peuvent fines ou épaisses, on peut les maquiller) = ...

d. La tronche (on y trouve la bouche, le nez, les yeux) = ...

e. Les tifs (quand ils sont trop longs le coiffeur peut les couper) = ...

f. Le crâne (quand on n'a plus de cheveux dessus, on dit qu'on est chauve) = ...

1 • Un corps en liberté

14 Complétez les phrases avec les mots de l'exercice précédent.

a. Tu connais Astérix et Obélix ? Ils ont un très gros nez.
b. Je me lèche .... à l'idée d'une bonne glace à la vanille.
c. Il est allé se faire couper .... avant son entretien d'embauche.
d. Quel mal de .... ! Je vais prendre de l'aspirine pour voir si ça passe.
e. Elle n'a pas l'air contente du tout. Elle fait ....
f. Regarde .... qu'il fait ! Il a peur de ne plus avoir de gâteau.

15 Dictée : écoutez et complétez les phrases. 03

a. Ferme .... et ouvre .... !
b. .... dans les peintures du Greco sont très spécifiques.
c. C'est chaud ! Je me suis brûlé ....
d. Tu as de l'aspirine ? J'ai terriblement ....
e. J'ai une poussière ....
f. Le coiffeur lui a coupé .... très courts.
g. Elle s'est cassé .... quand elle est tombée.
h. "Pourquoi tu as ...., Mère-Grand ?"
i. Quand on vous enlève .... de sagesse, ... gonflent.

Vêtements et accessoires

À la naissance, le bébé est **tout nu** : il ne porte aucun **vêtement**. Après, on l'**habillera** (**s'habiller**) avec des **habits** ou des **vêtements** (et des **sous-vêtements**). Une personne peut être plus ou moins bien habillée, avec plus ou moins de **style** ou d'**élégance**. On peut dire d'une personne mal habillée qu'elle est **négligée**.

En fonction du climat ou de la température, on peut être plus ou moins couvert. S'il fait froid, on met de **gros vêtements**, épais. Au contraire, s'il fait chaud, on préfère rester en **tenue légère**.

On accompagne généralement nos vêtements avec des **accessoires** : une **ceinture**, des **bretelles**, une **écharpe**, un **foulard**, un **bonnet** ou une **tuque**, des **gants** ou des **mitaines**, des **moufles**, un **cache-oreilles**, un **cache-cou**, une **casquette**, un **chapeau**, des **lunettes** (**de soleil**), un **sac à main**, une **montre**, un **téléphone portable**, etc.

16 Cochez la bonne réponse.

Exemple :

☒ une cravate
☐ un foulard

a.

☐ une casquette
☐ une tuque

> Au Québec, on ne met pas un bonnet mais une **tuque**. C'est un gros bonnet en laine qui tient chaud pendant le rude hiver.

b.

☐ des bretelles
☐ une ceinture

c.

☐ des mitaines
☐ des gants

Vocabulaire

 d. ☐ un chapeau
☐ un bonnet

 e. ☐ une ceinture
☐ une écharpe

 f. ☐ un masque
☐ un cache-cou

 g. ☐ des moufles
☐ des gants

> Les accessoires évoluent avec le temps. Le **téléphone portable** est certainement un accessoire de plus en plus indispensable. De même, le **masque** peut aussi devenir un de ces accessoires qu'on n'oubliera pas de **porter** avant de sortir de chez soi.

17 Entourez le mot qui convient.

Exemple : Il porte toujours de belles chemises. On voit qu'il aime s'habiller avec une certaine (élégance) / négligence.

a. Habituellement les *sous-vêtements/vêtements* ne sont ni repris ni remboursés.
b. Pour la réception de ce soir, *une tenue/une casquette* de ville est recommandée.
c. Le médecin lui a demandé d'*enlever/repasser* sa chemise.
d. C'est devenu obligatoire de porter *le masque/une cravate* dans l'avion.
e. Se déshabiller est le contraire de *s'habiller/se dénuder*.
f. Il n'était pas complètement *habillé/nu*, il portait quand même des sous-vêtements.
g. Merci de bien vouloir *éteindre/débrancher* votre cellulaire avant le début de la séance.

> Un téléphone portable est aussi un **GSM** (Belgique, Luxembourg), un **natel** (Suisse) ou un **cellulaire** (Canada francophone) et parfois, les smartphones sont aussi appelés des **téléphones intelligents**.

18 Complétez les phrases suivantes à l'aide des mots de l'exercice précédent.

Exemple : Aujourd'hui, il est fréquent de voir des jeunes porter une casquette ; aux temps de mon grand-père, c'était plutôt un chapeau.

a. Mets des .... avant de sortir pour ne pas avoir froid aux mains : il fait moins 15 degrés ce matin.
b. Depuis quelques années, les .... sont revenues à la mode pour tenir le pantalon.
c. Il lui a rapporté un .... en soie de son dernier voyage. Il est superbe !
d. Il est très classique : il préfère porter une .... à aiguilles que de lire l'heure sur son portable. Ça fait plus classe !
e. Il est obligé de porter une .... pour aller au bureau, sauf le vendredi. C'est le jour de détente avant le week end !
f. Sans mes ...., je ne vois vraiment pas bien. Impossible de lire !
g. Quand les fins de mois sont difficiles, il faut se serrer la ....

19 Écoutez ces définitions et cochez l'objet qui convient. 04

a. Je suis   ☐ une écharpe   ☒ un bonnet   ☐ une paire de gants
b. Je suis   ☐ une serviette de bain ☐ un caleçon   ☐ un maillot de bain
c. Je suis   ☐ un sac à main   ☐ un porte-monnaie   ☐ un porte-document
d. Je suis   ☐ un collier   ☐ un pendentif   ☐ un bracelet
e. Je suis   ☐ un parapluie   ☐ un imperméable   ☐ une capuche
f. Nous sommes ☐ des pantoufles   ☐ des souliers   ☐ des sandales
g. Nous sommes ☐ des chaussures   ☐ des chaussettes   ☐ des collants

1 • Un corps en liberté

20 Cochez la bonne réponse.

Exemple : Cet homme politique retourne souvent sa veste.
☒ Il change souvent ses positions sur des questions politiques.
☐ Il est connu pour changer souvent ses vestes dans les meetings politiques.

a. Ça ne sert à rien de prendre des gants pour lui dire la vérité.
☐ Inutile de s'habiller d'une façon spéciale pour lui dire la vérité.
☐ Inutile de prendre des précautions pour lui dire la vérité

b. Il va falloir se retrousser les manches pour atteindre nos objectifs.
☐ Il va falloir travailler dur pour les atteindre.
☐ Il va falloir payer cher pour les atteindre.

c. Ils se sont serrés la ceinture pendant des années.
☐ Ils ont dû limiter les dépenses pendant des années.
☐ Ils ont suivi un régime alimentaire pendant des années.

d. C'est du jus de chaussettes !
☐ C'est un café sans sucre.   ☐ C'est un très mauvais café.

e. Tout le monde lui tire son chapeau.
☐ Tout le monde le critique durement.   ☐ Tout le monde l'admire.

f. Elle a plusieurs casquettes.
☐ Elle occupe différentes fonctions.
☐ Elle collectionne les accessoires dont les casquettes.

21 Complétez les phrases suivantes avec les mots ci-dessous. Ajoutez les articles.

chemise – pull – gant – chaussure – jupe – écharpe – cravate – maillot de bain

Exemple : Je suis souvent en laine, mais aussi en acrylique. Je protège du froid en hiver. Je suis un pull.

a. On me porte en général dans des situations professionnelles mais aussi à certaines occasions de la vie privée (mariage, enterrement…). Je suis ....

b. Nous sommes comme des jumelles, inséparables ! Mais chacune à un pied. Nous sommes ....
....

c. Je suis souvent courte et légère. On me porte dès que les beaux jours arrivent. Mais je peux être longue aussi. Je suis ....

d. Mes manches peuvent être longues ou courtes. J'ai des boutons mais je ne suis pas malade ! Je suis
....

e. Nous protégeons les mains du froid. Nous sommes ....

f. Heureusement, je n'ai pas peur de l'eau ! Je suis dans toutes les valises des touristes qui partent en vacances à la mer. Je suis ....

g. Je suis souvent la compagne du manteau en hiver. Grâce à moi, on évite les maux de la gorge ou de s'enrhumer ! Je suis ....

Vocabulaire

22 Associez les mots suivants à la photo qui convient.

mocassins – robe de chambre – imperméable – blouson – peignoir – pantoufles – chaussons – pyjama – veste

a. .... b. .... c. .... d. .... e. ....

f. mocassins   g. ....   h. ....   i. ....

23 Complétez les phrases avec les mots de l'exercice précédent.

Exemple : Il enfile rapidement sa robe de chambre par-dessus son pyjama avant d'ouvrir la porte de l'appartement.

a. L'image d'un chien apportant à son maître son journal et ses .... est vraiment très populaire.

b. Cet inspecteur de police d'une série des années 70 est connu pour sa perspicacité mais aussi son vieil ....

c. Il veut s'acheter un .... en cuir.

d. Elle sort de la piscine, enfile un .... et s'installe à la table de la terrasse.

e. Benjamin déteste sortir en baskets. Il met toujours des ....

24 Comptez les vêtements ci-dessous et indiquez les quantités que Nateo et Anna veulent faire laver à l'hotel.

☐ Slip   ☐ Jupe   ☐ Jean   ☐ Bermuda
2 Caleçon   ☐ Chemise   ☐ Veste   ☐ Short
☐ T-shirt   ☐ Pull   ☐ Gilet   ☐ Culotte
☐ Chaussettes   ☐ Polo   ☐ Costume (2 pièces) ☐ Soutien-gorge
☐ Pyjama   ☐ Cravate   ☐ Manteau   ☐ Chaussettes
☐ Mouchoir   ☐ Pantalon   ☐ Maillot (sport)   ☐ Collant

1 • Un corps en liberté

25 Trouvez les vêtements ou objets à l'aide de ces indications.

Exemple : On le porte pour aller à la plage ou à la piscine : le maillot de bain

a. On la met à l'occasion de son mariage : ....

b. On le met pour faire du sport mais aussi pour aller chercher son pain le dimanche : ....

c. On le met à l'occasion d'une cérémonie ou dans certains contextes professionnels : ....

d. On l'enfile quand on sort de l'eau : ....

e. On le met le soir pour aller dormir : ....

f. On les porte quand on a froid aux mains : ....

g. On le met quand il pleut : ....

26 Barrez l'intrus.

Exemple : espadrilles – bottes – moufles – sandales

a. jupe – pantalon – robe – bermuda

b. montre – bandeau – bracelet – bague

c. boucles d'oreilles – chapeau – bonnet – tuque

d. chemise – polo – foulard – tee-shirt

e. cravate – veste – manteau – blouson

f. cravate – noeud papillon – casquette – collier

g. chapeau – bonnet – casquette – écharpe

27 Associez ces motifs à l'expression qui convient.

a.   • 1. écossais

b.   • 2. imprimé

c.   • 3. à rayures

d.   • 4. à pois

e.   • 5. uni

f.   • 6. à carreaux

Grammaire/Conjugaison

> • **Les prépositions à, de et en**
>
> **C'était l'époque des chemises à carreaux.**
> Pour décrire un objet, parler de la matière ou de la fonction de cet objet, on peut utiliser les prépositions à, de et en.
> – à introduit la description (à rayures) ou la façon de l'utiliser (sac à dos)
> – de (d') introduit la fonction, la destination (de nuit = pour l'utiliser la nuit ; de vue = pour voir)
> – en introduit la matière (en plastique, en coton…)

28 Complétez avec la préposition qui convient : *à, en* ou *de* (*d'*).

Exemple : Sac à dos

a. Sac .... plage
b. Lunettes .... soleil
c. Lunettes .... infra-rouge
d. Chaussures .... talons
e. Chaussures .... cuir
f. Robe .... soirée
g. Pull .... rayures

29 Réemployez les mots de l'exercice précédent dans les phrases suivantes.

Exemple : Elle prend son sac de sport quand elle va au club.

a. Pour ne pas être ébloui quand il conduit, il met ses ....
b. Au petit matin, elle a mal aux pieds après avoir dansé toute la nuit avec des ....
c. Il va faire froid dans le chalet, prends un bon gros ....
d. Allez, on va se baigner ! Mets bien les serviettes et la crème solaire dans ton .... ?
e. Elle a décidé de s'acheter une superbe .... pour samedi soir.
f. Pour la randonnée, il faut de bonnes ....

30 Complétez avec la préposition qui convient.

Exemple : Il risque de pleuvoir, prends des vêtements de pluie.

a. Aujourd'hui, les pyjamas rencontrent un vrai succès mais avant on mettait plutôt une chemise .... nuit.
b. Pour ne pas avoir froid aux pieds, il a enfilé de bonnes grosses chaussettes .... laine.
c. Elle s'est acheté un petit T-shirt .... bretelles que j'aime beaucoup.
d. On lui a offert un beau blouson .... cuir pour son anniversaire.
e. En été, il ne porte que des chemises .... manches courtes.
f. Pour la randonnée, il faut de bonnes chaussures .... marche.
g. C'est parti pour des vacances à la mer : maillot .... bain et crème solaire sont dans la valise !

31 Complétez avec la préposition qui convient.

Exemple : Si son foulard est soyeux, c'est qu'il est en soie.

a. S'il joue au foot avec ces chaussures, c'est parce que ce sont des chaussures .... foot.
b. Ces lunettes me permettent de mieux voir, ce sont des lunettes .... vue.

1 • Un corps en liberté

c. Si tu portais une chemise .... manches longues, tu n'aurais pas froid aux bras.
d. Si elle paraît plus grande que d'habitude, c'est parce qu'elle a mis ses chaussures .... talons hauts ce soir.
e. Tu te plains d'avoir froid aux oreilles mais tu n'as pas voulu que je te prête mon gros bonnet .... laine !
f. Ils ont joué une pièce de Molière en costumes .... époque. C'était très beau.
g. Pour la réception de demain soir, il est indiqué de venir en tenue .... ville.

• Les adjectifs possessifs

C'est mon sac. Cette voiture, elle est à mes voisins. C'est leur voiture.

	un possesseur	+ d'un possesseur
masculin – singulier	mon / ton / son	notre / votre / leur
féminin – singulier	ma-mon / ta-ton / sa-son	notre / votre / leur
masculin – féminin – pluriel	mes / tes / ses	nos / vos / leurs

On emploie les formes mon, ton, son devant un mot féminin qui commence par une voyelle ou un h muet (mon amie, ton histoire).

32 Complétez avec l'adjectif possessif qui convient.

Exemple : C'est le foulard de ma soeur. C'est son foulard.

a. Cette casquette est à moi. C'est .... casquette.
b. C'est la tenue de travail de ces professionnels. C'est .... tenue.
c. Cette veste est à mon frère. C'est .... veste.
d. Ce sont les lunettes de son père. Ce sont .... lunettes.
e. Ce sac appartient à ta mère. C'est .... sac.
f. Ces gants sont à vous. Ce sont .... gants.
g. Ce sont les chaussures des joueurs. Ce sont .... chaussures.

33 Complétez avec l'adjectif possessif qui convient.

Exemple : Tu as vu ma veste ? Elle est belle, non ?

a. N'oublie pas .... écharpe dans le bus !
b. Les enfants sont arrivés au collège avec .... nouvel uniforme.
c. Il a enfilé .... blouson et il est parti.
d. Les habitants ont l'interdiction de sortir sans .... masque.
e. Je n'entre plus dans .... pantalons !
f. .... boucles d'oreilles sont très jolies, tu sais.
g. S'il vous plaît, pensez à venir lundi avec .... tenue de sport.

Grammaire/Conjugaison

34 Complétez avec l'adjectif possessif qui convient.

Exemple : – Monsieur, vous êtes au contrôle de sécurité. Vous devez enlever votre ceinture et votre montre.
– Et j'enlève aussi mes chaussures ?

a. Le vent est froid ce soir, ferme bien .... blouson !

b. Heureusement que j'ai pris .... gants et .... écharpe aujourd'hui.

c. Ne sors pas en chemise dehors, mets .... veste ou .... manteau !

d. Retirez les mains de .... poches pour parler, s'il vous plait !

e. On ne voit pas .... yeux derrières ces lunettes de soleil. Enlève-les !

f. – Regarde ce type ! Tu as vu la couleur de .... chaussettes ? – Oui, et alors ? C'est la mode aujourd'hui.

g. – Tu te souviens de la couleur du maillot des joueurs de cette équipe ?
– La couleur de .... maillot ? Aucune idée ! On va regarder sur internet.

• Les pronoms possessifs

C'est la veste de Marine ? – Non, ce n'est pas la sienne ! C'est la mienne !

• Une personne :
Je/moi = le mien / la mienne / les miens / les miennes
Tu/toi = le tien / la tienne / les tiens / les tiennes
Il/lui – Elle/elle = le sien / la sienne / les siens / les siennes

• Deux personnes ou plus :
On/nous - Nous/nous = le nôtre / la nôtre / les nôtres
Vous/vous = le vôtre / la vôtre / les vôtres
Ils/eux – Elles/elles = le leur / la leur / les leurs

---

35 Remplacez les mots soulignés par le pronom possessif qui convient. Réécrivez la phrase.

Exemple : Tes yeux sont clairs. Mes yeux sont foncés.
Tes yeux sont clairs. Les miens sont foncés.

a. On voit bien ses rides mais on ne voit pas tes rides.
....

b. J'ai un gros nez. Son nez est fin.
....

c. Elle a la peau douce. Ma peau est rugueuse.
....

d. Nos enfants ont les cheveux blonds. Leurs enfants ont les cheveux bruns.
....

e. Son père porte une barbe de trois jour. Mon père préfère porter la moustache.
....

f. Elle a une nouvelle coiffure. Moi, je dois changer ma coiffure.
....

g. Elle a de jolies tresses. Je veux avoir les mêmes tresses que ses tresses.
....

> On ne doit pas confondre **notre / votre** (adjectif) et **le nôtre / le vôtre** (pronom). À l'écrit, c'est l'**accent circonflexe** (^) qui les différencient et la présence de l'article (*le, la*). À l'oral, dans plusieurs régions francophones, on distingue *notre* [nɔtʀ] et *nôtre* [notʀ].

1 • Un corps en liberté

36 Complétez avec le pronom possessif qui convient.

Exemple : Ce pull gris, il est à moi ! Je te dis que c'est *le mien* !

a. Ces chaussettes, elles ne sont pas à ton petit frère ? Si, ce sont bien ....

b. Cette robe bleue est à ma sœur. Non, ce n'est pas .... est verte.

c. Quel joli manteau ! C'est ...., madame ?

d. Ce pantalon gris à rayures, il est à mon père. Vu le style, c'est sûr que c'est .... !

e. Ce maillot rouge et bleu, c'est celui de mes joueurs préférés. Tu es sûr que c'est .... ?

f. Ces chaussures à talon sont à ta mère. Impossible, ça ne peut pas être .... ! Elle déteste mettre des talons.

g. L'équipe adverse joue avec des chaussures noires et blanches. .... sont rouges et vertes.

37 Complétez les phrases à l'aide du pronom possessif qui convient.

Exemple : – C'est ton écharpe ? – Non, ce n'est pas *la mienne*. Je ne sais pas à qui elle est.

a. – Pour le mariage, je vais mettre une chemise rose. De quelle couleur sera .... ?
– Je ne sais pas encore ; peut-être comme ...., j'aime bien cette couleur, moi aussi.

b. – Monsieur ! Cette veste, ce n'est pas .... ? –] Non, je suis venu en manteau.

c. – D'habitude je déteste les robes trop longues mais je reconnais que Muriel a de bons goûts : .... est très jolie.

d. – Je ne sais pas combien ont coûté ses chaussures, mais .... … ne m'ont vraiment pas coûté cher. Elles étaient en soldes.

e. – Désolé monsieur, je me suis trompé de manteau. Je crois que j'ai pris .... à la place .... – Ce n'est pas grave, vous vous en êtes aperçu à temps.

f. – Je ne veux pas acheter le même pull que Pauline. Tu te souviens de quelle couleur il est ? – Je crois que .... est rouge et blanc avec un texte en français au centre.

g. – Les jeunes ont de drôles de goûts. Tu as vu leurs pantalons ? Tous troués ! – Parce que tu crois que .... étaient mieux que .... ?

• La place de l'adjectif (1)

Elle a les yeux verts. Ce sont vraiment de beaux yeux. Oui, ce sont de beaux yeux verts ! Que dis-je ? De yeux verts superbes ! Mieux encore, de superbes yeux verts !

• Les adjectifs se placent généralement après le nom (adjectifs qualificatifs, de nationalité/d'origine ou provenance, de couleur) : *c'est une robe élégante, un manteau gris*...

• Certains adjectifs comme *beau, bon, grand, gros, jeune, joli, long, mauvais, petit, vieux*, se placent devant le nom : *un vieux manteau, de grosses chaussures, un petit tailleur*...

• Placés devant (quand ils ne le sont pas habituellement), ils peuvent prendre une valeur emphatique sans vraiment changer de sens : *de superbes yeux*

• Dans certains cas, leur sens change selon la place qu'ils occupent : *C'est une grande sportive.* (qui a obtenu de très bons résultats) ≠ *C'est une sportive grande et rapide.*(elle est physiquement d'une grande taille mais on ne sait pas si elle obtient de bons résultats)

Grammaire/Conjugaison

38 Placez l'adjectif comme il convient et faites l'accord si nécessaire.

Exemple : son mari (ancien) → son ancien mari

a. Ses aïeux (italien) → ....
b. Une dame (âgé) → ....
c. Ma sœur (grand) → ....
d. Son mari (premier) → ....
e. Un oncle (vieil) → ....
f. Son frère (petit) → ....
g. Une famille (merveilleux) → ....

39 Placez l'adjectif comme il convient et faites l'accord si nécessaire.

Exemple : une dame (vieux) → une vieille dame

a. une fille (grand) → ....
b. un monsieur (âgé) → ....
c. une cousine (polonais) → ....
d. un oncle (voyageur) → ....
e. un mariage (deuxième) → ....
f. un enfant (agité) → ....
g. un parent (lointain) → ....
h. une tante (éloigné) → ....

> Familièrement, on parle des personnes âgées en disant les vieux et plus affectivement les petits vieux. On pourra parler d'un vieil homme (ou d'un vieux monsieur) ou d'une vieille dame ou mais on préfèrera dire une dame âgée.

40 Placez au bon endroit les adjectifs entre parenthèses (n'oubliez pas les accords si nécessaire).

Exemple : Elle nous a présenté son nouveau petit ami. (nouveau)

a. Ses parents l'envoient en vacances à Coimbra chez ses .... grands-parents .... (portugais)
b. Son grand-père n'a rien d'un .... monsieur .... (vieux)
c. Elle est née dans une .... famille .... (nombreux)
d. Il a hérité d'une .... tante .... oubliée. (vieux)
e. On a vu augmenter le nombre de .... famille .... (recomposé)
f. Il a de .... amis .... qui sont comme une .... famille .... (bon / deuxième)
g. Sa .... famille .... est d' .... origine .... (beau / vietnamien)

• La place de l'adjectif (2)

Elle porte une jolie petite jupe bleue. • C'est grande femme politique française contemporaine.

On peut combiner plusieurs adjectifs entre eux.

En règle générale, on place les adjectifs « objectifs » juste devant ou après le nom et les adjectifs « subjectifs » sont les plus éloignés du nom.

Dans tous les cas, on fait l'accord de ces adjectifs avec le genre et le nombre du nom qu'ils qualifient.

1 • Un corps en liberté

41 Placez et accordez correctement les adjectifs.

Exemple : Tu as de belles chaussures neuves. (beau / neuf)

a. Regarde ce .... sac .... en vitrine ! (grand / rouge / blanc)

b. Elle lui a offert une .... veste .... (Beau / sportif / noir)

c. Un .... manteau ...., ce sera utile pour l'hiver. (Long / épais)

d. Voici une .... cravate .... (Joli / rouge / soyeux)

e. Il porte toujours une .... casquette .... (Vieux / gris)

f. Ce sont de .... codes .... (Vieux / vestimentaire)

g. Cette .... chemise .... est complètement ridicule ! (Vieux / rouge / blanc)

42 Remettez dans l'ordre les éléments des phrases ci-dessous.

Exemple : vraiment / bel / ensoleillé. / On a / un / chaud / et / eu / été
On a vraiment eu un bel été chaud et ensoleillé.

a. habitent / immense / Ses amis / maison / une / au bout de / grande / blanche / avenue. /
....

b. niçoise. / Elle / vient d' / famille / une / riche
....

c. bleu / cousin / un / costume / Leur / s'est acheté / élégant / pour l'occasion.
....

d. L'oncle / photo de famille / sur / Albert / jaunie. / apparait / vieille
....

e. pour / trentième / Stéph / voyage / mariage. / anniversaire / à / adoptifs / beau / de / a offert / ses parents / un / leur
....

f. C'est / qui / fin. / longue / prend / amoureuse / aventure / une / belle / et
....

g. voyageur. / grand / ils / un / ont / frère
....

43 Placez correctement les adjectifs, sans oublier de faire l'accord si nécessaire.

Exemple : Sa chemise (nouveau/blanc)   Sa nouvelle chemise blanche

a. Des chaussures (grand/noir)   ....
b. Un foulard (joli/noir/jaune)   ....
c. Des yeux (grand/bleu/clair)   ....
d. Un manteau (gros/gris)   ....
e. Une veste (petit/léger) pour les nuits d'été.   ....
f. Son T-shirt (vieux/déchiré)   ....
g. Des cheveux (long/blond)   ....

Grammaire/Conjugaison

44 Soulignez la forme qui convient le mieux.

Exemple : Une accolade d'ami / <u>amicale</u>

a. Une lettre d'amour / amoureuse
b. Un message d'espoir / espéré
c. Une aventure d'amour / amoureuse
d. Un ton de désespoir / désespéré
e. Une chambre d'ami / amicale
f. Une vie de passion / passionnée
g. Un problème de famille / familial

• Les adjectifs numéraux

Nous devions être quarante à attendre notre tour.

On distingue deux types d'adjectifs numéraux : les adjectifs cardinaux et les adjectifs ordinaux. Ils se placent devant le nom.

Les adjectifs numéraux cardinaux permettent de compter/dénombrer. Un, deux, trois, quatre, etc. sont des adjectifs cardinaux. Ils sont invariables sauf :

• Un/une
• Vingt dans quatre-vingts mais quatre-vingt un, quatre-vingt douze, etc.
• Cent dans deux cents, trois cents, etc. mais trois cent un, trois cent deux, etc.
• Million (et aussi milliard et billiard) : deux millions, trois millions, quatre milliards, etc.

Pour donner une date, surtout certaines dates historiques, il est fréquent d'entendre :
1871 = dix huit cent soixante et onze
1515 = quinze cent quinze à la place de mil cinq cent quinze.

✋ 1000 a deux orthographes : mil et mille.

Pour écrire les années, on préfère la forme mil : nous sommes en deux mil vingt et un (2021). Dans les autres cas, on préfère la forme mille : la salle est limitée à deux mille vingt et une personnes (2021).

On remarquera que les chiffres de 70 à 99 ont des formes variées selon les régions francophones :
– en France : on privilégie les formes *soixante-dix, soixante et onze, soixante-douze, … quatre-vingts, … quatre-vingt-dix, quatre-vingt-onze…*
– En Belgique, au Luxembourg, en Suisse, au Val d'Aoste et dans certains pays francophones d'Afrique (Rwanda, R. D du Congo) : on dira plutôt *septante, septante-un, septante-deux, nonante, nonante-un, nonante-deux…*
– En Suisse : *huitante* à la place de *quatre-vingts* (*huitante-un, huitante-deux…*)

---

45 Écrivez en lettres les adjectifs cardinaux (en gras) des phrases suivantes.

Exemple : Pas plus de **10** personnes à table ! → dix

a. Cette salle peut accueillir **1500** spectateurs. ....
b. Elle est né en l'an **2000**. ....
c. Nous ne pouvons pas accepter plus de **100** personnes sur le bateau. ....
d. Cela fera **80** euros, Madame. ....
e. C'est dans les années **90** qu'on a vu se généraliser l'usage d'Internet. ....
f. D'après les organisateurs, il y a au moins **1 000 000** de participants. ....
g. Notre planète compte presque **8 000 000 000** d'habitants. ....

1 • Un corps en liberté

46 Écoutez et écrivez en chiffres, en lettres les adjectifs cardinaux que vous entendez.

a. .... / ....
b. .... / ....
c. .... / ....
d. .... / ....
e. .... / ....
f. .... / ....
g. .... / ....

47 Écrivez en chiffres les adjectifs numéraux cardinaux suivants.

Exemple : Mil neuf cent nonante-deux → 1992

a. Septante-cinq pour cent → ....
b. Huitante-trois ans → ....
c. Soixante-quinze euros → ....
d. L'an dix-huit cents → ....
e. Nonante-sept → ....
f. Il est né en septante-un → ....
g. Quatre-vingt quatorze euros → ....

• Les adjectifs numéraux ordinaux

Le pauvre ! Il pensait être le premier mais il est arrivé en deuxième position.
Les adjectifs numéraux ordinaux permettent d'ordonner, de classer dans l'espace ou dans le temps. On les forme à partir de l'adjectif cardinal + ième : deuxième, troisième, vingtième... Si l'adjectif cardinal finit par la voyelle -e, celle-ci disparaît : quatre → quatrième, quinze → quinzième.
Le -f de neuf devient -v : neu**v**ième. Le -x de dix prononcé [di] ou [dis] devient dixième [dizjɛm].

Exception : l'adjectif ordinal simple de « un.e » est premier/-ière mais « unième » dans les formes complexes : *la trente et unième édition du festival.*

Les adjectifs peuvent être masculins féminins selon le nom qu'ils accompagnent : le deuxième candidate / la deuxième candidate et ils s'accordent en nombre : le deuxième / les deuxièmes

✋ Deuxième/Second
Les deux formes existent pour indiquer la place comprise entre le premier et le troisième. En règle générale, on dit que « second » n'est utilisé que s'il n'y a pas de troisième mais la pratique courante (et même littéraire) montre que cette règle n'est pas vraiment suivie.

Dans le cas des nombres ordinaux complexes, on emploie uniquement deuxième : *vingt deuxième, cinquante deuxième*

*On remarquera la prononciation du « c » dans second : [s(ə)gõ]

À l'écrit, on peut abréger les formes ordinales :
Premier/-ère = 1er/1re
Deuxième, troisième, ... quarante quatrième, ... cent vingt sixième... = 2^e, 3e, ... 44e, ... 126e...

Dans l'usage :
– on parle des souverains en combinant les adjectifs cardinaux pour le premier de la lignée (François Ier) avec les adjectifs ordinaux (François II, Henri IV, Louis XVI...) qu'on écrira systématiquement en chiffres romains. On dira cependant Charles Quint (Charles V)
– On désigne les siècles avec les adjectifs ordinaux : le XXIe (vingt et unième) siècle

Grammaire/Conjugaison

48. Complétez à l'aide de l'adjectif numéral cardinal qui convient.

Exemple : Ces terribles vents de l'hémisphère sud sont connus comme les quarantièmes rugissants. (40)

a. La 3D, c'est la .... dimension. (3)

b. Elle est partie très vite, on dit qu'elle est partie en .... vitesse. (4)

c. Le .... sens existe-t-il vraiment ? (6)

d. On dit du cinéma que c'est le .... art. (7)

e. Ce sont vraiment des témoins privilégiés, ils étaient aux .... loges. (1)

f. On dit du .... siècle que c'est le siècle des Lumières. (18)

g. En France, la classe juste après la troisième et marque l'entrée au lycée, c'est la .... ! (2)

49. Écrivez en lettres à quel siècle appartiennent ces dates.

Exemple : La révolution française a commencé en 1789. Dix-huitième siècle

a. Pompéi a été enseveli en 79 ap. J.-C. .... siècle

b. La vieille cité de Caral (env. 2500 av. J.-C.) n'a été découverte qu'en 1949 ! .... siècle

c. C'est en Chine qu'on retrouve une impression en xylographie datant de 642. .... siècle

d. La ville de Québec a été fondée en juillet 1608 par Samuel de Champlain. .... siècle

e. C'est en 1325 qu'a commencé la construction de la célèbre Grande mosquée de Tombouctou. .... siècle

f. On a commémoré les 850 ans de la cathédrale de Notre-Dame de Paris en 2013. .... siècle

g. Il semblerait que les vikings ont atteint les côtes canadiennes vers 986. .... siècle

Bilan

1. Complétez avec les mots de la liste. (0,5 point/réponse)

bouche – cheveu – cou – dent – dos – front – joue – nez – œil – oreille

a. Avec sa nouvelle coupe, son .... est plus dégagé.
b. J'ai un cil sur la .... Je vais faire un vœu.
c. Cette chaise n'est pas confortable. Elle me fait mal au ....
d. Tu as une belle écharpe autour du ....
e. Je dois être enrhumé. J'ai le .... qui coule.
f. J'ai les .... qui pleurent à cause de cette sauce piquante.
g. Enfonce bien ton bonnet pour ne pas avoir froid aux ....
h. Tous les matins, il lui faut un bon quart d'heure pour se brosser les ....
i. Tu as de belles .... blanches.
j. On ne parle pas la .... pleine.

Total : .... /5

2. Complétez avec les mots de la liste. (0,5 point/réponse)

chaussure – chemise – collier – cravate – gant – lunettes – masque – parapluie – sac à main – serviette

a. Cet après-moi, on va à la plage. Mon maillot de bain et ma .... sont déjà dans mon sac.
b. J'ai oublié mes .... Mes doigts sont gelés.
c. Sans .... , impossible de lire.
d. Je cherche de bonnes .... de marche. Je fais du 42.
e. Tu porte un beau .... au cou. C'est un cadeau d'anniversaire ?
f. Il pleut. Je vais vous prêter un ....
g. Tu préfères une .... à manches longues ou à manches courtes ?
h. Son .... contient toute sa vie : papiers, rouge à lèvre, photos de ses enfants, portefeuille.
i. Pour la cérémonie, je ne sais pas si je vais mettre une .... ou pas.
j. Le .... n'est plus un simple accessoire de carnaval, il est de plus en plus indispensable.

Total : ... /5

3. Complétez le texte avec la forme possessive qui convient (1 point/réponse).

Amandine et Sophie préparent .... valises.

Dernière étape avant le grand départ : faire la valise ! Pour Amandine, c'est simple : presque toutes .... affaires sont prêtes. Ce n'est pas .... premier voyage en Indonésie. « Et voilà, la valise est prête. Et .... , Sophie ? ». Sophie, elle, n'est presque jamais sortie d'Europe. Elle écoute donc attentivement les conseils de .... amie, mais elle a tendance à attendre le dernier moment pour faire .... valise. Bien sûr, pas question d'oublier le maillot de bain ! Chacune a mis .... dans la valise pour les baignades matinales à Bali mais elles ont aussi mis leurs chaussures de marche pour les visites de temples et de rizières. « Et n'oublie pas de mettre .... petite robe d'été dans .... valise pour les soirées balinaises ! », rappelle Amandine à Sophie. Les vacances sont un moment magique, ... s'annoncent merveilleuses !

Total : .... /10

4. Écrivez en lettres les formes cardinales ou ordinales suivantes (0,25 point/réponse)

a. La 1re ....
b. Le 9è ....
c. 73 euros ....
d. La 96è ....
e. Le 2nd ....
f. 80 points ....

Total : .... /1,5

5. Placez et accordez les adjectifs (0,25 point/réponse)

Gaëtan a une .... sœur .... (petit) qui fête bientôt son anniversaire. Il veut lui faire un .... cadeau .... (beau), un .... cadeau .... (original). Comme c'est un .... voyageur .... (grand) et un .... randonneur .... (passionné), elle a pensé lui offrir un .... trek .... (superbe) de 12 jours dans les .... Andes .... (péruvien). Ce sera un .... séjour .... (unique /magique) à la fois au milieu de .... paysages .... (immense /merveilleux) ; un séjour qui le fera partir à la rencontre d'une .... population .... (local / accueillant). Il est certain qu'elle adorera. Ce sera un .... anniversaire .... (beau).

Total : .... /3,5

6. Conjuguez les verbes au présent de l'indicatif. (0,5 point/réponse)

a. Qu'est-ce que tu .... ? (Dire)
b. Vous .... quoi dans la vie ? (Faire)
c. Tu .... combien ça coûte ? (Savoir)
d. Il .... moins de six heures par jour. (Dormir)
e. Ils .... à 17 heures d'habitude. (Finir)
f. Si vous .... l'examen, on en reparle. (Réussir)
g. Nous .... des repas à domicile. (Servir)
h. À quelle heure ça .... ? (Ouvrir)
i. Vous .... souvent le week-end ? (Sortir)
j. Elle .... toujours la vérité. (Grossir)

Total : .... /5

Mon score : .... /30

2 • Un temps pour tout

Vocabulaire

Le corps

De la **tête** au **pied**, le **corps** est composé de nombreuses parties extérieures qui vont aider à maintenir une position : être assis sur ses **fesses** ou être debout ; à effectuer des mouvements pour marcher, courir, comme les **pieds** ou les **jambes**, ou encore saisir des objets avec les **bras** et les **mains**. Les **doigts** aident à réaliser des activités plus précises pour manger, écrire ou dessiner par exemple.

50 Associez les noms aux différentes parties du corps. Écrivez l'article défini qui convient.

tête – bras – cou – avant-bras – cuisse – main – pied – jambe – genou – hanche – coude – torse – dos – mollet – fesse – ventre – corps

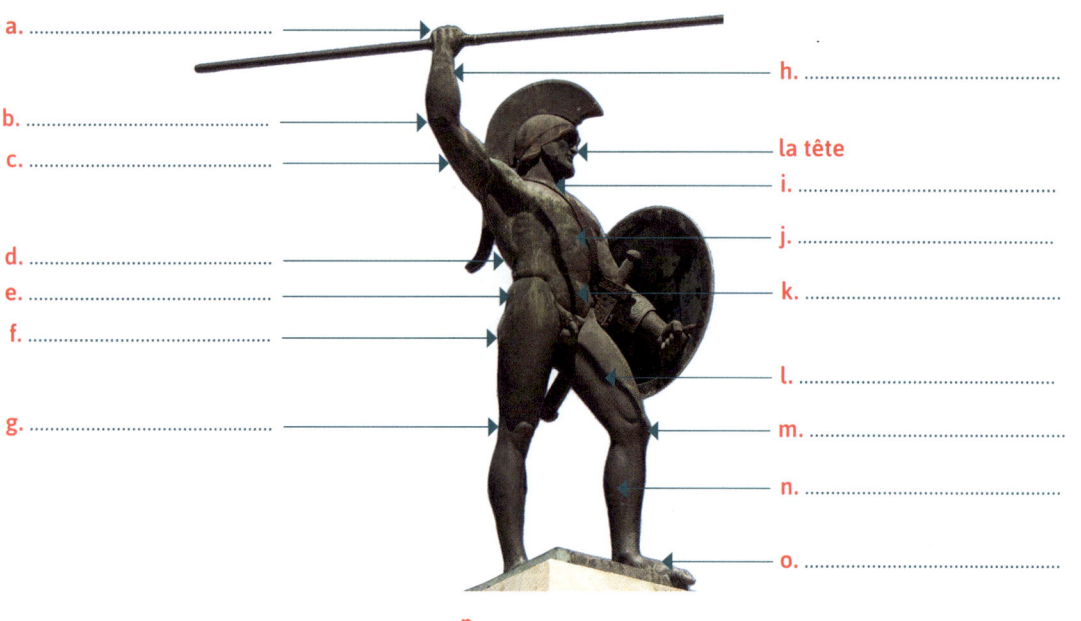

a. ....
b. ....
c. ....
d. ....
e. ....
f. ....
g. ....
h. ....
la tête
i. ....
j. ....
k. ....
l. ....
m. ....
n. ....
o. ....
p. ....

51 Reliez ces phrases à la partie du corps qui convient.

a. En général, ceux des cyclistes sont gros. •   • 1. La main
b. On écrit avec celle de droite ou celle
   de gauche.   •   • 2. Les bras
c. À leur extrémité se trouvent les mains.   •   • 3. Les fesses
d. Chaque main en compte cinq.   •   • 4. Les pieds
e. Elles nous permettent de marcher
   ou de courir.   •   • 5. Le cou
f. Ils entrent dans les chaussures.   •   • 6. La tête
g. L'écharpe le protège.   •   • 7. Les jambes
h. Elles sont en contact avec la chaise
   quand on s'assoit.   •   • 8. Les mollets
i. Elle occupe le haut du corps.   •   • 9. Les doigts

> Plusieurs parties du corps terminent par des lettres finales que l'on ne prononce pas : cor**ps** [kɔʀ] / do**s** [do] / bra**s** [bʀa] / pie**d** [pje] / doi**gt** [dwa]

Vocabulaire

52 Complétez ces expressions avec une partie du corps. Ajoutez les articles si besoin.

bras – cou – cuisse – dos – genoux – main – pieds – tête – torse

Exemple : Marcher sur la tête

a. Être fier = bomber ....
b. Commettre une maladresse = mettre .... dans le plat
c. Aider = donner un coup de ....
d. Être fatigué = être sur ....
e. Profiter / abuser d'une situation = avoir bon ....
f. Avoir de l'influence = avoir .... long
g. S'enfuir = prendre ses jambes à son ....
h. Se croire supérieur = sortir de .... de Jupiter

> Le cou / les cous mais le genou / les genoux
> 7 mots en **-ou** forment leur pluriel en **-x** : bijoux, cailloux, choux, hiboux, joujoux et poux.

53 Complétez ces phrases à l'aide des expressions de l'exercice précédent.

Exemple : Elle travaille toute la journée. Quand elle arrive le soir chez elle, elle est sur les genoux.

a. Regarde comme il est fier de sa victoire. Regarde comme il ....
b. C'est un secret. J'espère qu'il ne va pas ....
c. Comme il .... dans cette entreprise, il va aider son neveu à y obtenir un bon poste.
d. La crise .... pour expliquer les problèmes mais on sait bien que ce n'est pas vrai.
e. Quand les voleurs ont entendu l'alarme, ils ....
f. C'est incroyable ! Comme peut-on prendre de telles mesures ? On .... !
g. Qu'est-ce qu'il est prétentieux ! Il se croit vraiment ....
h. Je ne pourrai jamais faire ça tout seul. Tu peux me .... , s'il te plait ?

54 Nommez les parties de la main et du pied.

les orteils – l'index – les ongles – le majeur – le talon – l'auriculaire – le poignet – l'annuaire – la cheville – la paume – la plante

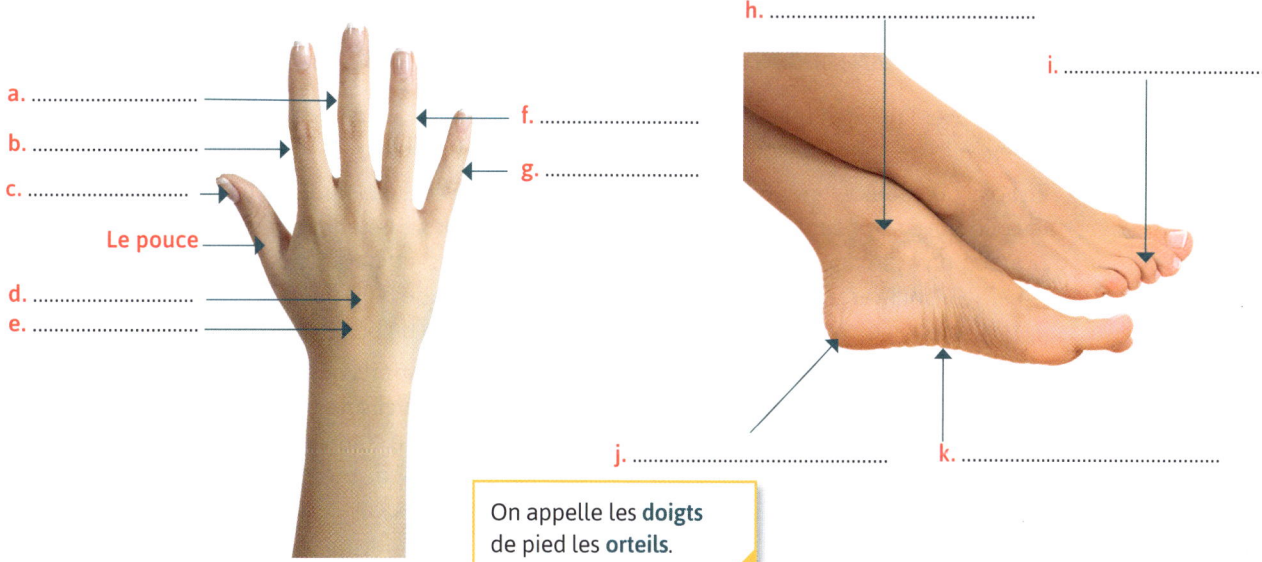

> On appelle les **doigts** de pied les **orteils**.

2 • Un temps pour tout

55 Les lettres sont mélangées, retrouvez les mots et enlever les lettres en trop.

Exemple : F.E.I.L.L.V.H.E.C.A. → CHEVILLE

a. D.S.E.T.U.I.V.S.C.U → ....
b. S.Y.O.B.R.E.G.A.E.R → ....
c. L.O.A.R.P.I.E.B.T.X → ....
d. W.T.V.I.O.D.G.R.U.P → ....
e. R.U.E.P.V.E.M.T.N.L → ....
f. J.P.M.U.A.P.B.E.V.T → ....
g. S.P.A.E.U.L.D.E.G.C → ....
h. O.G.R.T.I.N.E.P.L.A → ....

Le monde du sport

Il y a le sport amateur et le sport professionnel. Il peut s'agir de sports individuels (mais qu'on peut pratiquer en groupe) ou collectifs (ou d'équipe). Pour les pratiquer, on appartient souvent à un club ou une fédération. On dit qu'on est licencié.

La liste des sports est longue. Voici quelques exemples : basket – handball – rugby – tennis – football – tennis – ping-pong – cyclisme – gymnastique – golf – athlétisme – judo – karaté – boxe – marche – natation – plongée – voile – équitation

Il y a souvent un nom spécifique pour désigner la personne qui pratique un sport.

En voici quelques exemples :
la voile : un.e **skippeur** / **skippeuse**
le judo : un.e **judoka**
le karaté : un.e **karatéka**
le cyclisme : un.e **cycliste**
(mais aussi : un coureur / une coureuse cycliste)
le basket(ball) : un **basketteur**
le tennis : un **tennisman**
le football : un **footballeur**
le rugby : un **rugbyman**

Parfois on préfère des formules comme **joueur (-euse) de** :

un **joueur de base-ball**,
un **joueur de pétanque**
(mais aussi un bouliste),
un **joueur de ping-pong**
(mais aussi un pongiste), etc.

Et dans les **sports automobiles**
ou le **motocyclisme** :
un.e **pilote** de course, de rally,
de formule 1, de moto GP...

Vocabulaire

56 Associez ces objets à une pratique sportive.

voile – rugby – base-ball – basket – football – hockey – boxe – ski – tennis – cyclisme

a. .... b. .... c. .... d. .... e. ....

f. .... g. .... h. .... i. .... j. ....

57 Retrouvez dans la liste les verbes qui signifient gagner et perdre. Attention, certains verbes n'entrent dans aucune des deux colonnes.

participer – (vaincre) – subir une défaite – remporter – battre – être battu – remonter – faire match nul – abandonner – obtenir la victoire sur – échouer – réussir – se retirer – emporter le match (sur)

gagner	perdre
vaincre	

Le baron **Pierre de Coubertin** (1863-1937) a été un grand défenseur du sport et on le considère comme le fondateur des premiers jeux olympiques modernes qui ont eu lieu pour la première fois à Athènes en 1896.

58 Complétez ces phrases avec un verbe ou une locution verbale de l'exercice précédent. N'oubliez pas de conjuguer les verbes ! Vous ne pouvez utiliser ni gagner ni perdre.

Exemple : Le président du club annonce un changement d'entraîneur si le club subit une défaite dimanche prochain.

a. Le coureur a pris sa décision : il .... le tour après la chute de ce matin.
b. Il compte passer le cap avec son catamaran lundi matin. S'il ...., ces sponsors risquent de l'abandonner.
c. Les deux équipes jouent aussi bien l'une que l'autre. Je sens qu'elles vont ....
d. Le pilote .... toutes les grandes courses.
e. S'ils ne .... pas le résultat, les handballeurs français vont par leurs adversaires.
f. Il a trop mal au poignet. Il décide de .... du tournoi.
g. Comme le disait Coubertin, l'important, c'est de ....

2 • Un temps pour tout

Nouvelles pratiques sportives

Ces dernières années, de nouvelles pratiques sportives se sont développées comme par exemple le **parkour** ou le **padel**.
On fait de l'**escalade** depuis très longtemps mais on voit se multiplier des espaces avec des parois artificielles pour en faire.
C'est un **sport d'aventure** comme le **parapente**, le **saut à l'élastique** ou le **rafting**.

Parkour

Padel

Rafting

Parapente

Saut à l'élastique

59 Les lettres sont mélangées, retrouvez les mots.

Exemple : S.D.A.L.E.A.C.E. → ESCALADE

a. R.P.A.A.T.E.N.P.E → ....
b. R.K.A.O.P.R.U → ....
c. L.P.A.E.D → ....
d. M.E.N.I.O.T.A.R.P.L → ....
e. G.I.T.N.R.F.A → ....
f. H.E.M.R.A.C → ....
g. N.T.T.A.A.N.O.I → ....

> On doit faire la différence entre « **parcours** », synonyme de circuit, route, voie (ex. : un parcours sportif, professionnel ou universitaire) et le « **parkour** » qui désigne ce « nouveau » sport urbain d'acrobaties que pratique un **traceur** ou une **traceuse**.

60 Placez les mots de l'exercice précédent dans les phrases suivantes.

Exemple : C'est un art martial, qui est aussi un sport de combat : c'est le judo.

a. On le pratique sur un relief naturel ou une paroi artificielle : c'est ....
b. Sport d'extérieur avec des obstacles à franchir et qui demande beaucoup d'agilité à ceux qui le pratiquent : c'est ....
c. Sport de plein air qui consiste à placer une balle dans un trou. Un parcours standard en comprend 18. C'est le ....
d. Si l'on aime voler en se lançant depuis le haut d'une montagne, ce sport d'altitude et au grand air est idéal. C'est le ....
e. Sport très proche du tennis qui se joue par équipe de deux : c'est ....
f. Le grand rendez-vous de ce sport est certainement le Tournoi des six nations : c'est ....
g. Sport d'acrobatie qui consiste à sauter pour réaliser des figures et des exercices : c'est ....
h. On peut dire que la France excelle dans cette activité à mi-chemin entre la danse et le sport : c'est ....
i. Activité athlétique, de vitesse ou de résistance, sur des distances de 20 km, 50 km ou plus. Ce sport exige d'avoir systématiquement un pied en contact avec le sol : c'est ....

Vocabulaire

61 Écoutez la description de l'activité sportive et indiquez dans chaque case, le numéro du sportif à laquelle elle est associée. 06

☐ traceur   ☐ joueur de tennis
☐ nageuse   ☐ joueur de golf
☐ skieur   ☐ traceuse
☐ joueuse de golf   ☐ skippeuse
☐ skippeur   ☐ nageur
☐ joueuse de tennis
☐ joueur de rugby   ☐ pilote de F1
☐ skieuse   ☐ joueuse de rugby

Je suis ....

> Il y a de grands clubs de rugby dans le Nord de la France mais une vraie frontière sportive existe entre le Nord et le Sud ou plutôt le Sud-Ouest. Certains appellent même le Sud-Ouest, **l'Ovalie** (ou pays du ballon ovale) en référence à la grande popularité de ce sport dans cette partie de la France.

62 Trouvez le lieu dont on parle.

Exemple : On y va pour voir un match de foot ou de rugby. → Un stade

a. On y va pour assister à une course de motos GP ou de F1. ....
b. C'est ce que l'on suit quand on fait de l'escalade. ....
c. On y joue au tennis. ....
d. On y pratique le golf. ....
e. On y pratique le 100 mètres ou le relais. ....
f. On y joue au basket ou au handball par exemple. ....
g. On y pratique la boxe. ....
h. On s'y retrouve pour pratiquer des sports d'intérieur. ....

63 En 2020, les Français ont été confinés chez eux. Écoutez et identifiez les activités physiques les plus pratiquées pendant cette période. 07

canapé / rien – course à pied – fitness – marche à pied – musculation – pilates – tapis de marche – vélo d'appartement – yoga

a. 32% Fitness
b. 13% ....
c. 19% ....
d. 8% ....
e. 7% ....
f. 7% ....
g. 3% ....
h. 2% ....
i. 1% ....

2 • Un temps pour tout

64 Complétez à l'aide des mots ci-dessous ce texte sur le làmb. Faites les accords si nécessaire.

adversaire – boxe – foot – gagner – lutte – lutteur – perdre – remporter – sportif

Vous ne connaissez pas le *làmb* ?

Le *làmb*, c'est le mot wolof pour désigner la lutte sénégalaise. Le .... est bien entendu très populaire mais le làmb l'est aussi. Surtout dans le Sud du pays. C'est un sport qui combine la lutte et la .... Le .... peut donc donner des coups pour mettre à terre son .... et .... le combat. On .... si la tête, les fesses ou le dos touchent le sol. Aujourd'hui, les lutteurs sont des .... professionnels qui peuvent .... des millions.

65 Écoutez et complétez avec les mots que vous entendez. 08

Connaissez-vous le lacrosse ?

C'est certainement un des .... les plus anciens du monde. Il nous vient des tribus amérindiennes. C'est aujourd'hui un sport .... très populaire aux Etats-Unis et au Canada. On le joue sur le gazon. Les équipes sont de 10 .... dont un .... Les joueurs doivent mettre une .... dans le .... adverse à l'aide d'une crosse, qui est un .... avec une *tête* ou un .... qui sert à réceptionner la balle. Les joueurs doivent être bien protégés. Ils doivent porter un .... pour protéger la tête, des .... pour les mains et des coudières pour protéger les .... Et ne pas oublier non plus le .... pour se protéger le buste.

Du sport aux loisirs

Le sport fait partie des activités de loisirs mais il y en a d'autres comme le **jardinage** ou le **bricolage**. Les loisirs en lien avec une activité artistique sont très appréciés comme la **peinture**, la **photo** ou la **poterie**.

Surfer sur internet est certainement aujourd'hui l'activité la plus citée pour **chercher des informations** ou pour encore pour regarder une **série** sur une **plateforme**. Ces moments de connexion occupent plus de temps que les **sorties culturelles** comme aller au **théâtre** ou au **cinéma**, la **lecture** ou même la **télé**.

On voit aussi que les jeux vidéos font de plus en plus partie des activités culturelles familiales. Impensable il y a à peine quelques années !

Vocabulaire

66 Complétez l'information de ce sondage avec les verbes de la liste

aller – échanger – écouter (2) – faire (4) – jouer – lire (2) – regarder – sortir – surfer

On a demandé aux Français ce qu'ils feraient en priorité s'ils disposaient de plus de temps dans la semaine. Voici leurs réponses :

a. .... sur internet
b. .... avec des amis
c. .... une sortie culturelle
d. .... un livre
e. **aller** au cinéma
f. .... du shopping
g. .... la télévision
h. .... du bricolage / du jardinage
i. .... aux jeux vidéos
j. .... de la musique
k. .... un magazine ou le journal
l. .... du sport
m. .... à distance via internet
n. .... la radio

67 Écoutez et indiquez dans chaque case le numéro qui convient. 09

☐ Shopping
1 Cinéma
☐ Sortie culturelle
☐ Surfer sur internet
☐ Jouer à des jeux vidéos
☐ Faire du sport
☐ Faire du bricolage / jardinage
☐ Lecture

Mer ou montagne ?

Un temps propice aux loisirs, c'est celui des vacances : à **la mer** ou à la **montagne** parfois à l'étranger. On part aussi **faire une croisière** dans les mers chaudes de la Caraïbe ou dans les fjords norvégiens.

On peut aussi préférer passer ses moments de **congés** à **la campagne** et même à **la ferme**. On peut y **louer une chambre d'hôte** ou, pour **des séjours** plus longs, on prend un **gîte rural** qui permet souvent d'accueillir beaucoup de monde à la fois.

D'autres prennent leur **tente** parce qu'ils préfèrent les aventures du **camping** au confort de **l'hôtel** ou **commodités** de **l'appart-hôtel**.

68 Écoutez. Complétez les mots à partir des informations contenues dans l'audio. 10

Exemple : Les Français y vont souvent pendant les vacances d'hiver. M O N T A G N E

a. C _ _ _ _ _ _ _ _
b. M _ _
c. C _ _ _ _ _ _ _
d. C _ _ _ _ _ _
e. G _ _ _
f. H _ _ _ _
g. F _ _ _ _
h. C _ _ _ _ _

2 • Un temps pour tout

69 Complétez les phrases suivantes à l'aide des mots de la liste.

camping – balades – croisière – étranger – gîte – ferme – aoûtiens – randonnée – ski

Exemple : Il adore la marche. Cette année, il va partir en randonnée : il prévoit de faire le chemin de Saint-Jacques.

a. Beaucoup profitent des vacances de février pour partir au ....
b. La pauvre ! Elle a fait une .... en Méditerranée et elle a eu sans cesse le mal de mer.
c. C'est agréable de louer un vélo pour faire des .... le long des canaux.
d. Contrairement à une idée reçue, seulement 20% des Français partent à l' .... pour leurs vacances. La plupart préfère rester en France.
e. Si les vacanciers de juillet sont les juilletistes, ceux du mois d'août sont les ....
f. Le succès des vacances à la .... ou dans un .... rural montre l'attirance pour des vacances au calme, loin du tourisme de masse.
g. Tous les ans, ils descendent depuis le Nord de la France en voiture avec leur caravane pour faire du .... dans le Sud de la France.

> Les vacanciers qui prennent leurs vacances en juillet sont les **juilletistes** et ceux qui les prennent en août, les **aoûtiens**.

Les jeux de société

Ces jeux occupent une bonne partie des loisirs, aussi bien pour les enfants que pour les adultes. Beaucoup jouent aux **jeux de stratégie** comme le **Monopoly** pour gagner de l'argent, le **Scrabble** pour former des mots ou **Risk** pour gagner des batailles. Les **jeux d'ambiance** ou des **jeux d'énigmes** sont aussi très populaires entre amis ou en famille. On joue souvent avec…
– des **cartes** (qu'on **bat**, qu'on **pioche**, qu'on **retourne**, qu'on **place** sur/sous un tas…)
– des **pions** (qu'on **fait avancer**, **reculer**)
– des **dés** (qu'on **lance**)
Pour jouer, on doit **respecter les règles du jeu** et si on ne les respecte pas, on peut **avoir un gage** (ex. reculer de plusieurs **cases**, retourner à la case « départ » ou tomber sur la case « aller en prison ».). Un gage, c'est un « **malus** ». Les règles indiquent aussi comment obtenir des « **bonus** » (gagner des points, avancer directement de plusieurs cases…)

Pour demander ou indiquer c'est à qui de jouer : **C'est à qui le tour ? / C'est mon tour**.
Pour indiquer qu'on passe son tour : **je passe**.

Généralement, on joue avec le **jeu de cartes français** qui en a 52 : chaque « enseigne » (**trèfle**, **carreau**, **cœur**, **pique**) comprend : le **roi**, la **dame**, le **valet**, l'**as** et des cartes numérotées de 2 à 10. Il y a aussi 2 **jokers**. Ce sont ces cartes qu'on utilise pour jouer au poker, au bridge, à la belote ou au rami.

Vocabulaire

70 Associez les verbes à un de ces mots du monde des jeux de société. Plusieurs verbes peuvent être associés à un seul mot.

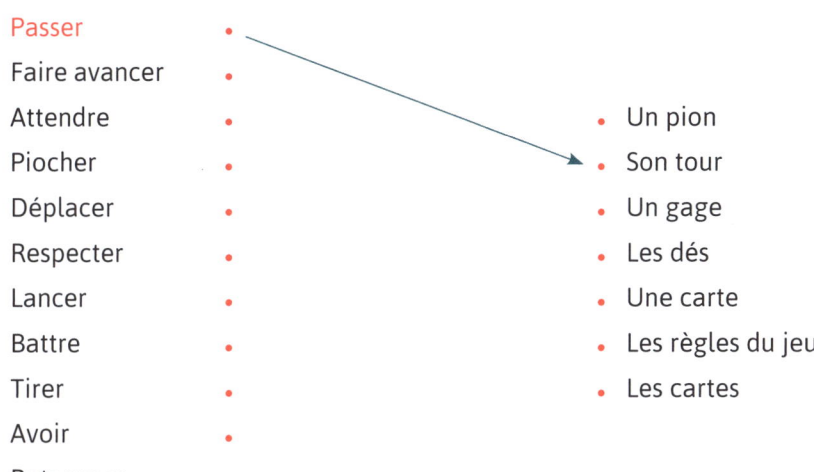

Passer
Faire avancer
Attendre
Piocher
Déplacer
Respecter
Lancer
Battre
Tirer
Avoir
Retourner

- Un pion
- Son tour
- Un gage
- Les dés
- Une carte
- Les règles du jeu
- Les cartes

71 Retrouvez la deuxième partie de la phrase.

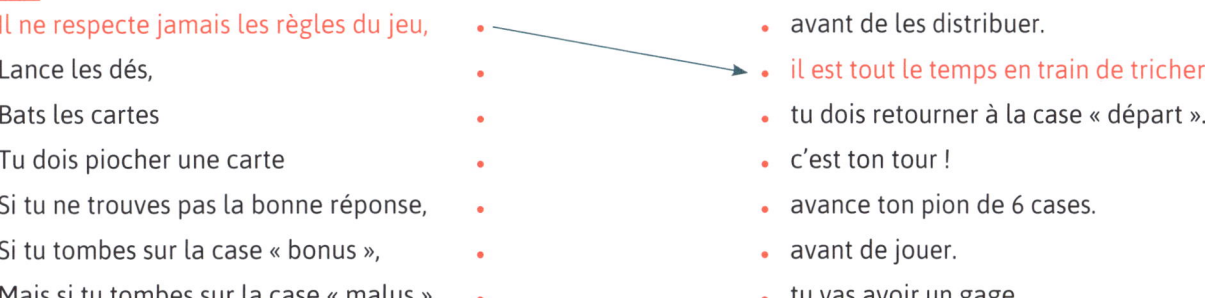

Il ne respecte jamais les règles du jeu,
Lance les dés,
Bats les cartes
Tu dois piocher une carte
Si tu ne trouves pas la bonne réponse,
Si tu tombes sur la case « bonus »,
Mais si tu tombes sur la case « malus »,

- avant de les distribuer.
- il est tout le temps en train de tricher.
- tu dois retourner à la case « départ ».
- c'est ton tour !
- avance ton pion de 6 cases.
- avant de jouer.
- tu vas avoir un gage.

Le bricolage

Le **bricolage** est à la mode. Il y a ceux qui **bricolent** le dimanche. Surtout les bricoleurs d'intérieur : ils refont la **peinture** de leur appartement pendant que d'autres changent le **papier peint**. D'autres encore s'occupent des petites **réparations**... Il y a aussi ceux qui **fabriquent** des **meubles** et surtout en montent. Les bricoleurs à réaliser de **gros travaux** ne sont pas nombreux. Finalement, il y a les bricoleurs d'extérieur, ceux qui s'occupent de leur **jardin**. Ils font du **jardinage** : ils **plantent** des fleurs, **tondent** leur gazon ou cultivent un **potager** avec des légumes et des arbres fruitiers.

un pinceau — une vis — une scie — une perceuse — une boîte à outils — un mètre

un sécateur — un boulon — un marteau — un tournevis — un rouleau — des clous

une clé à molette — des mèches — une pelle — une pince

2 • Un temps pour tout

72 Placez les mots de la liste dans les phrases suivantes. N'oubliez pas d'ajouter les articles.

boulon – clé à molette – clou – mèche – pelle – perceuse – pinceau – planche – rouleau – scie – tenailles

a. Je serre ou je desserre un boulon avec ....
b. Si je veux creuser le sol, je prends ....
c. Je peins les grandes surfaces avec .... et pour les finitions je prends ....
d. Pour accrocher un tableau au mur, j'ai besoin d'... et d'un marteau.
e. Cette .... est trop grande. Je dois prendre .... pour la couper.
f. Si je veux retirer un clou d'une surface, je vais prendre ....
g. Pour percer un mur, il faut bien choisir .... à placer dans la ....

73 Cochez la bonne réponse.

Exemple : Je visse et je dévisse, je suis un…
　　　　☒ un tournevis　　☐ une vis.

a. C'est grâce à moi que les tableaux sont accrochés au mur. Je suis…
　☐ un boulon.　　　　☐ un clou.

b. Je fais des trous dans les murs. Je suis…
　☐ une pelle.　　　　☐ une perceuse.

c. Je mesure les distances. Je suis..
　☐ un mètre.　　　　☐ une scie.

d. Je coupe le bois, le fer… Je suis….
　☐ une scie.　　　　☐ un marteau.

e. Avec mes coups, j'enfonce les clous. Je suis…
　☐ une clé-à-molettes.　　☐ un marteau.

f. Sans moi, les outils seraient toujours mal rangés. Je suis…
　☐ une boite à outils.　　☐ une planche

g. On m'emploie pour donner des couleurs aux objets. Je suis…
　☐ une perceuse.　　☐ un pinceau.

Le jardinage

On peut aussi occuper les loisirs à **faire du jardinage**. Dans un jardin ou sur un balcon, on fait **pousser** des **fleurs** dont on a **semé** les **graines**, des **plantes** et si on a encore plus de place, des **arbres** et des **arbustes** qu'on **plante** dans la terre. On peut aussi **cultiver** des fruits (pommes, fraises, poires, etc.) et des légumes (carottes, tomates, pommes de terre, etc.) dans le **potager**. Il faut prendre soin de cette végétation : on doit la **tailler**, l'**arroser**, lui mettre de l'**engrais**, le **transplanter**…
Quand on a une **pelouse**, il faut la **tondre** de temps en temps et même la **désherber** pour empêcher les **mauvaises herbes** de pousser.

Vocabulaire

74 Observez la photo et cochez l'outil de jardinage qui convient.

Exemple :
☐ Une brouette
☒ Une tondeuse à gazon

a.
☐ Une tondeuse à gazon
☐ un sécateur

b.
☐ Un arrosoir
☐ Une brouette

c.
☐ Un râteau
☐ Une pelle

d.
☐ Une bêche
☐ Un râteau

e.
☐ Des tenailles
☐ Une cisaille

f.
☐ Des gants de jardinage
☐ Des tenailles

g.
☐ Un arrosoir
☐ Un tuyau d'arrosage

h.
☐ Un arrosoir
☐ Un tuyau d'arrosage

75 Complétez avec le verbe qui convient.

arroser – cultiver – désherber – planter – pousser – semer – tailler – tondre – transplanter

Exemple : Il aime cultiver tous type de fruits et légumes.

a. Son jardin est plein de mauvaises herbes, il va devoir le ....
b. Mon père veut .... un cerisier mais il va falloir attendre pour avoir des cerises.
c. Le dimanche matin, tous les voisins se lèvent tôt pour .... leur gazon. Ça fait du bruit !
d. Cette année, nous voulons .... des haricots dans notre potager.
e. Comme elle part en vacances, elle a demandé à son voisin s'il peut venir .... ses plantes.
f. Il adore les tomates et il a décidé d'en faire .... dans son potager.
g. C'est la saison de .... les jeunes plants pour les mettre en terre.
h. La mairie a rappelé aux habitants de .... les haies et les arbres qui sont en bord de route.

76 Les lettres sont mélangées, retrouvez les mots.

Exemple : R.G.J.A.I.N.A.E.D. → Jardinage

a. N.S.A.G.R.I.E. → ....
b. E.B.A.R.R. → ....
c. F.T.I.R.U. → ....
d. E.E.O.U.P.L.S → ....
e. R.E.G.O.P.T.A → ....
f. N.E.R.A.I.G → ....
g. E.A.T.P.L.N → ....
h. E.A.U.S.T.R.B → ....

2 • Un temps pour tout

Grammaire/Conjugaison

• Les prépositions de temps

En hiver, **pendant** les longues soirées, ils aiment jouer à des jeux de société **après** le dîner.

Plusieurs prépositions introduisent une information :
- (relativement) précise : à cinq heures, à la mi-janvier, à la fin janvier, à la mi-mois, à la fin du mois au printemps, au début de l'hiver en février, en 1893, en hiver (sauf printemps)
- approximative : vers + heures, vers + mois/année, aux environs de septembre
- sur le début d'une action : à partir de huit heures, de la semaine prochaine...
- sur la situation d'un événement par rapport à un autre : après / avant 15 heures, le déjeuner...
- sur une période : dans la journée, dans la matinée, dans l'année (durée)
- sur un moment à venir : dans 3 jours, dans trois ans (projection)
- sur le début d'une action en cours au moment où on parle : depuis 10 ans, depuis 1973
- sur l'aspect immédiat ou précoce du début d'une action : dès la rentrée
- sur une durée : durant (et pendant) 10 ans
- sur une durée nécessaire pour réaliser quelque chose : en 3 ans
- sur une période comprise entre deux moments : entre mai et juin, entre le 15 mai et le 15 juin...
- sur une durée prévue mais pas nécessairement réalisée (un fait) : pour dix ans (il est parti 10 ans ≠ il est parti pour 10 ans (une intention)

77 Complétez avec la préposition de temps qui convient.

Exemple : Elle est partie en randonnée en montagne avec ses amis *pendant* tout le mois de juillet.

a. La plupart des Européens prennent leurs vacances .... été.

b. Elle sort faire son jogging .... d'aller au bureau.

c. La saison reprend normalement .... automne.

d. Ils vont jouer leur prochain match .... deux semaines.

e. On annonce la reprise du championnat juste .... les vacances.

f. Le départ de la course a été fixé .... 8 heures 30.

g. Les navigateurs devraient atteindre le port .... la nuit de samedi à dimanche.

78 Cochez la bonne réponse.

Exemple : Cela fait plusieurs années qu'elles n'ont rien gagné.
☒ En effet, elles n'ont pas remporté de prix depuis 2012.
☐ En effet, elles n'ont pas remporté de prix en 2012.

a. Il manque combien de temps d'ici le tournoi ?
☐ Ils le joueront dans trois mois.
☐ Ils le joueront pendant l'été.

b. Et tu dis que ça fait des mois qu'il ne s'entraîne plus ?
☐ Oui, pendant le mois de février.
☐ Oui, depuis le mois de février.

c. Combien de temps il compte rester au Québec ?
☐ Je dirais qu'il est parti pour 5 ans.
☐ Je dirais qu'il est parti pendant 5 ans.

Grammaire/Conjugaison

d. Et ils ont donc profité de leur temps pour faire de la voile ?
☐ Oui, depuis le début de leurs vacances.
☐ Oui, pendant toutes leurs vacances.

e. Le match retour se tiendra quand ?
☐ Depuis 2 jours.
☐ Dans 2 jours.

f. On voyait clairement que l'équipe de Marco l'emporterait
☐ dès la première minute.
☐ depuis la première minute.

g. Il a détient le record de la course après avoir navigué en solitaire
☐ en 74 jours.
☐ pendant 74 jours.

79 Entourez la préposition qui convient.

Exemple : Elle a parcouru la distance *dans* / *(en)* 10 minutes, pas plus.

a. *Dans* / *En* quelques mois, nous aurons tout oublié.
b. Il est parti au Japon *dans* / *en* 1989.
c. *Dans* / *En* l'avenir, il faudra revoir nos habitudes.
d. C'est *dans* / *en* les années 90 qu'internet a commencé à se généraliser.
e. J'ai lu ce livre *dans* / *en* deux jours.
f. Éviter de voyager là-bas *dans* / *en* pleine saison des pluies.

80 Complétez avec la préposition de temps qui convient.

Exemple : **Dès** son plus jeune âge, il a accompagné ses parents dans leurs voyages.

a. Il a plu .... tout notre séjour en montagne. Quelle horreur !
b. Nous y avons fait un séjour .... 2009.
c. Leur correspondance est .... 18h43.
d. Les séjours d'étudiants étrangers sont en augmentation .... plusieurs années.
e. Ils commencent à servir .... 12h15 jusqu'à 14h.
f. Nous voulons nous rendre au Japon .... printemps pour profiter du spectacle du *Sakura*.
g. On pourrait se voir .... juin, le 15 par exemple ?

• Les adverbes et locutions adverbiales de temps

Elle part en randonnée avec ses amis au moins une fois par mois.
Certains expriment :
– la fréquence : (presque) toujours, encore, quelquefois (parfois, de temps en temps), souvent, rarement, (presque) jamais (cf. v. + La fréquence 1 et 2)
– une date : avant-hier / hier / aujourd'hui / demain / après-demain
– un moment : avant (auparavant, autrefois) / maintenant (en ce moment) / bientôt, tantôt, après, tout à l'heure (avant ou après, mais proche dans le temps) / alors, à ce moment-là (avant ou après, mais loin dans le temps) un jour, immédiatement / tout de suite / aussitôt tôt ≠ tard

2 • Un temps pour tout

81 Complétez les phrases avec un adverbe de temps.

après – après-demain – aussitôt – avant – encore – quelquefois – tantôt – tôt – toujours

Exemple : Il pleut, mais après, c'est le beau temps. On le sait bien.

a. ……………………………, il pleuvait beaucoup mais c'est devenu très sec depuis quelque temps.
b. Le jour appartient-il vraiment à ceux qui se lèvent …………………………… ?
c. Sa grand-mère lui qu'elle ne pouvait pas mercredi matin mais qu'elle pourrait passer mercredi ……………………………
d. …………………………… les températures descendent en dessous de zéro, mais c'est rare.
e. Si tu peux pas venir demain, essaie …………………………… au moins.
f. On a entendu le coup de tonnerre et s'est …………………………… mis . pleuvoir.
g. Au printemps, il ne fait pas …………………………… chaud mais les températures ne sont plus aussi froide qu'en hiver.
h. Ici, il fait …………………………… beau. C'est vraiment agréable.

> **Tantôt** est un adverbe de temps qui peut avoir plusieurs sens.
> Dans certaines régions de France, il est synonyme de l'après-midi : « je l'ai vu samedi tantôt ». (= samedi après-midi).
> Dans plusieurs régions francophones, on l'utilise pour parler d'un moment proche dans le passé ou le futur. On l'utilisera d'ailleurspour saluer : à tantôt ! (dans le sens de "à bientôt !")

82 Complétez les phrases avec un adverbe de temps.

à ce moment-là – aujourd'hui – autrefois – bientôt – demain – désormais – n'importe quand – tout à l'heure – tout de suite

Exemple : Autrefois, il fallait plusieurs jours pour traverser l'Atlantique.

a. Comment serait le monde …………………………… sans internet ?
b. A la vue des nuages, nous avons …………………………… compris qu'un gros orage arrivait.
c. On nous dit que nous pourrons …………………………… voyager dans l'espace.
d. Nous venions de rentrer à l'hôtel. C'est …………………………… que nous avons senti une grande secousse.
e. Elle n'est pas arrivée …………………………… Elle a choisi le jour et l'heure.
f. ……………………………, il faudra prendre plus de précautions pendant les voyages.
g. Il ne doit pas être loin. Je l'ai vu …………………………… .
h. À la météo, ils disent que …………………………… il pleuvra.

83 Complétez avec la préposition de temps qui convient.

Exemple : Elle part en randonnée en montagne avec ses amis au moins une fois par mois.

a. La plupart des Européens prennent leurs vacances …………………………… été.
b. Elle sort faire son jogging trois fois …………………………… semaine.
c. La saison reprend normalement …………………………… automne.
d. Ils jouent à domicile un match …………………………… deux.
e. On annonce la reprise du championnat …………………………… plusieurs mois.
f. Beaucoup pensent que les ados sont connectés 24 heures …………………………… 24 à leurs jeux vidéos.
g. …………………………… soirée, ils préfèrent jouer à des jeux de société.

Grammaire/Conjugaison

> **• La fréquence (1)**
>
> **Nous retrouvons souvent nos amis le week-end pour jouer à des jeux de société.**
>
> Si une action se déroule de façon répétitive, on peut dire qu'elle a lieu fréquemment, souvent, habituellement (d'habitude), régulièrement... Si la répétition est systématique, on pourra employer toujours et si elle est plus sporadique : occasionnellement (à l'occasion), ponctuellement, parfois/quelquefois, de temps en temps
> L'absence catégorique de l'action est indiquée par ne... jamais qui peut être légèrement nuancé : ne... presque jamais.

84 Complétez les mots de la liste dans les phrases suivantes.

jamais (2) – parfois – ponctuellement – rarement – régulièrement – souvent – toujours

Exemple : Il déteste le théâtre. Il n'y va jamais.

a. Elle part .... en randonnée avec le même groupe d'amis. Cette année, elle ne changera pas ses habitudes.

b. Ce n'est pas un phénomène fréquent mais .... , ça arrive

c. – Tu te rends .... à l'étranger ? – Oui, plusieurs fois dans l'année.

d. – Vous avez fait du kitesurf ? – Non, ... , mais ça me tente bien.

e. Son grand-père fait .... du vélo, presque tous les jours.

f. Il n'aime vraiment pas le bricolage. Il en fait très ....

g. Vous faites .... la cuisine ? Oui, ça m'arrive.

85 Complétez les phrases avec les expressions qui conviennent le mieux.

occasionnellement – souvent – rarement

a. Il va souvent voir son équipe s'entrainer ; plus .... il assiste à un match et très ...., mais ça arrive, il accompagne les supporters pour un match à l'extérieur.

de temps en temps – habituellement – rarement

b. ...., Mathieu et Corinne prennent leur raquette pour échanger quelques balles sur le court. Plus ...., un couple d'amis les rejoint et ils jouent un double, suivi .... d'un apéro en terrasse.

parfois – régulièrement – souvent

c. Je cours .... : le plus ...., je descends dans le parc près de chez moi mais il m'arrive .... de pousser jusqu'à la montagne. C'est plus agréable.

d'habitude – de temps en temps – quelquefois – souvent

d. ...., mais pas aussi .... qu'il ne le souhaiterait, il sort en mer sur un petit voilier qu'un ami lui prête. ...., ce ne sont pas de longues sorties mais ...., il aime bien aller jusqu'à l'entrée du golfe.

2 • Un temps pour tout

86 Remettez en ordre les phrases.

Exemple : au cinéma / Chloé et son compagnon / rarement / aller
   Chloé et son compagnon vont rarement au cinéma.

a. Clément et Béa / à la sortie du bureau. / parfois / prendre un verre
....

b. pour leurs vacances. / Ses parents / partir à l'étranger / souvent
....

c. avec son café du matin. / Ma grand-mère / lire la presse / habituellement
....

d. de son équipe favorite. / Mon cousin / assister / aux matchs / souvent
....

e. Mon père / faire du sport. / ne... jamais
....

f. jouer / Romain / aux jeux vidéos. / ne... presque jamais
....

g. de temps en temps / une partie d'échec / Ça / arriver / avec son fils. / lui / de faire
....

• La fréquence (2)

Le championnat a lieu tous les quatre ans.
La répétition peut aussi se produire à intervalle régulier, plus ou moins proche dans le temps. C'est la périodicité :
chaque + moment : chaque jour, chaque année...
x fois par + moment : deux fois par jour, quatre fois par an
x fois tous / toutes les : une fois tous les deux ans ; 4 fois tous les trois mois...
tous (les jours, les mois, les ans...), toutes les semaines
x fois/jour.s/mois... sur deux, sur trois...

Parfois, on peut aussi remplacer la tournure « tous... » par un adjectif :
• tous les jours = quotidien.ne
• toutes les semaines = hebdomadaire
• tous les mois = mensuel.le
• tous les trois mois = trimestriel.le
• tous les six mois = semestriel.le
• tous les ans = annuel.le

Certaines prépositions permettent aussi d'exprimer la fréquence :
– par : deux fois par an ; vingt mille pas par jour ;
– sur : 24h/24h (24 heures sur 24)

---

87 Complétez avec l'adjectif qui convient.

Exemple : Le club présente des résultats tous les six mois, ce qui permet de faire des bilans semestriels.

a. C'est un classement qui est revu tous les trimestres, c'est un classement ....

b. Ce magazine sportif sort toutes les semaines, il a une sortie ....

Grammaire/Conjugaison

c. C'est le match de l'année et à aucun prix, il ne raterait cette rencontre ....

d. À la maison, on paie tous les mois notre abonnement pour voir les matchs. On a un abonnement ....

e. Il lit tous les jours L'équipe ! C'est sa lecture .... !

88 Complétez les phrases avec l'expression de fréquence qui convient.

chaque année – quatre fois par an – tous les quatre ans – tous les ans – toutes les semaines – un jour sur deux – un week-end sur deux

Exemple : Ils jouent à domicile un week-end sur deux.

a. ...., à la même époque depuis 20 ans maintenant, les coureurs se donnent rendez-vous pour cet événement.

b. Elle essaie de faire son footing ...., c'est-à-dire que si elle court le lundi, elle ne courra pas le mardi mais le mercredi puis le vendredi, etc.

c. On se retrouve ...., soit le samedi soit le dimanche, pour jouer un match entre amis.

d. Les J.O ont bien lieu une fois ...., non ?

e. .... nos sportifs se retrouvent puisqu'il s'agit bien d'un rendez-vous trimestriel.

f. C'est le même rituel .... : fin mai, elle voyage à Paris pour suivre Rolland-Garros.

• Les indéfinis

Dans ma classe, tous les élèves aiment le sport. La plupart en font : certains plutôt à l'extérieur, d'autres plutôt à l'intérieur. Tous ou presque participent à plusieurs compétitions dans l'année.

Les indéfinis se réfèrent d'une façon vague et imprécise à tout ce qui peut être animé ou inanimé, ou à des lieux.

Les indéfinis couvrent plusieurs catégories : ce sont souvent des adjectifs ou des pronoms (ou des locutions pronominales) qui contiennent une information sur la quantité (qui peut être nulle) ou la qualité (différence ou similitude).

Adjectifs indéfinis quantitatifs : *aucun, aucune , certain, certaine, quelques, n'importe quel, n'importe quels, n'importe quelle, n'importe quelles, différent, différents, différente, différentes, tout, tous, toute, toutes, chaque, plusieurs*

Adjectifs indéfinis qualitatifs : *même.s, autre.s*

Les pronoms et locutions pronominales indéfinis quantitatifs : *aucun, aucune, personne, rien, quelqu'un, quelque chose, n'importe qui, n'importe quoi, d'autres, quelques-uns, quelques-unes, certains, certaines, plusieurs, tout, tous, toute.s, chacun, chacune (= tout le monde)*

Les pronoms et locutions pronominales indéfinis qualitatifs (similitude/différence) : *le même, la même, les mêmes, l'un, l'une, les uns, les unes, l'autre, les autres, D'autres*

Les indéfinis peuvent aussi être des locutions adverbiales : *n'importe comment, n'importe où et n'importe quand, quelque part, nulle part (contraire de l'adverbe indéfini partout).*

---

89 Complétez avec l'adjectif indéfini qui convient. Accordez-le avec le nom auquel il se rapporte.

aucun – autre – certain – chaque – même – n'importe quel – Plusieurs – tout

Exemple : Aujourd'hui, n'importe quel ado est capable de jouer sur une console vidéo.

a. .... coureurs ont abandonné dès la première étape.

b. On a parfois l'impression que ce sont toujours .... équipes qui gagnent.

2 • Un temps pour tout

c. Bonne nouvelle ! .... participant n'a été testé positif.
d. Il a joué dans .... les catégories.
e. .... joueur doit occuper une place bien précise sur le terrain.
f. .... athlètes, mais très peu selon les organisateurs, sont allées protester.
g. Les trois premiers coureurs sont montés sur le podium, ... participants ont quand même eu le droit aux applaudissements. ?

90 Lisez la phrase et cochez la case qui convient.

Exemple : Dans ce pays, on ne joue pas beaucoup au baseball.
☒ C'est un sport que presque personne ne pratique.
☐ C'est un sport que tout le monde pratique.

a. Tu dis que tu as mal quelque part ?
☐ Au genou.
☐ Nulle part.

b. Alors comme ça, personne ne part en vacances cette année ?
☐ Non, personne.
☐ Non, nulle part.

c. J'appelle mais sans réponse.
☐ C'est logique, il n'y a personne.
☐ C'est logique, il n'y rien.

d. C'est un problème qui ne se produit nulle part ailleurs !
☐ Tu as raison, c'est habituel un peu partout.
☐ Tu as raison, il n'y a qu'ici qu'on voit ça.

e. Et comment tu sais ça ?
☐ C'est quelqu'un qui me l'a dit.
☐ C'est quelque chose d'intéressant.

f. Impossible de passer à côté !
☐ C'est vrai, on ne le voit nulle part.
☐ C'est vrai, on le voit partout.

g. Quelque chose est tombé par terre.
☐ Et il s'est fait mal ?
☐ Et c'est cassé ?

91 Complétez avec *tout, toute, tous* ou *toutes*.

Exemple : Elles s'entraînent tous les jours.

a. Il part .... les matins faire son footing.
b. Mon frère passe .... la nuit sur internet.
c. .... les options de vacances qu'ils regardent sont déjà réservées.

Grammaire/Conjugaison

d. Je crois qu'il a .... les jeux de société chez lui.

e. Tu as vu .... les outils qu'il a ? Ça, c'est un bricoleur !

f. J'ai déjà vu .... les épisodes de la série.

g. Cet évènement réunit .... les associations sportives de la ville.

92 Complétez le texte avec l'adjectif indéfini qui convient.

aucun – autre (2) – certain – quelques (2) – tout (4)

Il y a quelques années, ... les spécialistes auraient dit que les échecs sont voués à disparaître face à .... ces jeux vidéos qui ont envahi le marché. .... analyste n'aurait parié sur la renaissance du jeu d'échecs. Pourtant .... indices laissaient penser que les échecs, comme d'........................ jeux « traditionnels » ne disparaitraient pas aussi facilement. C'était sans compter sur les répercussions inattendues d'une série que la plupart des ados ont suivi assidument sur internet. Résultat : .... les lettres au Père Noël (beaucoup en tout cas, contenaient la commande d'un jeu d'échecs !

93 Écoutez et soulignez *tous* si on prononce [tus] ; entourez *tous* si on le prononce [tu]. 🔊 11

Exemple : Je viens <u>tous</u> les jours.

a. Ces livres, je les ai tous à la maison.

b. Tu es sûr que tu les as tous ?

c. Ne me dis qu'elle va tous les mois à Paris.

d. Pas tous, mais presque.

e. Il va tous les ans à Madagascar.

f. J'adore tous ses films.

g. C'est pas vrai ? Tous ? Même le dernier ?

h. Tu as regardé tous les épisodes ?

94 Complétez les phrases avec l'indéfini qui convient.

Aucun – N'importe où – N'importe qui – Quelqu'un – Tous – Tout le monde (2) – Personne

a. Si .... n'est d'accord, on arrête.

b. Mais si .... le veut, on continue.

c. .... les coureurs ont passé le col.

d. .... d'entre eux n'a abandonné.

e. .... est capable de prendre un marteau et de clouer un tableau.

f. Je ne suis pas certain que ce soit à la portée de ....

g. Ils ne partent pas .... en vacances. Ils prennent toujours les meilleurs hôtels.

h. .... parmi vous a-t-il déjà fait un sport d'aventure ?

95 Complétez les phrases avec le pronom indéfini qui convient.

a. – C'est .... de connu ? – Oui, c'est un acteur d'une série à la mode.

b. – Tu as .... contre les maux de tête ? – Une aspirine, ça te va ?

2 • Un temps pour tout

c. – Tu vas où cet été ? – ...., je reste chez moi.
d. – Chut, ne raconte pas l'histoire. – Pourquoi ? .... la connaît.
e. – Je pensais qu'il y aurait du monde. – Tu as raison, c'est curieux. Il n'y a vraiment .... !
f. – Et tout le monde a aimé le film ? – En général oui, mais .... l'ont même très critiqué.
g. – Je ne trouve plus mon livre. Tu l'as pas vu ? – Non, mais il est forcément .... dans cette pièce.
h. – Avant personne ne voulait utiliser internet en classe. – C'est vrai ! Mais aujourd'hui, ... veulent l'utiliser.

• **Les formes impersonnelles**

Parmi les activités du week end, il y a le bricolage mais il faut avoir du temps pour en faire.

On est une forme impersonnelle. Mais rappelez-vous, d'autres formes impersonnelles existent : Il y a + nom / Il faut + infinitif / Il manque + nom / Il convient de + infinitif / Il suffit de + verbe / + nom / Il est important de + verbe / Il s'agit de + nom / + verbe

Les verbes météorologiques sont toujours impersonnels : *il fait beau, chaud, froid ; il neige, il pleut, il vente,* etc.

---

96 Reliez les phases en les complétant avec les formes impersonnelles qui conviennent.

a. Nous voulons jouer avec ce jeu mais ....
b. Ça ne va pas être facile pour les organisateurs du championnat
c. N'oubliez pas de prendre une protection solaire. ....
d. Ils veulent partir en croisière dans le Nord de l'Europe. ....
e. Il a décidé de passer quelques jours au Costa Rica en pleine saison des pluies !
f. L'équipe a perdu mais ....
g. Le docteur lui recommande de marcher trente minutes tous les jours.
h. S'il pleut pendant les matchs des tournois de tennis, ...

1. Alors, ... beau, il sort faire sa petite demi-heure de marche.
2. .... dans les prochains jours.
3. .... des offres incroyables ces jours-ci.
4. .... chaud là-bas.
5. .... de reconnaître qu'elle a très bien joué
6. il manque des pions.
7. Le pauvre, ... tous les jours en fin de marcher trente journée.
8. .... les arrêter.

97 Écoutez et cochez la valeur de « on » qui convient. 12

	on	nous	les deux
a.	X		
b.			
c.			
d.			

	on	nous	les deux
e.			
f.			
g.			
h.			

Grammaire/Conjugaison

98 Complétez avec la forme impersonnelle (affirmative ou négative) qui convient.

Exemple : Il suffit de faire une activité physique au moins une fois dans la semaine.

a. .... de savoir « déconnecter » de son travail.
b. .... d'une question qui concerne les citoyens du monde entier.
c. .... non plus d'obliger tout le monde à faire du sport.
d. .... de plus en plus de personnes qui font une activité physique.
e. .... une campagne pour sensibiliser les personnes à l'importance de démocratiser encore plus le sport.
f. C'est à l'école qu'.. commencer à inscrire les activités physiques dans les habitudes citoyennes.
g. .... de demander aux citoyens de faire du sport ; les villes aussi doivent mener des politiques d'aménagement.

99 Complétez le texte avec les indéfinis qui conviennent.

Quelqu'un a récemment déclaré : « .... ne pourra le nier, la pratique sportive des Français était en nette amélioration. Il suffit d'observer nos rues, nos parcs, etc. ». C'était la présidente d'une grande association sportive, je crois. En effet, ... des Français fait du sport pour oublier le stress et en général, ... a envie d'améliorer son bien-être quotidien. .... voit ainsi des activités se développer comme la marche active chez les seniors ou l'utilisation du vélo pour aller travailler. Mais, selon une étude officielle, ... constate encore des différences entre les citoyens. .... catégories socio-professionnelles, comme les cadres, pratiquent plus que ...., comme les ouvriers. Il est important d'inscrire l'activité physique et sportive dans les habitudes quotidiennes de ...., jeunes et moins jeunes. Et .... : chez soi mais aussi à l'école ou sur le lieu de travail. Il ne s'agit pas de pouvoir faire des activités .... mais au moins d'aménager beaucoup plus d'espaces, surtout en ville pour faciliter la pratique. C'est comme ça un .... dans le monde ?

• **Le passif (présent)**

Le match est suivi (par tous) sur internet. • **Il est accompagné par/de ses parents.**
On parle beaucoup le français ici. • **Le français est très parlé ici.**

Le passif consiste à placer comme sujet le complément direct de la voie active. Quant au sujet de la voie active, il devient le complément d'agent (CA). qu'on introduit avec la préposition par ou plus rarement de. Dans certains cas, le CA peut être implicite.
On forme le passif présent avec être au présent de l'indicatif + participe passé.
L'intensité marquée par beaucoup dans la phrase à la voie active est remplacé par très à la voie passive. Comme dans les autres temps composés, l'adverbe est généralement placé entre l'auxiliaire être et le participe passé.

2 • Un temps pour tout

100 Réécrivez les phrases suivantes à la forme passive.

Exemple : On écoute beaucoup ce genre de musique.
→ Ce genre de musique est très écouté.

a. Les Français apprécient beaucoup le moment de l'apéro.
....

b. Les experts constatent clairement un changement dans nos habitudes.
....

c. On regarde de moins en moins la télé.
....

d. On suit de plus en plus de séries sur les plateformes.
....

e. On vend beaucoup de jeux vidéos à cette période de l'année.
....

f. Les lecteurs ne recommandent pas beaucoup ce roman.
....

g. L'organisation reçoit généralement les participants dans le grand hall.
....

101 Réécrivez les phrases suivantes à la forme passive.

Exemple : On ne pratique pas beaucoup le baseball en Europe.
→ Le baseball n'est pas très pratiqué en Europe.

a. On promeut leur équipe en 2ᵉ division.
....

b. Les séniors apprécient beaucoup la marche active.
....

c. On ne considère plus les activités physiques et sportives comme des activités de privilégiés.
....

d. Les spécialistes reconnaissent les effets positifs sur le corps des activités physiques.
....

e. On aménage de plus en plus d'espaces dans les villes pour favoriser les pratiques sportives
....

f. On écarte trop souvent les personnes en situation de handicap à cause d'infrastructures inadaptées.
....

g. On privilégie les trajets à vélo ou à pied pour aller à l'école ou au travail.
....

Grammaire/Conjugaison

102 Réécrivez les phrases suivantes à la forme active.

Exemple : Le football est joué dans le monde entier.
On joue au football dans le monde entier.

a. Dans cette équipe, les footballeurs sont entraînés par un ancien joueur international.
....

b. Le rugby est pratiqué dans toute la France mais c'est surtout un sport qui est apprécié dans le Sud-Ouest.
....

c. Ce sport est suivi par des millions de téléspectateurs toutes les semaines.
....

d. Le yoga est de plus en plus pratiqué en Europe.
....

e. Le championnat est annulé pour cause de force majeure.
....

f. La course est organisée tous les ans par une association locale.
....

g. Si un joueur est expulsé pendant le match, il ne peut pas jouer le suivant.
....

h. Après le match, l'entraîneur est interviewé par les journalistes sportifs.
....

Bilan

1. **Dictée : écoutez et écrivez les mots entendus.** 13 🔊 (0,5 point/réponse).

   a. ....
   b. ....
   c. ....
   d. ....
   e. ....
   f. ....
   g. ....
   h. ....
   i. ....
   j. ....
   k. ....
   l. ....

   Total : .... /6

2. **Écoutez et associez les phrases aux activités mentionnées.** 14 🔊
   (1 point/réponse)

   ☐ Randonnée   ☐ Tennis   ☐ Fitness
   ☐ Rugby   ☐ Cyclisme / VTT   ☐ Danse

   Total : .... /6

3. **Complétez avec la préposition de temps qui convient. (0,5 point/réponse)**

   a. On pourrait se voir .... le 31. Le 28 ou le 29, par exemple ?
   b. Ton vol est bien .... 11h55 ?
   c. Normalement, on fait le point .... l'année, entre le 3 et le 12 janvier.
   d. On a dit qu'on se retrouvait .... 3 heures. Ça te va ?
   e. J'aimerais pouvoir y aller .... hiver, ça doit être beau à voir.
   f. Nous y passons tous les étés .... 2004.

   Total : .... /3

4. **Complétez avec la forme indéfinie qui convient. (0,5 point/réponse)**

   aucun – chaque – le.s même.s – Quelqu'un – tous/tout.e.s – certain.e.s – n'importe quel.le.s – n'importe quoi – on – plusieurs -

   a. – .... a dit : « L'important, c'est de participer. » C'est qui ? – C'est le baron de Coubertin.
   b. Est-ce que tu peux me citer en français les parties du corps ? Pas ...., mais ...., oui... les principales en tout cas.

c. – .... joueur peut répondre aux questions sans attendre son tour.

d. Si .... se fait une fracture, ... va à l'hôpital ou chez son médecin.

e. Arrête de dire .... ! Un tel évènement sportif ne peut pas être annulé aussi facilement que ça !

f. Le 100 mètres en moins de 8 secondes ? .... coureurs ont essayé mais .... n'a réussi une telle performance... pour le moment en tout cas.

g. Les règles sont .... pour .... : .... participant a le droit à deux essais.

Total : .... /6

5. Complétez avec la forme de fréquence ou d'habitude de la liste. (0,5 point/réponse)

De temps en temps – d'habitude – jamais – toutes les semaines – souvent – un samedi sur deux

a. Est-ce que tu vas .... à Paris ? Oui, presque ....

b. Ils n'ont .... visité le sud du pays ? Si, l'année dernière.

c. Tu fais quoi .... le week-end ? On essaie d'aller à la mer .... si le temps le permet.

d. Ça vous arrive d'aller en randonnée ? ...., mais seulement pendant les vacances.

Total : .... /3

6. Transformez les phrases suivantes au passif. (1 point/réponse)

a. Le champion est invité à monter sur le podium.
....

b. Le tour de France est très suivi partout dans le monde.
....

c. Les arts martiaux sont toujours très pratiqués en Chine.
....

d. Les entrées de la finale sont vendues à des prix exorbitants sur internet.
....

e. Si le match est remporté par l'equipe bleue, ce sera la fête dans la ville.
....

f. La joueuse de tennis est reçue par le Président après cette grande victoire.
....

Total : .... /6

Mon score : .... /30

3 • Des territoires et des êtres

Vocabulaire

 Le découpage administratif

La France est un État divisé en **collectivités territoriales**. Les principales sont, par ordre de grandeur, la **région**, le **département** puis la **commune**.
On compte 12 régions en **France métropolitaine** et 2 régions d'outre-mer (la Guadeloupe dans les Antilles et la Réunion dans l'océan Indien). Il y a aussi 4 régions à statut particulier : la Corse, la Martinique, la Guyane et Mayotte.

Les régions disposent d'un **conseil économique, social et environnemental** ainsi que d'une assemblée qu'on appelle conseil régional avec à leur tête, un président. Le **préfet de région** représente l'État à cet échelon administratif.

Les régions sont généralement divisées en **départements**. Il y en a actuellement 94 qui ont chacun à leur tête un **conseil départemental**. Le préfet (de département) représente l'État et s'occupe de la **circonscription** administrative du département. La ville où se trouve le préfet et le conseil département est la **préfecture**.

Finalement, le département est constitué de **communes**. Entre, villages et villes, on en compte 35000 en France. À la tête d'une commune, il y a le **maire** qui préside le **conseil municipal** et est aussi le représentant de l'État.
Certaines villes comme Paris pour son statut de **capitale** du pays ont un statut particulier.

En Belgique, les régions sont divisées en régions, en provinces et en **communautés** qui se superposent. Au Canada, le pays est divisé en **provinces** ; en Suisse, ce sont des **cantons**.
En Algérie, le pays est divisé en **wilayas**. La ville principale de chaque wilaya est un **chef-lieu**.

103 Retrouvez les noms dans ces lettres en désordre.

Exemple : N.R.E.G.O.I. → R É G I O N

a. A.W.L.I.A.Y.S → ....
b. O.R.T.T.I.R.R.E.E.I → ....
c. F.L.E.I.H.U.E.C → ....
d. E.R.T.E.C.F.U.R.P.E → ....
e. N.A.T.E.E.D.R.P.M.T → ....
f. T.C.O.N.N.A → ....
g. L.C.A.P.E.I.T.A → ....
h. R.O.C.I.E.P.N.V → ....

> Au Canada, la principale **province francophone** est le Québec mais le français est très présent en Ontario, au Nouveau-Brunswick ou au Manitoba. La Suisse romande réunit les **cantons francophones** du pays (Berne, Genève, Neuchâtel…).
> En Belgique, on parle de la Région wallonne et ses cinq provinces (Brabant wallon, Hainaut, Liège, Luxembourg et Namur). Elle regroupe la **communauté francophone** mais aussi la communauté germanophone (Ostbelgien).

104 Complétez les phrases à l'aide des mots vus dans l'exercice précédent.

Exemple : Il y a presque 35000 communes en France.

a. En France, la ville qui réunit les principales administrations publiques d'un département est la .... départementale.

b. Paris est la .... de la France.

c. Le Québec est la principale .... francophone du Canada mais le français est parlé ailleurs dans le pays.

d. En Algérie, l'une des principales divisions administratives est la ....
e. Un .... est une commune qui concentre les principales administrations locales.
f. Ses 26 .... forment à eux-tous la Confédération suisse.
g. Dans chaque ...., l'État y est représenté par un préfet départemental.

105 Entourez l'adjectif qui convient.

Exemple : Les quartiers (résidentiels) / maritimes

a. Une ville administrative / moyenne
b. Une région administrative / commerciale
c. Les provinces périphériques / maritimes
d. Une administation rurale / territoriale
e. La communauté francophone / française de Belgique
f. Une zone moyenne / rurale
g. Un quartier périphérique / continental

106 Placez les mots de l'exercice précédent dans les phrases suivantes.

Exemple : On dirait d'une municipalité de 50 000 habitants que c'est une ville moyenne.

a. En Belgique, la .... est celle où on parle français.
b. La Bretagne actuelle forme une .... à 4 départements.
c. Ce petit village de montagne se trouve en ....
d. Ces mesures concernent la .... mais pas les territoires d'outre-mer.
e. On devrait investir plus dans les .... des grandes villes.
f. En France, ... est complexe.
g. La Nouvelle-Écosse ou le New-Brunswick sont des .... du Canada.
h. Ils habitent dans un .... de la ville. C'est vraiment très calme.

Paysages de la francophonie

On trouve des pays francophones dans le monde entier. Les **paysages** y sont donc variés selon la **géographie** et les **climats** : il y a des **déserts**, des **forêts** ou de grands **bois**, des **plaines** ; des **collines**, des **monts** ou des **montagnes** aux **sommets** enneigés et de profondes **vallées**. Il y a des montagnes qui sont en fait des **volcans**, **éteints** ou en **activité**. Il y a aussi de grandes collines de **sable** qu'on appelle des **dunes**. Les continents sont souvent séparés par des **océans** ou des **mers**, certaines forment des **golfes** avec leurs **îles**, plus ou moins grandes.

Ici et là, passent des **cours d'eau** : ce sont des **ruisseaux**, des **rivières** ou des **fleuves** ou des **canaux**. Sans oublier les plans d'eau naturels (**étangs**, **lacs**) ou artificiels comme les **barrages**.

Ces paysages constituent une richesse environnementale extraordinaire mais fragile aussi. Le **changement climatique** avec le **réchauffement** de la planète qui provoque de grandes **sécheresses** et une désertification de vastes territoires ou la **fonte** de la **banquise** obligent à mener des politiques fortes de protection de l'**environnement**.

107 Choisissez le mot qui convient parmi les propositions.

Exemple : Le rêve d'un alpiniste : atteindre le col / sommet du mont-Blanc.

a. Merlin l'Enchanteur a rendu célèbre la forêt / plaine de Brocéliande.
b. Ceux du Mexique, du Lion ou du Morbihan sont des golfes / mers.
c. On dit de la Corse que c'est l'île / la péninsule de Beauté.
d. Il sépare la France des Amériques, c'est l'Océan / la Mer atlantique.
e. De Belgique, on la traverse pour aller en Grande-Bretagne, c'est la mer / le canal du Nord.
f. As-tu déjà visité la région des Grands barrages / lacs sur la frontière canado-américaine ?
g. Il y a un coin d'Italie où on parle français, c'est le Mont / Val d'Aoste.
h. La Garonne est une rivière / un fleuve qui naît dans les Pyrénées et qui se jette dans l'Atlantique.

108 Reliez les adjectifs au nom qui convient.

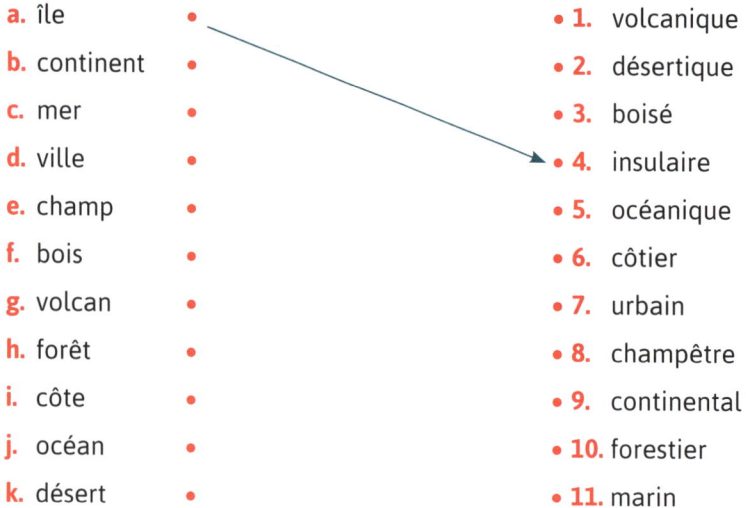

a. île
b. continent
c. mer
d. ville
e. champ
f. bois
g. volcan
h. forêt
i. côte
j. océan
k. désert

1. volcanique
2. désertique
3. boisé
4. insulaire
5. océanique
6. côtier
7. urbain
8. champêtre
9. continental
10. forestier
11. marin

109 Complétez les phrases avec un adjectif de l'exercice précédent. N'oubliez pas de faire l'accord si nécessaire.

Exemple : Le tarif est différent pour aller sur les îles selon que vous soyez touriste ou résident insulaire.

a. L'hiver dans l'Est de la France est rude à cause du climat ....
b. J'adore me promener sur la plage et respirer l'air ....
c. Luc travaille dans la nature toute l'année, il est garde ....
d. Le matin, elle sort faire son jogging sur le sentier .... qui est près de chez elle.
e. La Corse est une région française particulièrement ....
f. On annonce des coups de vent à plus de 100km/h sur le front .... : les sorties en mer sont fortement déconseillées.
g. À partir de cette ligne, plus de végétation mais des étendues .... à perte de vue.
h. L'Auvergne est une région ....

Vocabulaire

110 **Entourez l'intrus.**

Exemple : Rivière / ruisseau / (colline)

a. étang / barrage / lac
b. bois / forêt / désert
c. océan / golfe / canal
d. montagne / volcan / plaine
e. vallée / lac / ruisseau
f. mer / océan / île

111 **Complétez les phrases avec le mot qui convient.**

banquise – climat – continents – désertification – environnement – réchauffement – sécheresse

a. Nous allons à la catastrophe si nous ne protégeons pas l'……………………………………… .
b. Ces gros blocs de glace qui constitue la ……………………………………… sont impressionnants.
c. Combien y a-t-il de ……………………………………… ? On dit qu'il y en a six.
d. Cette année, il n'a presque pas plu. Il faut s'attendre à une grosse ……………………………………… .
e. Depuis plusieurs années, on nous parle de la ……………………………………… du sud de l'Europe.
f. Et dire que certains nient que notre société hyper-industrialisée est à l'origine du changement de …………… ……………………………… .
g. Les scientifiques ont constaté un net ……………………………………… de notre planète au cours de ces cent dernières années.

Parler du temps qu'il fait.

Il fait **beau**. Le **soleil** brille dans le **ciel** bleu. Le temps est **dégagé**.
Mais il peut **se couvrir**. Il devient **nuageux**. On annonce de la **pluie**. Il va pleuvoir : il y a une **ondée**, une **averse**, des **trombes d'eau**. Et s'il fait **chaud**, cette pluie peut tomber sous forme de **grêle** (**grêler**): Les **grêlons** qui tombent peuvent être gros comme des œufs.
Si le temps est **chaud** et **lourd**, il peut être à l'**orage** ou **orageux** : le **tonnerre** gronde et les **éclairs** traversent le ciel. La **foudre** peut frapper un arbre dans un champ.
Entre deux averses, il y a une **éclaircie** (les **nuages** partent, le ciel **se dégage**).
S'il fait plus froid, il peut **neiger** (la neige, un flocon de neige).
Quand les nuages tombent très bas, le brouillard se forme. On ne plus rien à l'horizon.
La brise se lève, c'est un **vent** léger mais il peut aussi souffler fort et se transformer en **tempête**, avec de coups de vents ou des **rafales**.

112 **Reliez les phrases entre elles.**

a. Attention ! Avis de tempête sur la côte.
b. La neige tombe à gros flocons.
c. Il est tombé une forte averse.
d. Le ciel gronde.
e. Regarde les arbres comme ils bougent !
f. Il tombe d'énormes grêlons.
g. Les rayons de soleil percent à travers les nuages.
h. Il y a toujours beaucoup de brouillard le matin dans la vallée.

1. La conduite y est d'ailleurs très dangereuse car on n'y voit rien.
2. La tempête se lève.
3. À ce rythme, le sol va vite être couvert.
4. Le vent va souffler en rafales.
5. Les voitures ont toutes leurs vitres cassées.
6. Il va y avoir de l'orage.
7. Ça va faire du bien après toute cette pluie.
8. Les rues ont été complètement inondées en quelques minutes.

3 • Des territoires et des êtres

113 Écoutez et associez.

Exemple : Si vous habitez le Bassin parisien et le Nord, vous aurez des brouillards en début de journée.

a. ....
b. ....
c. ....
d. ....
e. ....
f. ....
g. ....

> Si la température monte soudainement, nous parlons d'un **pic de chaleur** mais si la température descend brutalement de plusieurs degrés, on parle de **chute des températures**.

> Le pluriel de *ciel* est *cieux* mais en art pictural, on parle des *ciels* d'un peintre

114 Autodictée. Écoutez ce bulletin météo et complétez avec les mots qui manquent.

Sur une grande partie de l'Ouest de la France, il va ....
Dans le Sud-Ouest, la journée va être .... sauf sur les Pyrénées où la .... est attendue à partir de 1700 mètres.
Le .... va être au rendez-vous dans une très grande partie du sud de la France, avec toutefois des .... matinaux du côté de Montpellier.
Dans les Alpes, de .... de neige sont attendues à partir de 1200 mètres. Il y a des risques d'.. en fin de journée sur la Franche-Comté.
En Alsace, c'est un ciel .... avec des .... qui vont laisser passer les rayons de soleil en fin de journée alors que l'on attend du vent avec des .... à plus de 70km sur la Champagne.
Dans le Nord de la France, après une belle matinée ensoleillée, on constatera une chute des .... dès le début de l'après-midi.
Finalement, c'est un temps .... mais avec des .... ponctuelles qu'auront les Parisiens pendant toute la journée.

Vocabulaire

Des catastrophes dans la nature

Parfois, quand il pleut beaucoup, il y a des **inondations**. Les rivières grossissent soudainement, ce qui provoque des **crues** d'eau. Au contraire, s'il ne pleut que très rarement, il y a une **sécheresse**. En montagne, le printemps est un moment propice aux **avalanches** en raison de la fonte des neiges alors qu'en été, ce sont des milliers d'hectares qui brûlent partout dans le monde lors de gigantesques **incendies**.
Des vents très forts provoquent souvent des catastrophes, surtout sur les côtes. On parle alors, selon les coins de la planète, d'un **ouragan**, d'un **cyclone** ou d'un **typhon**. Sur les côtes aussi, on peut craindre une montée soudaine et violente de la mer, c'est un **raz-de-marée** ou **tsunami**.
Les **tremblements de terre** sont imprévisibles et leurs **secousses** sismiques peuvent être très fortes sur l'échelle de Richter qui en mesure la force, au point de voir s'effondrer des villes entières.
La **lave**, les **cendres** et les **gaz** qui sortent d'un **volcan** en **éruption** sont aussi une menace pour la sécurité des lieux et des personnes.
Tous ces phénomènes naturels font des **ravages**, c'est-à-dire d'importantes destructions avec souvent des **victimes** humaines.

115 Retrouvez les mots dans ces lettres en désordre.

Exemple : E.E.N.I.I.D.N.C = I.N.C.E.N.D.I.E

a. E.C.R.U _ _ _ _
b. S.R.A.E.D.É.E.M.A.R _ _ _-_ _-_ _ _ _ _
c. N.R.É.P.O.T.U.I _ _ _ _ _ _ _ _
d. I.N.N.N.A.D.T.I.O _ _ _ _ _ _ _ _ _
e. E.S.H.S.E.É.S.E _ _ _ _ _ _ _ _ _
f. A.H.N.A.L.N.C.V.A _ _ _ _ _ _ _ _ _
g. T.T.B.E.E.L.M.M.R.E _ _ _ _ _ _ _ _ _ _

116 Cherchez le nom qui est associé à la situation décrite.

Exemple : Le débordement des rivières a provoqué de terribles crues dans la région.

a. Les immeubles ne se sont pas écroulés malgré un fort .... dans la nuit.
b. Baigneurs, vendeurs ambulants et tous ceux qui bronzaient sur la plage sont partis à temps pour ne pas être rattrapés par .... qui a inondé toute le littoral.
c. L'aéroport a fermé à cause des cendres dans le ciel suite à ....
d. Les pompiers ont lutté toute la nuit pour éteindre l' .... qui avait débuté la veille.
e. Ce torrent, comme beaucoup de petits cours d'eau du Sud de la France, peut monter très vite en quelques minutes de pluie intense, ce qui cause des .... terribles.
f. Pas une goutte n'est tombée dans la région depuis des mois, c'est une .... sans précédent.
g. Les gendarmes recherchent un alpiniste enseveli sous la neige après l' .... d'hier.

3 • Des territoires et des êtres

117 Trouvez le mot qui correspond aux définitions.

incendies – lave – ouragan – sécheresse – secousse – tsunami – volcan

Exemple : Je coule le long des flancs du volcan en éruption. Lave

a. Je monte violemment et rapidement, détruisant tout ce que je trouve sur mon passage. ....

b. Je souffle très fort du côté de la Caraïbe. ....

c. Je suis sismique. ....

d. A mon réveil, je peux cracher du feu et des cendres. ....

e. Je les crains dès les premières chaleurs estivales. ....

f. Je n'aime pas la pluie. Je préfère les sols arides. ....

Expressions idiomatiques sur la météo

Le temps est très présent dans la langue imagée comme on peut le voir dans ces exemples d'expressions idiomatiques.
Si on tombe soudainement amoureux de quelqu'un, on dit qu'on **a un coup de foudre**. Par contre, on peut aussi **s'attirer les foudres** de quelqu'un si cette personne est en colère après nous.
Si l'ambiance est tendue entre deux personnes ou plus, on dit **qu'il y a de l'orage dans l'air**.
Quand on ne croit pas facilement ce qu'on nous dit parce qu'on a une certainement expérience de la vie, on dit qu'**on n'est pas né de la dernière pluie**.
Quand on a une conversation sans importance, **on parle de la pluie et du beau temps**.
Si on est distrait ou qu'on a du mal à se concentrer, **on a la tête dans les nuages**.
Si on exagère l'importance d'une situation, au point d'en faire un scandale, on peut dire que **c'est une tempête dans un verre d'eau**.
Quand il pleut très fort on dit qu'**il tombe des cordes**.
Quand les affaires personnelles ou professionnelles vont bien, **on a le vent en poupe**.
Mais parfois, pour mener à bien à projet, il faut avancer contre **vents et marées**.

118 Reliez les phrases pour reconstituer les expressions.

Tu vas sortir sans ton imperméable ?	les foudres de ton frère.
Parler de la pluie	de la dernière pluie.
Se battre contre	et du beau temps.
Il a souvent la tête	dans les nuages.
Elle a le vent	de l'orage dans l'air.
C'est une tempête	Il est vraiment en train de tomber des cordes !
Elle n'est pas née	en poupe.
Je sens qu'il y a	dans un verre d'eau.
Ne dis rien si tu ne veux pas d'attirer	vents et marées.

119 Remplacez la forme soulignée par l'expression idiomatique qui convient.

Exemple : J'ai eu un coup en poupe / J'ai eu un coup de foudre.

a. C'est des marées dans un verre d'eau. ....

b. Il y a des foudres dans l'air. ....

Vocabulaire

c. Elle s'est battue <u>contre vents et foudre</u>. ....
d. L'entreprise a <u>le vent dans les nuages</u>. ....
e. Il tombe <u>des foudres</u>. ....
f. Elle s'est attirée <u>les cordes</u> de sa patronne. ....

Les lieux de la ville

Même si la **campagne** compte sur de plus en plus d'adeptes parmi les **citoyens**, l'**espace urbain** reste un lieu de vie important, malgré la pollution atmosphérique et acoustique qui règne **en ville**. Celle-ci reste un pole d'attraction et continue donc à grandir.
C'est un lieu de travail. On y trouve les principaux **services** publics ou privés : la **mairie**, la **poste**, le **commissariat**, l'**office du tourisme**, les **cabinets médicaux** et **dentaires**, une **agence de voyages**, ou **immobilière**, une **pharmacie**, une **banque** (ou **agence bancaire**), un **coiffeur** (ou un **salon de coiffure**).
C'est aussi en ville qu'on y fait une partie des **courses**. On va dans des **magasins** (de vêtements, de chaussures) et autres commerces comme ceux d'alimentation : une **poissonnerie**, une **boucherie**, une **charcuterie**, une **boulangerie**, une **pâtisserie**… Les **épiceries** ou les **supérettes** sont bien pratiques parce qu'on y trouve un peu de tout.
On n'oubliera pas non plus les établissements de boisson ou de restauration : les **cafés**, les **bars**, les **restaurants**…

120 Reconstituez les noms de ces lieux de la ville.

Magasin
....
....
....
....
....
....

Bou | Res | bi | cie | pé | Ma | rette | rie | rant | ma | tau | ga | Su | che | net | rie | sin | Phar | Ca | Pâ | tisse

121 Écoutez et inscrivez le numéro qui convient parmi les commerces de la liste. 🔊 17

☐ Un magasin de chaussures   ☐ Un restaurant
☐ Un magasin de vêtements   ☐ Une banque
☐ Un café   ☐ Une pharmacie
☐ Une poissonnerie   ☐ Une pâtisserie
☐ Une agence de voyages   ☐ Une boulangerie
☐ Un coiffeur / Un salon de coiffure   ☐ Une agence immobilière
☐ Une supérette

3 • Des territoires et des êtres

122 Complétez le texte avec les mots ci-dessous.

agence bancaire – agence de voyages – cabine médial – campagne – épicerie – grande surface – pharmacie

Exemple : Je ne sais pas si je dois acheter mon billet d'avion en ligne ou dans une agence de voyages.

a. Je déteste aller faire les courses dans les ……………………………… .
b. Il n'y avait pas de docteur dans le quartier jusqu'à l'ouverture d'un ……………………………… le mois dernier.
c. Achète une pizza dans la petite ……………………………… du coin, s'il te plait !
d. Ces dernières années, beaucoup abandonnent la ville pour s'installer à la ……………………………… .
e. Ce médicament n'est en vente qu'en ……………………………… .
f. Notre ville doit être trop petite : on vient de nous fermer la seule ……………………………… qui restait !

123 Barrez l'intrus.

Exemple : boulangerie – ~~viennoiserie~~ – pâtisserie – confiserie

a. hôtel de police – hôtel de Ville – hôtel particulier – hôtel 5 étoiles
b. charcuterie – blanchisserie – Boucherie – poissonnerie
c. salon du livre – salon de coiffure – salon de beauté – salon de thé -
d. bar – terrasse – restaurant – cafétéria
e. agence de voyage – agence de presse – agence immobilière – agence matrimoniale
f. librairie – kiosque à journaux – quincaillerie – papeterie
g. magasin de souvenirs – magasin d'usine – magasin de chaussures – magasin de vêtements
h. cabinet juridique – cabinet dentaire – cabinet ministériel – cabinet médical

124 Associez ces slogans publicitaires aux lieux correspondants.

1. Un magasin de chaussures
2. Une bijouterie
3. Un café
4. Une poissonnerie
5. Un restaurant
6. Un marchand de fruits et légumes
7. Une maroquinerie
8. Une pâtisserie
9. Une agence immobilière

a. À louer, grand 2 pièces + terrasse.
b. Remise de 5% sur tous les sacs en cuir de l'année dernière !
c. Vos pieds vous diront merci !
d. Mangues fraîches à 1,5 € pièce. Provenance : Brésil
e. Grand crème + croissant + jus d'orange : 5,5 €.
f. Merlan, moules, huîtres… arrivage frais quotidien !
g. Plat du jour 1 café. Nous acceptons les tickets restaurant.
h. Prix spéciaux sur nos montres et bijoux.
i. Pour les fêtes, commandez notre Bûche de Noël.

Vocabulaire

125 Associez chacun de ces documents à un lieu de la ville.

- Une plainte • • La banque
- Une carte de séjour • • Le commissariat
- Une lettre recommandée • • Le cabinet médical
- Un acte naissance • • La poste
- Une ordonnance • • L'office du tourisme
- Un virement • • La préfecture
- Un plan de la ville • • La mairie

Les transports

Pour se déplacer ou voyager, on utilise différents moyens de transport :
– routiers (trottinette, vélo, moto, voiture, fourgonnette, camion, autobus/autocar)
– Ferroviaires (train, métro)
– Maritimes (bateau : barque, voilier, paquebot, cargo…)
– Fluviaux (péniche, voilier)
– Aériens (avion, hélicoptère)
Et qui sait, un jour peut-être, sera-t-il habituel de prendre des transports spatiaux. On montera à bord d'engins spatiaux comme une fusée ou une navette.

126 Associez chaque nom de la liste à sa définition.

un avion – un autocar – un camion poids-lourd – le métro – un paquebot – une péniche – un tramway – une trottinette – une voiture

Exemple : Un transport urbain souterrain : le métro

a. Un transport routier de marchandises : ....
b. Un transport urbain sur deux roues, non motorisée : ....
c. Un transport maritime de loisir : ....
d. Un transport interurbain collectif : ....
e. Un transport de marchandise sur un fleuve : ....
f. Un transport routier particulier ou commercial à quatre roues : ....
g. Un transport aérien : ....
h. Un transport urbain électrique : ....

127 Retrouvez les mots dans les lettres en désordre.

Exemple : T.T.N.I.E.E.T.T.R.T = TROTTINETTE

a. R.T.V.I.E.U.T.O = ...
b. T.E.G.O.T.E.F.U.N.O.N.R = ...
c. O.C.A.I.N.M = ...
d. B.A.O.U.S.U.T. = ...
e. T.A.U.A.B.E = ...
f. N.R.I.T.A = ...
g. W.I.R.A.Y.T.M.A = ...

3 • Des territoires et des êtres

128 Complétez les phrases avec un mot de l'exercice précédent.

Exemple : Le réseau d'autobus de la ville dessert tous les quartiers.

a. En France, ... avait disparu des villes.

b. Pour faire baisser le taux de pollution urbaine de CO_2, il faut diminuer le nombre de .... en circulation.

c. On devrait privilégier .... pour transporter les marchandises, pas les poids-lourds !

d. Le phénomène de .... : simple effet de mode ou un mode de transport destiné à s'installer dans nos habitudes de déplacement en ville ?

e. Pour son déménagement, il lui faut ....

f. En journée, ... sont interdits à la circulation dans le centre-ville.

Le code de la route

En ville, ou à la campagne, les déplacements sont nombreux et il est nécessaire de respecter des règles de circulation : c'est le **code de la route**. Les **panneaux signalétiques** indiquent les lieux, le **sens de la circulation**, ce qui est autorisé ou, au contraire, interdit. Ils préviennent aussi des **dangers de la route**. Le non-respect du code de la route peut entraîner des sanctions économiques (une **contravention** ou une **amende**), administratives (la perte de points sur le **permis de conduire** ou son retrait) et même pénales (peine de prison, mise à l'épreuve).

129 Écoutez ces phrases et complétez à l'aide d'un nom de panneau. 18

Exemple : Sens interdit

1. ....
2. ....
3. ....
4. ....
5. ....
6. ....
7. ....

130 Cochez le panneau correspondant au nom.

a. Impasse ☐ 1. ☐ 2.

b. Sens interdit ☐ 1. ☐ 2.

c. Piste cyclable ☐ 1. ☐ 2.

d. Rond-point ☐ 1. ☐ 2.

e. Voie à double-sens ☐ 1. ☐ 2.

f. Zone piétonne ☐ 1. ☐ 2.

g. Stationnement interdit ☐ 1. ☐ 2.

h. Obligation de tourner ☐ 1. ☐ 2.

Vocabulaire

131 Vrai ou faux. Cochez la bonne réponse.

Exemple : Si une voiture est mal stationnée, elle peut se faire emporter par la fourrière. ☒ vrai ☐ faux

a. « Se garer » signifie « mettre la voiture dans le garage". ☐ vrai ☐ faux

b. « L'agent de police a verbalisé le véhicule" signifie qu'il l'a fait s'arrêter. ☐ vrai ☐ faux

c. Si un véhicule ne s'arrête pas quand le feu est rouge, on dit qu'il a grillé un feu. ☐ vrai ☐ faux

d. Si vous voyez l'indication « sauf riverains" sur une interdiction, cela signifie que les personnes qui vivent dans la zone ne sont pas concernées par l'interdiction. ☐ vrai ☐ faux

e. L'horodateur est l'appareil qui émet un ticket de stationnement dans les rues où il faut payer pour stationner. ☐ vrai ☐ faux

f. La police installe des satellites pour contrôler la vitesse des véhicules. ☐ vrai ☐ faux

Lieu de vie

Le lieu de vie au quotidien, c'est le plus souvent une **maison** ou un **appartement** (un appart) en **propriété** ou en **location**. On aime y avoir son petit **confort** : on soigne la **décoration** (la déco), l'**ameublement**… de chaque pièce. On doit aussi s'assurer que la **tuyauterie** ou les **installations électriques** ou de **chauffage** ne présentent pas de risque ou que le **logement** possède une bonne **isolation thermique** contre le froid de l'hiver ou la chaleur de l'été, encore contre les bruits extérieurs (**isolation phonique**). Dans le cas contraire, il faut effectuer les **réparations** nécessaires. C'est important pour éviter des problèmes graves comme une **inondation** à cause d'une **fuite** d'eau ou un **incendie** à cause d'un **court-circuit** ou l'**explosion** d'une **chaudière**. Les **accidents domestiques** sont plus fréquents qu'on ne le pense !

132 Retrouvez dans l'encadré les mots associés à ces verbes.

Exemple : Ameubler : ameublement

a. Chauffer : ....

b. Décorer : ....

c. Exploser : ....

d. Inonder : ....

e. Installer : ....

f. Isoler : ....

g. Louer : ....

h. Réparer : ....

133 Écrivez correctement les mots dont les lettres ont été mélangées.

Exemple : Ils ont aménagé dans une petite N.A.O.S.M.I. en banlieue. MAISON

a. Noémie veut louer un T.A.P.R.P.M.E.T.N.E.A. pour les vacances. → ....

b. On a dû refaire toute la E.N.T.P.I.R.U.E. de l'appart. → ....

c. Des aides seront données pour faciliter l'accès à un M.T.G.N.E.E.L.O de bonne qualité. → ....

d. Il est conseillé de faire réviser la R.E.D.I.È.C.U.H.A avant l'arrivée de l'hiver. → ....

e. C'est un court-circuit qui a provoqué cet E.N.I.D.C.E.N.I → ....

f. Après une dure journée de travail, on apprécie de retrouver le petit T.N.R.C.O.O.F de son chez-soi. → ....

3 • Des territoires et des êtres

134 Compléter avec le mot / verbe qui convient.

accident – chaudière – chauffage – court-circuit – décoration – fuite – isolation – meubler

Exemple : Je me suis encore douché à l'eau froide ce matin. La chaudière doit avoir un problème.

a. Les plombs ont dû sauter à cause d'un .... dans l'installation électrique.

b. Ils ont refait toute la .... de l'appart. C'est beau. Ils ont vraiment du goût.

c. Pas la peine d'allumer le ...., il ne fait pas froid.

d. La cuisine est toute inondée. Il y a certainement une .... quelque part.

e. Ils ont dû refaire l' .... pour économiser sur les factures de chauffage.

f. Vérifier les installations électriques ou de gaz, c'est important : un .... domestique est si vite arrivé !

g. L'appart était vide. Il a fallu le ....

Grammaire/Conjugaison

> **• Les prépositions de lieu • La position**
>
> **Nous avons voyagé dans toute l'Inde et chaque fois que c'était possible nous restions dormir chez l'habitant, parfois dans un bon lit et souvent sur un matelas à même le sol.**
>
> – dans + nom de lieu (avec article) reprend l'idée d'être à l'intérieur d'un espace, même s'il y a mouvement. Parfois, la préposition apporte une nuance :
> *Il est à l'hôpital* (il y est interné) ≠ *Il est dans l'hôpital* (il s'y trouve sans autre précision)
> *J'ai trouvé ces coquillages dans la mer* (= dans l'eau) ≠ *Il est parti en mer* (= il est parti en bateau) ≠ *Un homme à la mer !* (= Il est tombé dans la mer, c'est un accident)
> – chez + pronom tonique (*chez moi, chez toi*, etc. pour indiquer le lieu de résidence) / profession en référence au lieu où celle-ci est exercée (*chez le dentiste, chez le coiffeur*...). Il est courant de trouver des restaurants ou des cafés qui portent le nom du ou de la propriétaire précédé de chez (*chez Maxime, chez Agathe*...)
> – sous + la partie inférieure d'une surface (*sous la table, sous l'eau*...)
> – sur + la partie supérieure d'une surface ou considérée comme telle (*sur la table, sur l'autoroute, sur une île, sur le trottoir, sur internet, sur un site*).

135 Complétez avec la préposition de lieu qui convient.

Exemple : Les trottinettes ne peuvent pas rouler sur le trottoir.

a. Nous avons déjeuné .... Jeannette.

b. Tu sais .... quel hôtel il descend d'habitude ?

c. Il travaille .... un paquebot.

d. Nous nous sommes croisés .... des amis communs.

e. Ce tunnel passe .... la Manche. C'est impressionnant.

f. Nous avons fait un safari-photos .... la savane.

g. On annonce un accident .... l'autoroute A10.

Grammaire/Conjugaison

136 Entourez la préposition qui convient.

Exemple : Ils se sont retrouvés sur / (dans) un petit chemin de campagne impraticable.

a. La boutique se trouve dans / sur la rue qui descend.
b. Ce sont les mêmes règles sur / dans tous les pays de la zone Schengen.
c. Il a appris la nouvelle dans / chez son coiffeur.
d. C'est quelle rivière qui passe sur / sous ce pont ?
e. Il y a un peu de neige sur / dans le sommet de la montagne.
f. Cet été, nous avons été sous / dans des grottes des Pyrénées. Comme c'est beau !
g. Ils vont rester dormir dans / chez des cousins.

• Les prépositions de lieu • La position relative

Le sommet, c'est la partie supérieure, celle qui est en haut de la montagne. Au contraire, la vallée se trouve en bas de la montagne.

Pour indiquer une position relative, on peut employer des prépositions ou des locutions prépositionnelles de lieu :

- entre
- parmi
- À côté de
- à droite de / à gauche de
- à la fin de (au bout de) / Au début de
- à l'avant de / à l'arrière de
- à l'intérieur de / à l'extérieur de
- au centre de / au milieu de
- au-dessous de / Au-dessus de
- au bord de
- au coin de
- au fond de
- autour de
- en haut de / en bas de
- loin de / près de

---

137 Corrigez la forme soulignée par la préposition ou la locution qui convient.

Exemple : La cabine se trouve à l'arrière de l'avion.
      La cabine se trouve à l'avant de l'avion.

a. La plupart des voitures ont leur coffre à l'avant du véhicule.
....
b. Le périphérique, c'est bien cette route qui est au début de la ville ?
....
c. Elle habite un petit appartement au début d'une cour d'immeuble.
....
d. La poste ? C'est le tout premier bâtiment à la fin de la rue. Vous ne pouvez pas le rater.
....
e. À l'arrière de cette rue, vous voyez là-bas, il y a un pont. Vous le traversez et vous y êtes.
....
f. J'aime beaucoup me promener au fond de la rivière.
....
g. Les enfants de moins de 10 ans doivent être assis à l'avant de la voiture.
....

3 • Des territoires et des êtres

138 **Entourez la forme qui convient.**

Exemple : Les coquillages sont sur / (au fond de) l'eau.

a. Les bateaux naviguent dans / sur l'eau.
b. Le chat dort au bord / au coin de la cheminée.
c. Les champignons se trouvent souvent au fond / en bas du tronc des arbres.
d. Tu vois la lumière au début / au bout du tunnel ?
e. Ne laisse pas Noah marcher au bout / au bord de l'eau, il pourrait tomber.
f. Comme il faisait froid, nous nous tous assis sur le / autour du feu
g. Je crois que c'est le voisin de Martha, en tout cas il n'habite pas loin / près de chez elle.

139 **Complétez la forme qui convient.**

au bord de – au centre de – au fond de – au milieu de – autour de – entre – loin de – près de

Exemple : Dans cette course à la voile, les navigateurs sont seuls au milieu de l'océan pendant plusieurs semaines.

a. C'est sa position irrévocable qui est .... tous les problèmes.
b. Cette société était .... précipice. C'est l'État qui l'a sauvée.
c. Pour faire cette étude, il s'est isolé .... toutes civilisations.
d. Je me suis retrouvé .... deux eaux sans savoir vraiment quelle décision prendre.
e. Il était .... gouffre mais il a su refaire surface.
f. Sois franche avec moi ! Ça ne sert à rien de tourner .... pot.
g. Il était content de passer les fêtes .... siens.

140 **Complétez avec « entre » ou « parmi ».**

Exemple : Le jeu consiste à trouver parmi ces drapeaux, lequel est celui du Québec.

a. Sur le drapeau français, le blanc se situe .... le bleu et le rouge.
b. .... tous ces pays, lequel n'est pas dans l'Union européenne ?
c. Le Mont Blanc se trouve .... la France d'un côté et l'Italie de l'autre.
d. Elle est plurilingue et .... les langues qu'elle parle il y en a qui sont en voie d'extinction.
e. Il n'y a pas beaucoup de kilomètres .... ces deux villes.
f. Si tu devais choisir .... les pays que tu as visités, lequel t'a le plus marqué ?
g. .... ces trois villes, laquelle est la capitale du Mali ?

• **Les prépositions de lieu** • **Le passage ou la destination**

Son rêve de voyages **vers** l'Orient se réalise. Il est parti **pour** le Japon mais avant, il passera **par** la Corée. Il ira donc **jusqu'à** Séoul dans un premier temps avant de prendre un vol **en direction de** Tokyo.

Pour s'orienter ou indiquer la direction, on emploie les prépositions et locutions prépositionnelles suivantes :
– par (un lieu qu'on traverse, de passage)
– pour (intention de destination, direction prise)
– vers* (= en direction de)
– jusqu'à (jusque)

*vers peut aussi indiquer une situation approximative : il habite vers Marseille (= dans les environs de Marseille)

Grammaire/Conjugaison

141 **Complétez avec la préposition qui convient.**

Exemple : Je voudrais un billet pour Paris, s'il vous plaît.

a. L'expédition les a menés …………………… Pôle nord.
b. Nous sommes partis …………………… l'Andalousie mais la voiture est tombée en panne avant d'y arriver.
c. Il rêvait de suivre la Route 66 …………………… l'ouest et il ne s'est plus arrêté …………………… Los Angeles.
d. Tu passes …………………… où quand tu vas en Allemagne ?
e. Tu vas …………………… où maintenant ?
f. Finie l'Europe ! Je pars …………………… le Canada.
g. Avant le tunnel, on passait …………………… Foix. Maintenant on évite la ville.

142 **Complétez avec la préposition qui convient.**

Exemple : Jusqu'où peux-tu aller sans t'arrêter ?

a. Elle rêve de partir …………………… l'Europe.
b. Son père lui a pris un vol …………………… la Guadeloupe.
c. On nous a recommandé d'aller toujours tout droit …………………… sud.
d. Il habite un petit village …………………… de Toulouse.
e. …………………… Strasbourg, c'est le quai 3.
f. Avant d'aller à Anvers, nous voulons passer …………………… Bruxelles pour connaître la ville.
g. Si vous allez …………………… la vallée, il faut prendre ce sentier.

• **Les adverbes de lieu**

Je cherche mon téléphone. Il n'est pas ici ? Et là-bas ? – Non plus ! Il est bien quelque part pourtant !

Les adverbes de lieu sont nombreux et apportent différentes informations sur la situation, précises ou relatives par rapport à la personne qui parle.
Ailleurs = n'importe où sauf où se trouve la personne qui parle ou du lieu dont elle parle.
Quelque part = lieu indéterminé ≠ nulle part
Partout = dans tous les lieux

Ici / là / là-bas*
*Dans la langue courante, ici et là sont souvent employé l'un pour l'autre. Là-bas indique vraiment une distance par rapport au locuteur.
près / loin
dehors / dedans / autour
tout droit
(tout) en haut / (tout) en bas

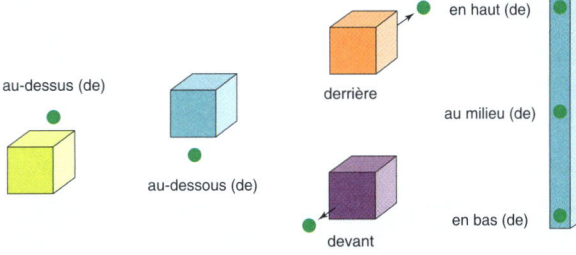

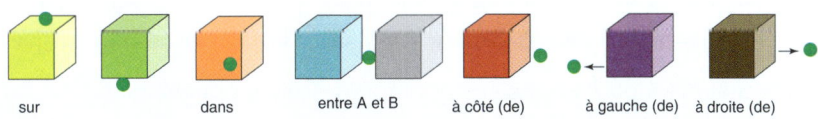

3 • Des territoires et des êtres

143 Cochez la forme qui convient.

Exemple : Un conseil, avec le froid qu'il fait, ne sors pas ! Reste…
☒ dehors.   ☐ dedans.

a. Il est pourtant bien…
☐ quelque part.   ☐ nulle part.

b. Si on ne le trouve pas ici, cherchons-le…
☐ partout.   ☐ ailleurs.

c. Le livre est épuisé, tu ne le trouveras…
☐ partout.   ☐ nulle part.

d. Du haut d'un gratte-ciel, les passants sont vraiment petits…
☐ tout en-bas.   ☐ dessous.

e. La rivière passe sous ce pont ? Bien sûr qu'elle passe…
☐ dessous.   ☐ dessus.

f. Tu vois le point au fond ? Eh bien, va…
☐ jusqu'ici et reviens.   ☐ jusque là-bas et reviens.

g. C'est un paysage unique. C'est beau comme…
☐ partout ailleurs.   ☐ nulle part ailleurs.

144 Complétez avec l'adverbe de lieu qui convient.

Exemple : Ne reste pas derrière, passe *devant*.

a. L'autoroute passe au-dessus de la route ou ……………………………… ?

b. Évite de passer devant la caméra, passe plutôt par ……………………………… .

c. Ne sors pas sans un gros manteau : il fait froid ……………………………… .

d. La barrière est trop haute, les véhicules pourront passer ……………………………… .

e. Je suis bien dans la salle mais tout seul. Il n'y a personne d'autre ……………………………… .

f. Tu ne risques pas de te perdre, il y a des indications absolument ……………………………… .

g. J'en ai cherché dans tous les magasins et il n'y en a ……………………………… .

• Les pronoms de lieu en et y.

Le pronom *en*
– Tu viens **de la** place ?
– Oui, j'**en** viens. Pourquoi ?

Le pronom complément de lieu **en** indique la provenance avec **venir**.
Pour indiquer la provenance, on utilisera aussi des adverbes indéfinis *d'ici, de là-bas…* :
Le Nord de la France, je connais bien. Je suis de là-bas. (on ne dit pas : *j'en suis).

D'une façon plus générale, **en** est un pronom qui remplace les compléments introduits par la préposition *de* (se souvenir de, se méfier de, avoir envie de, avoir peur de, parler de…)
On le trouve aussi dans des locutions verbales comme *s'en aller* (je m'en vais), *en vouloir, s'en tenir…*

Voir chapitre 6 pour pour d'autres emplois du pronom *en*.

Grammaire/Conjugaison

> **• Les pronoms de lieu *en* et *y*. (2)**
>
> **Le pronom *y***
> – Tu vas en vacances **aux Canaries** ? • – **Oui, j'y vais.**
>
> Y peut être un pronom complément de lieu pour indiquer le lieu où l'on est (situation) ou le lieu où l'on va (destination).
> *Au futur simple, on ne peut pas utiliser Y avec ALLER : *Tu iras à Paris ? Oui, j'irai.*
>
> C'est aussi un pronom complément qui remplace les compléments introduits par à dans des locutions verbales comme *jouer à* (*il joue au foot = il y joue*) et d'une manière plus générale, tous les compléments introduits par une préposition : *Je ne reviendrai pas sur ce que j'ai dit = je n'y reviendrai pas.*
>
> On le retrouve aussi dans la locution verbale *y aller* : *j'y vais.* (= je pars)

145 **Conjuguez au temps indiqué et placez le pronom qui convient « en » ou « y ».**

Exemple : Vous pensez aller en France cette année ?

Oui / penser (présent) / en août / on / aller

Oui, on pense y aller en août.

a. Alors votre séjour au Sénégal ?

Nous / très contents / revenir (passé composé)

....

b. Je ne veux pas aller dans les Alpes.

Et pourquoi / aller / vouloir (présent) / dans les Alpes. / tu

....

c. Nous adorons ce coin.

Et / partir (futur) / difficilement / vous

....

d. C'est une ville horrible. J'ai détesté !

Ne plus retourner (futur) / tu / alors

....

e. J'ai passé trois ans là-bas.

Je / séjourner (passé composé) / moi aussi

....

f. Tu connais le Liban ?

Venir (présent) / justement

....

g. Vous n'êtes jamais allés à Singapour ?

Non / mais / faire escale (futur) / le mois prochain.

....

3 • Des territoires et des êtres

146 Écoutez et cochez la réponse qui convient.

Exemple : ☐ Moi aussi, je les ai passées là-bas.　☒ Moi aussi, j'y vais.

a. ☐ Hélas non, on ne peut pas y aller.　☐ Oui, on en vient.
b. ☐ Oui, j'y suis.　☐ Oui, je suis de là-bas.
c. ☐ Trop tard, j'en viens. Ce sera pour la prochaine fois.　☐ Trop tard, j'y suis déjà.
d. ☐ Absolument, nous y allons tous les ans.　☐ Absolument pas, nous n'y sommes jamais allés.
e. ☐ Oui, en fait toute sa famille est de là-bas.　☐ Oui, il y va.
f. ☐ Moi aussi, j'en viens. Ça tombe bien.　☐ Moi aussi, j'y vais. Ça tombe bien.

147 Réécrivez ces phrases avec la forme pronominale qui convient.

Exemple : Vous vous souvenez <u>de ce musée</u> ? → Vous vous *en* souvenez ?

a. Il se méfie <u>des infos qui circulent sur les réseaux</u>.
....

b. On a bien profité <u>du week-end</u>.
....

c. J'ai vraiment besoin <u>de prendre l'air</u>.
....

d. Je suis convaincu <u>d'une chose</u> : ce sera un beau voyage.
....

e. J'ai vraiment envie <u>de visiter cette région</u>.
....

f. Il a trop peur <u>de l'avion</u>.
....

g. Elle parle souvent <u>de ses grands-parents</u>.
....

> On dit *se souvenir de*
> (*je me souviens de ces vacances*)
> mais on dit *se rappeler*
> (*je me rappelle ces vacances*).
> On n'emploiera pas le pronom
> *en* pour se référer à des
> personnes :
> *Je me souviens de ces vacances.*
> → *Je m'en souviens.*
> **MAIS**
> *Je me souviens de cette vieille
> dame.* → *Je me souviens d'elle.*
> Dans la langue courante, et
> surtout orale, cette règle n'est
> pas toujours respectée.

• **Le pronom relatif *dont***

Tu me parles d'un site que j'ai visité en 2004. Le site **dont** tu me parles je l'ai visité en 2004.
La Bretagne est un coin du monde. Les paysages **de ce coin du monde** sont tous plus merveilleux les uns que les autres.
La Bretagne est un coin du monde **dont** les paysages sont tous plus merveilleux les uns que les autres.

Dont est un pronom relatif complément d'un verbe ou d'un nom introduit par *de*.
Les autres pronoms relatifs simples sont : *qui*, *que* et *où*.

Grammaire/Conjugaison

148 Modifiez les phrases comme dans l'exemple en utilisant le pronom relatif « dont ».

Exemple : Ils nous ont fait part de difficultés. Ces difficultés sont réelles mais surmontables.
→ Les difficultés dont ils nous ont fait part sont réelles mais surmontables.

a. C'est un pays. On parle beaucoup de ce pays actuellement.
....

b. Cette région se trouve en Colombie. Il est question de cette région dans cette publicité.
....

c. Ce rapport parle de ces pays. Ces pays ont un PIB très bas.
....

d. Voici une région. La gastronomie de cette région est incroyable !
....

e. Le fils d'Astrid étudie au Canada. Elle a décidé de partir elle-aussi là-bas.
....

f. Jean-Michel nous a donné des conseils de voyage. Nous apprécions toujours la justesse de ses conseils.
....

g. C'est un reportage. Les auteurs de ce reportage ont eux-mêmes passé des années dans la région.
....

149 Modifiez les phrases comme dans l'exemple en utilisant le pronom relatif « dont ».

Exemple : C'est un guide de voyages. Les recommandations de ce guide sont toujours excellentes.
→ C'est un guide de voyages dont les recommandations sont toujours excellentes.

a. Il s'agit d'un pays. La capitale de ce pays peut être sous la neige une grande partie de l'hiver.
....

b. La Corse est une île. On ne dit que des merveilles de cette île.
....

c. C'est un plat populaire. On ne connaît pas vraiment l'origine de ce plat populaire.
....

d. Tu m'as tellement parlé de ce roman. Il décrit à la perfection la réalité du pays.
....

e. Le plurilinguisme est un modèle de société. Nous vantons les mérites de modèle de société.
....

f. Les photos de cet hôtel sont sur internet. C'est l'hôtel où tu vas ?
....

g. Les sites à visiter sont tous très près de l'appartement que nous avons loué. Il fait mention de ces sites à visiter dans son article.
....

3 • Des territoires et des êtres

150 Complétez par le pronom relatif simple qui convient.

Exemple : La Normandie est une région du nord-ouest de la France *dont* les paysages sont verts et vallonnées.

a. Elle s'est inscrite à l'université des Antilles .... elle suit des études pour ensuite enseigner le français.

b. Il part à la Réunion pour une randonnée .... le mènera au sommet du Piton des Neiges.

c. Un après-midi .... vous aurez le temps, partez vous balader sur le sentier des douaniers.

d. La passion .... tout le monde lui connaît pendant ses vacances, c'est faire de la voile dans le Golfe du Morbihan.

e. Un truc incontournable .... vous devez absolument faire, c'est la visite du château.

f. Auzat est un petit village des Pyrénées .... nous aimons séjourner pour aller faire des sorties autour des lacs.

151 Transformez les phrases comme dans l'exemple à l'aide d'un pronom relatif.

Exemple : Nos amis ont décidé d'acheter un appartement. Leur fils y vivra pendant ses études.
Nos amis ont décidé d'acheter un appartement où leur fils vivra pendant ses études.

a. Son mari et un ami ont restauré une belle ferme. Ils habitent cette belle ferme.
....

b. C'est un joli appartement. Il donne plein sud.
....

c. Regarde cette maison. J'aimerais habiter dans cette maison.
....

d. Je te parle d'un grand bâtiment. C'est un bâtiment qui est au bout de la rue.
....

e. Mes parents louent tous les étés une villa. Cette villa se trouve en bordure de mer.
....

f. Il vient d'aménager dans un studio du centre-ville. Son studio est vraiment très près de son bureau.
....

g. Tu vois une piscine sur la photo. Cette piscine appartient à notre voisin.
....

h. Son appartement a une très grande terrasse. On pourra y organiser une belle fête en été.
....

Bilan

1. Retrouvez le mot manquant. (1 point/réponse).

a. Celui du Mont Pelé est très connu, c'est un .... de Martinique.

b. Elle monte à .... dans un club pas très loin de la maison.

c. Villes ou villages, on dit qu'il y a environ 35000 .... en France.

d. Pour se déplacer dans la ville, elle ne prend pas sa voiture mais les transports ....

e. Le .... des voisins aboie presque tous les soirs à la même heure.

f. Les skieurs ont eu de la chance : ils sont passés juste avant l'.. qui a couvert toute la piste.

g. Son entreprise tourne bien. Elle a le .... en poupe depuis quelque temps.

h. Tu connais la fable du corbeau et du .... ?

Total : .... /8

2. Choisissez la préposition qui convient. (0,5 point/réponse)

a. Il a l'intention de partir .... le Chili.

b. Il veut d'abord passer .... les autres pays andins.

c. .... nos amis, ils ne sont pas nombreux à avoir passé l'équateur.

d. Ne marche pas trop près .... canal, tu risques de te retrouver dans l'eau !

e. Comme il n'y avait plus de place devant, il a tout mis .... la voiture.

f. Je ne suis pas superstitieux mais je déteste passer .... les échelles.

Total : .... /3

3. Complétez avec l'adverbe de lieu qui convient. (0,5 point/réponse)

au-dessus / au-dessous (par-dessus/ par-dessous) – près / loin devant / derrière – dehors / dedans / autour – tout droit – (tout) en haut / (tout) en bas

a. Ne reste pas enfermée toute la journée, va .... prendre l'air.

b. Voulez vous asseoir à l'avant de l'avion ou carrément .... ?

c. Cette boîte n'est pas vide, il y a quelque chose ....

d. Pas question de faire marche arrière, nous devons continuer ....

e. Le parc est tout près de mon hôtel; par contre, la mer est ....

f. Si tu ne peux pas passer par-dessus, essaie .... !

Total : .... /3

4. Modifiez les phrases avec le pronom « en » ou « y ». (1 point/réponse)

a. Ils reviennent de ce voyage plein d'images en tête. ....
b. Nous n'irons pas en Espagne cette année. ....
c. Vous êtes passée par Bruxelles récemment ? ....
d. Je viens de son bureau à l'instant. ....
e. Tu seras à la conférence à partir de quelle heure ? ....
f. Nous comptons séjourner dans cet hôtel lors de notre prochain passage. ....

Total : .... /6

5. Réécrivez les phrases avec le pronom « dont ». (1 point/réponse)

a. Le Canada, en voilà une destination. Tout le monde parle de cette destination.
....
b. C'est un pays africain. On en apprécie la cuisine.
....
c. Elle est sur un vol. La plupart des passagers de ce vol sont en transit pour la France.
....
d. J'habite un joli coin. On entend pourtant peu parler de ce coin.
....
e. Je suis descendu dans un hôtel. On m'a dit plein de bien de cet hôtel.
....

Total : .... /5

6. Choisissez le pronom relatif qui convient. (1 point/réponse)

a. Voilà une destination .... n'est pas habituelle.
b. Nous nous sommes retrouvés dans un restaurant .... la spécialité est le couscous.
c. Les musées .... j'ai visités à Paris m'ont fasciné.
d. L'été est le moment .... les Français partent le plus en vacances.
e. Nous avons visité un petit village superbe mais .... je ne me souviens plus du nom.

Total : .... /5

Mon score : .... /30

4 • Internet et les réseaux sociaux

Vocabulaire

 Internet et les réseaux sociaux

Internet est un **réseau informatique** mondial où **surfent** les **internautes**. On a besoin d'une **connexion** pour **se connecter** à internet. On peut utiliser internet sur l'**ordinateur**, la **tablette**, le **téléphone portable/smartphone** et même la **télévision**. On **consulte** des **pages web** qui contiennent plusieurs informations différentes. Sur internet, grâce à des **moteurs de recherche**, on trouve des **photos**, des **vidéos**, des **encyclopédies**, des **dictionnaires**, des **horaires** (de train ou d'avion par exemple), le **site internet** de son magasin ou restaurant préféré, mais aussi des journaux, magazines, radios et chaînes de télévision. On peut **commander**, **faire des achats** (nourriture, vêtements, meubles, etc…), **télécharger des applications**, **films**, **musique**, **écrire**, **envoyer**, **recevoir**, **lire des courriels, chercher un emploi, jouer à des jeux en réseau**…
Sur internet on trouve également des **réseaux sociaux** grâce auxquels on peut **communiquer** avec des **internautes** dans le monde entier sur des **blogs**, des **forums** ou des **messageries** privées.
Il faut faire attention quand on **navigue** sur la **toile**. Notre **vie privée** est exposée et on peut **se faire pirater** nos **informations personnelles**.

152 Mettez les lettres dans l'ordre pour former des mots.

Exemple : I. V. E   E. É. V. P. R. I → VIE PRIVÉE

a. R. A. P. I. R. E. T → ....
b. S. E. É. A. R. U → ....
c. L .L .I. E. O. U. C. R → ....
d. O. N. I. N. N. X. O. C. E. O → ....
e. F. U. R. R. S. E → ....
f. T. T. B. L. T. A. E. E. → ....
g. N. I. U. A. V. G. R. E → ....
h. C. P. P. O. N. T. A. I. I. L → ....

> **Le piratage**
> On peut **se faire pirater** ou **être piraté(e)** : quelqu'un nous vole nos informations personnelles.
> On peut **pirater quelqu'un/quelque chose** : dans ce cas, c'est moi qui vole des données personnelles.

153 Reliez les éléments qui correspondent.

a. J'ai utilisé un • • la radio sur • • les horaires de train en ligne.
b. Nous lui avons envoyé • • de consulter • • en ligne.
c. On peut écouter • • sur internet • • mais il n'a pas répondu.
d. Je l'ai contacté • • avec d'autres internautes • • avec ma tablette.
e. Il a oublié • • un courriel • • internet.
f. Je suis connectée • • moteur de recherche • → pour trouver un restaurant.
g. Il discutait • • sur sa messagerie privée • • pour travailler.
h. Elle aime • • discuter • • avec des internautes
i. Elle utilise • • une encyclopédie en ligne • • pour écrire un article.

154 Trouvez l'action correspondante à l'image.

écrire un courriel – se faire pirater – utiliser un moteur de recherche – consulter un blog – se connecter à internet – jouer en réseau – faire des achats – télécharger des informations – discuter en ligne

a. ....

b. ....

c. ....

d. ....

e. Faire des achats

f. ....

g. ....

h. ....

i. ....

155 Complétez les phrases suivantes avec le bon terme.

blog – pirater – sur internet – moteur de recherche – internautes – forum – smartphone – site internet – dictionnaire – vie privée – horaires

Exemple : Existe-t-il un blog où je peux trouver des recettes faciles ?

a. Il ne savait pas comment trouver les .... du prochain vol en ligne.
b. Je ne comprends pas ce mot. Peux-tu m'aider à trouver un .... sur internet ?
c. Regarde, j'ai un nouveau .... Je peux aller appeler, envoyer des sms, prendre des photos et aller .... avec.
d. Il protège sa .... en ligne.
e. Je te conseille ce .... pour trouver un coiffeur près de chez toi.
f. Elle discute avec d'autres .... sur ce ....
g. Nous avons créé un nouveau .... pour notre restaurant.
h. Elle s'est fait .... ses informations personnelles.

156 Associez les bons éléments.

a. Faire → des achats
b. Télécharger • • sa messagerie privée
c. Écrire • • des informations personnelles
d. Pirater • • un courriel
e. Jouer • • avec des internautes
f. Consulter • • de la musique
g. Surfer • • sur internet
h. Communiquer • • à des jeux en réseau
i. Commander • • des articles en ligne

> *En ligne / sur internet / sur la toile / sur le web* sont des expressions identiques, elles expriment la même chose.
> Ex : *Je fais des recherches en ligne. / J'aime naviguer sur la toile. / Il travaille sur le web. / Elle surfe sur internet.*

Les réseaux sociaux

Un réseau social est un site internet qui permet aux internautes de **partager des contenus**, **envoyer** et **échanger** des informations avec une **communauté**. Il existe plusieurs types de **réseaux sociaux** : Facebook, Twitter, Instagram, YouTube, Tiktok, Snapchat, LinkedIn, etc... Pour **s'inscrire** sur un réseau social, il faut créer des **identifiants** : un **compte/profil utilisateur**, avec un **mot de passe** pour **protéger** nos **données personnelles** car on peut **se faire pirater**. On peut aussi mettre un **avatar** (image qui nous représente). Grâce aux réseaux sociaux, on peut **regarder** et **commenter** des **photos**, **vidéos** et **publications** que nos **contacts publient** sur internet. On peut recevoir des **notifications** pour nous prévenir que du contenu a été publié. Les **utilisateurs/utilisatrices** peuvent aussi **communiquer** en privé grâce à des **messageries** où ils **chattent**.
Il faut **faire attention** à ce que l'on diffuse sur le web. Il ne faut pas **poster** des **commentaires** blessants, ni **dévoiler*** des **informations confidentielles**.

*dévoiler = rendre public

157 Mettez les lettres dans l'ordre pour former des mots.

Exemple : T A R V A A → AVATAR

a. F. O. N. I. L. E. E. C. I. D. N. T → ....
b. L. E. R. D. É. I. O. V → ....
c. R. A. T. E. R. I. P → ....
d. T. E. N. C. O. N. U. S → ....
e. R. T. T. H. C. A. E → ....
f. T. R. E. S. P. O → ....
g. S'. C. I. R. R. E. N. S. I → ....
h. S. A. U. T. I. I. L. R. U. E. T → ....

4 • Internet et les réseaux sociaux

158 Complétez les mots croisés.

Horizontal

1. il sert à protéger un compte utilisateur
3. elle nous avertit d'un nouveau message
6. photo – image nous représentant
8. défendre quelque chose
9. écrire un message
11. échanger

Vertical

2. partager
4. groupe de personnes
5. contraire de public
7. il surfe sur Internet
10. elles sont publiques ou privées

159 Complétez les phrases en choisissant le bon terme.

Photos – informations personnelles – publient – fait attention – diffuser – compte utilisateur – pirater – Chatter

Marc s'est créé un ………………………… sur un nouveau réseau social. Il aime ………………………… en ligne avec d'autres internautes. Il leur envoie de temps en temps des ………………………… de ses vacances. Ses contacts ………………………… beaucoup de vidéos. Malheureusement, Marc s'est fait ………………………… son compte. On lui a volé ses ………………………… Maintenant, il ………………………… avant de ………………………… des contenus privés.

160 Reliez les éléments qui correspondent.

a. Partager • • avec des internautes
b. commenter • • une notification
c. Chatter • • une photo/vidéo
d. Créer • • des données confidentielles
e. Recevoir • • un compte utilisateur
f. Dévoiler • • grâce à un mot de passe
g. Protéger son compte • • au piratage informatique
h. Faire attention • • des contenus

Vocabulaire

161 Autodictée. Écrivez les phrases entendues. 🔊 20

a. ....
b. ....
c. ....
d. ....
e. ....
f. ....
g. ....
h. ....

Les influenceurs et les réseaux sociaux

Un **influenceur**/une **influenceuse** est une personne qui, grâce à sa **notoriété*** sur les **réseaux sociaux**, diffuse ses opinions et **influence** les internautes sur leur **mode de consommation**. Ils peuvent être **populaires** dans le monde entier. Ils interviennent sur des **blogs**, des **plateformes de vidéos en ligne**, des **forums**, etc… Les influenceurs gèrent une **communauté** de *followers** qui **suivent**, **commentent**, **évaluent** les textes, photos et vidéos postés sur leur chaîne/page/mur/fil d'actualité. Un influenceur peut représenter la **marque** d'une entreprise et **faire de la publicité** pour celle-ci. Il doit alors **persuader*** ses fans d'acheter les produits de la marque.

*__notoriété__ = popularité
*__follower__ = abonné(e)
*__persuader__ = pousser quelqu'un à faire quelque chose

162 Remettez les lettres dans l'ordre pour former des mots.

Exemple : G. B. L. O → BLOG

a. É. T. É. O. O. T. I. R. N → ....
b. L. L. W. R. O. O. F. E → ....
c. U. E. R. V. A. L. É → ....
d. R. I. F. U. L. N. U. E. C. N. E → ....
e. C. I. P. U. L. I. É. T. B → ....
f. Q. M. R. A. U. E → ....
g. O. F. M. R. U → ....
h. S. U. D. E. R. P. R. A. E → ....

163 Complétez les phrases suivantes avec le bon terme.

forum – publicité – populaire – influenceur – followers – notoriété – photos – chaîne – communauté – influenceuse

Exemple : Il s'occupe d'un forum consacré aux jeux vidéo.

a. Cette influenceuse est très .... en France.
b. Il gère une .... de .... très actifs sur les réseaux sociaux.
c. Cette entreprise a choisi cet .... pour représenter sa marque.

4 • Internet et les réseaux sociaux

d. Ils ont gagné en .... au fil des ans.

e. Les 15 000 fans de cette .... ont décidé d'arrêter de la suivre sur les réseaux sociaux à cause de ses propos haineux.

f. Il aime poster plusieurs .... par jour sur sa page.

g. Nous faisons de la .... pour cette marque depuis deux ans.

h. Tu l'as persuadé de s'abonner à cette ....

164 Autodictée. Écrivez les phrases entendues. 🔊 21

a. ....
b. ....
c. ....
d. ....
e. ....
f. ....
g. ....
h. ....

 Internet, le travail et les études

Grâce à **internet**, on peut faire du **télétravail**, c'est-à-dire que l'on travaille **à distance**, **chez soi***. On peut **communiquer avec** ses collègues par **courriel**, téléphone ou grâce à une **messagerie instantanée** réservée aux entreprises. On peut aussi organiser des **visioconférences/téléconférences** ou **appels vidéo** grâce à la **webcam** et au **microphone**.
On peut également **étudier** sur internet. Il est possible de **suivre des cours en ligne** ou des **cours hybrides***. Les cours peuvent être **individuels/particuliers** ou **collaboratifs**. Les élèves peuvent partager des contenus avec d'autres utilisateurs sur une **plateforme de partage collaboratif**. Les professeurs peuvent utiliser un **tableau blanc virtuel**.

***Chez soi** = à la maison/au domicile
***Cours hybrides** = une partie du cours se déroule à distance, et l'autre en présentiel.

165 Mettez les lettres dans l'ordre pour former des mots.

Exemple : T. U. V. I. R. E. L → **VIRTUEL**

a. P. H. N. O. O. M. C. I. R. E → ....
b. T. I. F. L. L. O. C. L. A. B. R. A. O → ....
c. Y. R. D. E. B. H. I → ....
d. T. U. I. E. R. É. D → ....
e. V. I. D. I. U. E. L. N. D. I → ....
f. N. A. I. D. S. T. C. E → ....
g. F. O. M. R. P. A. L. T. E. E → ....
h. B. N. C. L. A. B. L. A. E. A. T. U → ....

Vocabulaire

166 Reliez les bons éléments ensemble.

a. Communiquer — avec ses collègues
b. Tableau blanc — sa webcam
c. Plateforme — hybrides
d. Suivre — à domicile
e. Des cours — sur la messagerie instantanée
f. Travailler — de partage
g. Organiser — une visioconférence
h. Discuter — virtuel
i. Allumer — des cours en ligne

167 Associez les éléments aux images correspondantes.

webcam – microphone – une téléconférence – tableau blanc virtuel – site Internet – messagerie instantanée – courriel – cours individuel – casque audio

a. ....

b. webcam

c. ....

d. ....

e. ....

f. ....

g. ....

h. ....

i. ....

4 • Internet et les réseaux sociaux

168 Complétez les phrases suivantes avec le terme adéquate.

webcam – microphone – hybrides – tableau blanc virtuel – visioconférence – plateforme de partage – particuliers – télétravail – appel vidéo – collectif

Exemple : Peux-tu allumer ta webcam ?

a. Il a décidé de suivre des cours .... car il veut améliorer son français avec un professeur.
b. Allô ? Est-ce que vous m'entendez ? Je crois que mon .... ne fonctionne pas.
c. Il a organisé une .... Avec tous les collègues du département pour discuter des événements à venir.
d. Les élèves de ce cours .... ont rendu leur devoir au professeur sur la ....
e. Le professeur écrit les leçons sur le ....
f. Les employés de cette entreprise sont tous en ....
g. Cette personne a décidé de suivre des cours .... : ses cours se déroulent en ligne mais aussi à l'école.
h. Excuse-moi, j'ai loupé ton ....

Grammaire/Conjugaison

• Les pronoms relatifs composés

Le cours **auquel** tu as assisté est très intéressant. • L'employée à **laquelle** j'ai demandé n'était pas au courant.

Le pronom relatif est un mot qui peut être utilisé à la place d'un nom. Il permet notamment de représenter un nom déjà cité dans la phrase.

Formation	Masculin singulier	Féminin singulier	Masculin pluriel	Féminin pluriel
Avec toutes les prépositions à l'exception de « à » et « de »	Lequel	Laquelle	Lesquels	Lesquelles
Avec la préposition « de ».	Duquel	De laquelle	Desquels	Desquelles
Avec la préposition « à ».	Auquel	À laquelle	Auxquels	Auxquelles

169 Complétez les phrases suivantes avec : lequel, laquelle, lesquels ou lesquelles.

Exemple : Le livre avec lequel j'étudie appartenait à mon père.

a. La salle dans .... nous avons suivi le cours était très sombre.
b. Le réseau social sur .... je me suis inscrite est très sécurisé.
c. Les internautes avec .... j'échange sont de passionnés.
d. Le compte avec .... tu te connectes est privé ?
e. Les personnes avec .... nous avions suivi le webinaire sont expertes du numérique.
f. Le compte avec .... tu t'es fait pirater fonctionne toujours ?
g. La borne Wi-Fi sur .... je me connecte est publique.
h. La personne avec .... tu étais au téléphone tout à l'heure se trouve en France ?

Grammaire/Conjugaison

170 Complétez les phrases suivantes avec : duquel, laquelle, de laquelle, desquels ou desquelles.

Exemple : C'est une vidéo à laquelle tout le monde réagit.

a. C'est une publication .... réagissent tous les adolescents.

b. J'ai vu le courriel à propos .... vous aviez longuement parlé.

c. Il n'a eu aucune information au sujet du site auprès .... il a passé sa commande.

d. Les boutiques en ligne auprès .... il fait ses courses sont en rupture de stock.

e. Le service client auprès .... je me suis renseigné m'a été très utile.

f. Ce sont les gestionnaires de communauté auprès .... nous avions travaillé.

g. Vous devez suivre les étapes de connexion à la suite .... vous serez en mesure d'accès à la formation.

h. L'outil numérique .... nous nous servions est tombé en panne.

> Le **registre courant** s'emploie **à l'oral comme à l'écrit**, alors que le **registre familier** s'emploie **à l'oral**. Le **registre formel** s'utilise **principalement à l'écrit**, mais peut aussi s'employer **à l'oral**. Au **registre formel**, nous aurons tendance à utiliser le **vouvoiement** (utilisation du pronom **vous**).

171 Complétez les phrases suivantes avec : auquel, à laquelle, auxquels ou auxquelles.

Exemple : C'est un commentaire auquel tout le monde répond.

a. C'est une information à .... je ne m'attendais pas.

b. Tu n'as pas obtenu le résultat .... tu t'attendais ?

c. Ce sont les jeux .... j'aimais jouer.

d. Les photos .... tu fais référence ont été supprimées d'Instagram.

e. Voici le matériel .... vous avez droit.

f. Ce sont les capsules vidéo .... Elise a pris part.

g. Le site internet .... je fais allusion ne fonctionne pas.

172 Transformez les phrases suivantes en utilisant un pronom relatif composé.

Exemple : Je me connecte avec un compte utilisateur privé.
→ Le compte utilisateur avec lequel je me connecte est privé.

a. Je pense à un problème très complexe sur mon ordinateur.
....

b. Je pense à une vidéo que j'ai vue sur YouTube.
....

c. Il répond à des commentaires sur Instagram.
....

d. Je me connecte avec plusieurs navigateurs. Ils sont tous protégés.
....

4 • Internet et les réseaux sociaux

e. Elle chatte avec des inconnues.
....

f. Nous avons beaucoup parlé à propos de cette publication.
....

g. J'ai reçu une information par courriel, mais je ne crois pas à cette information.
....

h. Je commande sur des applications très connues.
....

173 Complétez les phrases suivantes par un pronom relatif composé.

Exemple : C'est un site sur **lequel** je fais tous mes achats.
a. L'adresse courriel à .... j'ai envoyé des informations n'est pas la bonne.
b. Il y a deux courriels .... je dois répondre urgemment.
c. Ces informations .... il croit sont pourtant fausses.
d. Je voudrais m'inscrire sur un réseau social. Tu me conseilles .... ?
e. Le journal .... je fais référence propose des articles à lire en ligne.
f. Je veux offrir deux nouveaux téléphones à mes parents. .... me conseilles-tu ?
g. Les utilisatrices avec .... ; il discutait sur internet avaient une fausse identité.
h. La vidéo à .... je pensais a été supprimée.

174 Complétez les phrases suivantes par un pronom relatif composé.

Exemple : La raison pour **laquelle** les jeunes désertent Facebook est la présence de leurs parents.
a. Les tendances, sur les réseaux sociaux, ... nous nous intéressons tous à un moment donné, sont dans la globalité des placements de produits.
b. Moodle est un cadre à partir .... les utilisateurs peuvent insérer des éléments et construire un site selon leurs besoins et envies.
c. Sur les réseaux sociaux, une tendance est une idée .... se réfèrent beaucoup d'utilisateurs.
d. Les réseaux sociaux sont aujourd'hui de plus en plus nombreux : Instagram, Facebook, Snapchat. .... choisir pour s'inscrire ?
e. Les cours magistraux .... nous assistions en présentiel se trouvent aujourd'hui en ligne sous forme de vidéos interactives.
f. L'émergence de l'enseignement numérisé est pour certains enseignants un défi .... ils doivent faire face.
g. Les influenceurs sont des personnes .... s'identifient les internautes.
h. Les communautés présentes sur les réseaux sociaux sont comme des mini-univers .... les passionnés des différentes thématiques s'accrochent pour partager leurs connaissances et échanger leurs opinions.

> Avec la préposition « parmi », la forme composée est celle qui est toujours employée. Yasmine travaille avec un groupe de personnes **parmi lesquelles** se trouve son mari.

Grammaire/Conjugaison

175 Complétez les phrases suivantes par un pronom relatif composé.

a. Ali lui a transmis un courriel dans .... se trouvait une information confidentielle.

b. Je suis satisfait de votre travail. Néanmoins, il y a une chose à .... je pense qui a été oubliée.

c. Il y a plusieurs données .... on ne pense pas systématiquement.

d. Le webinaire .... Emilie devait participer a été annulé.

e. Tu te souviens du nom de l'établissement auprès .... il s'est formé ?

f. Sur la page d'accueil du site, il y a deux emplacements sur .... les publicitaires affichent leurs produits.

g. La semaine dernière, il a rencontré Samia avec qui il a échangé quelques astuces et à .... il a remis documents d'aide.

h. C'est un concours Instagram .... ont participé plus de mille personnes.

• La nominalisation

Imaginer → Imagination • Présenter → Présentation
La nominalisation est l'action de former un nom à partir d'un verbe, d'un adjectif ou même d'un nom (*Nom = message → messager*)

Pour cela, il faut ajouter un suffixe.
– Nominalisation à partir d'un verbe :
Les suffixes les plus utilisés sont -age, -ure, -ment, -tion, -ise, -ée… : traduire → la traduction
– Nominalisation à partir d'un adjectif :
Les suffixes les plus utilisés sont -té, -tude, -isme, -iste, -eur, -ance, -esse… réel → réalisme

---

176 À l'aide des précédentes leçons, complétez les tableaux.

Se connecter	Connexion
	Communication
	Piratage
Identifier	
	Envoie
Diffuser	
Messagerie	
	Influenceur
S'inscrire	
	Utilisateur

	Réception
	Suivi
Popularité	
	Internaute
Commenter	
	Information
Publier	
Jouer	
	Transmission
Personne	

177 Barrez le terme qui ne correspond pas.

Exemple : Il aime beaucoup / ~~joueur~~ – jouer / aux jeux vidéo.

a. J'ai des problèmes pour me connexion / connecter à internet.

b. Nous avons été victimes d'un pirater / piratage informatique.

c. Il est soi-disant un influencer / influenceur popularité / populaire.

4 • Internet et les réseaux sociaux

d. Ne regarde pas ça ! C'est personne / **personnel**.
e. Vous avez laissé un commenter / **commentaire** sur cette photo.
f. Tu dois aller télétravail / **télétravailler** aujourd'hui.
g. Merci de ne pas diffusion / **diffuser** ce message.
h. J'ai un soucis pour m' identifiant / **identifier**.

178 Complétez les phrases suivantes en choisissant les bons termes.

messagerie – connexion – utilisateur – identifier – populaire – personnelles – envoyer – diffuser – piratage – identifiants – personne – connecter – utiliser – popularité – envoi – pirater – diffusion – message

Exemple : J'ai besoin de me connecter à ma messagerie.

a. Ils luttent contre la .... des données ....
b. Cette influenceuse est très .... Sa .... est reconnue dans le monde entier.
c. J'ai perdu mes .... pour me .... à ce site.
d. Cet .... est dangereux. Il s'amuse à .... et à .... des données privées.
e. L'... des courriels a été annulé.
f. Cette .... a été victime d'un .... informatique.
g. Elle préfère .... une .... privée.
h. Vous devez d'abord vous .... à votre compte de messagerie pour .... ce ....

179 Écoutez le document audio puis réécrivez les mots issus de la nominalisation ainsi que leurs verbes. 🔊 22

Exemple : Piratage → Pirater

a. ....
b. ....
c. ....
d. ....
e. ....
f. ....
g. ....
h. ....

• Les verbes prépositionnels

Il s'amuse à jouer avec sa console. (S'amuser à). • Elle l'**encourage à s'inscrire** sur les sites de rencontres. (Encourager à)

Certains verbes sont suivis d'une préposition « à » ou « de ». On les appelle les verbes prépositionnels.
Lorsqu'un verbe prépositionnel est suivi par un autre verbe, ce dernier se met à l'infinitif.
Les verbes suivis par la préposition « à » expriment généralement un effort.
Par exemple : Réussir à atteindre son objectif. Les verbes qui sont formés par la préposition « de » expriment quant à eux une dépendance ou une provenance. Par exemple : Je viens de Paris.

Grammaire/Conjugaison

180 Lisez les phrases ci-dessous et complétez par la préposition qui convient.

Exemple : Apprends à écrire correctement.

a. Il s'est mis .... commenter toutes ses publications.

b. Je demanderai .... mon collègue .... se connecter avant le début de la réunion.

c. Enzo a n'a pas pensé .... s'inscrire.

d. N'hésite pas .... à me dire ce que tu penses de ma vidéo.

e. Elle a appelé Laetitia ; elle a tenu .... s'excuser.

f. Il a décidé .... quitter son bureau.

g. Yani est contraint .... résilier son abonnement.

h. Nelya est forcée .... suivre cette formation à distance.

181 Lisez les phrases ci-dessous et complétez par la préposition qui convient.

Exemple : Elle n'a plus peur du télétravail.

a. Je cherche .... obtenir des informations sur ce candidat.

b. Il s'est mis .... disposition de ses étudiants.

c. Tu dois faire attention .... arnaques sur Internet.

d. Inès songe .... changer d'opérateur.

e. Il essaie .... améliorer son profil sur LinkedIn.

f. Khélidja a souvent rêvé .... lancer sa boutique en ligne.

g. Tu risques .... te faire voler tes mots de passe.

h. Magosha pense .... monétiser ses vidéos.

> Les prépositions « à » et « de » se contractent avec certains articles :
> Exemple : à + le = au, de = le = du

182 Lisez les phrases ci-dessous et complétez par la préposition qui convient.

Exemple : Il s'est aperçu de son absence.

a. Cet internaute accepte .... rendre public certaines informations.

b. Je viens .... acquérir un nouveau nom de domaine.

c. Son serveur informatique a cessé .... fonctionner.

d. Les abonnés sont déçus .... comportement de cet influenceur.

e. Le journaliste est déterminé .... divulguer les résultats de son enquête.

f. Il est prêt .... lancer sa chaîne sur TikTok.

g. Il a gagné beaucoup .... abonnés.

h. Ce député se moque .... ce qui se dit sur les réseaux sociaux.

183 Lisez les phrases ci-dessous puis complétez par la préposition qui convient.

Exemple : Il regarde Ø une série sur son ordinateur

a. Tu as regardé .... la conférence TED sur YouTube ?

> Attention : La présence ou l'absence d'une préposition peut changer le sens d'une phrase.
> – Gabriel pense à avoir le meilleur résultat. (C'est l'objectif fixé par Gabriel)
> – Gabriel pense avoir le meilleur résultat. (Il pense qu'il a obtenu le meilleur résultat)

4 • Internet et les réseaux sociaux

b. J'ai acheté des actions en bourse. Je risque .... perdre mon investissement.

c. Le porte-parole va s'adresser .... jeunes sur Twitch.

d. Il a cessé .... consulter ses courriels à toute heure.

e. Tu t'es engagé .... faire ce test en ligne.

f. Elle n'a pas hésité .... reconnaitre son erreur.

g. J'ai supprimé .... mon compte Facebook.

> Un verbe suivi d'un complément d'objet direct (COD) est appelé « verbe transitif direct » et n'a pas forcément besoin de proposition. → J'offre Ø une remise.
> Un verbe transitif suivi d'un complément d'objet direct (COI) est appelé « verbe transitif indirect » et exige une préposition. → il discute **de** tout.

184 Remettez dans l'ordre les éléments ci-dessous pour faire une phrase.

Exemple : de – Elle – Paris – revient. → Elle revient de Paris.

a. l' – faible – Son – empêche – connecter – de – débit – se.

....

b. aujourd'hui – prend – intelligence – l' – d' – artificielle – beaucoup – ampleur.

....

c. les – ses – publications – Il – arrêter – sur – a – sociaux – décidé – réseaux – d'.

....

d. suggère – à – formations – de – lui – des – Elle – distance – suivre.

....

e. les – ses – publications – de – amis – cesse – commenter – Il – ne – de.

....

f. compte – créer – hésite – à – J'– un.

....

g. attention – faire – Internet – sur – invitons – Nous – vous – à.

....

h. tablette – cherche – sécuriser – Inès – à – sa.

....

185 Complétez les phrases suivantes avec le verbe qui convient.

emprunte – se désintéresse – assiste – change – offre – joue – téléphone – doute – appartient

Exemple : Ce téléphone appartient à Samia.

a. Massylas ...., en appel vidéo, à ses grands-parents.

b. Il .... une montre connectée à sa mère.

c. Kahina .... l'ordinateur de son fils.

d. Makhlouf .... régulièrement de compte sur Facebook.

e. Elle .... de la sincérité de son interlocuteur.

f. Clémence .... aux jeux de société en ligne.

g. LingYun .... à un webinaire.

h. Jugurta .... des fausses nouvelles.

Grammaire/Conjugaison

186 **Complétez les phrases suivantes par une préposition, si nécessaire.**

Exemple : Arrête d'ennuyer les gens avec tes commentaires.

a. Je compte .... toi.
b. Cet article est long .... lire.
c. J'ai besoin .... un code Wi-Fi.
d. Elle souhaiterait partir .... en vacances et déconnecter totalement.
e. Profitons de sa présence pour parler .... la mise à jour du site Internet.
f. Elise a appris .... coder toute seule.
g. Mon assistant vocal répond .... toutes mes questions.
h. Chaque soir, on jour .... la console.

Bilan

1. **Complétez les phrases suivantes avec le pronom relatif composé qui correspond. (1,25 point/réponse)**
   a. L'établissement pour .... je travaille est très connu en France.
   b. Les règles européennes .... nous devons nous tenir sont sur l'Intranet.
   c. Le module .... tu es inscrite débute la semaine prochaine.
   d. C'est le responsable .... elle s'est adressée.
   e. C'est la collègue à .... tu as envoyé les documents ?
   f. Ce sont les personnes grâce .... le magasin a lancé son site Internet.
   g. Ce sont les pirates informatiques à cause .... il a perdu toutes ses données.
   h. Sur les plateformes de vidéo à la demande, j'aime bien regarder les films dans .... joue Matt Damon.

   Total : .... /10

2. **Complétez les questions suivantes à l'aide des mots ci-dessous. (1,25 point/réponse)**
   Courriel – cours en ligne – adresse – mot de passe – influenceur – pirater – ordinateurs – recherche
   a. Est-il possible de me transférer ce .... rapidement ?
   b. Quel est le nom de l' .... que tu préfères ?
   c. Il s'est fait .... ?
   d. Est-ce qu'il a perdu son .... ?
   e. Combien d' .... a-t-elle chez elle ?
   f. Suivez-vous des .... ?
   g. Tu utilises quel moteur de .... ?
   h. Quelle est son .... courriel ?

   Total : .... /10

3. **Lisez les phrases suivantes et corrigez-les si nécessaire. (Attention aux prépositions.) (1,25 point/réponse)**
   a. Je vais au médecin. ....
   b. Il est sur Paris. ....
   c. Avant d'être diffusé de large échelle dans les années 80, Internet était réservé chez l'armée. ....
   d. Elles se mettent de quatre pour les alder. ....
   e. Ce site publie de fausses informations. ....
   f. Je t'annonce ma décision à quitter définitivement les réseaux sociaux. ....
   g. Je viens de télécharger une nouvelle application. ....
   h. Ça fait des heures qu'elle essaie de se connecter. ....

   Total : .... /10

   Mon score : .... /30

5 • Une actualité agitée

Vocabulaire

 Qu'est-ce qu'un média ?

Un **média** sert à **diffuser** et **transmettre** une/des **information(s)** à un **public**. Il existe différents types de médias. On trouve la **presse écrite (journaux, magazines...)**, les **médias audio (radio)**, les **médias audiovisuels (télévision)** et les **médias sociaux (internet, réseaux sociaux...)**. A l'heure actuelle, grâce à tous ces **moyens de communications**, nous avons accès aux **nouvelles** du monde entier : elles peuvent être **locales** (ville), **régionales** (région, département d'un pays), **nationales** (pays) ou **internationales** (événements se déroulant dans un autre pays).

187 Complétez ces mots-croisés.

Vertical
1. Type de nouvelles/événement qui se déroulent dans le monde.
3. Un média sert à ... des informations.
4. C'est un média audiovisuel.
6. Type de nouvelles/événements qui se déroulent dans une région.

Horizontal
2. Un média est un moyen de ...
5. ...regroupe les médias sociaux.
7. Type de nouvelles/événements qui se déroulent dans un même pays.
8. Un média... des informations à un public.
9. Les journaux et magazines font de la ...
10. C'est un média audio.
11. Type de nouvelles/événements qui se déroulent dans une ville.

188 Remettez les lettres dans l'ordre pour former un mot. Aidez-vous des photos.

a. S.E.D.M.A.I

b. S.E.D.M.A.I

c. T.R.I.E.C.E R.P.S.E.S.E

d. M.E.D.I.A.S D.I.I.U.L.S.A.O.E.S.V

e. C.L.I.P.U.B

f. T.T.N.E.R.N.I

g. R.X.S.E.U.A.S.É I.A.U.C.O.S.X

h. N.A.L.N.I.R.E.T.T.N.O.L.A

5 • Une actualité agitée

189 Complétez les phrases suivantes.

internet (x2) – presse écrite – télévision – public – moyen de communication – magazine – public (x2) – radio – journaux – informations – réseaux sociaux

Exemple : Les réseaux sociaux et internet regroupent les médias sociaux.

a. J'écoute les informations à la ....

b. Le .... assiste à des émissions télévisées ou radiophoniques.

c. La .... regroupe un bon nombre de .... et de magazines.

d. Je regarde le journal du soir à la ....

e. .... est le meilleur moyen pour consulter les nouvelles du monde entier.

f. Elle préfère lire un ....

g. Les médias servent à transmettre des .... au ....

h. Les médias audio sont un ....

La presse écrite

La **presse écrite** est un média au **format papier**. Elle regroupe les journaux, les magazines, les revues, les gazettes... **imprimés** en noir et blanc ou en couleur. Il existe différents types de **parution** : un **quotidien**, un **hebdomadaire**, un **bimensuel**, un **mensuel**, un **bimestriel**, un **trimestriel**, et un **semestriel**. Il est possible de **s'abonner** à plusieurs journaux/magazines. Un journal est composé de **rubriques** (catégories) comme par exemple les **faits divers** (événements quotidiens), les **résultats sportifs**, l'**international**, l'**horoscope**, le **courrier des lecteurs**, la **société**, les **critiques** (culinaires, culturelles...), la **météo**, des **interviews**... Les **articles** peuvent être accompagnés d'**illustrations** (photographies, dessins humoristiques, graphiques, infographies...). Les articles sont écrits par des **journalistes**, **reporters**, **correspondants** ou **envoyés spéciaux** et le **rédacteur en chef** supervise leur travail. Il s'assurer du respect de la **ligne éditoriale** et peut aussi écrire des articles.

190 Reliez les éléments qui correspondent.

Les articles sont rédigés par	• rubrique « courrier des lecteurs »
La parution de ce journal est de	• la ligne éditoriale
Les adolescents peuvent	• des journalistes.
Il n'y a pas de	• interview du président.
J'ai beaucoup aimé cette	• deux fois par mois.
Le rédacteur en chef se charge de	• s'abonner à ce type de magazine.
On peut trouver des conseils sur les films à voir	• dans la rubrique « critiques ».
Il a l'habitude de lire	• son horoscope tous les matins.

Les fréquences des parutions :
Mensuel = 1 fois par mois   Trimestriel = 3 fois par mois
Bimensuel = 2 fois par mois   Semestriel = 1 fois tous les six mois

Vocabulaire

191 Associez la description à la rubrique correspondante.

Courrier des lecteurs – Horoscope – Interview – Météo – Faits divers (x2) – Résultats sportifs

a. Aujourd'hui, sale temps pour les béliers ! Côté cœur, ça ne balance pas trop. Côté travail, attention aux tensions entre collègues ! Vous feriez mieux de rester sous la couette…

→ ....

b. Bonjour Eric, en réponse à ton avis datant du 3 avril, je pense qu'aujourd'hui, il faut réfléchir avant d'acheter. Nous consommons trop, et surtout des choses inutiles, ce qui contribue au réchauffement climatique. Il faut que ça cesse rapidement avant qu'il ne soit trop tard ! Isabelle, 35 ans

→ ....

c. Demain, c'est la grande finale pour l'équipe de Paris qui affrontera celle de Manchester pour la coupe de la ligue de foot. Nous vous rappelons les résultats du précédent match du PSG face aux italiens de la Juventus : 3 – 1 pour Paris.

→ ....

d. *Journaliste :* M. Dominique, bonjour. Ancien serveur au restaurant *Le Bleu* à Paris pendant 5 ans, vous avez décidé de monter votre propre restaurant qui rencontre un fort succès dans le centre de la capitale, *Grandiose*. Pouvez-vous nous expliquer votre succès ?
M. Sed : Et bien, j'expliquerais mon succès grâce à notre carte qui propose à nos consommateurs uniquement des produits bios, frais, à un prix plus qu'abordable.
Journaliste : Votre but serait donc de prouver à vos clients que l'on peut manger sainement sans se ruiner ?
M. Sed : Exact. A l'heure actuelle, manger bio coûte cher. Or, si l'on privilégie les circuits courts, on se rend compte que l'on peut proposer une cuisine à petits prix. C'est sur cette façon de penser que j'ai voulu créer mon restaurant.
Journaliste : Merci M. Dominique pour vos réponses. N'hésitez plus et dépêchez-vous de réserver votre table !

→ ....

e. Un chat retrouve ses maîtres 10 ans après. Un fait incroyable s'est produit aujourd'hui dans une petite commune du sud de la France près de Marseille. Les propriétaires d'un chat qu'ils croyaient perdu juste avant leur déménagement ont retrouvé leur boule de poil hier matin dans leur jardin, 10 ans après sa disparition ! Le chat a réussi à retrouver son chemin jusqu'à son nouveau chez lui.

→ Fait divers

f. Premier jour de l'été aujourd'hui, et le beau temps est au rendez-vous ! Il fera grand soleil sur toute la France, avec des températures allant de 20 degrés en Bretagne, 27 à Paris, et jusqu'à 35 pour les maximales dans le sud de la France. Belle journée à tous !

→ ....

g. Un tournage dans notre village ! Aujourd'hui, l'équipe de la chaîne nationale 1 va s'installer dans notre petit village du sud afin de tourner quelques épisodes de sa dernière série très attendue cet été. Attendez-vous à une fermeture de quelques rues du centre-ville.

→ ....

5 • Une actualité agitée

192 Récrivez les phrases en mettant les lettres des mots dans le bon ordre.

Exemple : Je lis toujours l' R.O.S.H.P.E.C.O.O en premier. → Je lis toujours l'horoscope en premier.

a. Les N.J.O.E.R.A.X.U.U sont souvent P.I.R.E.S.M.I.M en noir et blanc.
....

b. Il travaille en tant comme N.V.Y.E.O.E.C.I.S.P.E.A.L pour un D.O.H.M.A.I.E.R.E.B.D.A
....

c. Un M.T.T.R.L.I.E.S.R.I.L.E est publié S.T.O.I.R fois par mois.
....

d. Ce journal est composé de six B.R.U.Q.S.I.E.R.U
....

e. Cet T.I.A.R.L.E.C contient des P.G.E.S.I.P.O.H.O.T.A.R.H et des P.H.Q.I.U.E.S.G.A.R
....

f. Je souhaite m'N.N.O.B.E.R.A à ce U.E.S.M.N.L
....

g. Il est T.C.R.R.P.S.N.N.A.O.E.O pour ce journal.
....

h. Tu peux me lire les résultats T.F.S.O.P.S.R.I ?
....

Les médias audios

La **radio** peut signifier l'**appareil** qui sert à **émettre** des **fréquences**, et les **organismes** qui **diffusent** des **émissions de radio**. On appelle les **auditeurs/auditrices** ceux qui écoutent la radio.
Il existe plusieurs types de radio : les radios dites **généralistes** qui offrent différents **programmes** comme des **émissions d'informations**, de **divertissement**, de **service**, de **musique**... Les radios **thématiques** proposent des **émissions de débats et d'informations** principalement, tandis que les radios **multithématiques** sont centrées sur plusieurs thématiques précises (informations et musique par exemple). Il existe également des radios **communautaires**, réservées à un type de communauté en particulier (groupe religieux, originaires d'un pays en particulier...) et des radios **internationales** qui diffusent des programmes dans le monde entier, dans plusieurs langues. On trouve aussi des **web radios** sur internet.
A la radio, ce sont des **présentateurs** qui **présentent et animent** les programmes. Ils suivent un **conducteur**, qui leur permet de suivre la progression de l'émission (ordre, durée, sujets abordés). Le/la présentateur/présentatrice annonce d'abord les **titres**. Des **chroniqueurs** peuvent **intervenir** sur des faits de sociétés précis (comme la politique, la culture, l'économie par exemple). Des **jingles** (musiques très courtes) viennent ponctuer l'émission pour ajouter du rythme.

Vocabulaire

193 Barrez les mauvaises réponses.

Exemple : Les auditeurs écoutent : ~~la presse~~ / ~~la télévision~~ / la radio.

a. Les présentateurs suivent un : programme / conducteur / rythme.
b. Les : auditeurs / présentateurs / chroniqueurs : écoutent la radio.
c. Les radios généralistes proposent des programmes centrés : sur un seul thème / sur plusieurs thèmes / pour une communauté précise.
d. On peut trouver des web radios : sur internet / à la télévision / dans la presse.
e. Les jingles sont des : titres d'actualité / mélodies / fréquences.
f. Les : présentateurs / chroniqueurs / auditeurs : présentent des faits de société.
g. Les titres sont annoncés : au début / au milieu / à la fin : de l'émission.
h. Les : auditeurs / chroniqueurs / présentateurs : animent des émissions.

194 Écoutez les différentes interventions et associez la description au type de radio correspondant.

généraliste – thématique – communautaire – international – multithématique

Audio 1 ....
Audio 2 ....
Audio 3 ....
Audio 4 ....
Audio 5 ....

> *Présentateur → Présentatrice*
> *Chroniqueur → Chroniqueuse*

195 Complétez les phrases en choisissant le bon mot.

émission – écouter – présentatrice – fréquence – communautaire – internationales – divertissement – conducteur – thématiques – auditrice – présentateur – auditeurs

Exemple : Le présentateur a oublié d'annoncer les titres.

a. Je n'aime pas .... la radio ...., ça m'ennuie.
b. La .... a interviewé une .... aujourd'hui dans son ....
c. Il écoute beaucoup de radios .... pour apprendre des langues.
d. J'ai découvert une nouvelle radio .... qui s'appelle AntillesFM. Tu devrais aimer ! J'ai découvert pas mal de choses sur la situation économique de la région.
e. Le .... s'est trompé en annonçant le prochain sujet. Il n'a pas suivi son ....
f. Ils aiment beaucoup les émissions de .... présentées à la radio LTR.
g. Quelle est la .... de cette radio ?
h. Les .... n'ont pas aimé la dernière émission présentée par le nouveau journaliste.

5 • Une actualité agitée

Les médias audiovisuels

La **télévision** regroupe différentes **chaînes** et propose différentes **émissions** aux **téléspectateurs/téléspectatrices**. Les **chaînes de télévision** peuvent proposer des **programmes** tout public, réservés à un type de public en particulier, ou encore consacrés à un thème précis. On y **diffuse** des **publicités**, des **films**, des **séries télévisées** (composées de plusieurs épisodes), des **sitcoms** (séries humoristiques), des **journaux d'informations**, des **reportages**, des **documentaires**, des **émissions de télé-réalité**, des **clips musicaux**, des **jeux télévisés**, des **débats**, etc… qui peuvent être **présentés/animés** par des **présentateurs/présentatrices** ou **animateur/animatrice** sur un plateau de télévision. Grâce à la **télécommande**, les téléspectateurs peuvent **zapper** de chaîne en chaîne pour trouver un programme, **allumer** et **éteindre** la télévision/téléviseur.

196 Retrouvez le terme correspondant à l'illustration.

a. ....

b. ....

c. ....

d. ....

e. ....

f. ....

g. ....

h. ....

i. ....

197 Complétez les phrases suivantes.

Exemple : Ce *présentateur* ne travaille plus sur cette chaîne.

a. Il y a trop de .... sur cette chaîne.
b. « Bonjour chers .... Bienvenue sur InfoTV ! »
c. Je n'aime pas regarder la ....

Les abréviations

Publicité → pub
Série/jeu télévisé(e) → série/jeu
Documentaire → docu
Clip musical → clip
Télévision → télé

d. Peux-tu .... la télévision s'il te plaît ? J'aimerais regarder les informations.

e. Cette .... ne sait pas animer ce jeu !

f. Ce soir, ils diffusent une nouvelle .... télévisée sur la chaîne 1. Tu veux regarder ?

g. Ce .... entre le président et son premier ministre était animé !

h. Peux-tu .... de chaîne ? J'en ai marre de regarder cette télé-réalité.

198 Réécrivez les phrases en mettant les lettres des mots dans le bon ordre.

Exemple : Je n'aime pas les M.L.S.F.I , je préfère les M.T.O.I.S.C.S → Je n'aime pas les films, je préfère les sitcoms.

a. Passe-moi la M.O.M.A.C.T.L.E.E.E.D.N
....

b. J'aime beaucoup ce P.T.A.R.E.N.T.R.U.E.S.E. Il sait M.A.E.I.N.R cette émission.
....

c. As-tu déjà regardé le nouveau M.L.F.I qui est F.I.U.S.E.F.I.D ce soir sur TV6 ?
....

d. L.M.E.A.L.U le téléviseur, mon M.E.S.I.S.N.O.I va bientôt commencer.
....

e. Nous avons découvert un brillant R.G.E.T.A.E.P.R.O animalier hier soir.
....

f. Les participants de ce U.J.E T.V.I.S.E.E.L.E n'ont pas l'air de s'amuser.
....

g. Ils ont changé l'M.A.T.R.N.I.A.U.E de cette émission.
....

h. Elle passe son temps à P.P.Z.R.E.A devant la télé.
....

199 Reliez la définition au terme correspondant.

Il présente des faits informatifs • ⟶ • Le reportage/documentaire

C'est une série comique. • • Les journaux d'informations

Deux ou plusieurs personnes s'affrontent pour présenter leurs point de vue sur un sujet particulier. • • les téléspectateurs

Changer de chaîne. • • Débat

Ils regardent la télévision. • • La télécommande

Elle sert à allumer ou éteindre la télévision. • • Les publicités

Ils transmettent les nouvelles du jour. • • Les jeux télévisés

Elles sont diffusées à la télévision pour vendre des produits. • • Zapper

Les participants de l'émission y participent pour gagner de l'argent ou des cadeaux. • • Une sitcom

5 • Une actualité agitée

Les fake news

Les *fake news*, *intox* ou *infox* désignent des **informations fausses** qui sont largement diffusées dans les médias, et en particulier sur internet et les réseaux sociaux. On peut de façon **volontaire** ou **involontaire*** les modifier et d'autres médias peuvent les **relayer**. Des faits, mais aussi des photos ou images, peuvent être **déformés**. Ces ragots ou **rumeurs** peuvent être **satiriques*** mais aussi avoir des **conséquences*** importantes. Des personnes peuvent **accuser** quelqu'un d'avoir fait quelque chose de mal, ou en **manipuler** d'autres. Tout le monde peut transmettre de fausses informations n'importe où. Pour **limiter** la **propagation** des fakes news, il faut apprendre à **vérifier ses sources**. Pour cela, il faut **se renseigner** sur l'**auteur** de l'information et la **date de publication**. Il faut également **confirmer** cette information en allant **consulter** d'autres **sources**.

*Volontaire = qui le fait exprès / Involontaire = qui ne le fait pas exprès
*Relayer = transmettre à d'autres personnes
*Satirique = ironique, pour faire rire
*Conséquence = répercussion, impact, résultat
*Manipuler = forcer quelqu'un à faire quelque chose ou faire croire quelque chose à quelqu'un pour lui faire peur

200 Remettez les lettres dans l'ordre pour former un mot.

Exemple : C.E.R.F.O.R → FORCER

a. G.A.R.P.A.O.O.N.I.T.P → ....
b. C.C.U.A.R.E.S → ....
c. S.C.U.O.R.S.E → ....
d. Q.U.E.I.R.I.T.S.A → ....
e. Y.R.E.R.L.A.E → ....
f. R.V.E.F.R.I.E.I → ....
g. Q.U.S.N.O.E.E.S.N.C.É.C → ....
h. R.E.I.A.T.L.O.V.O.N → ....

201 Complétez ces mots croisés.

Vertical
1. répercussion
2. diffusion d'une information à grande échelle
3. faire croire quelque chose à quelqu'un
6. rumeur
8. contraire de vrai

Horizontal
4. transmettre une information à quelqu'un
5. qui ne le fait pas exprès
7. celui qui produit l'information
9. origine de l'information
10. ironique

Grammaire/Conjugaison

202 **Complétez les phrases.**

déformés – rumeurs – conséquences – consulter – involontaire – date de publication – volontaire – auteur – informations – propagation – satirique – transmettre

Exemple : Ses propos ont été déformés.

a. As-tu vérifié ces .... avant de les publier ?
b. Il m'a menti. Ce ne sont que des .... !
c. Il n'a pas pensé aux .... de ses actes.
d. Qui est l'.. de cet article ?
e. C'est un journal ....
f. Attention à la .... des fakes news ! On en trouve partout maintenant.
g. Je ne trouve pas la .... De quand date cet article ?
h. Il a relayé de fausses informations de façon ....

Grammaire

— **• Le passé composé** —

J'ai mangé. J'ai pris.
Le passé composé est formé à partir de l'auxiliaire « être » ou « avoir » conjugué au présent + le participe passé du verbe.
L'auxiliaire être s'accorde avec le sujet.
L'auxiliaire avoir → COD après le verbe = pas d'accord avec le COD.
→ COD avant le verbe = accord avec le COD.

203 **Conjuguez ces verbes au passé composé.**

Exemple : Elles (aller) sont allées acheter le journal ce matin.

a. J' (lire) .... la presse locale ce matin.
b. Elle (s'abonner) .... à un nouveau quotidien.
c. Le présentateur (oublier) .... d'annoncer les titres du journal.
d. La télécommande (disparaître) ....
e. Nous (regarder) .... une nouvelle série télévisée.
f. J' (présenter) .... la rubrique horoscope pendant 5 ans.
g. Le journaliste (commenter) .... les résultats sportifs.
h. Elle (réaliser) .... un documentaire sur les réseaux sociaux.

204 **Complétez les phrases suivantes en choisissant le verbe adéquate et conjuguez-le au passé composé.**

publier – écouter – diffuser – s'abonner – oublier – annuler – écrire – regarder – lire – aller – participer

Exemple : Il a publié des photos en ligne.

a. Elles .... à un hebdomadaire national.

5 • Une actualité agitée

b. Ils .... la télévision toute la journée.

c. Les auditeurs .... la dernière émission radiophonique.

d. J'... d'éteindre la télévision.

e. Nous .... un article intéressant.

f. La reporter .... tourner son reportage en Asie.

g. J'... au courrier des lecteurs.

h. Vous .... à un jeu télévisé.

> À la **négation**, il suffit de rajouter **ne / pas** de la manière suivante :
> • Marie a fait ses devoirs
>   → Marie **n'**a **pas** fait ses devoirs.
> • Tom est allé à la piscine
>   → Tom **n'**est **pas** allé à la piscine

205 Mettez ces phrases à la forme négative.

Exemple : Le public a aimé participer à l'émission. → Le public n'a pas aimé participer à l'émission.

a. Les présentateurs ont interviewé les personnalités politiques.

→ ....

b. Elle a écrit une critique culinaire dans le journal.

→ ....

c. Le rédacteur en chef a supervisé leur travail.

→ ....

d. Vous vous êtes abonnées à un nouveau mensuel international.

→ ....

e. Nous avons regardé le journal télévisé hier soir.

→ ....

f. Cet animateur a présenté ce jeu télévisé.

→ ....

g. Il a commenté les résultats sportifs.

→ ....

h. Il a éteint la télévision.

→ ....

206 Mettez ces phrases au féminin.

Exemple : Le chroniqueur est devenu très célèbre. → La chroniqueuse est devenue très célèbre.

a. L'animateur est allé se présenter aux candidats.

→ ....

b. Les journalistes ne sont pas partis en Afrique pour tourner le reportage.

→ ....

c. Les lecteurs se sont abonnés à ce nouveau journal.

→ ....

d. Il est passé dans une émission à la télévision aujourd'hui.

→ ....

e. Le reporter s'est trompé et a annoncé une fausse information.

→ ....

Grammaire/Conjugaison

f. L'auditeur a téléphoné à la radio pour donner son avis.

→ ....

g. Il n'a pas aimé l'émission d'aujourd'hui.

→ ....

h. Les présentateurs sont allés interviewer les participants.

→ ....

207 Écoutez ces phrases puis écrivez-les. 🎧 24

a. ....
b. ....
c. ....
d. ....
e. ....
f. ....
g. ....
h. ....

• **L'imparfait**

Il était journaliste. Nous aimions bien cette radio.

L'imparfait se conjugue de la manière suivante :

SUJET	TERMINAISONS	SUJET	TERMINAISONS	SUJET	TERMINAISONS
J'	aim ais	Je	choisiss ais	Je	fais ais
Tu	aim ais	Tu	choisiss ais	Tu	fais ais
Il/elle	aim ait	Il/elle	choisiss ait	Il/elle	fais ait
Nous	aim ions	Nous	choisiss ions	Nous	fais ions
Vous	aim iez	Vous	choisiss iez	Vous	fais iez
Ils/elle	aim aient	Ils/elles	choisiss aient	Ils/elles	fais aient

---

208 Conjuguez ces verbes à l'imparfait.

Exemple : Il **publiait** ses articles sans se relire. (*publier*)

a. Il (*aimer*) .... regarder cette émission.

b. Elle (*écrire*) .... des articles culinaires pour ce journal avant de démissionner.

c. Nous (*envoyer*) .... des lettres tous les jours au courrier des lecteurs.

d. J'(*avoir*) .... un abonnement d'un an à ce journal.

e. L'animatrice (*présenter*) .... cette émission depuis 8 ans.

f. Il ne (*travailler*) .... pas. Il (*zapper*) .... toute la journée.

g. Le public (*participer*) .... à ce jeu pour essayer de gagner un voyage.

h. Cette chaîne (*diffuser*) .... beaucoup d'émissions de téléréalité.

5 • Une actualité agitée

209 **Complétez les phrases suivantes et conjuguez-le à l'imparfait.**

regarder – préférer – diffuser – être – écouter – lire – animer – raconter – recevoir

Exemple : Nous regardions la télévision tous les soirs.

a. L'abonnement à ce magazine .... gratuit pour les moins de 18 ans.

b. Le présentateur .... l'émission seul.

c. Il .... regarder la télévision que d'écouter la radio.

d. Cette radio .... des programmes de divertissement et de musique.

e. Elle .... les nouvelles tous les matins dans son salon.

f. Tous les jours, l'envoyé spécial .... un fait marquant.

g. Beaucoup d'abonnés .... un cadeau annuel en remerciement.

h. Tu .... beaucoup d'émissions de débat à la radio.

> À la **négation**, il suffit de rajouter il suffit de rajouter **n'** ou **ne / pas** :
> • Elle **n'**était **pas** absente aujourd'hui.
> • Nous **ne** voulions **pas** aller là-bas.

210 **Mettez ces phrases à la négation.**

Exemple : Vous ne lisiez pas beaucoup de presse généraliste.

a. Avant, les rubriques de ce journal traitaient principalement de l'actualité.

....

b L'abonnement coûtait cher à l'époque.

....

c. J'aimais beaucoup écouter les émissions radiophoniques de ce présentateur. Je le trouvais très professionnel.

....

d. Nous allions souvent regarder la télévision chez les voisins.

....

e. Les chroniqueurs de cette émission s'entendaient très bien.

....

f L'ancien rédacteur en chef consultait ses journalistes avant d'autoriser la publication du journal.

....

g. Cette chaîne de télévision programmait beaucoup de reportages animaliers.

....

h. Le présentateur de ce journal d'informations préférait parler des nouvelles régionales.

....

211 **Écoutez ces phrases puis écrivez-les.** 25

a. ....
b. ....
c. ....
d. ....
e. ....

Grammaire/Conjugaison

f. ....
g. ....
h. ....

> **• L'utilisation du passé composé et de l'imparfait**
>
> **Elles sont allées au restaurant. • La voiture roulait vite quand elle a percuté le piéton.**
>
> Le passé composé s'emploie pour décrire une action terminée.
> *Il a terminé son travail.*
> *Mes parents ont raté leur train.*
> *Je suis tombé malade.*
>
> L'imparfait s'emploie pour faire une description, parler d'une habitude ou décrire une action qui se déroule dans le passé.
> *Elle aimait raconter des histoires à ses enfants.*
> *Tous les jours, il se rendait au travail à 8h.*
> *Nous étions en colère lorsqu'il nous a dit de partir.*

212 Entourez les verbes conjugués au passé composé et barrez ceux conjugués à l'imparfait.

À l'occasion de la semaine nationale des médias, les établissements scolaires français ont accepté d'organiser des séances d'ateliers de découverte des médias. Les enfants et adolescents sont de plus en plus exposés aux informations, et il est important de leur apprendre à mieux appréhender ce flux continu. Une professeure nous explique : « à mon époque, quand j'étais moi-même élève, nous n'avions pas accès à autant d'informations. Aujourd'hui, il est devenu plus que nécessaire d'enseigner à nos élèves l'utilisation des médias en tout sécurité ». Le Ministère de l'Éducation Nationale a pris cette décision en début d'année scolaire et les ateliers commenceront le mois prochain.

213 Complétez les phrases en choisissant les termes exacts.

ont publié – a appris – a animé – annonçait – ont participé – suivait – a annulé – écrivait – était – a interviewé – n'a jamais reçu – a décidé

Exemple : Ils ont publié des informations sans les vérifier.

a. Tous les matins, le présentateur du journal télé .... les titres du jour.
b. La journaliste .... très surprise quand elle .... la démission du rédacteur en chef.
c. La chaîne .... la programmation d'aujourd'hui.
d. Le présentateur radiophonique .... une auditrice.
e. Il .... au courrier des lecteurs toutes les semaines mais il .... de réponses.
f. Le présentateur .... un nouveau jeu télé la semaine dernière.
g. Les candidats .... à une enquête.
h. L'animatrice .... son prompteur quand le chroniqueur .... de l'interrompre.

214 Conjuguez les verbes au passé composé ou à l'imparfait selon la situation.

Exemple : Il y a 10 ans, nous avons participé à une interview à la radio.

a. Les journalistes (*organiser*) .... une conférence la semaine dernière.
   Ils (*annoncer*) .... l'arrivée d'une nouvelle reporter de guerre.
b. Tous les jours, il (*adorer*) .... lire son journal en buvant son café.

5 • Une actualité agitée

c. Après des mois d'incertitude, le reporter (*déposer*) .... sa démission.
d. Marc et Thomas (*regarder*) .... souvent la télévision ensemble.
e. Elle (*s'abonner*) .... à un nouveau bimensuel.
f. Avant de devenir présentatrice de l'émission, elle (*être*) .... journaliste.
g. Les auditeurs (*écouter*) .... une émission d'informations quand la radio (*couper*) ....
h. Nous (*envoyer*) .... beaucoup de lettres au courrier des lecteurs mais le journal (*répondre*) .... jamais.

215 Transformez les phrases conjuguées au passé composé à l'imparfait.

Exemple : Elle a voulu démissionner de la radio → Elle voulait démissionner de la radio.

a. Il lui a demandé de participer à l'émission de télévision.
   → ....
b. Avant de devenir producteur, Patrick a été stagiaire.
   → ....
c. Il a détesté cette émission de télé réalité.
   → ....
d. Vous avez travaillé pour une radio qui a produit des émissions thématiques.
   → ....
e. Les journalistes ont interviewé des présidents pour écrire un article.
   → ....
f. Il a aimé donner son avis.
   → ....
g. Cette chaîne a diffusé trop de publicités.
   → ....
h. Ils ont annulé la programmation à la dernière minute.
   → ....

216 Transformez les phrases conjuguées à l'imparfait au passé composé.

a. Elle aimait dessiner des caricatures.
   → ....
b. Le présentateur était malade. Il ne pouvait pas présenter l'émission.
   → ....
c. Je préférais lire les journaux papier.
   → ....
d. Les chroniqueurs voulaient présenter de nouvelles chroniques.
   → ....
e. Ils publiaient un bimensuel.
   → ....

Grammaire/Conjugaison

f. La présentatrice rédigeait son conducteur elle-même.

→ ....

g. La ville avait sa propre radio locale.

→ ....

h. Les journalistes étaient en grève.

→ ....

• Le conditionnel présent et passé

Elle quitterait son poste de reporter à cause des ragots. Cette rubrique serait écrite par une personne anonyme.

Conditionnel présent	Conditionnel passé
Le conditionnel présent se forme avec le radical du futur auquel on ajoute les terminaisons de l'imparfait : ais, ais, ait, ions, iez, aient. Je finirais, tu finirais, il/elle finirait, nous finirions, Vous finiriez, Ils/elle finiraient	Le conditionnel passé est formé de l'auxiliaire être ou avoir conjugué au conditionnel présent + le participe passé du verbe. Je serais venu(e) Tu serais venu(e) Il/elle serait venu(e) Nous serions venu(e)s Vous seriez venu(e)s Ils/elles seraient venu(e)s. *Accord : ici, on utilise l'auxiliaire être, il faut donc accorder le participe passé avec le sujet (voir règle du passé composé).*
On utilise le conditionnel présent pour exprimer : – Un souhait : *nous voudrions envoyer une lettre* – Une demande avec politesse : *pourriez-vous m'aider s'il vous plaît ?* – Un conseil, une proposition : *vous devriez partir, pourriez-vous m'en dire plus ? il vaudrait mieux lui dire*	On utilise le conditionnel passé pour exprimer : – Un regret : *il aurait fallu réserver avant* – Un doute : *tu serais arrivée en retard à cause des bouchons ?* – Un reproche : *tu aurais dû m'en parler, vous auriez pu faire attention !*

On utilise **les deux modes** pour :
– exprimer l'éventualité, la possibilité : *il pourrait pleuvoir demain / il aurait été malade*
– faire des hypothèses : *si je gagnais au loto, j'achèterais une grande maison / si j'avais su, je ne serais pas venu.*
– rapporter un discours : *il m'a dit qu'il enverrait son devoir ce soir / elle m'a dit qu'elle aurait pu le faire à ma place.*

---

217 Choisissez le verbe puis conjuguez-le au conditionnel présent.

faire – conseiller – vouloir – quitter – être – superviser – diffuser – pouvoir – aimer – envoyer

Exemple : Vous feriez mieux de vous renseigner !

a. Les auditeurs .... pouvoir participer à ce jeu.

b. Nous .... une lettre à ce journal pour nous plaindre.

c. Elle .... son poste de reporter à cause des ragots.

d. L'envoyé spécial .... des photos douteuses.

e. Je n'.................................. pas être à sa place !

f. – .... tu m'acheter le quotidien ?

g. Une nouvelle rédactrice en chef .... le travail des journalistes et reporters.

5 • Une actualité agitée

218 Choisissez le verbe adéquate puis conjuguez-le au conditionnel passé.

lire – écrire – proposer – relayer – intervenir – imprimer – accuser – souhaiter – préférer

Attention ! Il existe de nombreux verbes irréguliers :
Être = je serais...
Avoir = j'aurais...
Envoyer = j'enverrais...
Aller = j'irais...
Faire = je ferais...
Pouvoir = je pourrais...
Vouloir = je voudrais...
Venir = je viendrais...

Exemple : Il aurait lu cette information dans un mensuel.

a. Il .... devenir rédacteur en chef que journaliste.
b. Le journaliste .... l'interviewer.
c. Ils .... les mauvais articles pour la Une de demain.
d. La chroniqueuse .... pour arrêter la présentation de son collègue.
e. Le présentateur .... animer cette émission mais il est malade.
f. Cette rubrique .... par une personne anonyme.
g. Ces journaux .... plusieurs intox.
h. Certaines candidates .... d'avoir triché au jeu

219 Écoutez ces phrases et indiquez si elles sont conjuguées au conditionnel présent ou passé. 🔊 26

a. ....
b. ....
c. ....
d. ....
e. ....
f. ....
g. ....
h. ....

220 Indiquez si les phrases sont conjuguées au conditionnel présent ou passé.

Exemple : Nous aurions dû présenter les chroniqueurs avant d'annoncer les titres → Conditionnel passé

a. Il pourrait peut-être présenter cette nouvelle émission ? → ....
b. Le rédacteur en chef voudrait recruter un nouveau journaliste. → ....
c. L'animatrice aurait dit qu'elle voulait démissionner. → ....
d. La presse papier pourrait bientôt disparaître. → ....
e. Ils auraient réuni plus de 5 millions de téléspectateurs. → ....
f. Le journaliste aurait publié cette intox intentionnellement. → ....
g. S'il rédigeait cet article, il risquerait de créer une polémique ! → ....
h. Il vaudrait mieux se taire. → ....

Grammaire/Conjugaison

• Le discours direct et indirect

Elle a dit à ses parents : « je rentrerai demain » - Elle leur a dit qu'elle rentrerait demain.

Discours direct
Ce sont des paroles rapportées telles qu'elles ont été prononcées, sans les modifier. On ne change pas le temps du verbe introducteur ou la ponctuation (double-point et guillemets).

Discours indirect
Au discours indirect, les paroles sont rapportées, c'est-à-dire modifiées, par un verbe introducteur + qu'/que ou si ou de. Le double-point et les guillemets disparaissent.
Attention, le discours indirect entraîne de nombreux changements au niveau :
  – De la construction de la phrase
  – Du temps du verbe
  – Des pronoms
  – Des repères spatio-temporels

Si le verbe introducteur est au présent, il n'y a pas de changements concernant le temps des verbes ou des adverbes spatio-temporels :
Il dit : « j'ai faim » - Il a dit qu'il avait faim.

	Discours direct	Discours indirect
Temps des verbes	Présent	Imparfait
	Futur simple	Conditionnel présent
	Futur antérieur	Conditionnel passé
	Imparfait	Imparfait/Plus-que-parfait
	Passé composé	Plus-que-parfait
	Conditionnel présent/passé	Conditionnel présent/passé
Personnes	Je, tu	il, elle
	Nous, vous	Ils, elles
	Mon, ton, tes, nos, vos	Son, sa, ses, leurs
Adverbes de temps	Hier	La veille
	Aujourd'hui	Ce jour-là
	Demain	Le lendemain
Adverbes de lieu	Ici	Là
	Là-bas	À cet endroit-là

221 Transformez ces phrases au discours indirect.

Exemple : Elle a annoncé : « nous vous présentons le nouveau rédacteur en chef »
  → Elle a annoncé qu'elle nous présentait le nouveau rédacteur en chef.

a. Il a affirmé : « les nouvelles ne sont pas bonnes ».

  → ....

b. Le lecteur prétendit : « ces informations étaient fausses ».

  →..

5 • Une actualité agitée

c. Le journaliste s'est dit : « ils auraient dû dire la vérité ».

→ ....

d. La rédactrice en chef a assuré : « le mensuel sera prêt dans deux jours ».

→ ....

e. Le téléspectateur affirma : « j'ai gagné au tirage au sort du jeu télévisé ».

→ ....

f. Les producteurs de l'émission déclarèrent : « les candidats de cette téléréalité ont triché ».

→ ....

g. L'horoscope d'aujourd'hui dévoila : « les béliers allaient passer une mauvaise journée ».

→ ....

h. La jeune fille demanda : « est-ce que je peux m'abonner à ce journal ? ».

→ ....

222 Écoutez les phrases suivantes et cochez la bonne réponse. 27

Exemple : ☒ Elle a dit qu'il y avait une nouvelle émission de téléréalité.
☐ Elle a dit qu'il y aurait une nouvelle émission de téléréalité.
☐ Elle a dit qu'il y a eu une nouvelle émission de téléréalité.

a. ☐ Elle a soutenu qu'ils n'avaient rien entendu à la radio.
☐ Elle a soutenu qu'on n'avait rien entendu à la radio.
☐ Elle a soutenu qu'elle n'a rien entendu à la radio.

b. ☐ Elle a dit qu'ils ont publié un nouvel article en ligne.
☐ Elle a dit qu'elle avait publié un nouvel article en ligne.
☐ Elle a dit qu'elle a publié un nouvel article en ligne.

c. ☐ Il a expliqué qu'elles ne pouvaient pas poser de questions.
☐ Il a expliqué qu'ils ne pourraient pas poser de questions.
☐ Il a expliqué qu'ils ne pouvaient pas poser de questions.

d. ☐ Il a annoncé qu'il allait peut-être présenter cette émission.
☐ Il a annoncé qu'ils allaient peut-être présenter cette émission.
☐ Il a annoncé que nous allions peut-être présenter cette émission.

e. ☐ Elle a expliqué que les journalistes ont relayé de fausses informations.
☐ Elle a expliqué que les journalistes relayaient de fausses informations
☐ Elle a expliqué que les journalistes auraient relayé de fausses informations.

f. ☐ Il a dit qu'il n'avait plus rien à ajouter concernant cette affaire.
☐ Il a dit qu'il n'aurait plus rien à ajouter concernant cette affaire.
☐ Il disait qu'il n'avait eu plus rien à ajouter concernant cette affaire.

Grammaire/Conjugaison

g. ☐ Elle a dit qu'elle aura envie de regarder la télé.
☐ Elle a dit qu'elle aurait envie de regarder la télé.
☐ Elle a dit qu'elle a eu envie de regarder la télé

h. ☐ Ils ont dit qu'ils aimaient beaucoup cette émission.
☐ Ils ont dit qu'ils auraient beaucoup aimé cette émission.
☐ Ils ont dit qu'ils aimeront cette émission.

223 Transposez au discours direct.

Exemple : L'auditeur a dit qu'il aurait préféré gagner une voiture.
→ L'auditeur a dit : « j'aurais préféré gagner une voiture ».

a. Il m'a dit que je devrais présenter une nouvelle émission à la rentrée.
→ ....

b. La reporter a prévenu qu'elle l'interviewerait plusieurs personnes.
→ ....

c. La participante a précisé qu'elle refusait de dévoiler son vrai nom à la télévision.
→ ....

d. Il a dit qu'ils écoutaient la radio.
→ ....

e. Elle s'est dit qu'elles auraient pu vérifier leurs sources.
→ ....

f. Il a dit qu'il avait reçu un courrier étrange.
→ ....

g. L'animateur a signalé que l'émission allait commencer.
→ ....

h. Le candidat a précisé qu'il aurait pu faire mieux.
→ ....

224 Complétez les phrases suivantes puis transposez-les au discours demandé.

Exemple : Paul a dit qu'ils (regarder – imparfait) .... un film à la télévision.
→ Paul a dit qu'ils regardaient un film à la télévision.
Discours direct : Paul a dit : « nous regardons/regardions un film à la télévision »

a. Le candidat s'est dit : « j'(être – présent) .... très content de participer
Discours indirect → ....

b. Le journaliste (prouver – passé composé) .... que les auditeurs avaient répondu à l'enquête.
Discours direct → ....

c. Les téléspectateurs ont affirmé que le présentateur (être – imparfait) .... mauvais.
Discours direct → ....

5 • Une actualité agitée

d. La lectrice a précisé : « je m'(abonner – futur) .... Demain »

Discours indirect → ....

e. Le directeur des programmes a annoncé qu'il (quitter – imparfait) .... la chaîne.

Discours indirect → ....

f. Le présentateur a dit aux candidats : « je vous (souhaiter – présent) .... la bienvenue dans cette émission ».

Discours indirect → ....

g Il a dit qu'il (envoyer – conditionnel passé) .... ce message s'il avait son numéro de téléphone.

Discours direct → ....

h. La reporter a assuré qu'elle (écrire – conditionnel présent) .... un nouvel article bientôt.

Discours direct → ....

Bilan

1. Complétez le texte avec les mots ci-dessous. (1 point/réponse)

radio – sources – programmes d'information – relayer – internationales – informations – journaux – télévision – lecteurs – transmettent – vérifier – presse – fausses – auditeurs – journalistes – regardent – audiovisuels – diffusent – journaux télévisés

Il existe différents médias : la .... écrite, les médias audio, les médias .... et les médias sociaux. Les .... lisent la presse, les .... écoutent la .... et les téléspectateurs .... la télévision. Ces médias .... et .... des .... qui peuvent être locales, régionales, nationales ou .... grâce aux ...., revues ou magazines, aux .... à la télévision et aux .... à la radio. Mais attention, certains .... peuvent, volontairement ou non, ... des .... nouvelles. C'est pourquoi il est important de .... ses .... avant de publier des informations.

Total : .... /5

2. À l'aide des mots, inventez deux phrases possibles au passé composé et à l'imparfait. (1 point/réponse)

a. Présentatrice radio – Présenter – actualité	Passé composé → .... Imparfait → ....
b. Téléspectateur – Zapper – chaîne	Passé composé → .... Imparfait → ....
c. Reporter – écrire – articles – journal	Passé composé → .... Imparfait → ....
d. Journaliste – interviewer – personnes	Passé composé → .... Imparfait → ....
e. Lecteur – S'abonner – magazine	Passé composé → .... Imparfait → ....
f. Diffuser/relayer – fausses informations – médias	Passé composé → .... Imparfait → ....

| g. Présentatrice – journal télévisé – titres – présenter | Passé composé → .... Imparfait → .... |

Total : .... /5

3. Classez les verbes conjugués dans la colonne correspondant. (1 point/réponse)

Monsieur T. souhaiterait devenir rédacteur en chef d'un grand journal. Avant, il était journaliste à la télévision. Il a voyagé partout dans le monde et rédigeait les nouvelles internationales. Il a interviewé beaucoup de personnes. Il aurait souhaité interviewer des personnalités politiques mais il n'en a pas eu l'occasion. Il a ensuite travaillé à la radio pendant cinq ans. Il animait une émission d'informations sur une radio généraliste et gérait tout une équipe de chroniqueurs.

Passé composé	Imparfait	Conditionnel présent	Conditionnel passé

Total : .... /5

4. Transformez ces phrases au discours direct/indirect. (1 point/réponse)

Discours direct	Discours indirect
....	Il dit qu'il doit écrire un nouvel article.
La téléspectatrice lui demanda : « comment êtes-vous devenue journaliste ? »	....
....	Les médias ont affirmé qu'ils avaient publié de fausses informations volontairement.
La rédactrice en chef me demande : « peux-tu m'envoyer cet article rapidement ? »	....
....	Le reporter a répondu qu'il devait partir demain en Afrique pour réaliser un reportage animalier.

Total : .... /5

Mon score : .... /20

6 • Des saveurs de partout

Vocabulaire

 Les fruits

Il y a plusieurs catégories de **produits alimentaires**. Il y a les produits issus directement du **monde végétal** comme les **fruits frais** : le **raisin** (noir ou blanc), la **pastèque**, le **melon**, la **pomme**, la **poire**, le **kiwi**, la **figue**, la **prune**, la **pêche**, la **mangue**, l'**ananas**, la **noix de coco**... Les **fruits rouges** sont aussi très appréciés comme les **fraises**, les **framboises**, les **myrtilles**, les **mûres**, les **groseilles**. Ils sont souvent utilisés pour faire des **confitures** ou des **gelées**. On consomme aussi les **agrumes** : les **citrons**, les **oranges**, les **mandarines** ou les **pamplemousses**. Et puis, il y a les **fruits secs** comme les **amandes**, les **noisettes**, les **noix**, les **pruneaux**, les **raisins** ou les **abricots secs**, les **figues sèches**... Pour manger certains fruits, comme la **banane** ou l'**orange**, on doit les **éplucher** : on leur enlève la peau. Pour d'autres, il faut faire attention de ne pas avaler le **noyau** qu'ils ont comme l'**abricot** ou la **cerise** ; par contre, on peut manger le raisin ou la pastèque avec leurs **pépins** même si certains préfèrent les enlever.

225 Nommez ces fruits.

a. ....   e. ....

b. ....   f. ....

c. ....   g. ....

d. ....   h. ....

226 Complétez avec le fruit qui convient.

amande – cerise – orange – mangue – myrtille – prune – raisin

Exemple : Il prend un verre de jus d'orange pressé tous les matins.

a. La .... verte avec peu de sel et de sauce piquante, c'est délicieux.
b. La reine Claude ou la quetsche sont des variétés de ....
c. Ma tante fait une excellente confiture de ....
d. Il a avalé un noyau de .... sans faire attention.
e. En Belgique, c'est la massepain et en France, c'est tout simplement la pâte d'........................ .
f. Je n'ai jamais compris comment on faisait du vin blanc avec des .... noirs.

6 • Des saveurs de partout

227 Écrivez 3 noms de fruits (frais ou secs) qui commencent par…

M : .... F : ....

P : .... A : ....

Les légumes et les céréales

Dans la famille des **légumes**, on trouve le **chou**, le **chou-fleur** et même le **chou de bruxelles**, la **pomme de terre**, le **brocoli**, l'**aubergine**, la **courgette**, le **poivron** (rouge, vert, jaune), la **carotte**, le **poireau**, le **haricot vert** (mais aussi blanc, noir, rouge…), l'**oignon**, l'**ail**, la **laitue**, l'**artichaut**, le **navet**, le **radis**, la **tomate** (pour certains, c'est un fruit), le **pois chiche** ou le **petit pois**, le **manioc**, etc.

Les légumes peuvent être consommés **frais** mais aussi **en conserve** ou en **bocal** ou **surgelés**.

Les principales **céréales** à l'échelle mondiale sont le **riz**, le **blé**, l'**orge**, le **maïs** mais d'autres comme la **quinoa** sont de plus en plus consommés dans le monde entier.

228 Nommez ces légumes.

a. ....

b. ....

c. ....

d. ....

e. ....

f. ....

g. ....

h. ....

229 Complétez avec les mots de la liste. Faites les accords si nécessaire.

artichaut – carotte – céréale – manioc – oignon – petit pois – pomme de terre – quinoa

Exemple : Elle a fait une purée de pomme de terre.

a. Je pleure à chaque fois que j'épluche des ....

b. Il ne faut pas confondre le ...., qui est vert, avec le pois chiche.

c. On associe souvent le lapin avec la ....

d. Traditionnellement, c'est sur les hauts plateaux andins qu'on cultive la ....

e. Au petit déjeuner, elle préfère un bol de .... plutôt qu'un café et du pain-beurre.

f. Hier, on nous a servi un poulet sauté avec des bananes plantains et du .... frit. C'était délicieux.

f. Moi, ce que je préfère de l'.., ce ne sont pas les feuilles mais le cœur.

Vocabulaire

230 Entourez le fruit ou le légume qui convient pour retrouver l'expression idiomatique.

carotte – champignon – châtaigne – chou – navet – oignon – pomme – radis – salade

Exemple : Dès qu'il voit une goutte de sang, il tombe dans les poires /(pommes).

a. On n'est pas encore à la fin du mois et je n'ai plus un oignon / radis.
b. Ne le crois pas ! Il raconte tout le temps des salades / petits pois.
c. C'est un danger sur la route : il n'arrête pas d'appuyer sur le manioc / champignon.
d. C'est un problème entre eux deux, ce ne sont pas nos ognons / artichauts.
e. C'est triste à dire mais il ne marche qu'au bâton et à la carotte / la fraise.
f. Je ne comprends pas comment ce film a eu un oscar. C'est un vrai pois chiche / navet.
g. Je me suis pris une orange / châtaigne en voulant réparer l'installation électrique de la maison.
h. Il pensait que ça allait être un vrai succès. Malheureusement, il a fait chou / haricot blanc.

Le monde animal

Le **monde animal** est aussi très présent dans nos **assiettes** qu'il s'agisse de **poissons** et de **fruits de mer** (**mollusques** et **crustacés**), de **viande** ou de **produits laitiers** (le **lait** et ses dérivés : **fromages**, **yaourts**, **crèmes**...) Beaucoup de **plats** élaborés que nous consommons contiennent des **ingrédients** d'origine animale. On constate aussi que de plus en plus de personnes cherchent à limiter ou même éliminer de leurs **habitudes alimentaires** de ce type de produits, ce sont des **végétariens**. Les **véganes** ne mangent ni n'utilisent aucun produit d'origine animale.

231 Les lettres sont mélangées. Retrouvez les mots et écrivez-les.

Exemple : Y.U.T.O.A.R → YAOURT

a. V.T.G.R.I.N.É.E.É.A → ....
b. N.T.G.N.I.R.É.D.N.E → ....
c. I.L.A.I.T.R.E → ....
d. D.V.I.N.A.E → ....
e. N.O.S.I.P.S.O → ....
f. G.A.E.N.V.É → ....
g. L.I.M.E.N.T.A.R.E.A.I → ....
h. G.E.F.O.R.M.A → ....

> Quelques noms de poissons couramment consommés : le **thon**, la **daurade**, la **sole**, la **lotte**, le **merlan**, la **sardine**, l'**espadon**, la **truite**, le **saumon**, le **maquereau** ; et **quelques fruits de mer** qu'on trouve souvent servis sur un plateau : les **bigorneaux**, les **huitres**, les **tourteaux** (espèce de crabe), les **étrilles** (autre espèce de crabe), les **langoustines**, les **petites crevettes**, les **palourdes**, les **bulots**...

232 Placez les mots de l'exercice précédent dans les phrases ci-dessous.

Exemple : Le soir, il se contente souvent de manger un yaourt nature.

a. Quand on mange du ...., il faut faire attention aux arêtes.
b. Pour son régime, on lui a conseillé d'éviter les .... rouges.
c. En France, les restaurants proposent souvent du .... à la place du dessert.
d. Il est devenu ...., il ne mange plus du tout de viande ni de poisson.
e. J'ai l'habitude de lire les étiquettes pour connaître les .... de ce que je mange.

6 • Des saveurs de partout

f. J'ai été malade toute la nuit. J'ai dû faire une intoxication ....

g. Mes parents sont .... : plus de viande à la maison et on fait attention à ne rien acheter d'origine animale.

h. Il est allergique à la lactose. Il a dû éliminer tous les produits .... de son alimentation.

233 Complétez avec le mot qui convient.

assiette – fromages – fruits de mer – ingrédients – mollusques – lait – plats – poisson

Exemple : Nous étions dans un petit restaurant de la côte et on a commandé un plateau de fruits de mer.

a. En entrée, on a le choix entre salade de crudité ou .... de charcuterie.

b. On était en terrasse et on a pris une planche de .... et de pâtés.

c. Le matin, j'aime bien prendre un café au .... et y tremper mes tartines de pain grillé.

d. D'habitude, je ne mange pas de .... mais cette queue de lotte au four, qu'est-ce que c'était bon !

e. bulots ou huîtres sont des .... qu'on trouve souvent dans les plateaux de fruits de mer.

f. On peut manger sur place mais ils ont aussi des .... à emporter.

g. Il faut toujours regarder les .... contenus dans les plats élaborés.

Viandes, volailles

Si à table, on vous demande si préférez le **blanc**, l'**aile** ou la **cuisse**, c'est qu'on veux savoir quelle pièce du **poulet** vous souhaitez manger. En France ou en Belgique, la consommation de la **charcuterie** est habituelle. Ce sont des produits dérivés du **porc** comme la **saucisse**, le **saucisson**, l'**andouille**, le **jambon**, le **boudin**... La viande de porc aussi est très présente dans les menus : **pied** ou **côte** de porc y sont souvent annoncés. On mange aussi beaucoup de viande bovine (**veau**, **génisse**, **bœuf**) dont les pièces comme l'**entrecôte**, la **bavette** ou le **faux-filet** sont très appréciés et même la **langue** de boeuf !. On mange aussi beaucoup de **steak**, parfois **haché** comme dans les hamburgers. Le **gigot** ou l'**épaule** ou les **côtelettes** d'**agneau** ou de **mouton** aussi sont très appréciés. Dans les concerts ou dans les kermesses, on aime bien manger aussi des sandwichs **merguez**, ces saucisses pimentées de boeuf ou de mouton. Les **pâtés** sont aussi très appréciés.
Ils peuvent être de porc, de **sanglier**, de **volaille**... Regardez bien les étiquettes pour savoir de quoi ils sont faits ! Et pour beaucoup, le **foie gras** de **canard** et mieux encore d'**oie** est le plus fin de tous. De ces deux volailles, on aime aussi le **magret** et le **confit**. Certains de ces animaux sont issus de la chasse, c'est le **gibier** comme le **sanglier** ou encore le **chevreuil**, la **perdrix** ou la **caille** (dont on apprécie aussi les **œufs**).

234 Associez ces aliments aux animaux correspondants.

aile – bavette – boudin – cuisse – entrecôte – épaule – merguez – faux-filet – gigot – jambon de Bayonne – saucisson – steak – jambon blanc

L'agneau : ....

Le boeuf : ....

Le poulet : aile ....

Le porc : ....

Vocabulaire

235 Complétez chacun de ces plats avec l'animal auquel il est habituellement associé.

agneau – boeuf – canard – lapin – maquereau – porc – poulet – sanglier – sardines – truite

Exemple : pied de porc

a. langue de ....
b. Un magret de ....
c. Un .... au vin blanc
d. Un .... bourguignon
e. des .... à l'huile
f. Une .... aux amandes
g. Un civet de ....
h. Des côtelettes d' ....

236 Associez ces noms de plats d'œufs aux photos.

œuf brouillé – œuf dur – œuf à la coque – œuf poché – œuf sur le plat – omelette

a.  ....
b.  ....
c.  ....
d.  ....
e.  ....

f.  ....
g.  ....
h.  ....

> Des **œufs** /œ/ : le mot s'écrit bien avec « f » final mais au pluriel, on ne le prononce pas, comme dans des **bœufs** /bœ/ ; alors qu'au singulier, le « f » est prononcé : un **œuf** /œf/ ; de la viande de **bœuf** /bœf/. On mange les œufs de différentes manières : *à la coque, poché, sur le plat, en omelette, Bénédicte (ou bénédictine), mimosa, brouillé, dur, mollet...*

237 Associez ces cuissons aux images.

bien cuit – bleu – à point – saignant – très cuit

....

238 Reliez les syllabes pour former les verbes.

| Di- | Dé- | -vourer | -ner | -ter | -jeuner |
| Sa- | Gri- | Goû- | -gnoter | -per | Sou- |

> Au restaurant, quand on commande une viande rouge, il est normal de demander le point de cuisson : bleu, saignant, à point, bien cuit, très bien cuit, roussi

6 • Des saveurs de partout

Dîner ou déjeuner ?

Il ne suffit pas de comprendre qu'il s'agit d'une proposition pour manger ensemble. Il faut aussi savoir si c'est un locuteur belge ou un locuteur français qui le dit. En effet, ne pas connaître cette nuance peut faire rater une invitation : « **dîner** » s'emploie en Belgique francophone, mais aussi au Québec, pour parler du repas du midi. En France, on l'utilise pour le repas du soir, alors que Belges et Canadiens francophones parleront de « **souper** ». Pour le repas du matin, même chose : dans plusieurs régions francophones, on « **déjeune** » alors que les Français, eux, « **prennent leur petit déjeuner** ».

Certains prennent un repas léger en milieu d'après-midi, ils **goûtent**. C'est le **goûter**. Familièrement, et peu importe l'heure, on peut **bouffer**, c'est-à-dire manger mais familièrement. On peut aussi **grignoter** ou manger en petites quantités mais à tous moments de la journée. Quand on est vraiment **affamé**, qu'on a très faim, on ne mange pas, on **dévore** son plat. Au contraire, si on veut prendre le temps de l'apprécier, on le mangera lentement pour le **savourer**.

239 Classez ces noms dans la colonne qui convient.

batteur – blouse de cuisine – casserole – fouet – marmite – moule à gâteau – plat, poêle – spatule – tablier – toque

Instruments	Récipients	Vêtements
batteur	....	....
....	....	....
....	....	....

Les objets de la cuisine et de la table

Voici quelques ustensiles et autres objets courant pour cuisiner et de la table :

Vocabulaire

240 **Retrouvez le mot.**

Exemple : E __ __ __ __ __ E → ECUMOIRE

a. P __ __ __ __ __ __ E → ....
b. M __ __ __ __ R → ....
c. L __ __ __ __ E → ....
d. E __ __ __ __ __ __ __ R → ....
e. C __ __ __ __ __ __ E → ....
f. M __ __ __ E → ....

241 **Cochez vrai ou faux à ces affirmations.**

Exemple : Pour protéger une table, on met une nappe.   ☒ vrai   ☐ faux

a. Le décapsuleur sert à ouvrir une bouteille de vin.   ☐ vrai   ☐ faux
b. Une assiette est généralement plate ou creuse.   ☐ vrai   ☐ faux
c. Le pain est servi dans une « poubelle » à pain.   ☐ vrai   ☐ faux
d. Le « dessous-de-plat » sert à poser un plat chaud sur la table.   ☐ vrai   ☐ faux
e. Les couverts comprennent la fourchette, le couteau et le verre.   ☐ vrai   ☐ faux
f. Les fromages sont souvent servis sur un plateau.   ☐ vrai   ☐ faux
g. On utilise un napperon pour s'essuyer les mains ou la bouche.   ☐ vrai   ☐ faux

Les boissons

Les **boissons** sont généralement conservées dans des **bouteilles** (de **vin**, de **cidre**, d'**eau**, de **jus de fruits**) ou des **boites** ou **cannettes** (de **bière**, de **boissons énergétiques**...). Elles peuvent être aussi contenues dans une **carafe** ou un **pichet** (d'eau, de vin...). Généralement, elles sont servies dans des **verres** (l'eau, le jus de fruit, le vin, la bière), des **tasses** ou des **bols** (**café**, **thé**, **infusion**, **chocolat** et même le **cidre**), des **coupes** ou une **flûte** (le champagne).
L'eau peut-être du **robinet** ou **minérale**, **plate** ou **pétillante** (ou **gazeuse**). Il y a des boissons non alcoolisées comme les **jus de fruit** ou les **sodas** (qui contiennent beaucoup de sucres ajoutés !) et d'autres qui le sont comme le vin (**rouge**, **blanc**, **rosé**), la bière (**blonde**, **brune**, **rousse**, **blanche**) ou le cidre (**brut** ou **doux**).
On prend souvent le thé (**noir**, **vert**, **rouge**) chaud comme le café (**noir**, **expresso**, **noisette**, **crème**, **au lait**, **américain**...) mais aussi froid comme le thé ou le café **frappé** ou le café **glacé**.
Certaines boissons contiennent de l'alcool, notamment les **liqueurs** ou les **eaux-de-vie** (le cognac, le whisky, le rhum...).

242 **Associez ces adjectifs ou ces noms à ces boissons.**

blanc – blond – brun – brut – crème – doux – entier – expresso – gazeux – noir – noisette – pétillant – plat – rosé – rouge – roux – vert

Un café : crème, ...
Un thé : ....
Une bière : ....
Un vin : ....
Une eau : ....

6 • Des saveurs de partout

243 Écoutez et associez ces présentations à une de ces boissons. 🔊 28

vin – bière – rhum – cidre – jus – tisane – thé – café – champagne

a. Cidre
b. ....
c. ....
d. ....
e. ....
f. ....
g. ....
h. ....
i. ....

244 Complétez avec le mot qui convient. Faites les accords si nécessaire !

café frappé – cidre – énergétique – infusion – minéral – sirop – soda – vin

Exemple : J'aime bien prendre une infusion avant de me coucher.

a. Evian ou Vichy sont des eaux ....
b. Quand il va au club de sport, il glisse toujours une boisson ....
c. Les pommes sont la base de l'élaboration du ....
d. Je prendrais bien un .... pour me rafraîchir.
e. Avec la chaleur qu'il fait aujourd'hui, je prendrais bien un .... à la fraise.
f. Bordeaux et sa région sont connus internationalement pour leurs ....
g. Il faut faire attention de ne pas abuser des ...., très riches en sucres.

> **Les sirops**
> En pleine chaleur estivale, il est courant d'entendre à la terrasse d'un café demander une **menthe à l'eau** pour se **désaltérer**. Cette boisson est un **sirop** à base de menthe allongée d'une eau plate ou gazeuse. Il existe des sirops à base de fruits, de céréales, d'arbres ou de plantes aromatiques. Les sirops sont très appréciés car très rafraîchissants quand il fait chaud. Certains préfèrent les prendre avec du lait froid plutôt qu'avec de l'eau.

 Les verbes de la cuisine

Les verbes de la cuisine sont nombreux. Avant de **cuisiner**, certains ingrédients doivent être **épluchés** (comme les légumes), **coupés** ou **découpés** en morceaux (comme la viande) ou encore **hachés** (la viande ou le persil) et d'autres encore **râpés** (comme le fromage ou le pain).
On peut faire **cuire** un plat de différente façon : le **frire**, le laisser **mijoter**, le faire **bouillir**, le **rôtir**, le **poêler**... On peut le **chauffer** (ou le **réchauffer**) ou, au contraire le laisser **refroidir** s'il est trop chaud. On peut **saler** ou **sucrer** un plat, mais toujours avec modération ! Certains aiment aussi **épicer** (ou **pimenter**) leurs plats. D'autres plats peuvent être **flambés** comme les langoustines ou les crêpes qu'on arrose d'alcool que l'on brûle. L'huile et le vinaigre, avec un peu de sel et de poivre, servent à **assaisonner** les salades.

245 Remettez les lettres dans l'ordre pour retrouver des verbes de la cuisine.

Exemple : R.F.E.I.R → F R I R E

a. F.B.R.E.M.A.L → ....
b. R.P.L.U.E.C.E.H → ....

c. A.S.N.N.R.E.I.S.A.S.O → ....
d. T.G.R.R.I.N.E.A → ....
e. H.R.E.A.C → ....
f. I.J.T.O.E.R.N.M → ....
g. R.P.A.R.E → ....
h. T.O.I.R.R → ....

246 Cochez la bonne réponse.

Exemple : Avec la crise, les prix flambent.
　　　　☐ Les prix baissent.　　　　　　　　　☒ Les prix montent.

a. C'est du tout cuit !
　　☐ C'est difficile !　　　　　　　　　　　　☐ C'est facile !

b. Il a épluché les archives.
　　☐ Il a cherché minutieusement dans les archives.　　☐ Il a détruit les archives.

c. Ils l'ont laissé mijoter.
　　☐ Ils lui ont promis des choses merveilleuses.　　☐ Ils l'ont fait attendre.

d. Cette addition est vraiment salée !
　　☐ C'est cher.　　　　　　　　　　　　☐ C'est moins cher que prévu.

e. L'inspecteur a cuisiné le suspect au commissariat.
　　☐ Il l'a enfermé dans une cellule.　　　　☐ Il l'a durement interrogé.

f. Il hache ses mots en parlant.
　　☐ Il prononce des h au début des mots.　　☐ Il coupe systématiquement tous les mots qu'il prononce.

g. Ses espoirs ont été refroidis à la vue des résultats.
　　☐ Il s'attend à ne pas obtenir le succès attendu.　　☐ Il s'attend à obtenir un succès impensable.

Plantes aromatiques, épices et piments

Les **plantes aromatiques**, ont souvent des propriétés curatives ou culinaires comme la **ciboulette**, la **coriandre**, le **clou de girofle**, la **vanille**, le **laurier**, le **persil**, le **thym**, le **romarin**, le **basilic**. Elles sont un complément idéal qui **relève** les plats ou les **aromatise**.
Les plats peuvent aussi être **épicés**. Ils contiennent des **épices** : la **cannelle**, le **curcuma**, l'**anis**, le **safran**. Il y a des plats épicés qui laissent une saveur **piquante** ou **pimentée** causée par certains **paprikas**, par les **graines de moutarde**, par le **wasabi**, le **gingembre** et bien sûr par différents types de **piments** !

6 • Des saveurs de partout

247 Remettez les lettres dans l'ordre pour trouver le mot (nom ou adjectif).

Exemple : M.H.Y.T → THYM

a. F.N.A.R.S.A → ....
b. P.M.E.E.T.I.N → ....
c. C.E.I.P.E → ....
d. A.R.K.P.A.I.P → ....
e. I.U.Q.A.P.T.N → ....
f. S.B.A.I.IC.L → ....
g. N.L.A.E.L.N.E → ....
h. B.I.A.W.S.A → ....

> On prononce **anis**/anis/ contrairement à la règle habituelle qui veut que le « s » final ne se prononce pas. D'autres mots s'écrivent avec un « s » final qu'on prononce : un **ananas**/ananas/ ; au contraire, on ne prononce pas le « s » de **radis**/Radi/.
> C'est le cas d'autres lettres : le « l » final de **persil**/pErsi/ ou de **gentil** /zãti/ ou le « c » de **porc**/pcR/.
> On fera aussi attention de bien orthographier /tẼ/ **thym** (la plante) et le **teint** (coloration du visage)

248 Complétez avec les mots de l'exercice précédent sans oublier les accords si nécessaire.

Exemple : Dans une paella, il est courant d'y mettre du safran.

a. Le .... accompagne très bien les marinades ou les grillades.
b. Je mets toujours de la .... quand je fais un riz au lait.
c. Il ne peut rien manger sans vouloir y ajouter de la sauce ....
d. On dit qu'au Mexique, les plats sont très ....
e. Elle adore mettre du .... dans la sauce quand elle mange japonais.
f. Il a rapporté d'Inde toute sorte d'..., certaines que je ne connaissais même pas.
g. Le .... est certainement indissociable du goulash, plat typique de Hongrie.
h. La base du pesto, c'est le .... bien entendu !

Dans une boulangerie

Dans une **boulangerie**, on ne trouve pas que du **pain** (**baguette**, **pain de campagne**, de **seigle**...). Il y a aussi une grande variété de **viennoiseries** (**croissant**, **pain au chocolat**, **pain aux raisins**, des **brioches**, des **chouquettes**, des **meringues**...). Même si on peut aussi y trouver des **gâteaux** et autres **pâtisseries** (**tarte aux pommes/fraises/myrtilles**..., **tarte tatin**, **éclairs**, **mille-feuilles**, les très appréciés et internationaux **macarons**...), c'est plutôt justement dans les pâtisseries qu'on les trouve.

249 Retrouvez le mot.

Exemple : B. _____ E → BAGUETTE

a. P _ _ _ _ _ _ _ E → ....
b. B _ _ _ _ _ _ _ _ _ E → ....
c. C _ _ _ _ _ _ _ T → ....
d. M _ _ _ _ _ _ E → ....
e. B _ _ _ _ _ E → ....
f. C _ _ _ _ _ _ _ _ E → ....
g. T _ _ _ E → ....
h. M _ _ _ _ _ N → ....

Vocabulaire

250 Reliez ces pâtisseries et ces viennoiseries à leur image.

•   • Des meringues

•   • Des pains au chocolat

•   • Une tarte tatin

•   • Des chouquettes

•   • Un millefeuille

•   • Des éclairs

•   • Un macaron

> Dans le Sud-Ouest de la France ou au Canada, on parle de « **chocolatine** » ; au Nord de la Loire, on préfère parler de « **pain au chocolat** » et dans l'Est, on peut aussi demander un « **croissant au chocolat** ».

Les goûts et les couleurs

On dit en français que les **goûts** et les **couleurs** ne se discutent pas. Pourtant, depuis quelques années, les scientifiques l'ont confirmé : il n'y a pas quatre goûts (le **sucré**, le **salé**, l'**amer**, l'**acide**) mais cinq avec l'**umami**, qui définit les saveurs agréables de certains aliments. Si un plat n'est pas (assez) salé, il peut paraître **fade**.

Parfois, on ne sait pas si on doit dire acide, **aigre** ou amer : un vin sera **aigre** s'il n'est pas bon. On a une sensation de dégoût. Il rappelle le vinaigre justement. Certaines pommes ou les fruits rouges par exemples sont particulièrement **acides**. On dit du cacao qu'il est **amer**, comme le café ou le pamplemousse. Quand on les goûte, on voit bien notre grimace sur le visage !

251 Reconstituez les mots dont les lettres sont dans le désordre.

Exemple : Û.T.G.O → G.O.Û.T

a. É.L.S.A → ....
b. I.M.M.U.A.M → ....
c. R.M.E.A → ....
d. E.I.C.A.D → ....
e. E.F.A.D → ....
f. R.E.I.A.G → ....
g. É.U.R.S.C → ....

6 • Des saveurs de partout

252 **Classez dans chaque colonne de ce tableau les aliments selon le goût qui les caractérise le mieux.**

un éclair – les fruits secs – les groseilles – l'huître – le parmesan – le chocolat – Les fromages bleus – le saucisson – bouillon de bœuf – la bière – les bonbons – le cacao – saumon fumé – les confitures – le jambon cru – les asperges – le café – les fraises – la sauce soja – la tomate mûre – les pommes vertes – les agrumes (orange, pamplemousse)

sucré	salé	amer	acide	umami
				la sauce soja

Grammaire/Conjugaison

• Les prépositions

– **à** désigne la fonction et de le contenu : *C'est un verre à eau* (= un verre destiné à y mettre de l'eau) / *un verre d'eau* (= un verre qui contient de l'eau)

– **en** désigne la matière et **dans** ce qui est à l'intérieur : *Ce n'est pas un verre en verre, il est en plastique ! Il y a de l'eau dans ce verre.*

– **avec** désigne l'accompagnement et **sans** désigne l'absence. C'est le contraire de la préposition avec : *– Ton café, avec ou sans sucre ? – Sans sucre, s'il te plaît.*

– **à + article** peut aussi exprimer l'idée d'accompagnement (fait avec) : *un thé à la menthe.*

253 **Complétez avec la préposition qui convient.**

Exemple : Je coupe mon poisson avec un couteau à poisson.

a. On boit le champagne .... une coupe .... champagne.

b. Pour faire une mayonnaise, il faut mélanger les oeufs .... de l'huile.

c. Tu prendras bien un verre .... jus de fruits ?

d. On lui a offert un beau service .... café .... porcelaine.

e. Non, merci. Je préfère un verre .... eau.

f. Elle prend toujours son café .... sucre. C'est plus amer mais plus véritable.

g. Ce sont des tasses .... thé héritées de sa grand-mère. C'est un beau service !

h. Pour le bien de l'environnement, évitons les assiettes .... cartons et les couverts .... plastique !

Grammaire/Conjugaison

254 Complétez avec la préposition qui convient.

Exemple : Hier, on a mangé un poulet au curry absolument délicieux !

a. Pauvre serveur ! Le plateau plein de coupes .... champagne a volé dans les airs quand il a glissé.

b. Tu préfères une glace .... vanille ou .... fruit de la passion ?

c. Je suis désolé mais un poisson .... arêtes, ce n'est pas du poisson !

d. Ça, ce sont de vraies crêpes faites .... de la farine .... blé noir !

e. Maman nous a fait un rôti .... porc .... pommes. Qu'est-ce qu'il était bon !

f. Pour moi, ce sera une galette .... fruits de mer et une bolée de cidre.

g. Tous mes verres .... vin sont sales ; ça ne te dérange pas si je te sers dans un verre .... eau ?

h. Tiens, tu achètes du pain .... gluten maintenant ? Tu es allergique ?

• **Les articles partitifs**

Nous avons pris du dessert
Les articles partitifs sont du, de l', de la, des.

On les emploie devant des noms dont on ne peut pas indiquer la présence sans en déterminer la quantité / indiquer une quantité indéfinie : *je bois de l'eau* (La quantité d'eau que je bois n'est pas indiquée).

À la forme négative, ces articles sont de ou d' (devant une voyelle ou h « muet »).

---

255 Complétez avec l'article qui convient.

Exemple : J'achète du sucre.

a. Je mets .... sucre dans mon café, c'est suffisant.

b. Elle boit généralement .... café le matin, de temps en temps .... thé.

c. Je prendrais bien .... petite infusion avant d'aller dormir.

d. J'ai oublié de mettre .... beurre au fond du plat.

e. J'ai acheté .... spaghetti et .... fromage râpé. On se fait .... pâtes pour ce midi ?

f. Tu as .... sauce tomate ?

g. J'ai goûté .... sauce aux épices absolument excellente.

h. Tu mets .... moutarde dans cette sauce ?

256 Transformez ces phrases à la forme négative.

Exemple : Nous avons pris du dessert. → Nous n'avons pas pris de dessert.

a. Elle boit de l'eau quand elle se lève.

....

b. Il prend toujours du poisson au déjeuner.

....

c. Je veux manger du riz au curry.

....

6 • Des saveurs de partout

d. Il met de la crème chantilly sur sa mousse.
....

e. Je veux des anchois dans ma salade.
....

f. Tu manges de la glace ?
....

g. Il faut lui donner des produits laitiers.
....

h. Elle a fait du couscous cette semaine.
....

257 Écrivez ces phrases à la forme affirmative.

Exemple : Je n'ai pas pris de glace en dessert. → J'ai pris de la glace en dessert.

a. Ils n'ont pas commandé de pâtes en plat principal.
....

b. Elle ne met pas de menthe dans sa recette.
....

c. Elle n'achète pas de tomates sur le marché.
....

d. Nous n'avons pas rapporté de sel de Guérande.
....

e. Je ne mange pas de beurre avec le pain.
....

f. Il ne faut pas acheter de farine.
....

g. Je n'ai pas de jus de fruit à proposer.
....

h. Tu ne veux pas de poivre sur ta viande ?
....

• Les pronoms compléments

– **On peut boire l'eau du robinet ici ? – Oui, tu peux la boire.**
Les pronoms compléments permettent de remplacer un mot ou un groupe de mots et d'éviter une répétition. Il y a les pronoms compléments :
– directs : me (m'), te (t'), le (l'), la (l'), nous, vous, les
– indirects : me (m'), te (t'), lui*, nous, vous, leur*

* **Lui** et **leur** sont utilisés pour le masculin et le féminin.

✋ Ne pas confondre lui (pronom tonique) et lui (pronom complément).

Grammaire/Conjugaison

258 **Reliez les phrases.**

a. Le plat est encore chaud.

b. J'ai invité tes cousins à diner.

c. On a acheté des bananes plantain.

d. Comment vous voulez la cuisson de votre viande ?

e. Qu'est-ce qu'il est fade, ce plat !

f. Qu'est-ce qu'on apporte pour le repas de dimanche chez Sophie et Karim ?

g. Vous avez goûté un plat traditionnel de chez lui ?

1. Je la veux bien saignante, s'il vous plait.
2. Tu as raison, j'ai oublié de le saler. Désolé !
3. Et si on leur apportait les desserts ?
4. Oui, il nous a préparé un excellent mafé poulet. Délicieux !
5. Laisse-le refroidir un peu.
6. Ils m'ont dit qu'ils viendraient.
7. Et comment vous les préparez ?

• **L'accord du participe passé**

Au passé composé, on ne doit pas oublier de faire l'accord en genre (masculin/féminin) et en nombre (singulier/pluriel) avec le complément direct si celui-ci est placé devant le verbe.

Tu me demandes si j'ai salé la soupe ? Oui, je l'ai salée.
  – Tu as commandé nos desserts ? – Oui, c'est bon. Je les ai commandés.

✋ MAIS On ne fait jamais l'accord avec le complément indirect :
  Ta mère ne m'écoute pas ! Je lui ai dit de ne pas trop saler…

---

259 **Retrouvez le complément représenté par le pronom souligné. Cochez la bonne réponse.**

Exemple : Elle ne l'a pas terminé.
  ☐ son entrée   ☒ son dessert   ☐ les 2

a. Je ne l'ai jamais vu cuisiner.
  ☐ mon père   ☐ un plat traditionnel   ☐ les 2

b. Tu le fais au four ou sur le grill ?
  ☐ le poisson   ☐ le poulet   ☐ les 2

c. Nous l'avons mélangé avec les légumes.
  ☐ le riz   ☐ la viande   ☐ les 2

d. Je le prends sans sucre d'habitude.
  ☐ les pâtisseries   ☐ le café   ☐ les 2

e. Je lui ai dit de se resservir en pâtes.
  ☐ à Mélanie   ☐ à la carbonara   ☐ les 2

f. D'habitude nous l'achetons dans la boulangerie au coin de la rue.
  ☐ la baguette   ☐ le pain   ☐ les 2

260 **Remplacez la forme soulignée par le complément qui convient.**

Exemple : Tu peux préparer l'apéro, s'il te plait ? → Tu peux le préparer, s'il te plait ?

a. Écoute bien la recette. ....

6 • Des saveurs de partout

b. C'est important de faire bouillir l'eau. ....
c. On a dit à nos amis de venir diner à la maison. ....
d. Il faut toujours goûter les plats en premier. ....
e. Où as-tu trouvé ces épices ? ....
f. Et pourtant, je dis toujours à ma petite sœur de ne pas grignoter entre les repas. ....

261 Complétez avec le pronom complément direct qui convient.

Exemple : Et j'ajoute les fruits au dernier moment. D'autres préfèrent les mettre dès le début.

a. Tu prends ton thé avec ou sans sucre ? – Je .... prends sans sucre, s'il te plait.
b. C'est un excellent restaurant, je vous .... recommande.
c. Elle a une impressionnante collection de livres de cuisine. Elle .... a ramenés de ces différents voyages à travers le monde.
d. Il nous a ramené des confiseries traditionnelles de son dernier voyage. On .... a toutes mangées le premier jour !
e. Le couscous ? Ma belle-sœur .... fait merveilleusement bien !
f. Tu .... prépares comment le poisson ?

• Le pronom partitif EN

Les articles partitifs ont une forme pronominale, c'est le pronom en.
Le pronom en peut être employé seul : *Tu veux du lait ? Oui, j'en veux.*
Ou accompagné d'un complément placé après le verbe qui précise la quantité :
Tu veux du lait ? Oui, j'en veux un peu / beaucoup…

---

262 Remplacez la forme soulignée par le pronom en.

Exemple : Tu ne mets jamais de sucre dans ton café. → Tu n'en mets jamais.

a. Vous reprendrez bien de la glace ? ....
b. Etudiant, il mangeait des pâtes tous les jours. ....
c. Non, c'est gentil mais je ne veux pas de viande. ....
d. Il a mis trop de sel dans la soupe ! ....
e. J'ai acheté de la salade pour ce soir. ....
f. Tu veux de l'eau ? ....

263 Écoutez et cochez la bonne réponse. 29

Exemple : ☒ Oui, je l'ai fait.   ☐ Oui, j'en ai fait.

a. ☐ Non merci, je ne le prends jamais.   ☐ Non merci, je n'en prends jamais.
b. ☐ Oui, ça m'arrive de les acheter.   ☐ Oui, ça m'arrive d'en acheter.
c. ☐ Moi, en tout cas, je les trouve de temps en temps. ☐ Moi, en tout cas, j'en trouve de temps en temps.
d. ☐ Oui, le voilà.   ☐ Oui, en voilà.
e. ☐ Ah, tu les as déjà commandés ?   ☐ Ah, tu en as déjà commandés ?

Grammaire/Conjugaison

f. ☐ Pas de problème, je vais les acheter. ☐ Pas de problème, je vais en acheter.

g. ☐ T'inquiète ! Je te l'apporte tout de suite. ☐ T'inquiète ! Je t'en apporte tout de suite.

264 Complétez avec le pronom qui convient (compléments direct, indirect, partitif).

Exemple : – Tu mets de l'huile sur ton pain, toi ? – Moi ? J'en mets systématiquement.

a. Des œufs de Pâques ? Mon grand-père .... achète tous les ans pour ses petits-enfants.

b. C'est bien Asma qui apportera la boisson ? Mince, j'ai oublié de .... dire !

c. Il est délicieux. Tu me diras le secret ? – Je ne sais pas si je peux .... dire.

d. Je ne trouve pas le lait dans le frigo ! – Normal que tu ne .... trouve pas, il n' .... reste plus.

e. Je mets du sucre dans ton café au lait ? – Mets- .... deux s'il te plaît !

f. Il nous surprend toujours avec d'excellentes recettes. Il .... trouve toutes sur internet.

265 Complétez au passé composé et avec le pronom qui convient.

Exemple : Ils font un vin délicieux dans cette région. Nous n'en avons jamais goûté (ne jamais goûter) d'aussi bon.

a. Elles sont bonnes, ces cerises. Tu .... (acheter) où ?

b. Sans eau, je me serais déshydratée avec la chaleur qu'il faisait. C'est pour ça que je .... (boire beaucoup) l'été dernier.

c. Ça, c'est un plat typique des Antilles. Nous .... (découvrir) chez nos amis de Martinique.

d. Comme elle n'aime pas les anchois, on .... (ne pas mettre) sur sa pizza.

e. Elle fait une excellente confiture de groseilles. Elle .... (donner) pour toute la famille la dernière fois que nous sommes allés chez elle.

f. Cette recette est extraordinaire. Nous .... (déjà faire) plusieurs fois à la maison et tout le monde l'adore.

• L'impératif

L'impératif est utilisé pour donner des ordres, des instructions, des conseils. Il se conjugue sur le modèle du présent de l'indicatif, mais uniquement à trois personnes (tu, nous et vous).

Manger : mange*, mangeons, mangez

*✋ Pas de s avec les verbes en -ER : tu manges → mange ! Sauf devant les pronoms en et y : penses-y ! / manges-en !

Finir : finis, finis, finissons
Boire : bois, buvons, buvez

Trois formes irrégulières courantes :
Être : sois, soyons, soyez
Avoir : aies, ayons, ayez
Savoir : sache, sachons, sachez

On trouve aussi la forme veuillez (vouloir) dans la correspondance : Veuillez trouver ci-joint le fichier PDF.

6 • Des saveurs de partout

266 Choisissez le verbe qui convient et conjuguez-le à l'impératif.

abuser – appeler – apprendre – attendre – avoir – boire – changer – commander – être – éviter – faire – goûter – oublier – penser – présenter – savoir – suivre

Exemple : Ne buvez pas ça chaud ! Attendez un peu. Ça va refroidir !

a. .... attention à votre santé. N'........................... pas des sucreries !
b. .... ton dessert et .... le même que moi si ça te tente.
c. .... le resto pour réserver une table de 4 !
d. .... les plats trop gras. .... mes conseils.
e. .... donc ces insectes. N'........................... pas peur ! Vous verrez. C'est très bon avec un peu de citron, du sel et du piment.
f. Ne .... pas le plat comme ça ! .... à le décorer un peu. N'........................... pas : nous mangeons d'abord avec les yeux.
g. Ne .... pas difficile. .... à manger de tout si tu veux profiter de tes voyages autour de la terre.
h. .... qu'il est important d'avoir une alimentation variée. Vous vivrez mieux.

267 Conjuguez à l'impératif les verbes entre parenthèses.

Exemple : S'il te plait, sois poli et ne parle pas la bouche pleine ! (Être / Parler)

a. Ne .... pas timide ! .... si vous avez aimé ce plat. (Être/Se resservir)
b. Si tu n'as pas le temps de déjeuner, ... un sandwich au moins ! (Se préparer)
c. .... un peu d'eau, ça te rafraichira (Boire)
d. Si vous n'arrivez pas à dormir, ... une bonne infusion. (Se Prendre)
e. Ne .... pas si vite, les enfants ! .... savourer chaque cuillérée. (Manger / Savoir)
f. .... plaisir, ... donc une part de gâteau, Mme Foulon ! (Se faire / Reprendre)
g. .... donc ces arômes. Tu te croirais dans un restaurant d'Istanbul. (Sentir)

268 Choisissez le verbe qui convient et conjuguez-le au présent de l'indicatif ou à l'impératif.

ajouter – aller (2) – apporter – battre – conseiller – cuisiner – être – goûter – laver – prendre – remplir – se réunir – se servir – vouloir

Exemple : Si tu veux manger un fruit, lave-le bien avant.

a. Sa grand-mère .... d'excellents plats indiens.
b. Si tu .... dans ce restaurant, ... leurs desserts. Ils .... délicieux.
c. .... -moi la tarte myrtille mais sans crème chantilly, s'il vous plait.
d. .... votre assiette et vos couverts puis .... à volonté.
e. On .... de boire un verre d'eau avant d'aller se coucher.

Grammaire/Conjugaison

f. Pour les fêtes, nous .... autour d'un grand repas familial.

g. D'abord on .... les oeufs, puis on .... le sucre.

h. Ne .... pas trop son verre, il .... se renverser.

269 Choisissez le verbe qui convient et conjuguez-le au présent de l'indicatif ou à l'impératif.

aller – avoir – choisir – être – (se) faire – finir – lever – manger – oublier – porter – recommander – réserver – savoir – vouloir -

Exemple : Ne mange pas entre les repas !

a. Nous .... le resto pour samedi ? Oui ou non ?

b. .... ce que vous voulez sur la carte. Personnellement je vous .... l'agneau en plat principal.

c. Ne .... pas trop gourmand !

d. .... nos verres et .... un toast à cette excellente nouvelle.

e. N'... pas d'apporter les bougies pour son gâteau d'anniversaire.

f. Tous ces plats .... l'air délicieux. Je ne .... pas lequel choisir.

g. .... ton verre et on y ....

h. Tu .... souvent livrer des plats à domicile ?

• La place des pronoms à l'impératif

– J'ai apporté un gâteau. – Mets-**le** au frais, s'il te plaît !

À l'impératif, on place le pronom après le verbe à la forme affirmative.
Bien sûr que tu peux cueillir des cerises et manges-en autant que tu veux !

On ajoute un **-s** à la première personne des verbes en **-ER** (et tous ceux qui ont une conjugaison similaire - cueillir et dérivés -) s'ils sont suivis du pronom **en**.
Ne le mets pas au frais !
N'en mange pas trop !

A la forme négative, on place ces pronoms devant le verbe.

✋ On ne confondra pas la forme négative **ne** qui devient **n'** devant une voyelle et le pronom **en** qui est invariable : *il n'en a pas !*

---

270 Dites le contraire. Remplacez la forme soulignée par le pronom qui convient.

Exemple : Ne bois pas ce jus de pomme ! → Bois-le ! Il est délicieux.

a. Ne mange pas de fruits ! → .... au moins trois par jour.

b. N'achète pas de tomates ! → ...., c'est la saison.

c. Ne réchauffe pas le plat ! → ...., il est vraiment trop froid.

d. N'avale pas ce médicament ! → .... d'un coup pour ne pas sentir le goût.

e. Ne mange pas la peau ! → ...., elle contient beaucoup de vitamines.

f. Ne prends pas de café ! → .... pour ne pas t'endormir au volant.

g. N'ajoute surtout pas d'huile ! → .... un peu pour donner du goût.

6 • Des saveurs de partout

271 Complétez avec le verbe à la forme qui convient et le pronom manquant.

Exemple : Du sucre, mets-en mais pas trop (mettre). Ce n'est pas bon pour la santé.

a. Ces fraises ? .... ! Elles sont pour toi. (manger)
b. De l'eau ? .... beaucoup avec cette chaleur ! (boire)
c. Ces macarons sont délicieux. Ne .... pas comme ça ! Savoure-les ! (avaler)
d. Des pommes, ... autant que tu veux. C'est bon pour la santé. (manger)
e. Les viandes en sauce ? N'... pas, c'est mauvais pour la santé. (abuser)
f. Tu peux manger un ou deux chocolats mais n'... pas plus ! (prendre)
g. Qu'est-ce qu'elles sont bonnes, ces figues ! ...., tu verras. (goûter)

Bilan

1. Cochez la bonne réponse. (1 point/réponse)

Si, comme spécialité locale, on me propose…

1. une fondue. Je suis certainement…
   a. ☐ en Alsace   b. ☐ en Corse   c. ☐ en Savoie
2. une poutine. Je suis certainement…
   a. ☐ en Wallonie   b. ☐ en Guyane   c. ☐ au Québec
3. une galette-saucisse. Je suis certainement…
   a. ☐ en Normandie b. ☐ en Bretagne c. ☐ en Vendée
4. une quiche. Je suis certainement…
   a. ☐ en Alsace   b. ☐ en Champagne c. ☐ en Lorraine
5. un tajine. Je suis certainement…
   a. ☐ dans la Caraïbe b. ☐ au Maghreb c. ☐ dans le Sud-Est asiatique

Total : …………………… /5

2. Complétez avec la préposition qui convient. (1 point/réponse)

1. Je prendrai une mousse ………………………… chocolat mais ………………………… crème chantilly, s'il vous plaît. Je n'aime pas ça.
2. Son père nous a préparé un risotto ………………… champignons. On l'a dégusté ………………………… un bon petit vin du pays. C'était délicieux !
3. Depuis quelque temps, on ne mange plus que du pain ………………………… gluten à la maison.
4. Pain-beurre demi-sel ………………………… un peu de confiture ………………………… fraise accompagné d'un grand bol de café ………………………… lait, voilà un petit-déj' de rêve !
5. Elle a commandé une tarte ………………………… pommes et lui, une glace ………………………… vanille.

Total : …………………… /5

3. Complétez avec la forme qui convient. (1 point/réponse)

1. J'ai acheté ………………………… limonade et ………………………… jus de fruits pour les enfants.
2. Je ne bois pas ………………………… café au petit déjeuner. Je préfère boire ………………………… thé.
3. Les enfants ne mangeront pas ………………………… poisson. Ils vont plutôt prendre ………………………… poulet et ………………………… frites.
4. Avant, ils ne mangeaient ………………………… pain qu'aux grandes occasions. Au quotidien, c'était ………………………… biscottes.
5. L'oncle Samuel a ramené ………………………… épices de son dernier voyage.

Total : …………………… /5

4. Complétez avec le pronom manquant. (1 point/réponse)

1. – Qu'est-ce qu'on achète comme gâteau pour la fête d'anniversaire d'Alma ?
   – Et si on .... apportait une tarte aux fraises ?
2. – Le plat est froid.
   – Réchauffe-........................... un peu au micro-ondes.
3. – Vous avez goûté la cuisine de Sandrine ?
   – Oui, elle .... a préparé un excellent couscous. Il était fabuleux !
4. – Il a un drôle de goût, ton far !
   – Désolé ! Il est un peu brûlé : je .... ai laissé au four trop longtemps.
5. – On a acheté des crabes sur le marché.
   – Et comment vous .... préparez ?

Total : .... /5

5. Conjuguez à l'impératif les verbes entre parenthèses. (1 point/réponse)

1. Ne .... pas trop la viande. Tu te souviens que je l'aime à point. (cuire)
2. .... un peu de sel mais pas trop. (ajouter)
3. .... manger à la maison samedi prochain. On vous attend à l'apéro. (venir)
4. .... bien la date de péremption des aliments. C'est important, tu sais ? (vérifier)
5. N' .... pas peur d'ajouter un peu de sucre. Vous verrez, ce sera encore meilleur. (avoir)

Total : .... /5

6. Remplacez la forme soulignée par le pronom en. (1 point/réponse)

1. Quand elle était petite, elle mangeait beaucoup trop de bonbons.
   ....
2. Oui, je veux bien reprendre un peu de pâtes.
   ....
3. Il a mis trop de piment dans la sauce !
   ....
4. On me dit que je bois trop de café.
   ....
5. J'adore mettre du lait de coco dans la soupe de poisson, c'est si bon !
   ....

Total : .... /5

Mon score : .... /30

7 • Un citoyen engagé

Vocabulaire

Élire ses représentants au niveau de l'État

En France, le **président de la République** est le **chef de l'État**. Tous les citoyens français participent à son élection. Il s'agit d'un **suffrage universel** direct à deux **tours** qui se tient tous les 5 ans (le **quinquennat** désigne la durée du **mandat** présidentiel), après une longue **campagne électorale**. Au deuxième tour, il ne reste en **ballotage** que les deux **candidats** ayant obtenu les meilleurs résultats aux **urnes** après le **dépouillement** du **scrutin**. Les **électeurs**, c'est-à-dire l'ensemble des citoyens qui ont le **droit de vote**, se rendent aussi aux urnes tous les 5 ans pour élire leurs **députés** dans des **élections législatives** qui se tiennent tous les 5 ans.
Les députés **siègent** à l'**Assemblée nationale**. Les **sénateurs**, eux, sont élus par les **grands électeurs** (députés, sénateurs, **conseillers** régionaux et départementaux et des représentants des conseillers municipaux). Les **députés européens** siègent au **Parlement européen**, dont **le siège est à Strasbourg**.
En France, le **Premier ministre** qu'on appelle aussi **chef du gouvernement** est nommé par le président de la République. Il peut être issu de la majorité parlementaire mais pas nécessairement. Le Premier ministre est chargé de former le **gouvernement** composé de différents **ministères** que dirigent des **ministres**.

272 Reliez les définitions au nom qui convient.

a. C'est le chef de l'État
b. C'est le moment où on ouvre les urnes.
c. Celui qui élit ses représentants.
d. Période pendant laquelle les candidats présentent leur programme.
e. Ils / elles ont à leur charge un ministère.
f. Lieu où les lois sont discutées et votées.
g. Siège du Parlement européen
h. Celui du président est de 5 ans.
i. Les grands électeurs les élisent.

1. électeur
2. Assemblée nationale
3. ministres
4. sénateurs
5. mandat
6. Strasbourg
7. dépouillement
8. campagne
9. Président de la république

273 Retrouvez les mots.

Exemple : E.R.N.U → U R N E

a. N.T.S.U.R.I.C → ....
b. A.L.O.G.L.A.B.T.E → ....
c. D.N.I.C.A.D.T.A → ....

137

7 • Un citoyen engagé

d. P.C.E.A.A.G.N.M → ....
e. O.T.U.R → ....
f. O.E.N.E.C.L.T.O.I → ....
g. T.B.I.U.N.L.L.E → ....

274 Complétez avec les mots de l'exercice précédent. (Faites les accords si nécessaire).

Exemple : Une élection partielle s'est tenue dans le département du Var.

a. On glisse un .... de vote dans une enveloppe.
b. Chaque électeur dépose son enveloppe dans une ....
c. Pour convaincre les électeurs, les candidats partent en .... électorale.
d. Ils ont désigné leur .... pendant le congrès du week end dernier.
e. Si deux candidats passent ensemble au deuxième tour, ils sont en ....
f. Le .... se tiendra en octobre a annoncé le ministre de l'Intérieur.
g. Qui seront les deux candidats qui passeront au second .... ?

275 Associez chacun de ces mots à sa définition.

a. tour
b. vote
c. circonscription
d. loi
e. élection
f. parlement
g. siège
h. constitution

1. choix exprimé par un vote
2. division administrative du territoire
3. chacune des consultations pendant un vote
4. consultation d'un groupe de personnes pour prendre une décision
5. place dans une assemblée
6. forme du gouvernement
7. ensemble de règles juridiques
8. institution représentative

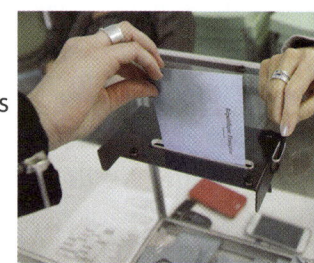

Les lieux du pouvoir

Dans la presse, on emploie souvent des noms de lieux qui sont associés à ce qu'ils représentent :
Le **palais de l'Élysée** (l'Élysée) = résidence officielle du président de la République
Matignon = résidence officielle du Premier ministre
Palais Bourbon = siège de l'Assemblée nationale

Quelques ministères sont parfois aussi désignés par le lieu qu'ils occupent :
Bercy = ministère de l'Économie et des Finances
La **Place Beauvau** = ministère de l'Intérieur

Le **Quai d'Orsay** = ministère de l'Europe et des Affaires étrangères
L'**hémicycle** = l'Assemblée nationale

D'autres lieux ou personnes sont ainsi désignés couramment :
la **Coupole** (l'Académie française) ou l'**Hexagone** pour parler de la France métropolitaine.
Le ministre de la Justice est couramment appelé le **garde des Sceaux**.
Le **perchoir** : nom donné familièrement à l'estrade du Président de l'Assemblée nationale.

Vocabulaire

276 Complétez avec les mots de l'exercice précédent.

Exemple : Le projet a été soumis au vote des députés.

a. Chaque député représente une ....

b. Les pouvoirs de l'Assemblée nationale sont fixés par la ....

c. Les députés ont un .... à l'Assemblée nationale.

d. C'est à l'Assemblée nationale que les .... sont débattues et votées.

e. En France, le .... est formé par l'Assemblée nationale et le Sénat.

f. Les .... législatives permettent d'élire les députés.

277 Cochez la forme qui convient pour terminer la phrase.

Exemple : Les chefs d'État se sont retrouvés pour un dîner au palais de l'Élysée.
  ☐ Ils ont dîné dans l'ancien palais du roi..
  ☒ Ils ont dîné dans la résidence officielle du Président de la République.

a. J'ai entendu une interview du garde des sceaux à la radio ce matin.
  ☐ Le ministre de l'intérieur répondait aux questions des journalistes.
  ☐ Le ministre de la justice répondait aux questions des journalistes.

b. C'est tout l'Hexagone qui est touché par cette mesure exceptionnelle.
  ☐ Elle concerne toute la France métropolitaine.
  ☐ Elle concerne toute la région parisienne.

c. Matignon a refusé de faire des déclarations à la presse.
  ☐ Les services du Premier ministre ont refusé de faire des déclarations.
  ☐ Les services du ministère de la Défense ont refusé de faire des déclarations.

d. Au moment de voter la loi, l'opposition a quitté en bloc l'hémicycle en signe de protestation.
  ☐ Toute l'opposition est partie de l'Assemblée nationale.
  ☐ Toute l'opposition est partie du Sénat.

e. Bercy a imposé sa vision budgétaire aux autres ministères.
  ☐ Le ministère des Affaires étrangères a imposé sa politique.
  ☐ Le ministère de l'Économie et des Finances a imposé sa politique.

f. Que pense la Coupole de la nouvelle orthographe du français ?
  ☐ Qu'en pense le ministère de l'Éducation ?
  ☐ Qu'en pense l'Académie française ?

278 Complétez avec la forme de la liste qui convient.

Bercy – la Coupole – l'Élysée – le garde Sceaux – Matignon – la Place Beauvau – le Quay d'Orsay

Exemple : Les académiciens se réunissent sous la Coupole.

a. Le Premier ministre a rejoint .... de toute urgence.

b. Après les violents affrontements entre manifestants et forces de l'ordre, on attend une déclaration de la ....

7 • Un citoyen engagé

c. Le .... négocie une norme européenne qui sera prête dès l'été.

d. C'est depuis .... que le Président a souhaité la bonne année aux Françaises et Français.

e. Le .... va organiser une table ronde entre juges et avocats.

f. .... a lancé une vaste campagne contre la fraude fiscale.

Régimes et gouvernants

Quand la **souveraineté** est entre les mains de l'ensemble des **citoyens**, on parle de **démocratie**. C'est loin d'être le cas de régimes tels que la **tyrannie** ou la **dictature** : le pouvoir reste entre les mains d'un chef autoritaire (un **tyran**, un **despote**, un **dictateur**) qui détient le pouvoir de façon autoritaire souvent par la force et la privation des libertés fondamentales (individuelles et collectives). Une **république** peut être démocratique mais elles ne le sont pas toutes, même si elles comptent différentes institutions et une division des pouvoirs. Dans une république, en principe, le chef de l'État n'est pas héréditaire. Dans une **monarchie**, le chef de l'État est souvent un **monarque** (un **roi** ou une **reine**) qui a hérité ses fonctions. Dans d'autres cas, la souveraineté est détenue par un petit groupe, c'est une **oligarchie**. L'absence totale d'autorité souveraine, c'est l'**anarchie**.

279 Cochez la bonne case.

Exemple : Une société sans État serait :
   ☒ une anarchie.   ☐ une oligarchie.

a. Quand les citoyens peuvent contrôler les pouvoirs, c'est :
   ☐ une démocratie.   ☐ une république.

b. C'est un roi ou une reine qui détient le pouvoir dans :
   ☐ une dictature.   ☐ une monarchie.

c. La France est :
   ☐ une république.   ☐ une oligarchie.

d. Une société contrôlée par un pouvoir militaire et autoritaire est :
   ☐ une tyrannie.   ☐ une dictature.

e. Un pouvoir détenu par une petite minorité, c'est :
   ☐ une oligarchie.   ☐ une anarchie.

f. Un régime politique qui prive ses citoyens de liberté et s'appuie sur la violence et la cruauté, c'est :
   ☐ une dictature.   ☐ une tyrannie.

280 Complétez avec l'adjectif associé au nom.

Exemple : une démocratie → démocratique

a. une anarchie → ....
b. une monarchie → ....
c. une république → ....
d. une dictature → ....
e. une oligarchie → ....
f. une tyrannie → ....

Vocabulaire

281 **Complétez le texte à l'aide d'un adjectif ou d'un nom de l'activité précédent.**

À la tête d'une ...., il y a un roi ou une reine alors qu'à la tête d'une ...., il y a un .... ou une .... En Europe, les deux cas existent mais ce sont, de toute façon, des États .... Certains reprochent cependant que le pouvoir soit trop concentré, qu'il est entre quelques mains : ils disent que les pays européens sont des .... Ce qui est sûr, ce que les pays d'Europe ne sont pas des régimes ...., ou pis encore des

....

282 **Associez à chacun de ces lieux son représentant. (Certains se répètent).**

1. conseiller
2. député
3. président de la République
4. sénateur

a. Le Conseil départemental
b. Le Sénat
c. Le Conseil régional
d. L'Assemblée nationale
e. Le Palais de l'Élysée
f. Le Parlement européen
g. La mairie
h. Le Conseil des Prud'hommes

(1 → a)

283 **Cochez la bonne case.**

Exemple : À l'Assemblée nationale, les lois sont
☒ votées.   ☐ élues.

a. Le pouvoir législatif est aux mains des
   ☐ conseillers.   ☐ députés.
b. Le Président retrouve ses ministres pour une réunion hebdomadaire. C'est...
   ☐ l'assemblée des ministres   ☐ le conseil des ministres.
c. On peut modifier les textes de loi, on peut les
   ☐ approuver.   ☐ amender.
d. En France, le chef de l'État est le
   ☐ président de la République.   ☐ Premier ministre
e. Lors des élections municipales, on élit
   ☐ les ministres.   ☐ le maire.
f. Familièrement, on dit qu'un ministre s'occupe d'un
   ☐ portefeuille. (de la Santé, de l'Éducation…)   ☐ cartable. (de la Santé, de l'Éducation…)
g. Les députés européens siègent à Strasbourg
   ☐ à la Commission européenne.   ☐ au Parlement européen.

284 **Complétez les textes avec les mots qui manquent.**

citoyens – constitution – *députés* – droite – élections – gauche – gouvernement – groupe – hémicycle – national – partis – premier (x2) – président – présidentielles – quinquennat – référendum – septennat – statut

7 • Un citoyen engagé

a. L'emplacement que les députés occupent à l'Assemblée nationale est à l'origine des notions de .... et de .... En effet, traditionnellement, les députés regroupés en .... politiques occupent l'........................... selon leur position idéologique par rapport à la droite et à la gauche du président.

b. En France, il y a des .... présidentielles tous les cinq ans pour élire le .... de la République. La durée de son mandat est donc un .... C'est le président qui nomme le .... ministre. Celui-ci est généralement issu du .... majoritaire à l'Assemblée nationale. Le .... ministre est chargé de former le ....

c. On peut aussi ponctuellement consulter les .... français sur un sujet particulièrement délicat et considéré d'intérêt .... Ce ne sont pas des .... Dans ce cas, il s'agit d'un .... Ce n'est pas très courant. Il y en a eu sur le .... de la Nouvelle Calédonie, sur le passage du .... au quinquennat ou sur la .... européenne.

285 Écoutez et cochez si c'est vrai ou faux. 30

Exemple : a. ☒ VRAI   ☐ FAUX
b. ☐ VRAI   ☐ FAUX
c. ☐ VRAI   ☐ FAUX
d. ☐ VRAI   ☐ FAUX
e. ☐ VRAI   ☐ FAUX
f. ☐ VRAI   ☐ FAUX
g. ☐ VRAI   ☐ FAUX
h. ☐ VRAI   ☐ FAUX

286 Classez ces mots selon ce qu'ils représentent.

sénateur – chef de l'opposition – gauche – conseiller – droite – socialisme – libéralisme – écologisme – Cour des Comptes – Sénat – ministre – Assemblée nationale – centre – président de l'AN – Ministère – Conseil d'État – député – chef de l'État

Les institutions
Sénat
Les représentants institutionnels
Les courants politiques / idéologiques

Vocabulaire

287 Complétez le texte avec les mots ci-dessous.

amendements – contre – députés – examiner – majorité – ministre – opposition – partis de gauche – pour – projet de loi – s'abstenir – socialistes – voter

Vote à l'assemblée

L'assemblée nationale va .... un nouveau .... du Gouvernement. C'est le .... de l'économie qui le présentera. Ce n'est pas une surprise, la .... présidentielle a annoncé qu'elle votera .... De son côté, l'........................ est divisée. À gauche, les .... ont annoncé la présentation de plusieurs .... et ils pourraient finalement .... Les autres .... ont réaffirmé leur opposition au projet. Ils voteront .... Quant aux .... d'extrême-droite, ils n'ont pas voulu s'exprimer mais ils devraient eux-aussi voter contre.

Des politiques pour une société meilleure

On dit que les **partis politiques** luttent pour la construction d'une **société** plus juste pour leurs **concitoyens** en améliorant...
- le **pouvoir d'achat**, pour réactiver la **consommation des ménages**
- les **politiques éducatives**
- la **qualité de l'emploi** et réduire les risques de **précarité** et de **chômage**.
- la **santé**
- l'accès et au **logement**
- les **égalités sociétales** de tout type (raciale, sexuelle, sociale, etc.).

288 Associez les éléments comme dans l'exemple.

1. Si les travailleurs suspendent le travail pour protester,
2. Quand des personnes descendent dans la rue pour demander quelque chose,
3. Les syndicats négocient avec le patronat
4. Les litiges entre employés et entreprise
5. Le code du travail sert à établir des règles
6. L'employé élu pour représenter ses collègues est
7. On parle souvent des partenaires sociaux pour se référer

a. à suivre sur les lieux et les activités professionnels.
b. se règlent au Conseil des Prud'hommes.
c. à la fois aux syndicats et aux organisations patronales.
d. les révisions des salaires pour l'année prochaine.
e. un délégué syndical.
f. c'est une manifestation.
g. ils se mettent en grève.

Pour protester contre une mesure considérée injuste comme une révision salariale à la baisse, les travailleurs ou les employés organisés en **syndicat** organisent une **grève** – c'est-à-dire un **arrêt de travail** – et elles appellent à descendre dans la rue pour **manifester** leur mécontentement. Leurs **délégués** ou leurs **représentants** ont des **revendications** et ils exigent l'ouverture de **négociations**. Dans le cas de **conflit** individuel, on passe par le **Conseil des Prud'hommes** qui réunit les **agents sociaux** (organisations **syndicales** et **patronales**).

7 • Un citoyen engagé

289 Retrouvez les mots.

Exemple : C.H.Ô.M.A.G.E

a. P _ _ _ _ _ _ _ E
b. G _ _ _ E
c. R _ _ _ _ _ _ _ _ _ _ _ _ _ N
d. P _ _ _ _ _ _ _ E
e. S _ _ _ _ _ _ T
f. C _ _ _ _ _ T

290 Complétez les phrases avec les mots de l'exercice précédent.

Exemple : La crise a provoqué une augmentation du chômage.

a. Les travailleurs menacent de se mettre en ....
b. La patronat est prêt à écouter les .... syndicales.
c. Le gouvernement mène une véritable .... d'austérité.
d. Cette année, tous les .... ont défilé main dans la main à l'occasion du 1er mai.
e. Le ministre annonce des mesures pour lutter contre la .... de l'emploi.
f. Sans négociation, le .... entre la direction et les employés va se durcir.

291 Complétez ces sigles et acronymes à l'aide de la liste ci-dessous.

acquise – association – domicile – interprofessionnel – nations – olympiques – quartier – télévisé – train

Exemple : JO = Jeux olympiques

a. QG = ... général
b. SIDA = Syndrome d'immunodéficience ....
c. FIFA = Fédération internationale de Football ....
d. SMIC = Salaire minimum .... de croissance
e. SDF = sans .... fixe
f. JT = journal ....
g. TGV = ... à grande vitesse
h. ONU = Organisation des .... unies

Quelques sigles courants :
le JT = journal télévisé
le TGV = train à grande vitesse
la PJ = pièce jointe / police judiciaire
le QG = quartier général
une BD = bande dessinée
un CHU = centre hospitalier universitaire
une VO = version originale
PS = post-scriptum / Le PS = parti socialiste
JO = journal officiel

Quelques acronymes courants :
l'OTAN = Organisation du Traité de l'Atlantique Nord
le RU = restaurant universitaire
le SMIC = salaire moyen interprofessionnel de croissance
l'INSEE = institut national des statistiques
la FIFA = Fédération internationale de football
la région PACA = Provence-Alpes-Côte d'Azur

Des politiques pour une société meilleure

On entend « Toucher le RSA » mais qui sait vraiment quels sont les mots que représentent chacune de ces lettres ? C'est le Revenu de Solidarité Active mais que tout le monde connaît sous le sigle **RSA**. En français, pour abréger, on utilise au quotidien une grande quantité de **sigles** : la **SNCF**, un **HLM**, les **APL**, une **ONG**, etc. Certains sigles deviennent des **acronymes**. Dans ce cas, on ne prononce plus les initiales mais on forme un mot qu'on prononce comme tel : un **RIB** [Rib], l'**ONU** [ony], un **OVNI** [ovni]. On a même parfois oublié que certains mots sont des sigles à l'origine comme le **sida**, un **radar**, un **laser**. C'est l'usage qui décide si un mot est plutôt prononcé comme un sigle ou plutôt comme un acronyme.

Vocabulaire

292 Complétez ces phrases avec le sigle ou l'acronyme de l'activité précédente.

Exemple : Il y a toujours d'importants enjeux économiques et politiques autour de l'organisation des JO.

a. J'ai vu l'info au .... de 20h.

b. Les principaux responsables ont attendu les résultats au .... du parti.

c. Malgré les progrès réalisés, le .... continue à faire des ravages dans beaucoup de coins du monde.

d. La .... a décidé d'annuler la prochaine Coupe du monde.

e. L'aggravation de la crise a fait augmenter le nombre de ....

f. Comment voulez-vous acheter un logement en touchant même pas le .... ?

g. Plusieurs parlementaires ont renoncé à l'avion et prennent donc le .... pour rentrer chez eux le week end.

h. Le Conseil de Sécurité de l'.. a exigé à l'unanimité un cessez-le-feu dans la région.

293 Complétez avec les sigles qui conviennent.

BD – OVNI – ONG – RIB – RU – SNCF – VO

Exemple : On vous le demande pour obtenir vos coordonnées bancaires : le RIB

a. La soucoupe volante en est un : un ....

b. C'est la compagnie de chemin de fer française : la ....

c. Hergé, Morris, Zep, Sihachakr en sont des auteurs reconnus : la ....

d. Le doublage est tellement mauvais parfois qu'on la préfère : la ....

e. Elles luttent pour une société plus juste : les ....

f. C'est là où on peut se restaurer à l'université : le ....

La justice

Aux côtés du pouvoir exécutif (le gouvernement) et du pouvoir législatif (Assemblée nationale), on trouve le **pouvoir judiciaire**. La **justice** se charge de l'application des lois dans les tribunaux (un tribunal) où on trouve les **juges**, qui dirigent le **procès** et, après délibération des **jurés**, prononcent la **sentence** qui peut comprendre des **peines** plus

ou moins lourdes, ou au contraire l'**acquittement** du prévenu. Il y a aussi les **avocats** de l'**accusation** qui représentent les **victimes** qui chercheront les **aveux** de l'accusé et sa **condamnation** ; ceux de la **défense** feront tout pour obtenir la **libération** de leur client. Le ministère public est représenté par le **procureur** qui mènera un **réquisitoire** contre le prévenu.

7 • Un citoyen engagé

294 Entourez la forme qui convient.

Exemple : Le juge a (prononcé) / dicté / avoué une peine de 10 ans pour le prévenu.

a. L'avocat a fait un plaidoyer/une sentence/une accusation remarquable en faveur de l'acquittement de son client.
b. Le détenu est sorti après avoir / acquitté / purgé / ni sa peine.
c. L'assassin a avoué / purgé / acquitté son crime.
d. Il a été avoué / reconnu / admis coupable de plusieurs délits contre le fisc.
e. Elle a mené / porté / fait plainte contre son agresseur.
f. Les suspects ont été remis / portés / mis en liberté faute de preuves.
g. La juge a ordonné / donné / plaidé l'incarcération immédiate des auteurs du crime.

295 Retrouvez les mots de la justice.

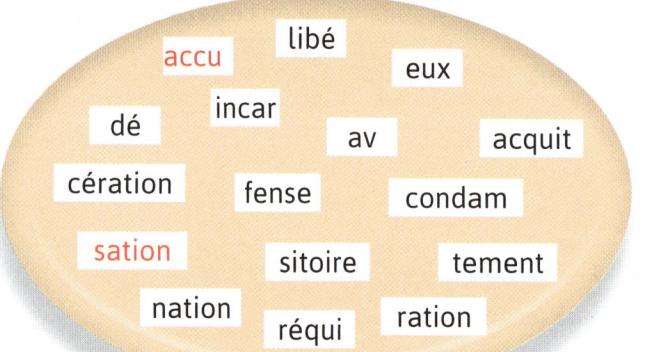

accusation

....

....

....

....

....

....

296 Complétez les phrases avec les mots de l'exercice précédent.

Exemple : L'avocate de la défense demande qu'on mette fin à l'incarcération de son client immédiatement.

a. L'avocat de la .... a demandé la relaxe de son client en l'absence de preuves.
b. Les jurés ont demandé l'.. du prévenu malgré le dur réquisitoire du procureur.
c. Les manifestants exigent la .... immédiate de leur représentant.
d. Après une nuit d'interrogatoire, le prévenu est passé aux ....
e. Le procureur a demandé dans son .... l'application de la loi envers l'accusé.
f. Le verdict est tombé : .... à 3 ans de prison ferme !

297 Associez chaque nom à sa définition.

a. Juge
b. Prévenu
c. Coupable
d. Avocat
e. Juré
f. Procureur
g. Victime
h. Innocent

1. Défend une cause ou une personne.
2. Est poursuivi par la justice et attend son jugement.
3. N'est pas responsable des actes dont on le soupçonne.
4. Représente les intérêts du ministère public.
5. A subi un préjudice, corporel, moral ou matériel.
6. Participe temporairement à l'exercice de la justice
7. Est légalement responsable d'un délit.
8. Rend la justice selon les termes de la loi.

(a → 8)

Vocabulaire

298 **Cochez la bonne réponse.**

	Vrai	Faux
Exemple : Placer en garde à vue : « détenir provisoirement une personne suspectée d'un délit. »	☒	☐
a. Mettre en examen : « Faire passer un test de mensonges à un suspect »	☐	☐
b. Porter plainte : dénoncer devant la justice un délit dont on a été victime.	☐	☐
c. Se rendre coupable d'un délit : Se dit d'un délinquant qui avoue sa culpabilité devant les juges.	☐	☐
d. Bénéficier d'une remise de peine : Revoir à la baisse les années de prison d'un condamné.	☐	☐
e. Lancer un appel à témoin : Quand la police demande à travers les médias en général s'il y a des témoins d'un délit.	☐	☐
f. Faire appel : Moment où le prévenu peut se défendre devant les juges.	☐	☐
g. Libérer sous caution : Quand le juge autorise la mise en liberté d'un détenu en échange d'une garantie économique.	☐	☐

299 **Placez les expressions de l'activité précédente dans les phrases suivantes. Conjuguez si nécessaire.**

Exemple : Le détenu a bénéficié d'une remise de peine en raison de son bon comportement.

a. Plusieurs manifestants ont été arrêtés et ....
b. Après l'accident, la police a ....
c. Elle est allée à la gendarmerie pour .... après s'être fait voler son sac à main.
d. Une personne soupçonnée d'un délit peut ....
e. Malgré les preuves contre lui, le juge a autorisé sa mise en liberté ....
f. Comme il n'a pas déclaré l'entrée de ces produits à la douane, il .... d'un délit.
g. La sentence n'est pas définitive. L'accusé peut encore ....

Accord / désaccord / opinion

Pour exprimer son **avis**, il y a plusieurs expressions. Si on **approuve** une action, une idée, on **est d'accord**, on **est pour** mais on peut aussi y **être opposé**, **être contre** ou **être en désaccord**, c'est-à-dire **désapprouver**. Et on peut extérioriser cette opinion ou cet avis : on **se prononce pour ou contre** et on peut introduire cette prise de position avec des expressions comme **à mon avis**, **selon moi**, **d'après moi**...
Si on n'est pas sûr de la position à prendre, on peut dans un premier temps **peser le pour et le contre** puis on prendre une décision, on **tranche** en faveur d'une des deux positions. Mais si on hésite encore, on peut **rester neutre** et ne choisir aucune des deux options.

300 **Réécrivez la phrase à l'aide de l'élément entre parenthèses.**

Exemple : Je pense qu'il ne viendra pas. (avis) → À mon avis, il ne viendra pas.

a. Je suis contre cette mesure. (s'opposer)
....
b. Une grande majorité est d'accord avec la position du gouvernement. (approuver)
....

7 • Un citoyen engagé

c. Il trouve que c'est une grave erreur de la part de l'opposition. (D'après)

....

d. Nous sommes contre cette nouvelle loi. (désapprouver)

....

e. Nous pensons que la mesure sera difficilement applicable. (Selon)

....

f. Vous voyez bien que dans la pratique, ce n'est pas faisable ! (se rendre compte)

....

g. Tu ne devrais pas protester comme ça ! (tort)

....

301 **Choisissez la réaction la plus appropriée à la situation.**

Exemple :   Cette réaction n'était pas prévue. Elle nous réjouit tous.
   ☒ Quelle surprise !   ☐ Quel scandale !

a. Même les députés de l'opposition ont voté pour le texte du gouvernement !
   ☐ C'est étonnant !   ☐ C'est injuste !

b. Cette loi a été approuvée sans passer par l'Assemblée nationale ?
   ☐ C'est bizarre !   ☐ C'est fantastique !

c. Tout ce bruit à une heure aussi avancée de la nuit,
   ☐ C'est insupportable !   ☐ C'est excellent !

d. On annonce une baisse généralisée des tarifs dans les transports !
   ☐ C'est scandaleux !   ☐ C'est génial !

e. Franchement, cette loi n'a vraiment pas de sens !
   ☐ C'est absurde !   ☐ C'est excellent !

f. Il était de temps de prendre une mesure comme celle-ci !
   ☐ C'est formidable !   ☐ C'est nul !

Les expressions pour parler au futur.

On peut parler de l'avenir avec des mots comme **demain**, **après-demain** ou l'introduire avec la préposition **dans** : *dans 24h / une semaine / trois mois / quatre ans* ou la locution **d'ici** : *d'ici 3 à 4 jours / une semaine*.

L'adjectif **prochain** permet aussi de se projeter dans l'avenir : *la semaine prochaine / le mois prochain / l'année prochaine*.

On peut rester plus vague avec un adverbe comme **prochainement** ou une locution comme **à l'avenir**.

Grammaire/Conjugaison

302 Complétez avec les expressions du futur qui conviennent.

Exemple : À l'avenir, nous serons plus attentifs aux options proposées.

a. Désolé, Madame, on ferme à 17h le lundi. Mais .... et tout le reste la semaine, on ferme à 18h30.

b. Il veut une réponse .... les 24 h.

c. Le week end arrive, je préfère qu'on en parle ....

d. On annonce que ce livre sera .... disponible dans les librairies.

e. On n'est pas à un jour près : si tu ne peux pas demain, tu pourras peut-être ....

f. Entre le moment de votre demande et la réponse de l'administration, il faut bien compter quelques semaines. Donc, si vous revenez .... un mois environ ce sera bon.

Grammaire/Conjugaison

> • **L'expression de la concession**
>
> **Même si** la loi change, je ne suis pas certain que la situation s'améliore.
>
> La **concession** permet de nuancer un propos, une idée. Plusieurs mots permettent d'exprimer la concession avec plus ou moins d'intensité. C'est ce degré d'intensité qui peut rapprocher la concession de l'opposition (cf. chapitre 12).
> – Cependant / pourtant / toutefois
> – Même si / malgré
> – Quand même
> – Avoir beau (idée d'effort inutile)

303 Écrivez ces phrases avec l'expression « avoir beau ».

Exemple : (Être) frères, vous n'êtes jamais d'accord entre vous.
   Vous avez beau être frères, vous n'êtes jamais d'accord entre vous.

a. Avoir les mêmes objectifs / chacune d'elles emprunte des chemins différents pour les atteindre.
   ....

b. (Faire) des efforts, ce n'est pas simple pour nous de changer nos habitudes.
   ....

c. (Prendre) des mesures strictes, elles n'arrivent pas à résoudre le problème.
   ....

d. (Obtenir) la confiance du président, il a présenté sa démission.
   ....

e. (Donner) des explications à l'opposition, il ne réussit pas à la convaincre.
   ....

f. Certains représentants (vouloir) faire changer les choses, la pression extérieure freine beaucoup leurs initiatives.
   ....

7 • Un citoyen engagé

g. Le président (insister) devant les journalistes, il a eu du mal à leur faire croire les nouvelles promesses.
....

h. Les journalistes (poser) des questions sur la situation / le porte-parole refuser de faire des déclarations.
....

304 Transformez les phrases en utilisant « même si ».

Exemple : Malgré leurs désaccords, ils sont parvenus à signer une nouvelle convention.
→ **Même s'ils ont des désaccords, ils sont parvenus à signer une nouvelle convention.**

a. Malgré les doutes exprimés par le Conseil d'Etat, les députés ont voté la loi.
....

b. Malgré les protestations dans la rue, le Gouvernement a fait passer la loi.
....

c. Malgré une opinion plutôt favorable de ses concitoyens, le maire a renoncé au projet.
....

d. Malgré la mobilisation des électeurs, on continue à trouver que la participation aux élections reste faible.
....

e. Malgré l'intensité des débats, les députés ont largement appuyé la nouvelle loi.
....

f. Malgré les demandes répétées de démission, le député ne renonce pas à son mandat.
....

305 Entourez la forme qui convient.

Exemple : Tu as .... protester, il faut respecter la loi.
  même si / mais / **(beau)**

a. Les citoyens ne sont peut-être pas contents mais ils ont *quand même / beau / même si* voté pour le président.

b. *pourtant / même si / malgré* les bons résultats économiques, les électeurs ont opté pour le changement.

c. La crise risque de faire augmenter le chômage et *malgré / même si / pourtant* les sondages continuent d'être favorables au Gouvernement.

d. L'opposition monte dans les sondages *pourtant / malgré / même si* son discours est sans substance.

e. Remonter dans les sondages ne sera pas simple ; le premier ministre veut *même / même si / quand même* y croire.

f. Le discours écologiste a fait son entrée dans tous les programmes politiques. On s'interroge *même si / toutefois / malgré* sur la sincérité des intentions.

Grammaire/Conjugaison

306 Faites une seule phrase en utilisant le mot entre parenthèse.

Exemple : Les manifestants étaient nombreux. / Le préfet a refusé de recevoir leurs représentants. (et pourtant)

Les manifestants étaient nombreux et pourtant le préfet a refusé de recevoir leurs représentants.

a. De nombreux scandales ont éclaté sous son mandat / le premier ministre compte bien se représenter aux élections. (malgré)

....

b. Le vote par correspondance est une option intéressante / plusieurs candidats ne sont pas forcément pour. (même si)

....

c. Les bureaux de vote ferment à 20h / la plupart des électeurs ont fait le choix d'aller voter tôt. (néanmoins)
On dispose d'internet pour mener une campagne électorale / candidats et électeurs regrettent le temps des meetings. (avoir beau)

....

d. Les députés sont élus au suffrage direct / les sénateurs, eux, sont élus par les « grands électeurs ». (mais)

....

e. Les députés ont voté la loi / ils ont introduit quelques amendements présentés par l'opposition. (quand même)

....

307 Complétez avec la suite logique.

Exemple : Je suis allé voter même si
  ☒ aucun candidat ne me convainc vraiment.
  ☐ je trouve que c'est très important de le faire.

a. Le commissaire a eu beau l'interroger,
  ☐ il n'est pas passé aux aveux.   ☐ il a tout avoué.

b. Malgré son net avantage,
  ☐ c'est sûr qu'il va gagner.   ☐ ce n'est pas sûr qu'il gagne.

c. C'est certainement bien, néanmoins
  ☐ je suis pour.   ☐ je suis contre.

d. Le détenu risque une forte peine de prison même si
  ☐ son avocat l'a très mal défendu.   ☐ son avocat l'a très bien défendu.

e. Malgré les avis contraires à la poursuite des actions en justice,
  ☐ il a continué.   ☐ il n'a pas continué.

f. Les députés ont eu beau débattre toute la nuit,
  ☐ ils sont arrivés à signer un accord. ☐ ils n'ont pas pu trouver un accord.

7 • Un citoyen engagé

308 **Complétez les phrases avec l'expression de concession qui convient.**

avoir beau (x 2) – cependant – malgré (2) – pourtant (2) – quand même (x 2)

Exemple : Il pleut. Cependant il est sorti sans parapluie.

a. Il est sorti sans parapluie .... la pluie.
b. Il pleut ; il est .... sorti sans parapluie.
c. Il .... pleuvoir, il est sorti sans parapluie.
d. Il est sorti sans parapluie. .... il pleut.
e. Les projets continueront, ... la crise.
f. La crise est profonde et .... les projets continueront.
g. La crise est profonde. Les projets continueront ....
h. La crise .... être profonde, les projets continueront.

> **• Indiquer la manière**
>
> **Les étudiants ont manifesté pacifiquement devant la préfecture. • Il est entré bruyamment dans la pièce.**
>
> Pour indiquer la manière, on utilise principalement les adverbes en -ment. Leur formation est simple en général : adjectif au féminin + ment : fraiche → fraichement, fière → fièrement, partielle → partiellement
> Les adjectifs terminés en -e : rapide → rapidement
> Il y a des exceptions à la règle générale : joli → joliment, vrai → vraiment, gentil → gentiment, brève → brièvement, précipité → précipitamment, précise → précisément
> Si l'adjectif se termine en -ant ou -ent, l'adverbe prend la forme -mment : savant → savamment, patient → patiemment
> Dans le cas des adverbes dérivés des adjectifs en -ent, on prononce : violemment [vjɔlamã].

309 **Complétez avec la forme adverbiale de l'adjectif entre parenthèses.**

Exemple : Il parle trop doucement, on va s'endormir. (Doux)

a. Le juge s'est .... adressé au prévenu. (Direct)
b. Selon les enquêteurs, elle a .... participé au crime. (Probable)
c. La sentence a été .... critiquée dans les médias. (Vif)
d. Nous avons .... des preuves irréfutables contre lui. (Certain)
e. Les jurés ont écouté .... le plaidoyer de la défense. (Attentif)
f. Le procureur a .... remis en cause les alibis présentés. (Dur)
g. Ce témoignage a remis .... en cause la thèse de la partie civile. (Radical)

> Certaines formes en **-ment** s'éloigne de leur valeur d'adverbe de manière : **heureusement** (par bonheur), **vraiment** (véritablement mais aussi certainement), **carrément** (nettement)

Grammaire/Conjugaison

310 Réécrivez la phrase en remplaçant la forme soulignée comme dans l'exemple.

Exemple : Il a réagi de façon violente.
Il a réagi violemment.

a. On lui a demandé d'attendre avec patience.
....

b. Je pense qu'elle l'a dit de façon inconsciente.
....

c. Elle a déjoué d'une façon intelligente les pièges tendus par le procureur.
....

d. Nous avons été attaquées d'une façon très méchante par ce type.
....

e. On entend ces arguments avec fréquence.
....

f. Le commissaire sait qu'il doit avancer avec prudence dans cette affaire.
....

g. L'anglais qu'il parle est très courant.
....

311 Complétez les phrases avec l'adverbe de manière qui convient.

définitif – étonné – évident – franc – fréquent – gentil – poli – volontaire – vrai

Exemple : Je ne mens pas, je suis franchement content d'apprendre ta venue.

a. Malgré les insultes qu'il lui proférait, l'agent a .... répondu.

b. Ce n'est pas le hasard : il a .... placé l'objet à cet endroit pour confondre les enquêteurs.

c. Tout le monde avait l'air étonné, mais nous, nous n'étions .... pas surpris par ses déclarations.

d. La nouvelle recrue a été .... accueillie par ses collègues.

e. Je ne dirais pas qu'il prend tous les jours le train mais en tout il le prend ....

f. On ne la verra plus : elle est .... partie.

g. Nous ne sommes .... pas d'accord avec cette mesure.

Bilan

1. Entourez la forme qui convient. (1 point/réponse)

a. La loi a bien été votée mais elle n'entrera en vigueur qu'une fois publiée dans le *Journal / Bulletin officiel*.
b. Les élections législatives comprennent deux *tours / rondes*.
c. Le juge a ordonné *l'incarcération / l'amende* immédiate du jeune homme après qu'il a reconnu les faits.
d. Tout l'information est disponible dans le document en *PJ / PS* de mon email.
e. Le juge va écouter *le verdict / la sentence* des jurés.
f. De combien de *députés / conseillers* l'Assemblée nationale est-elle composée ?
g. Gabriel a décidé de se présenter aux prochaines *élections / urnes* municipales.
h. Pour se loger, beaucoup d'étudiants sont bénéficiaires des *APL / du RSA*.
i. Les syndicats ont annoncé une *grève / manifestation* dans les transports.
j. Les ministres *s'assoient / siègent* au Conseil des ministres.

Total : .... /10

2. Transformez les phrases en utilisant la locution « avoir beau ». (1 point/réponse)

a. Les partis politiques essaient de séduire leur électorat ; la distance se creuse pourtant entre les élus et le reste de la société.
....

b. Ils ont fait de jolis discours d'engagement écologique même si on savait bien que ça serait difficile à mettre en place.
....

c. Les citoyens entendent des promesses de changements dans la société ; ils perçoivent quand même bien que celles-ci n'auront pas vraiment lieu.
....

d. On dirait qu'aucun accord n'est en vue. Syndicats et patronat se sont pourtant réunis plusieurs fois.
....

e. Même si les sondages montrent une claire avance du candidat local, rien n'est encore joué.
....

f. Même si des solutions existent, personne ne semble disposer à céder.
....

g. Elle occupe la tête des sondages. Ce n'était pourtant pas la candidate favorite de son propre parti.
....

h. On ne peut pas se déplacer pour voter. On peut quand même le faire en ligne.
....

i. L'avocat a fait un superbe plaidoyer mais il n'a pas convaincu le jury.
....

j. Même si les risques sont bien réels, personne ne veut annuler les élections.
....

Total : .... /10

3. **Choisissez la forme qui convient le mieux. (1 point/réponse)**

a. Ce n'est quand même / même si pas parce que la participation a été élevée qu'il a la garanti de passer au second tour.

b. Même si / Pourtant le taux de chômage a baissé, il reste élevé.

c. Il a perdu les élections pourtant / malgré son énorme investissement dans la campagne des législatives.

d. L'entreprise est parvenue à un accord avec les syndicats qui doit quand même / pourtant encore être soumis au vote des militants.

e. Selon la police, les preuves sont suffisantes. Pourtant / Même si le juge préfère le maintenir en liberté.

Total : .... /5

4. **Complétez avec l'adverbe en -ment qui convient. (0,5 point/réponse)**

absolu – conscient – direct – doux – entier – gentil – malheureux – merveilleux – patient – précipité – réel – subtil

a. Nous lui avons .... fait comprendre de ne pas continuer.

b. Elle lui a .... dit non.

c. Nous sommes .... convaincus que tout s'arrangera.

d. Est-il .... venu ?

e. Vous êtes donc venus .... ? Sans faire de pause ?

f. Il a dû partir ....

g. Ils ont .... raison.

h. Nous n'avons .... rien pu faire.

i. Nous avons été .... reçus chez nos amis.

j. Je ne pense pas qu'il l'ait fait ....

Total : .... /5

Mon score : .... /30

8 • Quel monde pour demain ?

Vocabulaire

 Quel monde pour demain ?

Depuis plusieurs années, les scientifiques tirent les sonnettes d'alarme pour sensibiliser les gouvernements et les citoyens du **danger** qui menace notre planète. En effet, la **pollution**, le **réchauffement climatique**, la **fonte des glaciers**, l'**extinction** de certaines espèces vivantes et le **développement technologique** de notre époque sont tous liés d'une manière ou d'une autre à notre train de vie moderne. Si nous ne changeons pas nos habitudes, les générations à venir hériteraient d'un monde en **ruine**. Elles n'auront plus d'eau, plus de **ressources naturelles** et leur **écosystème** sera fortement perturbé dû à la disparition de certains **animaux** et **végétaux**. Pour remédier à cela, plusieurs nouveaux réflex devraient être adoptés comme : encourager l'**agriculture biologique** en mangeant sain, réduire sa consommation des **énergies polluantes** (gaz, électricité, essence, etc.), éviter les matières **non biodégradables** (le plastique, le caoutchouc, le verre, le métal), favoriser le **recyclage** maison (**réutilisation** des objets), acheter des articles de seconde main, encourager les **industries véganes** et respectueuses de l'**environnement**, etc.
Toutes les actions que nous pouvons effectuer à notre petite échelle participent grandement à la **préservation** de notre environnement et aident à garder un monde sain, voire meilleur pour les enfants de demain.

312 Mettez les lettres dans l'ordre pour trouver les mots.

Exemple : G.A.R.I.C.U.T.U.L.E.R = Agriculture

a. N.M.T.N.E.N.E.V.N.R.I.O.E = ...
b. G.E.C.A.L.E.R.Y = ...
c. R.E.P.R.A.T.V.E.N.I.S.O = ...
d. A.G.E.N.V = ...
e. L.E.I.G.I.O.B.O = ...
f. L.M.A.C.I.T = ...
g. O.N.U.L.I.T.O.P.L = ...
h. S.I.E.G.N.R.E.É = ...

313 Reliez le verbe à l'action.

a. Polluer
b. Ruiner
c. Encourager
d. Réduire → Préservation
e. Réutiliser
f. Perturber   Détérioration
g. Favoriser
h. Disparaitre
i. Remédier

Vocabulaire

314 Toutes les syllabes mélangées forment des mots en rapport avec l'environnement. Retrouvez-les.

Exemple : Biologique

....
....
....
....
....
....
....

Syllabes : dég, gies, ble, tion, da, ni, Bio, A, taux, ffement, maux, gé, sys, lo, chau, ra, É, Gla, co, Bio, gi, Éx, tinc, Ré, Éner, tème, Vé, ciers, que

315 Placez les mots de l'exercice précédent dans les phrases suivantes

Exemple : La biologie s'intéresse à l'être vivant et la vie dans son ensemble et son fonctionnement.

a. Des milliers d'activistes rejoignent l'organisation Greenpeace tous les ans afin de défendre les ....

b. Il est nécessaire d'encourager la consommation à base d'éléments ....

c. Les .... renouvelables sont l'avenir de l'humanité.

d. L' .... de certains espèces menace l'équilibre de la vie sur terre.

e. Les conséquences du .... climatique peuvent être la sécheresse dans certaines régions du globe et les inondations dans d'autres.

f. La disparition d'un être vivant, même minuscule, est un danger certain pour tout l' .... qui repose sur l'interrelation de toutes ses composantes.

g. Les .... fondent, ceci menace la survie des espèces vivantes des pôles nord et sud.

h. Les modifications génétiques qu'ont subies les .... ces dernières années sont nocifs pour la santé. Il faut relancer l'agriculture biologique.

316 Écoutez et complétez les phrases. 🔊 31

a. Nous n'avons pas préservé l'... donc notre survie est menacée.

b. Si la .... est malade, nous le serons aussi parce qu'elle est notre source de nourriture et d'eau potable.

c. Grâce aux efforts de chacun, nous pouvons sauver la .... et éviter une catastrophe.

d. L'air que nous respirons ne comporte pas que l'oxygène, il contient beaucoup d'autres choses, c'est pourquoi nous devons veiller à ne pas polluer notre ....

e. Si le .... change, quelques populations se verront obligées de quitter leur territoire pour aller vivre dans les régions épargnées, par conséquent des conflits territoriaux éclateront.

f. La .... est la variété des espèces animales et végétales où la survie de chacun permet la survit de l'homme puisque les plantes et les animaux contribuent à la découverte des médicaments.

8 • Quel monde pour demain ?

g. L'homme est dépendant de tous les .... qui l'entourent ainsi il ne pourra pas survivre s'ils se détériorent malgré toute l'avancée technologique dont il bénéficie.

h. À cause de la .... des tonnes de déchets sont produits chaque jour dont beaucoup prennent des centaines d'années à se dégrader.

317 Écoutez les phrases et écrivez-les. 🔊 32

a. ....
b. ....
c. ....
d. ....
e. ....
f. ....
g. ....
h. ....

318 Remettez les lettres dans le bon ordre pour construire des mots.

Exemple : H.N.E.M.E.P.O.E.N = phénomène

a. N.U.S.I.Q.B.A.E ....
b. F.E.N.E.F.M.A.R.C.U.H.T.E ....
c. P.O.T.E.R.A.C.S.H.A.T ....
d. E.P.A.R.M.É.T.U.R.T.E ....
e. S.C.É.T.D.E.H ....
f. X.E.Q.O.I.T.S.U ....
g. L.A.N.E.R.A.P.T.N.I.O ....
h. A.T.O.R..D.I.N.É.T.A.O.F.E.S ....

319 Associez l'action écologique à l'image qui lui correspond.

Trier ses poubelles – sauver un animal en danger – cuisiner une fois par jour – réduire sa consommation d'eau – utiliser un sac en tissu – favoriser les emballages en papier – consommer des produits bio – planter un arbre – utiliser des énergies renouvelables.

Cuisiner une fois par jour

Vocabulaire

320 Mettez les phrases dans l'ordre.

Exemple : ta / dois / Tu / attention / faire / à / consommation.
> Tu dois faire attention à ta consommation.

a. La / nature / son / équilibre / biodiversité / à / de / permet / la garder
....

b. pour / tous / plastique / nocif / est / Le / vivants / les / organismes.
....

c. ours / Les / polaires / d'extinction / menacés. / sont
....

d. bon / bio / Consommer / encourage / santé. / produits / des / les / agriculteurs / et / est / pour / la
....

e. ne / Il / de / faut / l'eau / quand / l'utilise / couler / éviter / on / pas. / laisser
....

f. terre / la / tremblements / Les / réchauffement / sont / de / du / climatique / conséquence.
....

g. polluant / est / Le / carbone / de / dioxyde / très.
....

h. Les / plus. / s'élargissent / renouvelables / de / plus / en / énergies
....

8 • Quel monde pour demain ?

Écologie : vers de nouvelles formes de tourisme

Parmi les secteurs dits **énergivores**, nous retrouvons le tourisme. Ce dernier, qui représente à lui seul 8 % des **émissions mondiales de gaz à effet de serre** est à la recherche d'un nouveau modèle qui lui permettrait de réduire son **empreinte carbone**.
La France, première destination touristique dans le monde avec 90 millions de visiteurs par an, a un important rôle à jouer dans ce domaine. On parle aujourd'hui de **tourisme responsable**, **solidaire**, **équitable** ou **communautaire**.
Pour commencer cette **transformation écologique**, **des écosites** proposent des solutions d'hébergement en totale **autonomie énergétique**. C'est-à-dire que les participants auront la possibilité de passer la nuit dans des tentes équipées de **panneaux solaires** qui serviront à éclairer leur campement.
Plusieurs autres initiatives devraient permettre l'accélération de la transition **énergétique** de ce secteur à l'instar de la start-up qui a eu l'idée de **micro-hôtels autosuffisants** et **mobiles** sans impact sur leur **environnement** et permettraient de ne pas épuiser les **ressources locales**.
L'Hyperloop, projet **futuriste**, mais bien plus « réaliste » qu'on ne le croit, pourrait également accélérer cette transformation. Si ce projet devait aboutir, ce train à très grande vitesse, beaucoup plus rapide que le TGV, sera sans doute LE moyen de transport touristique « **zéro carbone** » de demain...

D'après *Les échos en ligne*, le 28 oct. 2020.

321 Cochez la bonne réponse.

	VRAI	FAUX
Exemple : Le secteur du tourisme est en plein transformation écologique.	☒	☐
a. Le tourisme représente 90 % de la pollution dans le monde.	☐	☐
b. Des solutions sont en cours pour augmenter l'empreinte carbone.	☐	☐
c. La France ne fait pas de propositions pour le tourisme responsable.	☐	☐
d. Il existe des tentes autosuffisantes en énergies.	☐	☐
e. L'Hyperloop est un avion à très grande vitesse « zéro carbone ».	☐	☐
f. Les micro-hôtel mobiles puisent dans les ressources locales de chaque région.	☐	☐
g. Toutes les idées proposées permettent de réduire l'impact sur l'environnement.	☐	☐
h. Ces projets futuristes sont loin de voir le jour.	☐	☐

Vocabulaire

322 Complétez les mots croisés.

Vertical
1. L'interaction des êtres vivants entre eux et avec leur milieu naturel.
2. Matériau qui nécessite 400 ans à se dégrader et qui constitue toute la chaine alimentaire.
3. De nature à durer dans le temps.
6. Action de réintroduire des matériaux en fin de cycle dans la reconstruction de nouveaux objets.

Horizontal
4. Couche gazeuse qui entoure la terre.
5. Issu de l'agriculture biologique.
7. Caractère d'un matériel capable de produire du travail.
8. Ensemble des systèmes et des phénomènes naturels.

323 Associez l'action à l'image qui correspond à l'image

déchet dans les mers – énergie solaire – véhicules polluants – énergie éolienne – déversement des eaux usées – usine polluante – voiture écologique – énergie hydraulique

....

....

....

....

....

....

....

déversement des eaux usées

8 • Quel monde pour demain ?

324 Cochez toutes les actions qui contribuent au développement de l'écotourisme.

Actions	Écotourisme
Exemple : Remplacer les serviettes d'hôtel tous les jours.	
Réduire le nombre de véhicule à utiliser pendant le séjour.	
Consommer local pour encourager l'économie locale.	
Prendre les transports en commun pour polluer au minimum.	
Voyager en avion quand on peut y aller par bus.	
Ne pas gaspiller l'eau, une ressource vitale pour les locaux.	
Ramener un animal avec soi pour le retour : tortue, oiseau, lézard, etc.	
Utiliser des produits de toilettes biodégradables.	
Se promener à pieds, à vélo, etc	

325 Associez les images aux mots ci-dessous.

atmosphère – énergies renouvelables – véhicule polluant – émission de CO2 – animaux menacés – déforestation – poubelles de tri – fonte des glaciers – tempête

....

....

....

....

....

tempête

....

....

....

Vocabulaire

326 Complétez les phrases avec les mots ci-dessous.

Banquise – poubelles – pouvoir – tendance – trains – CO$_2$ – maladies – saint – recyclage – naturel – nocifs – organisme – inondation – écosystème

Exemple : Les animaux du grand froid peinent à survivre à cause de nos gestes quotidiens.

a. Il existe plusieurs sortes de ……………………………… de ……………………………… . Elles sont un code couleur pour différencier leur contenu.

b. La réduction de l'émission du ……………………………………………………………………… est devenue nécessaire.

c. La fonte des glaciers a pour conséquence l'………………………………… de la ……………………………et la disparition de ses animaux.

d. Les voitures, les ……………………………………… et les avions écolos sont l'avenir des transports.

e. Plus il y a de gaz ……………………………… dans l'atmosphère plus il y aura des ……………………………respiratoires.

f. La replantation des arbres est obligatoire pour assurer le bon fonctionnement de l'………………………………

g. Le mode de vie ……………………………… est de plus en plus ……………………………, les gens privilégient le ……………………………

h. Les plantes ont un ……………………………………… magique sur notre ………………………………

Le réchauffement climatique

Le réchauffement climatique est **le phénomène** de l'augmentation **de la température moyenne** des **océans** et **de l'atmosphère** qui se produit dans le monde entier.
Ce phénomène est causé par **l'augmentation des gaz à effet de serre** dans l'atmosphère. Parmi eux, le principal est **le dioxyde de carbone (CO$_2$)**, produit en consommant du **combustible fossile (pétrole, gaz naturels, charbon**, etc.) qui est progressivement remplacé par **les énergies renouvelables (solaire, éolienne, hydraulique,** etc.). La **déforestation** massive participe elle aussi au réchauffement climatique. En effet, si nous coupons des arbres sans replanter après nous n'aurons plus de défenses contre cela. **Les arbres capturent et stockent le carbone**, la suppression des arbres fait que le dioxyde de carbone soit relâché dans l'air que nous respirons. Ainsi il nuirait non seulement à notre **organisme** mais aussi à **l'environnement**.
Les **scientifiques** mesurent la **température** a différentes époques et dans plusieurs lieux pour constater le **réchauffement**.
Les conséquences de ce dernier sont la **fonte des glaciers**, **le déplacement et la disparition de certaines espèces animales et végétales** et **l'augmentation des catastrophes naturelles** telles que les tremblements de terre, les ouragans, les tempêtes, les inondations, les tornades, etc.
Les **ours polaires** et tous les animaux du grand froid sont menacés d'extinction parce que la banquise risque d'être submergée par les **glaciers** qui fondent et de disparaître définitivement. Les enfants de demain se demanderaient alors à quoi ressemblait **l'ours polaire**, **le narval** ou encore **le harfang des neiges**.

8 • Quel monde pour demain ?

327 Répondez par vrai ou faux.

		VRAI	FAUX
Exemple : si les glaciers fondent, certaines espèces animales risquent de disparaitre		☒	☐
a. Le réchauffement climatique consiste en l'augmentation du niveau de froid.		☐	☐
b. Ça représente en quelque sorte la condensation des gaz dans l'air.		☐	☐
c. Le dioxyde de carbone est le résultat de l'utilisation des énergies renouvelables.		☐	☐
d. La déforestation permet de freiner les conséquences du réchauffement climatique.		☐	☐
e. Il est nécessaire de replanter les arbres après les avoir coupés.		☐	☐
f. Les arbres récupèrent l'oxygène pour libérer du CO_2.		☐	☐
g. L'une des conséquences du réchauffement climatique est la disparition des animaux.		☐	☐
h. La fonte des glaciers est due aux catastrophes naturelles.		☐	☐

328 Barrez l'intrus parmi les listes de mots suivantes.

a. Catastrophe – tremblements de terre – ouragans – ~~déchet~~

b. Tri – atmosphère – biodégradable – recyclage

c. Réchauffement – glaciers – température – gaz à effet de serre

d. Hortensia – ours blancs – beluga – narval

e. Agriculture – biologique – océans – fruits

f. Fonte – sécheresse – banquise – glaciers

g. Toxique – usine – air – tempête

h. Surproduction – CO_2 – déforestation – arbre

329 Reliez les éléments qui correspondent.

Exemple : Les ours polaires → sont en danger → à cause du réchauffement climatique.

a. Les arbres — permettent de recycler les déchets — et inondent la terre.

b. Les océans — captent le CO_2 — comme les tornades et les ouragans.

c. Les usines — fondent à cause du réchauffement — essentiels à l'écosystème.

d. Les animaux — provoquent des catastrophes naturelles — qui polluent l'atmosphère.

e. Les énergies renouvelables — regorgent d'animaux marins — et de leur donner une seconde vie.

f. Les glaciers — dégagent des gaz toxiques — parce qu'elles sauvent la terre.

g. Les poubelles de tri — sont menacés d'extinctions — et dégagent le O_2.

h. Les bouleversements — sont l'avenir — pourtant nécessaires à notre survie.

330 Observez les photos puis complétez les textes avec les mots de la liste suivante.

biodiversité – comportements – particules – organisme – atmosphère – pollution – espèces – maladies

Protéger l'environnement, c'est protéger notre source de nourriture

Tout ce que nous mangeons et buvons provient de la nature. Or si la .... se propageait on risquerait de la retrouver dans notre nourriture que nous mangeons, dans l'eau que nous buvons et dans tout ce que nous consommons. Et ces polluants peuvent nous faire développer des .... ou des malformations. Nous devons donc faire en sorte que la nature produise une eau et une nourriture saines

Vocabulaire

et en quantité suffisante. Pour cela, nous devons éviter de polluer les sols et les mers. Si nous n'évitons pas de répandre les produits chimiques nous serons dépassés par l'ampleur des dégâts qu'ils auront sur l'environnement. L'humanité survivra si nous commençons à préserver notre source de nourriture.

Protéger l'environnement, c'est préserver la qualité de l'air que nous respirons

L'air est absolument indispensable à notre survie. Nous ne survivrions plus de quelques minutes si nous ne pouvions plus respirer. L'air nous apporte l'oxygène, carburant de nos cellules.

Mais en respirant, nous n'inhalons pas que de l'oxygène. Nous absorbons également beaucoup d'autres choses. A chaque inspiration, nous inhalons les gaz et les particules qui se trouvent dans l'................................. . Et si certains d'entre eux pénètrent notre organisme notre santé sera menacée. A chaque inspiration, nous absorbons donc un peu de poison. Respirer met alors notre santé en danger et nous rend malades. Alors que respirer devrait seulement nous maintenir en vie.

Si nous veillons à ne pas polluer notre atmosphère nous pourrons continuer de respirer un air frais et pur nécessaire à notre .... Ainsi, nous ne devons pas y rejeter des gaz nocifs ou des ....dangereuses pour notre survie et celle de tous les êtres vivants.

Protéger l'environnement, c'est préserver la biodiversité dont nous avons besoin

La ...., c'est la variété des espèces animales et végétales de la nature. Toutes ces espèces survivraient si elles étaient respectées. Malheureusement beaucoup d'entre elles ont disparues.
Si cela continue, c'est la survie et à l'avenir de l'homme qui seront menacés.
Les plantes et les animaux contribuent à notre santé. Car grâce à certaines .... l'homme a découvert des médicaments. La nature est souvent la source des solutions à nos problèmes. Si nous ne changeons pas nos ...., nous n'aurons plus de ressources pour survivre.

8 • Quel monde pour demain ?

Grammaire

> **• La condition**
>
> **Tesla peut dominer le marché automobile à condition d'améliorer la durabilité de ses batteries.**
> La condition est ce qui permet qu'une chose se produise. Une phrase exprimée par la condition répond à la question : « À quelle condition ? ». Elle est exprimée de différentes manières : si, sans..., sous réserve de, à condition de, à moins que...
> Ici, on indique que si Tesla améliore ses batteries, elle pourrait dominer l'industrie automobile.

331 Relevez toutes les expressions de condition que vous avez repérées dans les textes de l'exercice précédent.

a. L'humanité survivra si nous commençons à préserver notre source de nourriture.
b. ....
c. ....
d. ....
e. ....
f. ....
g. ....
h. ....
i. ....

332 Complétez les phrases suivantes par un marqueur de condition.

Si – à condition de – à moins que – sans – en supposant que – pour peu que.

Exemple : Cette marque peut avoir du succès pour peu qu'elle soit attentive à l'écologie.

a. Nous pouvons éviter le piratage de nos données .... mettre un mot de passe fort.
b. .... tri, l'environnement serait très pollué.
c. Il est inutile de parler d'écologie .... tu ne fasses réellement ce que tu dis.
d. Apple ne peut révolutionner l'industrie automobile .... elle n'invente quelque chose de nouveau.
e. Les clients n'auront pas confiance en la conduite autonome .... on leur prouve qu'elle est fiable.
f. .... les fabricants se mettent à l'hybride, le diesel diminuera.
g. La pollution des voitures baissera .... les gens passent à la voiture électrique.
h. .... autorisation de la haute autorité de santé, le vaccin ne pouvait sortir.

Grammaire/Conjugaison

> **• Le conditionnel présent**
>
> **Tu pourrais trier tes déchets.**
> Le conditionnel présent est employé lorsqu'on n'est pas certain qu'une action se réalise.
> Il permet d'exprimer une supposition, un souhait, une politesse, une suggestion, un conseil, une condition.
> Les terminaisons du conditionnel présent sont les suivantes : - rais, -rais, -rait, -rions, -riez, -raient
> On dit qu'il combine le « r » du futur et les terminaisons de l'imparfait. C'est un temps qui est très utilisé par les journalistes notamment.

333 Complétez le texte avec les verbes adéquats puis conjuguez-les au conditionnel présent.

pouvoir – observer – être – trouver – avoir – diminuer – être – tendre

Depuis le début des années 1980, la quantité de glace sur terre .... chaque année selon les scientifiques. Celle-ci se .... à différents endroits sur la planète et sa fonte n' .... pas les mêmes impacts sur le climat en tous lieux. Dans les hautes montagnes, la surface recouverte par la glace .... à diminuer, et le manteau neigeux est présent sur un temps de plus en plus court chaque année. Toutefois, et c'est une remarque s'appliquant à de nombreux phénomènes environnementaux, ces évolutions ne s'.................................... pas de la même façon en tout point de la planète. Pour illustrer notre cas, nous .... citer l'Europe centrale, les glaciers tropicaux comme le Kilimandjaro ou encore les Andes, qui .... plus fortement impactés par la fonte des glaciers que les chaînes de hautes montagnes asiatiques.

334 Conjuguez les verbes des phrases suivantes au conditionnel présent.

Exemple : Tu devrais jeter le plastique dans la poubelle de tri.

a. Je .... (*pouvoir*) t'expliquer le code couleurs des poubelles pour que tu fasses attention.
b. Si tu participais à la collecte de fonds, les animaux (*survivre*) .... aux changements climatiques.
c. La nature se (*détériorer*) .... moins si chacun faisait des efforts pour la protéger.
d. Si j'avais le choix, j'(*adopter*) .... un chien abandonné pour boycotter les magasins d'animaux.
e. Nous (*participer*) .... au nettoyage du littoral si je décidais de venir ?
f. J'(*utiliser*) .... des produits 100% issu de l'industrie bio si mon budget me le permettait.
g. Tu (*être*) .... fier de toi si tu contribuais à la protection des espèces vivantes.
h. Si toutes les énergies fossiles étaient remplacées par les nouvelles énergies la pollution (*chuter*) .... de manière drastique.

335 Écoutez les phrases puis dites à quel temps elles sont conjuguées.

Exemple : J'aimerais être volontaire dans une association si l'occasion se présentait. → Conditionnel.

a. ....
b. ....
c. ....
d. ....
e. ....
f. ....
g. ....
h. ....

8 • Quel monde pour demain ?

336 Autodictée, recopiez les phrases que vous écoutez. 🔊 34

a. ....
b. ....
c. ....
d. ....
e. ....
f. ....
g. ....
h. ....

> Lorsque « Si » est utilisé en début de phrase, la virgule est obligatoire. Celle-ci n'est pas nécessaire lorsqu'il est placé au milieu de la phrase.

• Le conditionnel passé

Il aurait oublié de fermer avant de sortir de chez lui.
Le conditionnel passé est utilisé lorsque l'information annoncée n'est pas sûre.
Il est formé par les auxiliaires « être » ou avoir » au conditionnel présent suivi d'un participe passé.

337 Conjuguez les phrases suivantes au conditionnel passé.

Exemple : Elle (acheter) *aurait acheté* des livres d'occasion.

a. Acheter des produits en vrac lui (*permettre*) .... de faire des économies.
b. Ne pas utiliser de pesticides (*améliorer*) .... la qualité de ses produits.
c. Elle (*conduire*) .... sans lumières toute la nuit.
d. J'(*aimer*) .... le remercier pour tous ses conseils.
e. Il (*se rendre*) .... compte de son erreur.
f. Le magasin (*se mettre*) .... à la distribution de sacs en papier.
g. Il (*réparer*) .... ses produits abimés.
h. Nous (*arriver*) .... plus tard si nous avions su.

> Nous retrouvons deux formes du conditionnel passé. La première forme est la plus répandue, la deuxième est aujourd'hui réservée à un usage littéraire ou très soutenu.

338 Entourez tous les verbes conjugués dans ce texte.

Si Sylvie se levait tôt elle ne serait pas toujours la dernière à arriver en classe. En plus, elle pourrait prendre son petit déjeuner au lieu de partir le ventre vide. Si le soir elle ne veille pas, elle pourra dormir assez pour se lever de bonne humeur, faire sa toilette, manger et partir. Si elle n'avait pas pris cette mauvaise habitude, elle aurait réussi ses examens du premier trimestre. Ce soir, si elle me donne sa tablette à 21h elle aura une belle récompense demain.

339 Classez les verbes de l'exercice précédent dans le tableau ci-dessous :

Présent	Futur	Imparfait	Conditionnel présent	Plus que parfait	Conditionnel passé

Grammaire/Conjugaison

340 Complétez les phrases suivantes avec les verbes conjugués au conditionnel présent ou au conditionnel passé.

dirais – aurais adoré – referais – aurais – serions partis – viendrais – serais – aurais acheté

a. Si j'avais eu le temps je .... passé chez toi.
b. Si tu n'avais pas vu le film nous .... au cinéma ensemble.
c. Je .... si ma mère me laissait sortir.
d. Si je n'avais pas raté mon avion j'........................ été à New York maintenant.
e. Si tu la connaissais tu ne .... pas ça.
f. Si j'avais eu ma carte j'........................ ce pull.
g. J'........................ venir si j'étais resté à Paris.
h. Je .... mon visa si j'avais le temps.

341 Complétez avec le verbe qui convient puis conjuguez-les au conditionnel passé.

savoir – rassembler – fait – partir – tomber – prendre – être – venir

Exemple : Si ma mère m'avait appelé (*répondre*) j'aurais répondu avant que mon téléphone ne s'éteigne.

a. Si j'avais su qu'elle était grande j'........................ plus petite.
b. Si j'avais réussi mon examen j'........................ content.
c. Si nous n'avions pas eu cet empêchement nous .... au mariage.
d. Si tu avais mangé sa soupe tu .... malade
e. Si tout le monde avait participé nous .... la somme d'argent.
f. Si ta tante nous avait prévenus nous .... tôt.
g. Si l'entreprise n'avait pas fait de la publicité .... faillite.
h. Si vous aviez lu la notice vous .... que c'était interdit.

342 Conjuguez les verbes entre parenthèses au temps qui convient puis finissez la phrase.

Exemple : Si j'avais un chat je l'(*appeler*) appellerais pichou.

a. Si je pars en voyage je te (*ramener*) ....
b. Si tu faisais du sport tous les jours tu (*voir*) ....
c. Si nous avions constaté un échec nous vous (*faire*) ....
d. S'il a un train il (*arriver*) ....
e. Si j'avais de l'argent j'(*acheter*) ....
f. Si vous aviez pris un sac vous (*éviter*) ....
g. Si nous partons tout de suite nous ne (*rater*) ....
h. Si nous avions prévu des sacs de couchage nous (*passer*) ....

8 • Quel monde pour demain ?

> **• La cause et la conséquence**
>
> **J'achète des produits réutilisables parce que je veux préserver la nature. Je veux préserver la nature, c'est pourquoi j'achète des produits réutilisables.**
>
> <u>La cause :</u> La raison pour laquelle un fait advient ou n'advient pas. Elle s'exprime par les conjonctions de coordinations suivantes : grâce à, à cause de, parce que, puisque.
>
> <u>La conséquence :</u> Elle exprime un résultat atteint, est l'effet d'une cause, d'une suite logique d'un fait. C'est le résultat à atteindre grâce à l'action annoncée dans la proposition principale ou dont elle dépend.
> Elle s'exprime par les conjonctions de coordinations suivantes : alors, donc, c'est pourquoi, par conséquent, ainsi.
>
> La cause et la conséquence ont une relation logique. La première (cause) est antérieure à la seconde (conséquence).

343 Cochez la case qui correspond à ce qu'expriment les phrases suivantes.

a. Nous n'avons pas préservé l'environnement donc notre survit est menacée.

b. Si la terre est malade, nous le serons aussi parce qu'elle est notre source de nourriture et d'eau potable.

c. Grâce aux efforts de chacun, nous pouvons sauver la planète et éviter une catastrophe.

d. L'air que nous respirons ne comporte pas que l'oxygène, il contient beaucoup d'autres choses, c'est pourquoi nous devons veiller à ne pas polluer notre atmosphère.

e. Si le climat change, quelques populations se verront obligées de quitter leur territoire pour aller vivre dans les régions épargnées, par conséquent des conflits territoriaux éclaterons.

f. La biodiversité est la variété des espèces animales et végétales où la survie de chacun permet la survie de l'homme puisque les plantes et les animaux contribuent à la découverte des médicaments.

g. L'homme est dépendant de tous les éléments qui l'entourent ainsi il ne pourra pas survivre s'ils se détériorent malgré toute l'avancée technologique dont il bénéficie.

h. À cause de la pollution des tonnes de déchets sont produits chaque jour dont beaucoup prennent des centaines d'années à se dégrader.

Phrase	Cause	Conséquence
a.		
b.		
c.		
d.		
e.		
f.		
g.		
h.		
i.		

Grammaire/Conjugaison

344 Reliez les propositions A aux propositions B grâce à la conjonction de coordination adéquate.

Propositions A		Propositions B
a. Les glaciers fondent	parce que ⟶	les sacs en plastiques sont polluants.
b. L'agriculture biologique est l'avenir	donc	un mégot met 12 ans à se décomposer.
c. Jeter sa cigarette par terre nuit à la nature	grâce aux	encourage la préservation de la flore.
d. L'environnement peut être protégé	c'est pourquoi	les ours polaires sont menacés.
e. J'utilise un sac en coton biologique	alors	efforts de tout le monde.
f. L'air transporte les gaz que nous produisons	à cause	des populations quittent leur région.
g. L'eau potable est de plus en plus rare	par conséquent	elles ont perdu leurs vertus.
h. Le climat change tous les ans,	ainsi	des insalubrités.
i. Les plantes ont subi des transformations	puisqu'elle	ce que nous respirons est nocif.

345 Classez les phrases de l'exercice précédent dans la case qui convient.

Phrase	Cause	Conséquence
a.		
b.		
c.		
d.		
e.	x	
f.		
g.		
h.		
i.		

346 Lisez les phrases suivantes, puis indiquez ce qu'elles expriment : cause ou conséquence.

Exemple : Elle est énervée parce que ses enfants ne trient pas. → cause

a. Elle fait beaucoup d'économies grâce au recyclage. → ....

b. Il ne peut pas aller à Paris en voiture à cause de sa vignette Crit'Air 3. → ....

c. Laetitia habite loin de son lieu de travail, c'est pourquoi elle fait du télétravail. → ....

d. Les GAFAM ont énormément de pouvoir et ont, par conséquent,
un poids politique considérable. → ....

e. Le parc immobilier de la capitale est très limité, c'est pourquoi la ville s'agrandit. → ....

f. Puisque l'Homme ne prend pas soin de la planète, celle-ci se dégrade. → ....

g. Karim est végan, ainsi il ne porte plus de cuir animalier. → ....

h. L'État finance l'achat d'un véhicule non-polluant, alors j'ai décidé de vendre
mon ancienne voiture. → ....

8 • Quel monde pour demain ?

347 Récrivez les phrases suivantes en inversant ce qu'elles expriment (cause → conséquence ou conséquence → cause).

Exemple : Elle est énervée parce que ses enfants ne trient pas. (Cause)
→ Ses enfants ne trient pas, alors elle est énervée. (Conséquence)

a. Elle fait beaucoup d'économies grâce au recyclage.
....

b. Il ne peut pas aller à Paris en voiture à cause de sa vignette Crit'Air 3.
....

c. Laetitia habite loin de son lieu de travail, c'est pourquoi elle fait du télétravail.
....

d. Les GAFAM ont énormément de pouvoir et ont, par conséquent, un poids politique considérable.
....

e. Le parc immobilier de la capitale est très limité, c'est pourquoi la ville s'agrandit.
....

f. Puisque l'Homme ne prend pas soin de la planète, celle-ci se dégrade.
....

g. Karim est végan, ainsi il ne porte plus de cuir animalier
....

h. L'État finance l'achat d'un véhicule non-polluant, alors j'ai décidé d'acheter une nouvelle voiture.
....

348 À l'aide des mots clés construisez des phrases pour exprimer la cause, la conséquence ou la condition.

Exemple : réchauffement – banquise – ours – disparition : À cause du réchauffement climatique, la banquise fond. Ceci est à l'origine de la prochaine disparition des ours.

a. Voiture – écologie – essence – consommation :
....

b. Énergies – CO_2 – pollution – atmosphère :
....

c. Poubelle – tri – recyclage :
....

d. Surconsommation – production – air :
....

e. Océan – pétrole – catastrophes :
....

f. Tempête – tremblements de terre – réchauffement :
....

Grammaire/Conjugaison

g. Fruits – biologique – agriculture :

....

h. Écosystème – homme – animaux :

....

349 Complétez les phrases suivantes en utilisant un connecteur qui exprime la cause (plusieurs réponses possibles).

Exemple : Il a vendu sa voiture diésel *parce qu'il* ne peut plus l'utiliser à Paris.

a. Il y a une montée des eaux .... la fonte des glaces.

b. La nature garde un certain équilibre .... la biodiversité.

c. Les ours polaires sont menacés .... réchauffement climatique.

d. Les agriculteurs augmentent leurs bénéfices .... les clients mangent moins de produits transformés.

e. Les villes sont très polluées .... il y a énormément de voitures.

f. .... télétravail, les salariés se déplacent moins.

g. Les étudiants sont très fatigués .... la multiplication des visioconférences.

h. Beaucoup d'employés ont un mal de dos .... travail à distance.

350 Complétez les phrases suivantes en utilisant un connecteur qui exprime la conséquence (plusieurs réponses possibles)

Exemple : Il ne peut plus utiliser sa voiture à Paris, *alors* il a décidé de la vendre

a. Les glaciers d'Arctique fondent, ... il y a une montée des eaux.

b. Nous retrouvons une diversité biologique sur terre, ... la nature garde un certain équilibre.

c. Le réchauffement climatique est à un stade critique, ... les ours polaires sont menacés.

d. Les clients mangent moins de produits transformés, ... les agriculteurs augmentent leurs bénéfices.

e. Il y a énormément de voitures dans les villes, ... elles sont très polluées.

f. Les salariés font du télétravail, ... ils se déplacent moins.

g. Les visioconférences se multiplient, ... les étudiants sont très fatigués.

h. Les employés qui travaillent à distance n'ont pas de chaise de bureau, ... ils ont mal au dos.

351 Liez les phrases suivantes en utilisant un connecteur pour exprimer la cause (plusieurs réponses possibles).

Exemple : Il fait du télétravail. Ses dépenses en transport ont diminué.

→ *Ses dépenses en transport ont diminué parce qu'il fait du télétravail.*

a. La batterie de sa voiture électrique est plus puissante. Il fait beaucoup de kilomètres.

....

b. Les habitants quittent les grandes villes. Il y a peu d'espace dans les appartements des grandes villes.

....

c. Il a quitté son travail. Il veut donner un meilleur sens à sa vie.

....

8 • Quel monde pour demain ?

d. Les étudiants ont un contact social très réduit. Les étudiants suivent les cours à distance.

....

e. Il utilise un assistant vocal. Ses données privées sont partagées.

....

f. Les constructeurs réduisent la production de véhicules diésel. Les clients préfèrent les voitures hybrides.

....

g. Les maisons deviennent connectées. Les gens font moins de choses à domicile.

....

h. Il se forme au numérique. Le numérique représente l'avenir.

....

Bilan

1. Conjuguez les phrases suivantes au conditionnel passé. (1 point/réponse)

a. Il (*se former*) .... au numérique.
b. Elle (*avoir*) .... accès à des données confidentielles.
c. Le changement à la tête de l'entreprise (*attendre*) ....
d. Inès (*lire*) .... tous les tomes de cet ouvrage.
e. Les voitures autonomes (*devenir*) .... la priorité de l'industrie automobile.
f. Nous (*devoir*) .... y penser.
g. Il (*refuser*) .... de travailler à nouveau en présentiel.
h. Nous (*aimer*) .... le voir parmi nous.
i. J' (*devoir*) .... faire les courses plus tôt.
j. Elle (*être*) .... ravie de te revoir ! Une prochaine fois.

Total : .... /10

2. Identifiez la relation logique exprimée dans chacune des phrases suivantes. (1,25 point/réponse)

a. La cybersécurité est un domaine très sensible à cause de l'importante des données numériques.
....

b. Les agences de voyages pourraient disparaître à cause de la forte concurrence des sites internet.
....

c. Il gère les lumières de sa maison grâce à son assistant vocal.
....

d. Ce site récupérait les données de ses utilisateurs, alors il a été sanctionné.
....

e. Il s'est fait pirater son compte parce qu'il n'a pas mis de mot de passe suffisamment fort.
....

f. Les conducteurs ne souhaitent pas passer à la voiture autonome car ils ont peur.
....

g. La ville propose des vélos en libre-service, par conséquent, les gens utilisent moins la voiture.
....

h. Les réseaux sociaux sont dangereux, alors ils doivent être régulés.
....

Total : .... /10

3. **Réécrivez les phrases de l'exercice 2 en inversant le lien exprimé. Variez les moyens que vous utilisez. (1,25 point/réponse)**

a. ....
b. ....
c. ....
d. ....
e. ....
f. ....
g. ....
h. ....

Total : .... /10

Mon score : .... /30

9 • La famille aujourd'hui et les relations sociales

Vocabulaire

Familles

On ne peut pas parler d'un modèle de **famille**. La famille **nucléaire** (qu'on appelait traditionnelle avant) est généralement composée de la **mère**, du **père** (les **parents**) et des **enfants**, **fille** (la fille) ou **garçon** (le **fils**) qui sont **sœur** et **frère**. Le premier de ces enfants est l'**aîné.e**. Si ces enfants sont nés en même temps, ce sont des **jumeaux** ou des **jumelles**. Il existe plusieurs autres modèles de famille (**monoparentale**, **recomposée**, **homoparentale**...). Les enfants de chacun des couples d'une famille recomposée sont des **demi-frères** ou des **demi-sœurs**. Quand deux personnes sont ensemble, elles forment un **couple**. Si l'une d'elles décèdent, celle qui lui survit est le **veuf** ou la **veuve**.
Parfois, pour des raisons sociales, les enfants ne sont pas **élevés** dans leur famille mais placés dans des **familles d'accueil** ; d'autres, dont les deux parents sont décédés vivent dans une **famille d'adoption**.
La famille, ce sont aussi les **oncles** et les **tantes** (c'est-à-dire les frères ou sœurs des parents) et leurs enfants (les **neveux** ou **nièces**) ou encore les **cousins** et les **cousines**, les **grands-parents** (le grand-père et la grand-mère) qui ont des petits-enfants (**petite-fille**, **petit-fils**), etc. Ou encore les **arrière-grands-parents** ou les **arrière-petits-enfants**. Et puis il y a aussi la **belle-famille**, celle de la femme ou du mari. Dans ce cas-là, on ajoute l'adjectif *beau/belle* devant le nom : **beau-père**, **belle-mère**, etc.
Les **ancêtres** désignent les membres de la famille au-delà des arrières-grands-parents.
Le / la **célibataire** est la personne qui n'a pas de conjoint(e).

352 Écoutez et cochez la réponse qui convient. 🔊 35

Exemple : ☒ ma belle-mère ☐ ma grand-mère ☐ ma compagne

a. ☐ sa nièce ☐ sa cousine ☐ sa tante
b. ☐ ses petits-enfants ☐ ses cousins ☐ ses neveux
c. ☐ leur arrière grand-oncle ☐ leur arrière grand-père ☐ leur grand-père
d. ☐ leur gendre ☐ leur petit-fils ☐ leur fils
e. ☐ ses petits-enfants ☐ ses grands-enfants ☐ ses beaux-enfants
f. ☐ mes oncles ☐ mes cousins ☐ mes frangins
g. ☐ son fiancé ☐ son gendre ☐ son cousin

Gendre / bru

Pour éviter les confusions, on a les mots **gendre** et **bru** pour parler respectivement du **mari de la fille** ou de l'**épouse du fils** alors qu'on emploiera **beau-fils** et **belle-fille** pour désigner un enfant issu d'un **mariage** précédent. Cependant, bru tend à disparaître de l'usage courant.

353 Retrouvez la forme masculine ou féminine des mots suivants :

Masculin	père		frère	fils		neveu	gendre
Féminin	mère	veuve			tante		

9 • La famille aujourd'hui et les relations sociales – les sentiments

354 **Complétez la définition de « famille » avec l'adjectif qui convient.**

monoparentale – nucléaire – homoparentale – d'accueil – d'adoption – recomposée – multiculturelle

Exemple : La famille nucléaire est la famille longtemps considérée « traditionnelle » composée d'un homme, d'une femme et d'un ou plusieurs enfants.

a. La famille .... représente environ 20% des familles en France. Elle est composée d'un seul parent et d'un ou plusieurs enfants.

b. Quand deux familles monoparentales s'unissent, elle forme une famille ....

c. Une famille .... est composée de deux personnes de même sexe qui ont un ou plusieurs enfants.

d. Une famille .... est une famille qui reçoit un enfant dont les parents sont décédés ou que les services sociaux ont retiré de sa famille d'origine.

e. Une famille dont les membres proviennent de cultures et/ou de nationalités diverses forme une famille ....

f. Une famille .... héberge pendant un temps limité un enfant pour des raisons sociales ou pendant que celui-ci suit des études loin de sa famille d'origine.

355 **Complétez avec le mot qui convient.**

amis – belle-fille – célibataire – compagnon – demi-sœur – en couple – veuf

Exemple : La fille de sa compagne, c'est sa belle-fille.

a. Ils vivent officiellement .... sans être mariés, ils sont pacsés.

b. C'est le père de sa .... , c'est son beau-père.

c. Elle n'est pas mariée avec lui mais ils sont ensemble, c'est son ....

d. Gérard et Samuel sont certainement les meilleurs .... du monde.

e. .... depuis le décès de son épouse, il ne s'est jamais remarié.

f. À presque 60 ans, il n'a jamais été en couple. On peut dire que c'est un .... endurci.

> **Quelques mots familiers pour désigner des membres de la famille :**
> **Grand-papa, papi, pépé / Grand-maman, mamie, mémé** : Grand-père / Grand-mère
> **Tonton / Tata** : oncle / tante
> **Papa / Maman** = père / mère
> **Daron / Daronne** (Darons) = père / mère (parents)
> **Fiston** = fils
> **Frangin / Frangine** = Frère / soeur
> **Beauf** – beau-frère (ce mot désigne aussi un type de Français moyen, râleur, pas très intelligent et vulgaire
> **Compagnon, ami** (petit ami), **copain / Compagne, amie** (petite amie), **copine** = l'autre dans un couple non marié.

356 **Complétez ces textes avec le mot qui convient.**

âgée – aîné – belle-mère – d'adoption – demi-sœur – enfants – familles – frère – jumeaux – maman – orpheline – papa – parents (x2) – petits – sœur

a. Judith a perdu ses .... à l'âge de 3 ans. Elle est donc .... Comme il n'y avait pas de parents .... pour s'occuper d'elle, elle a été placée dans une famille .... par les services sociaux. Cette famille avait déjà deux ....

. L'........................., Sébastien, avait 10 ans et le petit ...., Christophe, en avait 6 quand elle est arrivée. Ils se sont tout de suite très bien entendus.

b. Ashraf a un frère, Smaïn. Ils sont .... Enfin presque, ils n'ont que quelques minutes qui les séparent. Ils ont une grande .... Imen, bien plus .... qu'eux. C'est elle qui les a vraiment élevés quand ils étaient .... alors que leurs .... travaillaient.

c. Jean-Michel et sa .... Jennifer sont arrivés avec leurs parents à Québec en 2003. Leur .... a très vite trouvé un emploi comme chauffeur de taxi. La .... de Jennifer – la .... de Jean-Robert donc –, est longtemps restée sans travail mais finalement, comme elle parle très bien français, elle aide les autres .... haïtiennes à faire les papiers pour s'installer dans leur pays d'accueil.

357 Remettez les lettres dans l'ordre pour retrouver les mots.

Exemple : E.N.I.C.P.O → Copine

a. N.O.D.R.A → ....
b. F.E.U.B.A → ....
c. N.O.P.G.A.C.M.O.N → ....
d. N.T.O.T.N.O → ....
e. E.M.M.A.I → ....
f. A.R.G.N.I.F.N → ....

> **Points communs et différences**
> Les personnes d'une même famille peuvent **se ressembler** plus ou moins : on parle de **ressemblance**. Deux frères peuvent se ressembler **comme deux gouttes d'eau** parce qu'ils ont les mêmes **traits** : **mêmes** yeux, **même** couleur de cheveux.
> D'un enfant qui ressemble beaucoup à l'un de ses parents, on dit familièrement qu'il **est le portrait craché de son père, sa mère**... L'expression **tel père, tel fils** renvoie plus à une ressemblance dans l'attitude que l'apparence physique.

358 Réécrivez les phrases suivantes en remplaçant le terme en italique par le mot en français standard.

Exemple : Il a passé les vacances chez son *tonton* Albert. oncle

a. Sa *mémé* a fêté ses 100 ans dimanche dernier. ....
b. Elle n'habite plus chez ses *darons* depuis l'été dernier. ....
c. Florian a une *frangine* de 23 ans et un *frangin* de 20 ans. .... / ....
d. Les rapports avec son *beauf* sont compliqués. ....
e. Sa *tata* lui a offert la dernière version de la Play pour Noël. ....
f. J'ai eu son *fiston* dans ma classe. C'était un bon élève. ....

> Avant le **PACS**, si on n'était pas marié, on était officiellement **célibataire** même si on vivait **en couple**. Ce **Pacte civil de solidarité**, le nom qui est derrière le sigle, a permis à partir de 1999 d'officialiser la situation de plusieurs couples hétérosexuels ou homosexuels à une époque où le « mariage pour tous » n'était pas encore une réalité.

9 • La famille aujourd'hui et les relations sociales – les sentiments

Les étapes de la vie

Tout commence quand la maman, après 9 mois de **grossesse**, **accouche** et donne **naissance** à son **bébé** (**nouveau-né**, **nourrisson**). C'est la première étape d'une vie qui prendra fin avec la **mort**. Le bébé grandit (la **croissance**) et devient vite un **enfant** puis un **adolescent** vers 12/13 ans. Dans beaucoup de pays, l'**enfance** prend fin à 18 ans : on devient **majeur** et on entre dans l'**âge adulte**. De l'âge adulte, on passe tranquillement à la **vieillesse**, une étape qui commence de plus en plus tard, ce qui laisse plus de temps pour profiter de la **retraite** (ou, en Belgique, de la **pension**). Finalement, dernière étape, la **mort**. Aujourd'hui, les **décès** se produisent en moyenne vers 80 ans, même si le nombre de **centenaires**, de personnes qui ont plus de 100 ans, ne cesse d'augmenter dans le monde comme on le constate dans les **EHPAD**, les résidences pour les **personnes âgées** dont s'occupent les **auxiliaires de vie**.
Ces étapes de vie sont ponctuées par des épisodes personnels (la **maternité** ou **paternité**), civils ou religieux (un **baptême**, un **mariage**, un **pacs**, un **divorce** ou une **séparation**, le **deuil** pour un être qu'on aime).

359 Reliez ces verbes au substantif qui convient.

Être enceinte	•	•	l'accouchement
Naître	•	•	la croissance
Vieillir	•	•	le décès
Mettre au monde	•	•	la grossesse
Se marier	•	•	le mariage
Prendre sa retraite	•	•	la naissance
Décéder	•	•	la retraite
Grandir	•	•	la vieillesse

360 Remettez les lettres dans l'ordre pour retrouver les mots.

Exemple : R.C.D.O.V.E.I → DIVORCE

a. G.A.M.E.A.I.R → ....
b. R.S.S.O.S.E.G.S.E → ....
c. C.E.N.S.N.A.S.I.A → ....
d. V.S.L.I.E.F.I.L.E.S → ....
e. S.P.C.A → ....
f. T.E.R.M.I.T.A.N.E → ....
g. P.R.N.I.O.S.E.A.A.T → ....

> En Belgique, on parle de **pensionné** et non pas de **retraité**.

361 Complétez avec le mot qui convient.

célibat – décès – divorce – en couple – mariage – naissance – pacsés

Exemple : On a appris avec tristesse le décès de son grand-père.

a. Nous avons la joie de vous annoncer .... de la petite Solène.
b. Igor et Raphaël ont fixé la date de leur .... à l'automne prochain.
c. Justine et Mathieu se sont .... le mois dernier.

Vocabulaire

d. Ses parents ont annoncé leur ....

e. Cela faisait longtemps qu'elles étaient ensemble mais elles ne se sont mise .... que très récemment.

f. Ils sont toujours ensemble mais pour des raisons professionnelles, ils ne se voient qu'une ou deux fois par mois. C'est le .... géographique.

362 Lisez ces textes et complétez avec le mot manquant.

accouchement – deuil – élevé – enfance – famille – maternité – nourrisson – paternité – retraite – vieillesse

Exemple : Il vit dans une famille recomposée : son père s'est mis en couple avec Dominique et ses deux filles. Ils vivent tous les cinq dans une grande maison de la banlieue de Lyon.

a. Comme ses parents travaillaient, ce sont surtout ses grands-parents qui l'ont ....

b. Mamy aime bien raconté ses souvenirs d'... à ses petits-enfants. Mais comment faisait-elle sans internet, se demandent-ils !

c. La petite enfance commence, selon les spécialistes, quand le bébé cesse d'être un ....

d. Pour Amélie et Yves, tout est très clair : elle prendra un congé-... les premières semaines après l'accouchement, puis c'est c'est lui qui prendra un congé-... .

e. Ils traversaient des villages où on voyait encore ces femmes, âgées souvent mais jeunes aussi, vêtues toujours en noir comme si elles devaient porter le .... tout le reste de leur vie.

f. Avant quand on évoquait la ...., c'était comme un synonyme de .... Aujourd'hui, c'est pour beaucoup le début d'une nouvelle étape de leur vie, faite de nouvelles expériences.

> ### Les mots de la famille
>
> Les mots de la famille sont très présents dans des expressions courantes :
> – **être une maman** ou un **papa poule**
> – **laver son linge sale en famille**
> – **un cousin à la mode de Bretagne** ou encore cet improbable **oncle venu des Amériques**.
> Il y a aussi des mots de la famille associés directement à certains personnages comme la « **mère-grand** » du *Petit chaperon rouge* ou la « **marâtre** » de *Cendrillon*.
>
> On parle parfois de la belle-famille en rappelant l'union par le mariage et l'alliance qui le symbolise. Les expressions idiomatiques ne manquent pas non plus pour évoquer les relations entre les personnes en positif (**être fou/dingue de quelqu'un**, **avoir des papillons dans le ventre** ou **le coup de foudre**, **craquer** pour quelqu'un) ou en négatif (**se faire larguer**, **avoir un chagrin d'amour**, **se prendre un râteau**, **avoir le cœur brisé**) et quand on **a un cœur d'artichaut**, c'est parce qu'on a des sentiments très changeants en amour.

363 Cochez la bonne réponse.

Exemple : Quand on compte sur une personne qui rentre au pays pour sauver une situation économique délicate, on évoque :
☐ le retour des cousins d'Eldorado   ☐ le retour du père Noël   ☒ le retour de l'oncle d'Amérique

a. Dans le conte du *Petit chaperon rouge*, la fillette et le loup interpellent la grand-mère et lui disent :
☐ Mamie   ☐ Mère-Grand   ☐ Grand-Mère

9 • La famille aujourd'hui et les relations sociales – les sentiments

b. Quand on parle d'un parent éloigné dont on se souvient à peine, on évoque :

☐ un cousin d'Amérique ☐ Un cousin à la mode de Bretagne ☐ Un cousin auvergnat

c. Quand on évoque une personne qui n'est pas de la famille directe mais qui en fait partie suite à un mariage, c'est...

☐ un parent par alliance ☐ Un parent politique ☐ Un beau-parent

d. Dans Cendrillon, il y a un personnage odieux. C'est

☐ sa marraine ☐ sa mère ☐ sa marâtre

e. Si une mère ou un père s'occupe trop de ses enfants, on dit que c'est...

☐ une maman / un papa à l'italienne

☐ Une couveuse / un couveur

☐ une maman poule / un papa poule

f. Pour dire qu'on ne parle pas des problèmes familiaux en dehors du cercle familial, on dit...

☐ Qu'on lave son linge sale en famille.

☐ Qu'on nettoie la maison en famille.

☐ Qu'on essuie la vaisselle en famille.

364 Reliez l'expression à sa définition.

Il est dingue d'elle.	Elle est triste parce qu'il l'a quittée.
Il s'est pris un rateau.	Il est amoureux d'elle.
Elle a des papillons dans le ventre.	Il l'a quittée
Ils ont eu le coup de froudre.	Il tombe facilement amoureux.
Elle s'est fait larguer.	Elle lui a dit non.
Elle a un chagrin d'amour.	Ils sont immédiatement tombés amoureux
Il a un cœur d'artichaut	

365 Employez les expressions de l'exercice précédent dans les phrases suivantes.

Exemple : À chaque fois qu'elle lui adressait la parole ou le regardait, il ressentait des papillons dans le ventre.

a. La pauvre, elle vient de .... par Tom. On l'avait pourtant prévenue.
b. Il .... mais il n'a qu'à comprendre que quand c'est non, c'est non.
c. Patrick est complètement .... cette fille. Je ne vois franchement pas ce qu'il lui trouve.
d. Elle .... et rien n'y fait : elle ne se remet pas de sa séparation.
e. Leurs regards se sont croisés dans le métro et ç'a été ....
f. Voilà 20 ans qu'il est avec la même personne. Lui qui trainait une réputation ....
dans sa jeunesse.

Quand le corps parle...

Le corps accompagne souvent le cœur. En famille, entre amis, dans les rencontres sociales ou professionnelles, on a l'habitude de **se saluer** ou de montrer la reconnaissance, l'amitié, la confiance par des gestes plus ou moins distants, ou au contraire proches. Cela varie selon les cultures. Dans certaines, on ne se touche pas et on préfère **faire des courbettes** (Japon) ou **se tirer la langue** (Tibet), une pratique qui a tendance à disparaître.

Vocabulaire

…Quand le corps parle

En France, et dans plusieurs pays européens, on a l'habitude de **se serrer la main** ou de donner une **poignée de main**, de **s'embrasser** ou de se donner **une tape sur l'épaule**. D'autres encore **se font la bise** pour se saluer ou prendre congé. À ne pas confondre avec le **baiser** que peuvent se donner des amoureux. Lors de retrouvailles après un long temps sans s'être vu, des parents ou des amis peuvent se donner une forte **accolade** ou, par exemple, des **embrassades** pour montrer sa joie lors d'une victoire sportive. Ces pratiques évoluent régulièrement à travers les époques. Quand la pandémie du COVID-19 est apparue, on a cessé de se faire la bise et on a commencé à se saluer en se donnant des **coups de coude** ou **de pied**. Qui sait si ces salutations ne finiront pas par s'installer dans nos usages ou disparaitront avec la maladie.

366 Associez ces noms à une des images.

a. La bise
b. La poignée de main
c. L'accolade
d. La tape sur l'épaule
e. Le baiser
f. Faire des courbettes

1.
2.
3.
4.
5.
6.

367 Complétez le texte avec les mots ci-dessous (N'oubliez pas les accords si nécessaire).

accolade – bise – embrassé – embrassade – poignée – se serrer – tape

Exemple : Nous nous sommes serrés très fort : c'était le moment des adieux et des embrassades.

a. Dans de nombreuses cultures, on se salue sans .... la main.
b. À peine descendu du train, son vieil oncle se jeta sur lui et lui donna une forte ....
c. Ce n'était pas une .... sur l'épaule dont il avait besoin mais une vraie aide de ses collègues
d. La .... de main sera-t-elle remplacée par un coude-à-coude ?
e. Il l'a prise alors dans ces bras, elle a fermé les yeux et ils se sont ....
f. On conseille aujourd'hui de ne plus se faire la .... Faudra-t-il se toucher le pied ?

9 • La famille aujourd'hui et les relations sociales – les sentiments

 Les sentiments

On peut ressentir une profonde **tristesse** quand un **espoir** est déçu et si on ne peut rien faire pour y remédier, on peut tomber dans le **désespoir**. Il faut dire que ce n'est pas simple d'atteindre le **bonheur**, surtout en **amour**. Il faut savoir construire une relation de confiance : la **jalousie** n'est jamais bonne entre les personnes. On sait aussi que la frontière entre l'amour et la **haine** est souvent très floue et qu'on a vu des personnes s'aimer avec **passion** un jour et **se détester** le lendemain. Cela ne veut pas dire qu'il n'y a pas d'amours **heureuses** mais c'est un long chemin semé d'obstacles.

368 Retrouvez le nom associé à ces verbes ou adjectifs.

l'amour – le bonheur – le désespoir – la haine – la jalousie – la passion – la tristesse

Exemple : Aimer = l'amour

a. Détester (haïr) = ...
b. Être jaloux.se = ...
c. Être désespéré.e = ...
d. Être triste = ...
e. Être heureux(se) = ...
f. Être passionné(e) = ...

> L'amour s'est installé dans son cœur.
> Il est loin le temps des premières amours.
> **Amour** est un mot **masculin au singulier** mais **féminin au pluriel**.

369 Complétez avec les mots de la liste.

amour – bonheur – désespéré (-e) – détester – haine – heureux (-se) – jaloux (-se) – passion – tristesse -

Exemple : Julien peut dire qu'ils ont vraiment connu le bonheur dans leur mariage pendant les premières années.

a. La .... initiale a été remplacée par l'ennui du quotidien.
b. Quand son copain l'a quittée pour une autre, elle pensait qu'elle allait le ....
mais elle n'a finalement éprouvé aucun sentiment de .... ;
elle n'était même pas ....
c. Ce n'était pas un mariage .... Cela se sentait dans
la .... de son regard.
d. Quand elle a découvert la vérité, elle était .... C'est sa vie qui s'effondrait.
e. À 50 ans, elle ne pensait pas connaître de nouveau l'... et qu'elle pourrait refaire sa vie auprès de quelqu'un.

370 Reconstituez les phrases.

Exemple : Tu / Ne trouves pas / qu'il y a / un petit air / de ressemblance / entre eux / ?
Tu ne trouves qu'il y a un petit air de ressemblance entre eux ?

a. énormément / ressemble / à son grand-père / Jérôme / .
....
b. un petit air de / on / bien / famille / reconnait / .
....

Grammaire/Conjugaison

c. gouttes d'eau / pensais/ / , / elles / je / comme / jumelles / deux / qu'elles étaient / se ressemblent / .

....

d. de sa mère / a / comme / ceux / de sa mère / elle /des yeux /.

....

e. mêmes / les / elles / effectivement / ont / yeux / .

....

f. de sa mère / craché / vraiment / Noelia / le portrait / est / .

....

g. ton de voix / qu'elles / sœurs / : / elles / ont / le même / étaient /, / les mêmes / tics… / J'aurais juré /

....

Grammaire/Conjugaison

• La comparaison

Il est plus jeune **que** son cousin. • La population ne vieillit pas **autant qu'**avant ? • Ils ont **autant** voyagé **que** leurs parents. • Il a **moins de** chance **que** sa sœur.

Les formes comparatives :
– d'infériorité (-): moins que + verbe / moins (+ adjectif / participe passé) … que / moins de (+ nom) … que
– d'égalité (=) : aussi (+ adjectif)… que / autant que (+verbe) / autant (+ participe passé) … que / autant de (+ nom) … que
– de supériorité (+) : plus que (+verbe) / plus (+ adjectif / participe passé) … que / plus de (+ nom) … que

371 Comparez les éléments donnés à l'aide de : *plus / moins / aussi … que*

Exemple : Chloé a deux enfants. Sa sœur Océane en a trois.
→ Chloé a moins d'enfants que sa sœur Océane.

a. La grand-mère de Marion a 103 ans. Le grand-père de Patricia a 99 ans.

....

b. Sylvain a les cheveux très clairs. Son frère aussi.

....

c. Astrid mesure 1,64m. Sa sœur, 1,70m.

....

d. Elle est têtue. Et son père aussi.

....

e. Dans la famille de Dora, ils sont 5. Et dans la tienne, 6.

....

f. Fatma a les yeux foncés. Sa fille a les yeux plutôt clairs.

....

9 • La famille aujourd'hui et les relations sociales – les sentiments

372 Comparez les informations sur le mariage et le divorce en France.

Exemple : Mariages en France en 2020 = 228 000 / Mariage en France en 1980 = 335 000
Il y a eu plus de mariages en France en 1980 qu'en 2020.

a. Mariages entre hommes en 2017= 3500 / Mariages entre femmes en 2017 = 3500
....

b. Âge des hommes : 38 ans (2020) / 33 ans (2000)
....

c. Âge des Femmes : 35,6 ans (2020) / 30 ans (2000)
....

d. Mariages mixtes : 14% (2015) / 6% (1950)
....

e. Pacs : 200 000 (2020) / 190 000 (2015)
....

f. Divorces : 130 000 (2020) / 155 000 (2005)
....

373 Complétez ces phrases avec l'élément de comparaison qui convient.

Exemple : Globalement, on vit plus longtemps aujourd'hui qu'il y a un siècle. (+)

a. Ces dernières années, c'est le Japon qui compte .... centenaires que dans n'importe quel autre pays du monde. (+)

b. Il y a 20 fois .... centenaires en France aujourd'hui qu'il y a cent ans. (+)

c. On constate que l'espérance de vie est .... grande dans les grands pays (Etats-Unis, 79 ans) que dans les petits pays (Andorre, 89 ans). (+)

d. On constate aussi que presque partout dans le monde, l'espérance de vie chez les femmes est .... importante que chez les hommes. (+)

e. L'éducation est .... importante que la santé pour garantir une amélioration de l'espérance de vie. (=)

f. En France, on vivait beaucoup .... longtemps au XVIIe siècle qu'au début du XXIe siècle. (-)

g. En France, il y a .... de centenaires à vivre en résidence qu'à vivre chez eux. (=)

374 Écoutez et cochez la bonne réponse. 36

Exemple : Amélie est née en 1995. Gérald, son petit ami, en 1985.
  ☐ Ils sont nés la même année.   ☒ Ils ont 10 ans de différence.

a. ☐ Thomas a 2 ans de moins que Laurent.
   ☐ Thomas a 2 ans de plus que Laurent.

b. ☐ Elles sont nées la même année.
   ☐ Elles sont nées avec deux de différence.

Grammaire/Conjugaison

c. ☐ Ali est resté en Angleterre.
   ☐ Ali est rentré en France, comme Denis.

d. ☐ Justine et son frère ont quitté le domicile familial en même temps.
   ☐ Justine est partie trois ans après son frère.

e. ☐ Charline a fait plus d'études à l'étranger que la moyenne française.
   ☐ Charline a passé autant d'années à étudier à l'étranger que la moyenne nationale.

f. ☐ Il a obtenu les meilleurs résultats de sa promotion.
   ☐ Il est un des meilleurs de sa promotion.

375 Complétez avec « aussi » ou « autant ».

Exemple : C'est une grande famille avec *autant* de garçons que de filles.

a. Il a un cousin mais il n'est pas .... âgé que lui.
b. Leur tante n'a pas eu .... chance dans la vie.
c. Son arbre généalogique ne remonte pas .... loin que le tien dans le temps.
d. Nous sommes presque .... cousins que les joueurs d'une équipe de foot.
e. Mon père n'a pas .... étudié que ses frères mais il s'en est bien sorti.
f. Nous ne sommes pas une famille .... internationale que la tienne, mais quand même.
g. Ils sont frère et sœur mais ne sont pas .... proches que ça l'un de l'autre.

• L'intensité (1)

Il est assez âgé. Il se sent vraiment fatigué. Elle se sent très mal.

On peut nuancer la valeur d'un adjectif ou d'un adverbe grâce à un adverbe ou une locution adverbiale qui indique l'intensité. Cette intensité peut être forte, moyenne ou faible :
  – Forte : *Très, Énormément, Extrêmement, Parfaitement, Vraiment, Beaucoup de…, énormément de…*
  – Moyenne : *Assez, Moyennement, Plutôt, Presque, Plus ou moins*
  – Faible : *peu, Pas très*

L'excès est indiqué par l'adverbe *trop*.

---

376 Complétez cette analyse des chiffres de l'exercice précédent. Aidez-vous des mots et expressions de la liste.

aussi bien – autant de – en augmentation – encore bien plus – en nette augmentation – environ – frôlent – moindre – moins nombreux – *nettement*

On constate qu'en France, il y a *nettement* moins de mariages aujourd'hui que dans les années 80. Le nombre de mariage était .... élevé dans les années 60-70. Même si le nombre de mariages entre personnes du même sexe est .... que celui de sexes différents, celui-ci est .... Par contre, il y a .... mariages entre hommes que de mariages entre femmes.

On constate qu'.. les hommes que les femmes se marient plus vieux actuellement qu'en 2000. Les hommes .... les 40 ans et les femmes en ont presque 36 au moment de se marier, soit .... 5 ans de plus qu'en 2000.

9 • La famille aujourd'hui et les relations sociales – les sentiments

Les mariages mixtes, c'est-à-dire entre une personne étrangère et un citoyen sont .... depuis les années 60. Quant aux divorces, ils sont .... actuellement que dans les toutes premières années du XXIᵉ siècle.

377 Choisissez la forme qui convient.

Exemple : Il n'a pas encore 18 ans. Il est *trop* / *très* jeune pour voter.

a. Elle n'est pas *très* / *assez* âgée pour avoir connu cette époque.
b. Je suis *très* / *beaucoup* content que tu aies réussi ton examen.
c. Son fils est *très* / *trop* jeune, il doit avoir 4 ou 5 ans, pas plus.
d. Nous sommes *moyennement* / *très* satisfaits du résultat : nous aurions pu faire mieux.
e. Tu peux répéter ? Je n'ai pas *très* / *parfaitement* bien compris.
f. Avec des températures de -35, on peut dire qu'il y fait *extrêmement* / *plutôt* froid.
g. Malgré la difficulté des questions, il y a *vraiment* / *parfaitement* répondu.

378 Complétez ces phrases avec la forme d'intensité qui convient selon le contexte des dialogues.

assez – beaucoup de – presque – très – très – trop – vraiment

Exemple : Est-ce qu'il est content de sa nouvelle école ?
Bof, pas *vraiment*. Je crois qu'il préférait l'ancienne.

a. – Ton fils a son permis ?
   – Non, il est .... jeune pour ça.
b. – Vous êtes courant de ce qui s'est passé ?
   – Bien sûr, je suis .... au courant. Pourquoi ?
c. – Comment tu as trouvé Papy ?
   – Je l'ai trouvé .... en forme !
d. – Le public est venu nombreux ?
   – Oui, il y avait .... monde.
e. – Tu connais toute la famille, je crois.
   – Peut-être pas toute mais .... toute.
f. – C'est un ami à toi ?
   – Non, mais il est .... proche de ma femme.
g. – Vous devez avoir un bon tarif avec les enfants.
   – Eh bien non, nous ne sommes pas .... pour prétendre au tarif « famille nombreuse ».

379 Entourez la forme qui convient.

Exemple : Je ne suis pas *très* / *trop* / *assez* bon en maths, mais je crois que j'ai bien calculé le prix.

a. Ne trouvez-vous pas qu'il est *très* / *vraiment* / *trop* fatigué pour continuer ?
b. Nous avons *beaucoup de* / *trop de* / *vraiment* plaisir à accueillir les étudiants du monde entier pendant leurs études en France.
c. Nous sommes *énormément* / *très* / *vraiment* ravis de vous revoir.

Grammaire/Conjugaison

d. J'ai *presque / vraiment / plutôt* terminé. Donnez-moi cinq minutes et ce sera bon.

e. Vu son large sourire et ses yeux qui brillent, je dirais qu'il est *pas vraiment / plutôt / un peu* content du résultat.

f. Sa retraite ? Déjà ? Non, il n'est pas *assez / vraiment / trop* âgé pour la prendre !

g. Cette chemise ne lui va pas : elle est beaucoup *vraiment / trop / très* grande pour lui !

> Dans la langue familière, surtout à l'oral, on remplace souvent « très » par « trop » : il est trop content. (= il est très content.)

• L'intensité (2)

Il y a une **telle** densité de population ici **que** les problèmes de logement se font ressentir.
Sa famille est **tellement** éparpillée dans le monde qu'elle n'en connaît **qu'**une petite partie.
L'adjectif tel (telle, tels, telles) permet d'introduire une conséquence tout en indiquant l'intensité :
un.e tel.le (de tels, de telles) + nom + que

L'adverbe tellement permet aussi de combiner intensité et conséquence. Devant un adjectif, on peut le remplacer par si.

Tellement / si + adjectif + que :
Il est tellement (ou si) grand qu'il a besoin d'un lit spécial.
Tellement + participe passé + que :
Il a tellement étudié qu'il était épuisé.
Tellement de + nom + que :
Il a tellement d'amis à travers le monde qu'il n'a jamais besoin d'aller à l'hôtel.

380 **Reformulez les phrases selon l'exemple.**

Exemple : C'est une famille très nombreuse. Ils ne se connaissent pas tous entre eux.
> C'est une famille tellement nombreuse qu'ils ne se connaissent pas tous entre eux.

a. Son frère parle beaucoup. Il ne peut pas garder un secret.
....

b. Ils ont beaucoup de cousins et cousines. Ils ne se sont jamais tous retrouvés ensemble à la fois.
....

c. Ses beaux-parents ont beaucoup travaillé toute leur vie. Ils ont maintenant une belle maison en bord de mer.
....

d. Leurs enfants ont beaucoup grandi pendant l'été. Ils n'entrent plus dans leurs vêtements.
....

e. Mes parents disposent de beaucoup de temps depuis qu'ils sont en retraite. Ils en profitent pour faire des tas d'activités de loisir.
....

f. J'ai un cousin qui est très fort en foot. Il a été repéré pour jouer dans une grande équipe.
....

9 • La famille aujourd'hui et les relations sociales – les sentiments

381 Reliez ces phrases en introduisant l'adjectif « tel ».

Exemple : Ils se ressemblent beaucoup. On les confond souvent.
→ Ils ont une telle ressemblance qu'on les confond souvent.

a. Il y a un taux de naissances important dans ce pays. Une politique de natalité s'avère nécessaire.
....

b. Il a hérité d'une grande fortune. Il a décidé de faire don d'une partie à une fondation pour l'éducation.
....

c. Il y a une entente très importante entre tous les frères et sœurs. On peut vraiment parler d'une famille unie.
....

d. Elle a des liens très importants avec ce pays. On croirait presque qu'elle est de là-bas.
....

e. Ce sont de telles politiques sociales qui contribueront à améliorer la vie des citoyens.
....

f. Ils ont une grande envie de retrouver les leurs. Ils sont partis pour le sud à peine sortis du travail.
....

g. On a publié des chiffres sur la précarisation des familles. Cela devrait inquiéter les responsables politiques.
....

382 Reliez les phrases en indiquant l'intensité.

Exemple : Nous allions souvent dans la maison en bord de mer quand nous étions petits. Je m'en souviens comme si c'était hier. (Si)
→ Nous allions si souvent dans la maison en bord de mer quand nous étions petits que je m'en souviens comme si c'était hier.

a. Ils prennent du plaisir entre amis. Ils se voient régulièrement. (Tellement)
....

b. J'étais fatigué ce jour-là. J'ai préféré qu'on se voie en visio plutôt que de sortir. (Tellement)
....

c. La famille est grande. On ne sait plus trop qui est qui. (Tellement)
....

d. Il y avait du monde au mariage de Sibylle. On se sentait un peu perdu. (Tellement)
....

e. Les enfants étaient petits quand leurs parents ont divorcé. Ils se sont vite habitués à leur nouveau rythme de vie. (Tellement)
....

f. J'ai une nièce qui est forte en judo. Tout le monde l'admire. (Si)
....

g. Nous sommes beaucoup de cousins et cousines. C'est toujours très difficile de pouvoir tous nous réunir. (Tellement)
....

Grammaire/Conjugaison

• Les superlatifs

C'est **la plus active** de la famille. • Il est **le moins bavard** de la classe.

Les formes « le plus » (la plus, les plus) et « le moins » (la moins, les moins) indiquent la supériorité ou l'infériorité absolues. Ce sont des superlatifs.

Formes irrégulières :
– le meilleur (la meilleure, les meilleur.e.s) est le superlatif de bon.
– le mieux superlatif de bien.
– le pire est le superlatif de mauvais. On peut aussi dire le plus mauvais sauf certains groupes nominaux qui forment une expression figée : la pire erreur – on ne dit jamais : la plus mauvaise erreur*)

– Petit : le plus petit (taille) : *c'est la plus petite de la famille*. Mais le moindre (en quantité, en importance) : *C'est le plus petit problème actuellement.* → *C'est le moindre problème actuellement.*

383 Complétez avec la forme au superlatif qui convient.

Exemple : Florian, c'est celui à gauche : le plus petit des trois frères. (petit)

a. Il est toujours là s'il y a .... problème familial. (petit)

b. Les repas de famille sont-ils .... occasions pour soulever certaines questions ? (bon)

c. Juliette, c'est .... de la famille. Elle a tout juste quelques mois. (jeune)

d. Pas toujours simple de choisir .... moment pour parler d'affaires délicates concernant toute la famille. (bon)

e. Tante Sylvie, c'est certainement .... de toute la famille : toujours souriante et toujours les bons mots quand il faut. (gentil)

f. Je me souviens de ce moment difficile, certainement .... de tous. (mauvais)

g. Pour vous, quels sont .... souvenirs de famille ? (beau)

h. Son départ a été .... des choses qu'elle a pu faire. (bon)

384 Soulignez la ou les options possible.

Exemple : La plus mauvaise souffrance / <u>La pire souffrance</u>

a. La plus mauvaise occasion / La pire occasion

b. La pire douleur / La plus mauvaise douleur

c. La plus mauvaise idée / La pire idée

d. Le plus mauvais moment / Le pire moment

e. La pire détresse / La plus mauvaise détresse

f. La plus mauvaise erreur / La pire erreur

g. Le plus mauvais mal / Le pire mal

h. Le plus mauvais malheur / Le pire malheur

9 • La famille aujourd'hui et les relations sociales – les sentiments

385 Complétez avec les formes comparatives ou superlatives *meilleur* ou *au mieux*.

Exemple : C'est un très bon ami, certainement le meilleur.

a. C'est bien ça, non ? – Oui, mais ça c'est encore ....
b. Elle a passé un bon été, en tout cas bien .... que celui de l'année dernière.
c. Sa sœur va bien. Du moins, elle va .... qu'hier.
d. J'ai vraiment passé de bonnes vacances. Peut-être pas les .... de ma vie, mais c'était bien.
e. Ce n'est pas bien mais je t'assure que c'est .... que la proposition initiale.
f. C'est une bonne étudiante. Elle est .... que son frère.

386 Choisissez la forme qui convient.

Exemple : *Le mieux* / Le meilleur à faire, c'est d'attendre.

a. Je crois que c'est la *meilleure / mieux* chose à faire vue la situation.
b. Les gens qui habitent en ville vivent-ils *meilleur / mieux* que ceux des campagnes ?
c. Tout s'est *mieux / meilleur* passé que je ne le pensais.
d. Tu es en bien *mieux / meilleure* forme que l'autre jour.
e. Nous allons *mieux / meilleur* depuis que nous savons qu'il n'y a aucun risque.
f. Cette année, les résultats sont *mieux / meilleurs* que l'année dernière.

387 Choisissez la forme qui convient : *mauvais / mal / pire / bon / meilleur / bien / mieux*

Exemple : La haine est certainement le pire des sentiments.

a. C'était certainement le .... choix à faire.
b. C'est une très .... idée. Propose autre chose !
c. Il n'y a rien de .... à faire ?
d. Il est parti avec sa .... amie.
e. C'est vraiment une .... personne. Toujours à critiquer tout le monde !
f. Cet enfant est vraiment turbulent. Il est encore .... que sa sœur.
g. Il a .... vécu cette expérience à deux. Il n'est pas prêt à recommencer.
h. Ils se sont très .... entendu dès le premier jour.

Bilan

1. Complétez avec les mots qui conviennent. (1 point/réponse)

célibataire – décès – divorce – deuil – en couple – frangine – grossesse – naissance – pacsés – en retraite

a. Son père est parti .... l'année dernière.
b. Nous sommes au regret d'annoncer le .... de notre grand-père.
c. Après un .... compliqué, Baptiste s'est remarié.
d. Anthony et José ne sont pas encore mariés mais ils sont ....
e. Elle en est a son septième mois de ....
f. Familièrement, ... signifie bien « sœur » ?
g. Chloé et Salim sont heureux de vous faire part de la .... de la petite Alma.
h. Muriel et Patricia se sont mises .... il y a deux mois.
i. Le .... est un processus plus ou moins long après le décès d'un être cher.
j. Je pensais qu'il était avec quelqu'un, mais en fait il est ....

Total : .... /10

2. Complétez avec les mots ou expressions qui conviennent. (0,5 point/réponse)

baiser – coup de foudre – divorcer – embrassé – en amour – faire connaissance – histoire d'amour – quittés – rencontrés – romance

– Sais-tu comment tes parents se sont .... ?
– Oui, à l'université, à Québec. Ma mère est tout de suite tombée .... avec mon père, comme ils disent là-bas.
– On peut dire que ça a été un vrai .... alors ?
– Oui, mais il venait de .... à l'époque et il n'était pas prêt pour une nouvelle .... Alors, ils ont pris le temps de ....
– Jusqu'au jour où ....
– Jusqu'au jour où ma mère n'a plus voulu attendre. Elle s'est jetée à son cou et l'a ....
– Un vrai … d'amour et le début d'une .... qui dure depuis plus de 20 ans maintenant.
– C'est ça. Ils ne sont plus jamais ....

Total : .... /5

3. Récrivez les phrases avec les comparatifs qui conviennent. (1 point/réponse)

a. Il n'a pas eu de chance dans la vie. (= / ses frères)
....
b. Je crois tout va bien. (+ / maintenant)
....
c. Elle est très âgée. (+ / sa sœur).
....

d. Ces deux frères sont talentueux. (= / l'un et l'autre)

....

e. Fatima est bonne en maths. (+ / son frère)

....

f. Cette année, ils ont perçu des allocations logement. (- / d'habitude)

....

g. Cette situation n'est pas mauvaise. (+ / Celle que nous connaissions il y a 5 ans)

....

h. La population est malade aujourd'hui. (- / il y a 100 ans)

....

i. On n'a jamais voyagé. (= / aujourd'hui)

....

j. Consacrons-nous du temps à la famille ? (+ / avant la crise)

....

Total : .... /10

4. Complétez avec la forme superlative qui convient. (1 point/réponse)

a. Le printemps est certainement .... moment de l'année. (+ / beau)
b. Dans .... des cas, nous passerons l'été à la maison. (+ / mauvais)
c. Il lui a raconté ses vacances dans .... détails. (+ / petit)
d. .... chose à faire, c'est de renoncer. (+ / bien)
e. Des quatre enfants, c'est .... qui a réussi. (+ / petit)

Total : .... /5

Mon score : .... /30

10 • Une santé de fer

Vocabulaire

 Le corps humain (2)

De la tête aux pieds, le corps humain comprend de nombreux éléments externes (**membres** et **articulations**) et internes (les **organes**).

Les principaux organes du corps humain sont le **cerveau** (qui transmet des ordres au corps à travers les nerfs – c'est le système nerveux), le **cœur**, les **poumons**, le **foie**, l'**estomac**, les **reins**, les **intestins**, le **pancréas** ou le **côlon**. Le **sang** circule (la circulation sanguine) par les **veines**. Le corps est également constitué de **muscles** et de **tendons**.

Le corps comprend aussi un ensemble d'**os** qui forme le **squelette**. Les principaux os sont, de la tête au pied, le **crâne**, la **mâchoire**, la **clavicule**, les **côtes**, la **colonne vertébrale**, le **fémur**, la **rotule**, le **tibia**, le **péroné**.

388 Complétez avec le nom des organes.

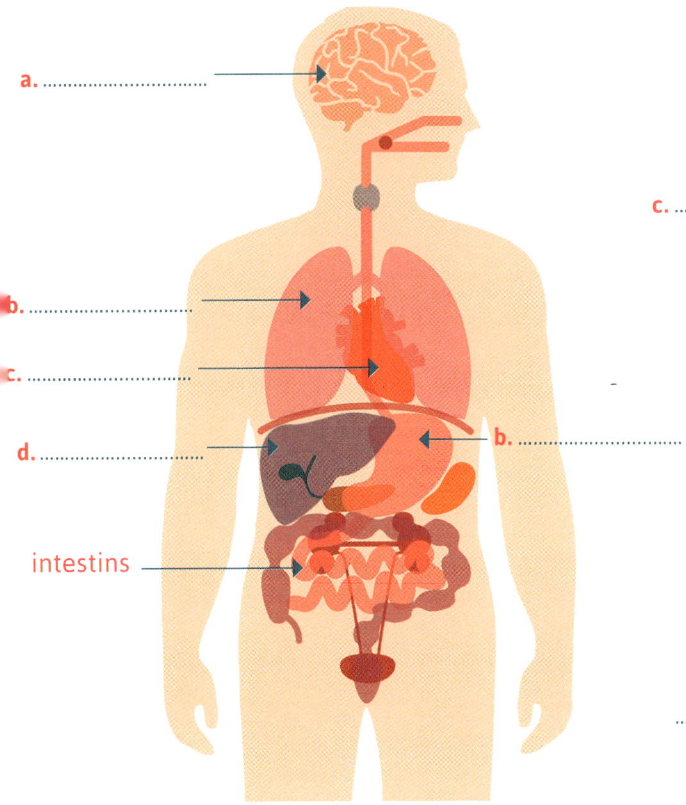

a. ....
b. ....
c. ....
d. ....
intestins

389 Complétez avec le nom des os.

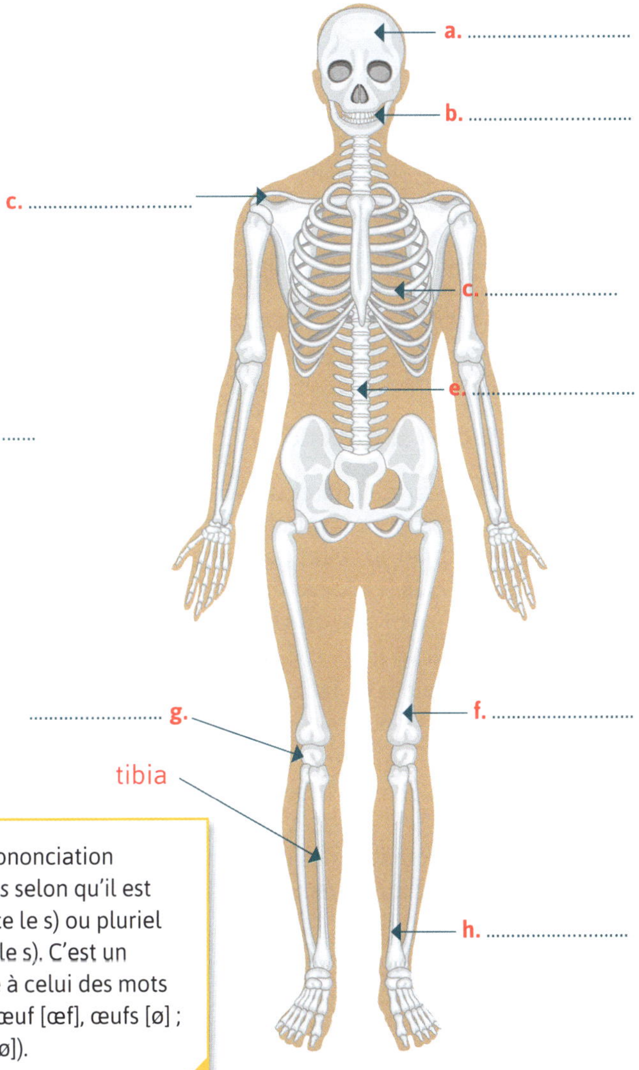

a. ....
b. ....
c. ....
c. ....
e. ....
g. ....
tibia
f. ....
h. ....

Les mots en **-ette** sont tous **féminins** : une raquette de tennis, une maquette de train, la statuette des Oscars, une allumette, etc.
Sauf le mot **squelette** qui est masculin : un squelette.

On remarquera la prononciation particulière du mot *os* selon qu'il est singulier (on prononce le s) ou pluriel (on ne prononce pas le s). C'est un phénomène similaire à celui des mots « œuf » ou « bœuf » (œuf [œf], œufs [ø] ; bœuf [bœf], bœufs [bø]).

10 • Une santé de fer

390 Observez cette liste et entourez les mots que vous entendez. 🔊 37

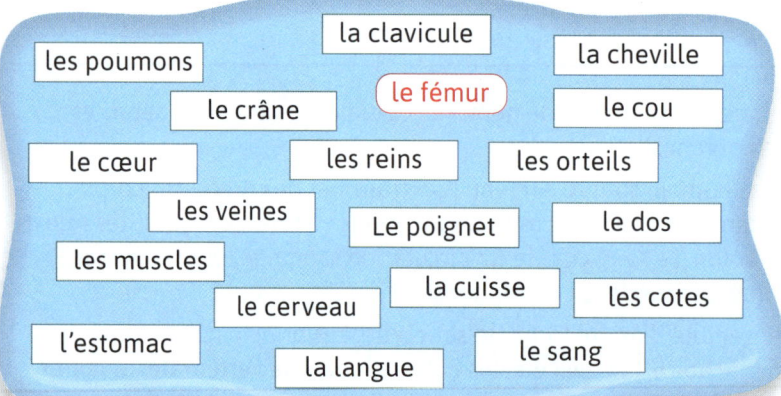

- la clavicule
- les poumons
- la cheville
- le crâne
- le fémur
- le cou
- le cœur
- les reins
- les orteils
- les veines
- Le poignet
- le dos
- les muscles
- la cuisse
- les cotes
- le cerveau
- l'estomac
- la langue
- le sang

On dit d'une personne très intelligente que c'est un cerveau. La fuite des cerveaux fait référence aux chercheurs ou aux scientifiques qui prennent la décision de partir travailler dans un autre pays. D'une personne peu intelligente, on ne dira pas qu'elle n'a pas de cerveau mais qu'elle n'a pas de cervelle.

391 Complétez les phrases avec les mots entourés de l'exercice précédent.

Exemple : Le ventre est la partie extérieure de l'estomac. C'est là où les aliments sont digérés.

a. Ils appartiennent au système respiratoire, ce sont les ....

b. Les biceps en sont : les ....

c. On peut facilement se fracturer la .... en faisant une chute.

d. Les .... permettent d'éliminer les toxines contenues dans le sang.

e. L'ensemble des os qui constituent la cage thoracique : les ....

f. C'est lui qui donne des ordres à l'ensemble du corps : le ....

g. Saviez-vous que le .... est le plus grand des os de l'anatomie humaine ?

h. Il agit comme une véritable pompe qui permet la circulation sanguine. C'est le ....

Maladies et infections

Le **cholestérol**, l'**infarctus**, les **maladies cardiovasculaires**, les **AVC** (accidents vasculaires cérébraux), le **cancer** sont des maladies fréquentes tout comme les maladies **respiratoires** (Ex. : **asthme** ou la **bronchite**) ou celles de la peau (l'**acné**, l'**eczéma**). On trouve aussi les maladies **intimes** dont les maladies sexuellement transmissibles (MST) ou d'autres dont les cas augmentent en raison de nos modes de vie (la **fatigue chronique**, le **diabète**, l'**obésité** ou les **allergies**).

Il y a aussi les maladies de l'enfance : la **varicelle**, la **rougeole**, l'**otite**, l'**angine**, les **oreillons**....
La **tuberculose** ou la **malaria** ont presque disparu d'Europe ou d'Amérique du Nord mais continuent à tuer dans d'autres coins du monde.

Grâce aux campagnes de **vaccins**, plusieurs maladies ont disparu de nombreux pays ; d'autres sont atténuées, comme la **grippe**, grâce aux campagnes de **vaccination**. Mais d'autres apparaissent régulièrement : le **SIDA** à la fin du XXe siècle ou, depuis le début du XXIe siècle, les **SRAS**, comme la COVID19, qui sont des maladies respiratoires que causent des **virus** et dont la rapide propagation provoque des **épidémies** (ou, à l'échelle mondiale, des **pandémies**).

Vocabulaire

392 Reliez les éléments pour former des phrases.

a. Il s'est fait vacciner contre ...   • la malaria.
b. Son père a fait ...   • son asthme.
c. On lui a diagnostiqué ...   • un cancer.
d. Ces démangeaisons sont causées par ...   • la varicelle.
e. Les moustiques propagent les maladies comme ...   • la grippe.
f. Elle a souvent de problème pour respirer à cause de ....   • son diabète
g. Il faut surveiller son taux de glycémie en raison de ...   • un AVC.

393 Entourez les huit maladies contenues dans ce nuage de mots.

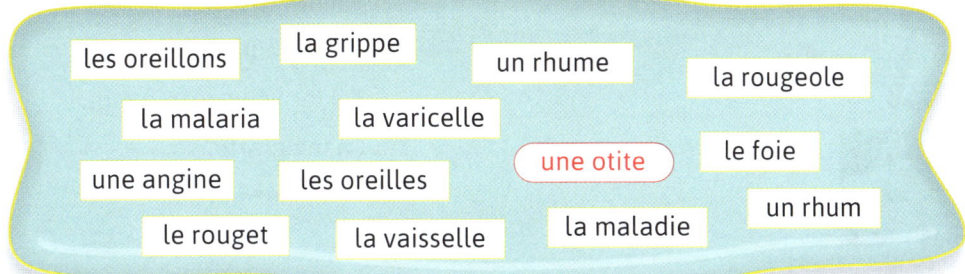

Corps et adjectifs

Les adjectifs associés à différentes parties du corps ne sont pas toujours faciles à identifier. Si on peut facilement comprendre que **sanguin** est l'adjectif de **sang** ou **dentaire** celui de **dent** ; pour les autres, c'est un peu plus difficile :

bouche	→ buccal	foie	→ hépatique	ouïe	→ auditif
cerveau	→ cérébral	nez	→ nasal	poumon	→ pulmonaire
cheveu	→ capillaire	nerf	→ nerveux	peau	→ cutané
cœur	→ cardiaque	œil	→ oculaire	rein	→ rénal

394 Complétez avec la partie du corps manquante.

Exemple : Il y a plusieurs types de problèmes cardiaques. Tous n'obligent pas à ce qu'on opère le **cœur**.

a. Des troubles oculaires, ce sont des problèmes relatifs aux ....

b. Tu dois prendre ce médicament par voie buccale. Bref, tu le mets dans ta .... !

c. Il avait des problèmes capillaires : il perdait ses ....

d. Elle a des problèmes cutanés au moindre contact avec l'eau : sa .... est très sensible.

e. Il a souvent des crises hépatiques. Il a le .... très fragile.

f. Les problèmes pulmonaires causés par la pollution sont en nette augmentation : une simple radio des .... nous le démontre.

g. Les calculs rénaux, ce sont comme de toutes petites pierres que l'on retrouve dans les ....

10 • Une santé de fer

395 Reliez ces phrases aux illustrations.

 a. •

 b. •

 c. •

 d. •

• J'ai des douleurs d'estomac.
• J'ai mal à la gorge.
• J'ai des frissons.
• J'ai de la fièvre.
• J'ai les yeux qui piquent.
• Ça me gratte.
• J'ai le nez qui coule.

 e. •

 f. •

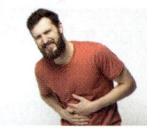 g. •

396 Complétez avec l'adjectif qui convient.

Exemple : Si les soins dentaires ne sont pas couverts par la sécurité sociale, les gens iront moins chez le dentiste.

a. Il a été victime d'une crise .... en pleine rue et c'est un passant qui l'a réanimé.
b. On lui a fait une transfusion .... dès son arrivée à l'hôpital.
c. Si tu ne soignes pas ces troubles ...., tu vas devenir sourd !
d. Plusieurs patients présentent des troubles .... qui rendent difficile la respiration.
e. Elle a souvent des hémorragies .... Bref, elle saigne souvent du nez !
f. Si les reins ne font pas leur travail, on parle d'une insuffisance ....

397 Remplacez les formes en italique par l'adjectif qui convient.

buccal – cardiaque – cérébral – cutané – hépatique – nasal – pulmonaire – rénal – sanguin

Exemple : Son foie présente une insuffisance. C'est une insuffisance hépatique.

a. L'acné est une maladie *de la peau*. Une maladie ....
b. Une bronchite aigüe est une infection *aux poumons*. Une infection ....
c. Le diabète est souvent une cause d'insuffisance *des reins*. Insuffisance ....

Vocabulaire

d. La tachycardie est une accélération *du cœur*. Accélération ....

e. On lui a fait un prélèvement *de sang*. Prélèvement ....

f. Il a été victime d'une hémorragie *au cerveau*. Hémorragie ....

g. Le dentiste insiste sur l'importance d'une bonne hygiène *de la bouche*. Hygiène ....

h. La respiration *du nez* est difficile quand on est enrhumé. Respiration ....

398 Cochez le mot juste.

Exemple : Léo a ☒ des boutons / ☐ des grains sur tout le visage, c'est certainement de l'acné.

a. Je ne sais pas ce que j'ai mangé mais j'ai mal

☐ à l'estomac / ☐ au ventre depuis tout à l'heure.

b. Assieds-toi bien si tu ne veux pas avoir mal

☐ aux reins / ☐ au dos.

c. Mon frère est

☐ diabétique / ☐ asthmatique : il fait souvent des crises après un effort trop intense.

d. Inspirer et expirer pour faire entrer et sortir l'air de

☐ vos côtes / ☐ vos poumons.

e. Mamadou était souvent essoufflé, il avait un souffle

☐ aux poumons / ☐ au cœur.

f. Il doit veiller à avoir une alimentation équilibrée et surveiller son poids parce qu'il présente des risques

☐ d'obésité / ☐ de grosseur.

g. J'ai dû attraper une angine, j'ai mal

☐ au cou / ☐ à la gorge quand j'avale.

h. Depuis quelque temps, j'ai l'impression d'être devenu

☐ asthmatique / ☐ allergique au pollen.

Les professions de santé

Pour les maladies courantes, on se rend chez un **médecin généraliste** ou médecin traitant. En fonction des **symptômes** et du **diagnostic** médical, le médecin peut prescrire un **traitement** ou ordonner de faire une **radiographie** (une radio) ou des **analyses**.

Le médecin connaît généralement le **dossier médical** de ses patients.

On peut aussi voir un **médecin spécialiste**. Les spécialités sont nombreuses. En voici quelques-unes : **pédiatre** (enfants), **oculiste** (yeux), **gynécologue** (appareil génital féminin), **orthopédiste** (muscles, tendons), **rhumatologue** (articulations), **dermatologue** (peau), **psychiatre** (maladies mentales et troubles psychiques), **cardiologue** (cœur), **diététicien** (régimes alimentaires). Si une intervention chirurgicale est nécessaire, c'est le **chirurgien** qui opère.

Un **pharmacien** délivre les médicaments prescrits sur **ordonnance** par le médecin.

On peut aussi se faire soigner par un **acupuncteur** qui introduit des aiguilles dans certaines parties du corps.

10 • Une santé de fer

399 Dictée de mots. Écoutez et écrivez les professions médicales que vous entendez.

1. Ophtamologiste
2. ....
3. ....
4. ....
5. ....
6. ....
7. ....

> **Les professions de santé abrégées**
> un kiné : kinésithérapeute,
> un opthalmo : ophtalmologiste,
> un gynéco : gynécologue,
> un dermato : dermatologue,
> un psy : un psychiatre

400 Reconstituez les noms de professions médicales.

mé-, -thérapeute, -logiste, -logue, kinési-, cardio-, phar-, -ticien, -cologue, -macien, chirur-, -tiste, ophtalmo-, diété-, acu-, -puncteur, gyné-, -gien, -decin, den-

– médecin
– ....
– ....
– ....
– ....
– ....
– ....
– ....
– ....

401 Complétez avec les professions de l'exercice précédent.

Exemple : La cardiologue est une spécialiste des troubles cardio-vasculaires.

a. Elle a fait médecine et elle s'est installée comme .... généraliste.

b. Un .... à domicile est chargé des soins chez des personnes âgées ou dépendantes.

c. La .... délivre les médicaments prescrits par le médecin.

d. Parmi ses fonctions, il suit la grossesse, c'est le ....

e. Elle est un peu comme le responsable du bloc opératoire, c'est la ....

f. Il se charge de la rééducation de la fonction de membres du corps, après un accident par exemple, c'est le ....

g. C'est avec ses aiguilles qu'elle guérit ou apaise les souffrances du patient, c'est une ....

h. Le .... est spécialiste des pathologies (ou maladies) en lien avec les dents et les gencives.

i. L'.................................. se charge des troubles de la vue et des problèmes aux yeux.

> Le terme « docteur » est le titre porté par le médecin. On emploie ce terme pour parler de lui ou pour s'adresser à lui. « C'est qui votre médecin traitant ? C'est le Docteur Le Naour » / « Dites, vous pensez que c'est grave, docteur ? » Familièrement on emploie le terme toubib : « Demain, j'ai rendez-vous chez le toubib ».

Vocabulaire

402 Complétez le texte avec les mots qui conviennent.

carnet de santé – carte vitale – dossier médical partagé – DMP – médicaments – ordonnance – remboursement – traitant – traitement

En France, quand on va chez son médecin traitant, on présente sa .... qui nous permettra d'obtenir le .... de cette visite. Si la .... concerne un enfant, notre médecin va nous demander son .... mais il peut avoir accès à nos informations de santé sous forme numérique grâce au .... ou .... Si nécessaire, il ou elle nous fera une .... où sera indiqué le .... à suivre avec, éventuellement, l'information sur les .... à prendre.

> Les mots de la **médecine** ont en français une orthographe souvent complexe. Ce sont des mots scientifiques qui proviennent du grec pour la plupart. On trouvera donc des y, des x, des z et des th (la présence du h ne modifie pas la prononciation : thérapie [teRapi]), ou encore des ph (prononcé [f]) : une pharmacie [faRmasi], le pharynx [faRēks]. On sera aussi attentif à la prononciation de la combinaison consonantique c+h (ch) parfois prononcée [S] : chirurgien, bronchite mais aussi [k] : chronique [kRonik]/ ou cholestérol [kolEsterol].

403 Associez ces noms aux illustrations.

a.
b.
c.
d.
e.
f.
g.

- une attelle
- une prothèse
- des lunettes
- des lentilles
- un fauteuil roulant
- des béquilles
- un appareil auditif

404 Entourez la forme la plus appropriée.

Exemple : Le personnel d'hôpital / (personnel hospitalier)

a. Une chambre d'hôpital / une chambre hospitalière
b. Des essais de clinique / des essais cliniques
c. Une crise de foie / une crise hépatique
d. La crise de santé / la crise sanitaire
e. Un carnet de santé / un carnet sanitaire
f. Un masque de chirurgie / un masque chirurgical
g. Une crise de coeur / une crise cardiaque
h. Un bloc d'opération / un bloc opératoire

> **Ces lettres qu'on ne prononce pas**
> Il est habituel de trouver des mots dont une ou plusieurs lettres ne se prononcent pas : le *corps* [kcR] (ni le *p* ni le *s* ne sont prononcés) mais un adjectif ou un nom dérivé peut nous aider à nous rappeler la présence au moins d'une de ces lettres finales :
> corps → corporel   doigt → digital
> pouls → pulsation   bras → brasser

10 • Une santé de fer

405 Écoutez et écrivez les mots entendus. 🔊 39

a. .... e. ....
b. .... f. ....
c. .... g. ....
d. .... h. ....

406 Placez certains mots de l'exercice précédent dans les phrases suivantes.

Exemple : Il entend encore très bien, il a une très bonne ouïe.

a. Pour connaître la pulsation du flux sanguin, on prend le ....
b. Populairement, on parlait de crise de .... pour désigner les nausées et maux de ventre après un repas copieux.
c. Elle a mal au coude quand elle plie le ....
d. Les orteils désignent les .... des pieds.
e. Une digestion difficile peut entraîner des problèmes d' ....
f. Ne porte pas de choses trop lourdes si tu ne veux pas avoir des problèmes de ....
g. Notre squelette est constitué de plus de 200 .... !

Où aller se faire soigner ?

On peut se faire soigner dans des **centres de santé** qui regroupent plusieurs professions médicales. On aussi se faire **hospitaliser** et donc être admis dans un **hôpital** – qui peut être un **centre hospitalier universitaire** (ou **CHU**) – ou une **clinique**.

Les patients présentent leur **carte vitale** quand ils vont chez le médecin. Elle permet le remboursement des frais de santé. Elle est délivrée par l'**Assurance maladie**, un organisme qui garantit l'accès aux soins.

Pour les enfants, et jusqu'à l'âge de 18 ans, il existe un **carnet de santé** qui contient des informations pratiques de santé pour les parents et toute l'information concernant les évènements concernant la santé de l'enfant (maladies, **vaccins**...).

Aujourd'hui, tout le monde peut avoir un **DMP**, c'est-à-dire un **dossier médical partagé** (une sorte de carnet de santé numérique).

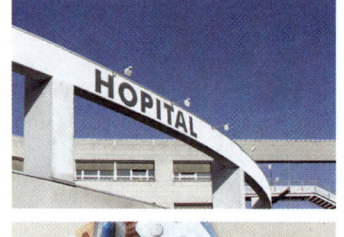
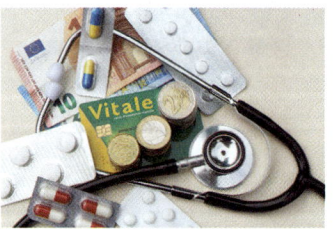

407 Reconstituez les phrases.

a. S'il ne suit pas bien le traitement, • • il risque de faire une rechute.
b. On lui a souhaité • • après avoir présenté des symptômes graves de la maladie.
c. Il a repris le travail • • alors qu'il n'est pas encore complètement guéri.
d. Il a demandé un arrêt maladie •
e. Il a été hospitalisé • • pour ne pas contaminer ses collègues.
f. En huit jours il sera remboursé • • un prompt rétablissement.
g. Toutes ses maladies et ses vaccins • • sont inscrites dans son DMP.
  • s'il présente sa carte vitale.

Vocabulaire

> En France, le **secourisme** fait référence aux premiers secours ou secours d'urgence aux personnes. En Suisse, les secouristes bénévoles sont des **samaritains**.

408 Remettez dans l'ordre les éléments de la phrase.

Exemple : d'un état / un signe / peut / grippal. / avoir / de la fièvre / être /
Avoir de la fièvre peut être un signe d'un état grippal.

a. du genou droit. / arrêter / je souffre / parce que / j'ai dû / la course à pied
....

b. lui / de terribles / maux de tête. / qui / donnent / de migraines / il souffre
....

c. se faire / pour / enlever / une intervention chirurgicale / elle a subi / un kyste.
....

d. avec du savon / de se laver / il est important / ou / les mains / un gel désinfectant.
....

e. les gestes barrières / prévenir / rudimentaires / il faut / pour / la maladie. / adopter
....

f. parce qu' / nous sommes / de vaccination / contre quoi / pratique / le carnet / il informe / est / vaccinés. / très
....

g. lui / contre / des médicaments / son médecin / a prescrit / la douleur.
....

h. courants d'air / elle est enrhumée. / froid / à cause des / elle / et depuis, / a pris
....

409 Complétez les phrases à l'aide des mots de la liste.

aux urgences – un bilan santé – en réanimation – un massage cardiaque – porté secours – se faire dépister – la prise de sang – une radio – ces soins

Exemple : Le patient a été placé en réanimation.

a. L'infirmier a pratiqué .... sur la victime.
b. Est-ce que .... sont pris en charge par la Sécurité sociale ?
c. Les sapeurs-pompiers ont .... à la vieille dame.
d. Elle a décidé de faire ....
e. Pour prévenir une maladie, il est recommandé de ....
f. Je viens de recevoir les analyses de ....
g. Son médecin l'a envoyé se faire .... des poumons.
h. Il a été admis ....

410 Voici différentes expressions dans lesquelles apparaissent des parties du corps. Cochez la bonne définition pour chacune.

Exemple : Faire avaler la pilule à quelqu'un.
☒ Lui faire croire quelque chose qui n'est pas vrai.
☐ Lui faire manger quelque chose par obligation.

203

10 • Une santé de fer

a. Faire une piqûre de rappel.
   ☐ Rappeler quelque chose à quelqu'un.
   ☐ Appeler quelqu'un pour un rendez-vous chez le docteur.

b. Être sur les rotules.
   ☐ Être plein d'énergie
   ☐ Être fatigué

c. Faire une entorse au règlement.
   ☐ Profiter au maximum de ce que le règlement permet.
   ☐ Ne pas respecter tous les aspects du règlement.

d. Avoir un chat dans la gorge.
   ☐ Être enroué, avoir une gêne dans la gorge
   ☐ Avoir une voix aigüe qui ressemble au miaulement des chats.

e. Laver le cerveau à quelqu'un.
   ☐ Faire changer sous la contrainte les idées de quelqu'un
   ☐ Suivre un traitement psychiatrique

f. Prendre le pouls.
   ☐ S'informer de l'état d'une situation
   ☐ Devenir le leader d'une équipe de travail

g. Être sous perfusion.
   ☐ Désigne un État ou une entreprise qui a besoin d'être assisté.e.
   ☐ Désigne un terrain soumis à l'exploitation minière

411 Placez les expressions de l'exercice précédent dans les phrases suivantes.

Exemple : Je ne peux pas accepter cette situation, il ne me fera pas avaler la pilule.

a. D'abord, il était contre mais sa petite soeur lui .... tout le week-end et il a dit oui.
b. Normalement ils connaissent les normes, mais ça ne fait pas de mal une petite ....
c. Elle n'arrivait pas à parler à cause d' .... dans la gorge depuis le petit matin.
d. La pauvre, elle est .... après une dure et longue journée de travail.
e. Normalement c'est interdit mais pour une fois, on peut bien ....
f. Je ne voulais pas m'en séparer. Ça m'a vraiment fait ....
g. Avant de mettre en place une telle politique, il est conseiller de .... de la population.
h. Cette crise oblige à .... plusieurs secteurs de l'économie.

412 Cochez la bonne réponse.

Exemple : Si j'ai mal à la tête, je peux prendre :
   ☒ un cachet d'aspirine ou de paracétamol.   ☐ un comprimé effervescent.   ☐ une gélule.

a. Quand je pars en vacances, je n'oublie pas de prendre :
   ☐ ma trousse à pharmacie.   ☐ ma boite pharmaceutique.   ☐ mon étuis de médecine.

b. Avant de prendre un médicament, on doit lire attentivement :
   ☐ le mode d'emploi.   ☐ les instructions d'usage.   ☐ la notice.

Grammaire/Conjugaison

c. Si je me blesse, je me désinfecte puis je mets :

☐ un pansement. ☐ une pilule. ☐ un répulsif.

d. Pour prévenir les piqûres de moustique, j'applique :

☐ une pommade. ☐ un répulsif. ☐ un désinfectant.

e. Contre les coups de soleil, je me mets :

☐ une crème. ☐ une gélule. ☐ un bandage.

f. Contre les brûlures d'estomac, on peut prendre :

☐ une compresse. ☐ un pansement gastrique. ☐ un bandage.

g. Il est important de vérifier régulièrement que les médicaments qu'on a chez soi ne soient pas :

☐ caduques. ☐ périmés. ☐ expirés.

Grammaire/Conjugaison

> **• Formation du subjonctif présent**
>
> **Je veux que tu viennes. Il faut que nous nous parlions.**
> On forme le subjonctif présent des verbes réguliers à partir du radical de la 3e personne du pluriel du présent de l'indicatif auquel on ajoute :
> – aux 3 personnes du singulier les terminaisons : -e, -es, -e
> – à la 3e personne du pluriel* : -ent.
>
> Pour la 1re et la 2e personnes du pluriel, on part des formes de nous et vous de l'imparfait (sauf être : que nous soyons, que vous soyez et avoir : que nous ayons, que vous ayez).
>
> | Soigner | Guérir | Suivre |
> |---|---|---|
> | que je soigne | que je guérisse | que je suive |
> | que tu soignes | que tu guérisses | que tu suives |
> | qu'il/elle/on soigne | qu'il/elle/on guérisse | qu'il/elle/on suive |
> | que nous soignions | que nous guérissions | que nous suivions |
> | que vous soigniez | que vous guérissiez | que vous suiviez |
> | qu'ils/elles soignent | qu'ils/elles guérissent | qu'ils/elles suivent |

413 Conjuguez au subjonctif les verbes suivants, comme dans l'exemple.

Exemple : Dormir : que je dorme, que tu dormes, qu'il/elle/on dorme, que nous dormions, que vous dormiez, qu'ils/elles dorment

a. Parler : ....

b. Venir : ....

c. Envoyer : ....

d. Appeler : ....

e. Définir : ....

f. Recevoir : ....

g. Se réveiller : ....

h. Mettre : ....

10 • Une santé de fer

414 Parmi ces verbes, dix ont une conjugaison irrégulière. Retrouvez-les et entourez-les.

> Aller Être Pleuvoir Partir Tenir
> Avoir Vouloir Parler Jeter Venir
> Savoir Valoir Appeler Danser Acheter
> Faire Falloir Apprendre Rire- Pouvoir
> Comprendre Monter Tomber

415 Conjuguez au subjonctif les dix verbes de l'exercice précédent que vous avez entourés. Attention ! Deux sont impersonnels et se conjuguent uniquement à la 3ᵉ personne du singulier.

Exemple : Aller : que j'aille, que tu ailles, qu'il/elle/on aille, que nous allions, que vous alliez, qu'ils/elles aillent

a. ....
b. ....
c. ....
d. ....
e. ....
f. ....
g. ....
c. ....

416 Écoutez et retrouvez l'infinitif de la forme entendue. 🔊 40

Exemple : ☒ faire   ☐ foncer   ☐ faillir
a.   ☐ aller   ☐ avoir   ☐ jaillir
b.   ☐ suer   ☐ être   ☐ assoir
c.   ☐ puiser   ☐ pousser   ☐ pouvoir
d.   ☐ avoir   ☐ jeter   ☐ injecter
e.   ☐ savoir   ☐ s'agir   ☐ agiter
f.   ☐ savoir   ☐ s'agir   ☐ agiter
g.   ☐ pleuvoir   ☐ pleurer   ☐ plonger

417 Transformez les phrases comme dans l'exemple.

Exemple : Il faut prendre vos médicaments (vous)
          Il faut que vous preniez vos médicaments.

a. Il faut aller chez le docteur. (tu)
....

Grammaire/Conjugaison

b. Il faut boire beaucoup pour éviter la déshydratation. (ils)
....

c. Il faut faire plus d'activités physiques. (vous)
....

d. Il faut avoir une consommation plus modérée. (tu)
....

e. Il faut lire la notice avant de prendre ces cachets. (vous)
....

f. Il faut pouvoir prendre un RDV chez le dentiste au plus vite. (tu)
....

g. Il faut dormir plus d'heures selon mon médecin. (je)
....

418 Transformez les phrases comme dans l'exemple.

Exemple : Va faire un bilan santé. (Il faut que…)
   Il faut que tu ailles faire un bilan santé.

a. N'oubliez pas de prendre vos médicaments. (Il ne faut pas que…)
....

b. Faites-vous vacciner avant le départ. (Il est important que…)
....

c. Prends ce sirop deux fois par jour matin soir pendant une semaine. (Il faudra que …)
....

d. Réalisez le test de dépistage. (Il est vivement conseillé que…)
....

e. Portez le masque dans les lieux fermés. (Les autorités exigent que…)
....

f. Fais une prise de sang. (C'est toujours utile que…)
....

g. Sachez que c'est une zone hautement contaminée. (Il faut que…)
....

419 Écoutez ces extraits de phrase et indiquez le temps de la forme verbale que vous entendez.
🔊 41

Exemple :	☐ présent de l'indicatif	☒ présent du subjonctif	☐ on ne sait pas
a.	☐ présent de l'indicatif	☐ présent du subjonctif	☐ on ne sait pas
b.	☐ présent de l'indicatif	☐ présent du subjonctif	☐ on ne sait pas
c.	☐ présent de l'indicatif	☐ présent du subjonctif	☐ on ne sait pas
d.	☐ présent de l'indicatif	☐ présent du subjonctif	☐ on ne sait pas
e.	☐ présent de l'indicatif	☐ présent du subjonctif	☐ on ne sait pas

10 • Une santé de fer

f.	☐ présent de l'indicatif	☐ présent du subjonctif	☐ on ne sait pas
g.	☐ présent de l'indicatif	☐ présent du subjonctif	☐ on ne sait pas
h.	☐ présent de l'indicatif	☐ présent du subjonctif	☐ on ne sait pas

> **• L'emploi du subjonctif**
>
> **Il faut qu'il comprenne. Je suis content que tu viennes nous voir cet été. J'aimerais bien que tu sois présent à la réunion.**
>
> Le subjonctif est le temps de ce qui n'est pas réalisé. Il est toujours dans une proposition subordonnée introduite par que (qu').
>
> Le subjonctif s'emploie quand le sujet de la principale et différent de la subordonnée : Je souhaite que tu viennes à ma fête d'anniversaire.
>
> Les verbes ou les locutions verbales qui introduisent obligatoirement le subjonctif sont nombreux. Ils indiquent généralement :
>
> Le souhait / L'appréciation : Souhaiter que, Désirer que, (bien) Aimer que
>
> La crainte / la peur : Craindre que, Redouter que, Avoir peur que
>
> Le regret : Regretter que, Déplorer que, Être déçu, triste que , C'est dommage que
>
> La volonté / l'ordre : Vouloir que, Exiger que, Ordonner que
>
> L'obligation / La nécessité : Falloir que, Être nécessaire que
>
> Le conseil : Conseiller que, Recommander que
>
> La surprise / la joie : Se surprendre que, Se réjouir que , Être surpris, content, ravi, étonné…
>
> Et aussi des verbes d'opinion à la forme négative (ne pas penser que, ne pas croire que)

420 Conjuguez les verbes au temps qui convient.

Exemple : Les autorités exigent que les voyageurs **fassent** un test. (Faire)

a. Ce serait bien que vous .... suivi par votre médecin. (Être)

b. Nous espérons que les résultats .... négatifs. (Être)

c. Ils souhaitent vivement que tout le monde .... en bénéficier. (Pouvoir)

d. Je crois que sa femme .... opérer la semaine prochaine. (Se faire)

e. Nous nous assurons que les mesures .... correctes. (Être)

f. Je ne pense pas qu'il .... de chez lui avec une telle fièvre. (Sortir)

g. Nous voyons bien que la situation s'................................. améliorée depuis l'autre jour. (Être)

421 Cochez la bonne réponse.

Exemple : Faut-il nécessairement…

　　　☒ que nous apportions un certificat ?　　☐ que nous apportons un certificat ?

a. Je souhaite que vous…

　☐ vous rétablissiez au plus vite.　　☐ vous rétablissez au plus vite.

b. Je crains que cette maladie…

　☐ est difficile à guérir.　　☐ soit difficile à guérir.

c. Les autorités pensent…

　☐ que ce sera nécessaire d'être vacciné.　　☐ que ce soit nécessaire d'être vacciné.

Grammaire/Conjugaison

d. Nous admettons que des erreurs...
  ☐ ont été commises.   ☐ aient été commises.

e. Le médecin me dit...
  ☐ qu'il faut le prendre deux fois par jour.   ☐ qu'il faille le prendre deux fois par jour.

f. Nous avons vraiment peur...
  ☐ qu'il est trop tard.   ☐ qu'il soit trop tard.

g. Nous savons...
  ☐ qu'ils finiront par trouver un remède.   ☐ qu'ils finissent par trouver un remède.

422 Classez ces verbes selon qu'ils peuvent être suivis de l'indicatif ou du subjonctif.

Désirer – Aimer – Souhaiter – Craindre – Interdire – Exiger – Regretter – Constater – Penser – Croire – Espérer – Supposer – Imaginer – Dire – Se douter – Être sûr(e) – Trouver – Voir

indicatif	subjonctif

423 Choisissez la forme qui convient.

Exemple : Je souhaite/**Je constate** que les résultats sont excellents.

a. *Je suppose / Je redoute* que le virus soit encore bien présent.
b. *Les organisateurs informent / Les organisateurs souhaitent* qu'on prendra la température du public à l'entrée de la salle.
c. *Nous regrettons / Nous pensons* que la population n'ait pas pris au sérieux les recommandations sanitaires.
d. *Vous regrettez / Vous affirmez* qu'il n'y a donc aucun risque.
e. *Tu trouves / Tu aimes* que nous avons raison de suivre ces recommandations.
f. *Je me doute / Je crains* qu'il soit trop tard.
g. *On se doute bien que / On craint que* la crise sanitaire aura des conséquences sur l'économie.

• Interrogation + subjonctif

Penses-tu que ce soit possible ?
Dans une question introduite par des verbes ou locutions verbales d'opinion, la phrase subordonnée est normalement au subjonctif.

---

424 Complétez les questions avec la forme qui convient.

Exemple : Pensez-vous **qu'ils puissent** venir ?   → – Oui, je crois qu'ils pourront venir.

a. – Crois-tu que Bastien .... chez le médecin ? – Bien sûr qu'il ira.
b. – Penses-tu qu'il .... des effets secondaires ? – Non, il n'y en aura pas.

10 • Une santé de fer

c. – Es-tu certain que ce .... ? – Non, ce n'est pas nécessaire.

d. – Êtes-vous sûr que Grand-père .... bien ses médicaments ?
– Oui, il les prend chaque matin.

e. – Penses-tu que Samira .... vaccinée contre la fièvre jaune ? – Bien sûr qu'elle l'est.

f. – Es-tu convaincue que les résultats .... négatifs ? – Oui, je suis absolument convaincue qu'ils le seront.

g. – Croyez-vous que Nico .... aller se faire dépister ? – Je crois qu'il devrait y aller.

425 Écrivez une question comme dans l'exemple.

Exemple : Penser (tu) / aller (elle) voir son médecin → *Penses-tu qu'elle aille voir son médecin ?*

a. Croire (tu) / être vraiment grave

....

b. Être (vous) sûr / Faire (il) tout son possible

....

c. Penser (tu) / pouvoir (ils) s'en remettre

....

d. Être (vous) certain / savoir (il) le faire

....

e. Penser (vous) / (y avoir) risques de rechute

....

f. Pourquoi penser (tu) / falloir refaire le test

....

g. Penser (vous) / parvenir (elle) à retrouver un rythme normal

....

426 Complétez le texte avec le verbe et le temps qui conviennent.

Aller (2) – *avoir* – être (3) – passer – pouvoir – rester – sortir – venir

D'habitude Pierre ne tombe jamais malade mais cette fois-ci, j'ai l'impression qu'il *a* quelque chose de sérieux. Je ne crois pas qu'il .... partir en vacances avec cette fièvre. En tout cas, nous ne voulons pas qu'il .... de chez lui dans cet état. Nous préférons que ce .... le médecin qui .... à la maison. Il l'a ausculté. « C'est important que vous .... alité un ou deux jours. On peut espérer que la fièvre .... avec un peu de repos. ». « Pensez-vous que je .... en mesure de voyager, docteur ? » S'est-il empressé de demander. Je suis sûr que je .... vite me remettre. « Ah, mon garçon. J'aimerais que ma réponse .... dans le sens de vos souhaits mais je crains que ce ne .... pas le cas. Vous ne pourrez pas voyager d'ici quelques jours au moins ! »

• Exprimer le but

On l'a admis en cure **pour qu'il suive** un régime santé. **Pour** ne pas avoir de problème, tu devrais éviter les aliments trop salés

Pour + infinitif et **Pour que** + subjonctif expriment le but.

Afin de + infinitif et **afin que** + subjonctif sont des locutions synonymes.

Grammaire/Conjugaison

427 Terminez les phrases comme dans le modèle.

Exemple : Tout est fait (vous / arrêter de fumer) → Tout est fait pour que vous arrêtiez de fumer.

a. Voici l'adresse où aller (vous / se faire dépister) ....
b. L'aide soignante reste avec lui (il / prendre) .... bien sa pastille avant de se coucher.
c. Le médecin lui a donné un médicament (elle / pouvoir) .... dormir sans interruption du sommeil.
d. Je disais ça (vous / aller) .... faire un bilan santé.
e. Ta mère a réduit l'achat de boissons sucrées (tu / en boire) .... moins à la maison.
f. Il paie une excellente assurance (sa famille / recevoir) .... tous les soins nécessaires en voyage.
g. Ses mesures sont indispensables (vous / éviter) .... les risques de contagion.

428 Écrivez les questions comme dans l'exemple.

Exemple : Qu'est-ce qu'il faut faire... sa grand-mère / guérir rapidement
    Qu'est-ce qu'il faut faire pour que sa grand-mère guérisse rapidement ?

Qu'est qu'il faut faire... ?

a. Les personnes âgées / ne pas attraper la grippe
    ....

b. La population / faire plus attention à son alimentation
    ....

c. Les maladies rares / pouvoir enfin être soignées
    ....

d. Ce remède / être vraiment efficace
    ....

e. Chaque individu / recevoir la même qualité de soin
    ....

f. Un étudiant étranger / avoir la carte vitale
    ....

g. Sa respiration / redevenir normale
    ....

429 Écrivez une phrase en utilisant une expression de but.

Exemple : Nous avons réservé dans une station thermale / Papa pouvoir se reposer. (Pour que)
    Nous avons réservé dans une station thermale pour que Papa puisse se reposer.

a. Il te dit ça / Faire plus de sport. (Pour que)
    ....

b. Apprenez à connaître les aliments / manger plus équilibré. (Afin de)
    ....

c. Nous devons manger des fruits plusieurs fois par jour / rester en forme. (Pour)
    ....

10 • Une santé de fer

d. Il s'est inscrit au club de sport / T'inscrire à ton tour. (Afin que)

....

e. Le menu contient des informations nutritionnelles / Les clients savoir ce qu'ils ont dans leur assiette. (Pour que)

....

f. Appelle le docteur / venir à la maison. (Pour que)

....

g. On lui a prescrit ses médicaments / Se rétablir au plus vite. (Afin que)

....

• Le gérondif

Elle s'est fait une entorse en courant.
On utilise le gérondif pour exprimer le moyen ou la manière : préposition en + participe présent du verbe : En mangeant moins de matière grasse, il diminuerait son taux de cholestérol.
Le gérondif exprime aussi la condition : Tu te sentiras mieux en prenant ce sirop.
Le sujet de la phrase principale et celui du verbe au gérondif doivent être les mêmes.
À la forme négative, pour exprimer la manière ou la simultanéité, on emploie sans + infinitif :
Il est entré en frappant à la porte. Il est entré sans frapper à la porte.
Dans les autres cas, on emploie la forme négative : en ne respectant pas, en ne faisant pas...

---

430 Formez les participes présents.

Exemple : chanter → chantant

a. Finir → ....
b. Courir → ....
c. Savoir → ....
d. Être → ....
e. Avoir → ....
f. Venir → ....
g. Avancer → ....
h. Prescrire → ....

431 Remplacez les formes soulignées par un gérondif.

Exemple : Elle s'est brûlé la langue quand elle buvait son café. → Elle s'est brûlé la langue en buvant son café.

a. Le cerveau travaille énormément quand on dort.

....

b. Natéo s'est cassé une dent au moment où il croquait trop fort dans une pomme.

....

c. Si tu vois ces images, tu arrêteras certainement de fumer.

....

d. Si on prenait les mesures nécessaires, on éviterait d'avoir plus de victimes.

....

e. Léa s'est étranglée au moment où elle avalait son médicament.

....

f. Tu irais mieux si tu faisais du sport.

....

g. Il y aurait certainement moins d'obésité dans le monde si on consommait moins de boissons sucrées.

....

Grammaire/Conjugaison

432 Complétez au gérondif avec la forme qui convient.

appeler – jouer – lancer – regarder – savoir – se faire dépister – tousser

Exemple : Elle s'est tordu la cheville en jouant au basket.

a. C'est .... un reportage sur cette maladie qu'il s'est senti concerné.

b. Il est entré dans la salle ....

c. C'est .... que plusieurs personnes se sont aperçues être malades sans présenter de symptômes.

d. .... un appel au don de sang, les autorités espèrent faire remonter le niveau des réserves.

e. On va essayer de limiter la contagion .... très bien que le risque 0 n'existe pas.

f. Vous pouvez demander de l'aide .... directement le service des urgences.

433 Rayez la forme qui ne convient pas.

Exemple : Tu ne peux te rendre dans cette région sans te faire vacciner / ~~en ne te vaccinant pas~~.

a. Il s'expose à des risques réels **sans prendre / en ne prenant pas** de précautions.

b. Il s'est fait renverser car il traversait **en ne faisant pas / sans faire** attention.

c. Tu ne pourras pas t'y rendre **en ne demandant pas / sans demander** l'autorisation.

d. Je ne partirai pas **en ne sachant pas / sans savoir** la vérité.

e. **En ne suivant pas / sans suivre** tes conseils, il a fini par tomber malade.

f. C'est un exercice à faire **en ne parlant pas / sans parler**.

• La restriction

Pour éviter ces accidents, il **n'y a que** la prévention et l'information. Il **n'y a pas que** le tabac qui tue.

Ne... que marque une restriction aussi bien dans une phrase affirmative que négative. Dans ce cas, "que" est toujours suivi du complément.

Dans une phrase affirmative, on peut aussi employer seulement à la place de ne... que : il ne boit que de l'eau. = il boit seulement de l'eau.

Aux temps composés : Il a seulement bu de l'eau. = Il n'a bu que de l'eau.
Avec un semi-auxiliaire : Il peut seulement boire de l'eau. = Il ne peut boire que de l'eau.

---

434 Réécrivez les phrases comme dans le modèle.

Exemple : Malgré son régime, il a seulement perdu deux kilos.
   Malgré son régime, il n'a perdu que deux kilos.

a. Comme Rodolphe est sous antibiotique, il boit seulement de l'eau et des jus de fruits.
   ....

b. Ana mange seulement des produits sans gluten.
   ....

c. Olivier entend seulement d'une oreille, mais il entend.
   ....

d. Tatiana a seulement dormi 4 heures aujourd'hui.
   ....

e. Cédric a seulement un léger surpoids.
   ....

10 • Une santé de fer

f. Morgane suit seulement des traitements naturels.
....

g. Pauvre Élise, après cette intervention dentaire, elle peut seulement prendre des liquides.
....

h. Saïd est seulement parti après avoir été rassuré par le médecin.
....

435 Réécrivez les phrases comme dans le modèle.

Exemple : Leila / ne... que / suivre (passé composé) / une partie de la conférence.
          Leila n'a suivi qu'une partie de la conférence.

a. Ses enfants / ne... que / passer (présent) / une fois par semaine / pour lui rendre visite.
....

b. Mégane / ne... que / s'arrêter (passé composé) / finalement / quelques jours.
....

c. Il / avoir (présent) / ne... que / trente-sept de fièvre, / il / pouvoir / monter / à bord.
....

d. Johanna / ne... que / rester (passé composé) / au lit / le premier jour de la maladie.
....

e. Fabrice / ne... que / présenter (présent) des symptômes légers.
....

f. Rachid / ne... que / pouvoir (présent) / presque / bouger / à causes des douleurs.
....

g. Fatou / ne... que / parler (présent) / français.
....

436 Introduire la restriction dans les phrases suivantes.

Exemple : Les visites se font tous les jeudis. → Les visitent ne se font que tous les jeudis.

a. Elle peut manger des aliments sans sel.
....

b. Avec son bras droit cassé, il peut écrire avec sa main gauche.
....

c. Il a eu de la fièvre pendant les deux premiers jours.
....

d. Le petit Jonathan a ses deux dents de devant.
....

e. Elle a pu obtenir un rendez-vous pour le mois d'octobre.
....

f. Vous aurez à télécharger l'application pour permettre le suivi.
....

g. Sans lunette, elle distingue les choses de près.
....

Bilan

1. Écoutez et écrivez les mots entendus. (0,5 point/réponse) 🔊 42

a. ....
b. ....
c. ....
d. ....
e. ....
f. ....
g. ....
h. ....
i. ....
j. ....

Total : .... /5

2. Cochez la bonne réponse. (1 point/réponse)

a.	Se fouler	☐ la tête	☐ le poignet	☐ la jambe
b.	Se casser	☐ la langue	☐ l'estomac	☐ le tibia
c.	Se briser	☐ les côtes	☐ les yeux	☐ les nerfs
d.	Se tordre	☐ le dos	☐ le pied	☐ le coude
e.	Se déplacer	☐ une vertèbre	☐ un doigt	☐ une oreille

Total : .... /5

3. Complétez le texte avec les mots suivants. (0,25 point/réponse)

centre de soins – chirurgien – clinique – dentaire – généraliste – maladies – médecine – médecins – soigner – souffrent

Charles-Henri est arrivé en France pour faire des études de (**a.**) .... Pas pour devenir un grand (**b.**) .... qui opèrerait dans une grande (**c.**) .... privée de la capitale, ni pour ouvrir un cabinet (**d.**) .... dans un riche quartier. Non, son rêve était de devenir médecin (**e.**) .... Il voulait (**f.**) .... les familles les plus déshéritées de son pays qui (**g.**) .... de (**h.**) .... communes dans de nombreux pays mais qui tuent encore beaucoup de personnes dans son pays. Il rêvait d'ouvrir un (**i.**) .... et espérait même convaincre d'autres (**j.**) .... de le rejoindre dans son aventure.

Total : .... /2,5

4. Complétez avec le mot qui convient. (0,25 point/réponse)

bras – cheville – cœur – doigt – dos – gorge – jambe – poignet – tête – ventre

a. Le médecin lui a prescrit un sirop contre le mal de ....
b. Il a dû mettre une attelle pour soulager la douleur au ....
c. La pauvre, la voilà avec des béquilles depuis qu'elle s'est cassé la .... au ski.
d. Il boite un peu depuis qu'il s'est fait une entorse à la ....
e. Elle n'a plus le droit de porter du poids à cause de ses problèmes de ....
f. Quand on est droitier, pas facile d'écrire avec la main gauche si on le .... dans le plâtre.
g. J'ai dû manger quelque chose de bizarre : j'ai mal au ....
h. Il s'est tordu le .... en jouant au basket.
i. Tu veux un cachet d'aspirine pour ne plus avoir mal à la .... ?
j. Elle doit se faire opérer d'un souffle au ....

Total : .... /2,5

5. Complétez au temps qui convient. (0,5 point/réponse)

a. Il n'est pas nécessaire que tu .... chez le médecin. (aller)
b. Je suis persuadé que c' / ce .... complètement inutile. (être)
c. Les autorités sanitaires veulent qu'une grande partie de la population .... le test. (faire)
d. Ça me fait plaisir que vous .... présents à la cérémonie. (être)
e. Il faut que la fièvre .... sinon elle restera à la maison. (baisser)
f. Penses-tu que nous .... aller lui rendre visite ce weekend ? (pouvoir)
g. Il y a une chose qu'il faut que vous .... (savoir)
h. Je ne suis pas certain qu'il .... le temps d'y aller. (avoir)
i. Il nous dit que nous .... encore un peu de temps avant de partir. (avoir)
j. Je pense que tu .... quand même aller faire le test. (devoir)

Total : .... /5

6. Transformez la phrase en écrivant au gérondif les formes en italique. (1 point/réponse)

a. Nous éviterons la propagation de la maladie *si nous nous lavons régulièrement les mains*.
....

b. On récupère toutes nos forces *quand on dort*.
....

c. *Si on mange trop épicé*, on peut s'exposer à des problèmes d'estomac.
....

d. *S'il reste assis* toute la journée face à son écran, il ne risque pas de perdre du poids !
....

e. Le bébé a traversé le salon : *il avançait* à quatre pattes.
....

Total : .... /5

7. Réécrivez ces phrases avec la forme ne… que. (0,5 point/réponse)

a. On / ne … que / pouvoir (présent) / prendre / ces médicaments / sur ordonnance.
....

b. Son bébé / ne … que / avoir (présent) / encore / quelques dents.
....

c. Elle / ne … que / avoir (présent) / une petite grippe / rien de grave.
....

d. Ils / ne … que / le / laisser (passé composé) / partir / après être certains qu'il était guéri.
....

e. Les visiteurs / ne … que / être admis (présent) / s'ils sont vaccinés.
....

Total : .... /2,5

8. Complétez les phrases à l'aide du subjonctif. (0,5 point/réponse)

a. L'agence de voyages a bien insisté pour que .... chez vous votre certificat de vaccination à jour avant le départ. (ne pas oublier)

b. Prenez un répulsif contre les moustiques pour que .... (ne pas se faire piquer)

c. Pour que .... un problème au retour, il leur faut éviter certaines zones à risque. (ne pas avoir)

d. Il te dit ça pour que .... (ne pas avoir peur)

e. Donnons-leur jusqu'à demain afin qu'.. prendre le temps de se reposer. (pouvoir)

Total : .... /2,5

Mon score : .... /30

11 • D'art et de culture

Vocabulaire

L'art ou la culture ?

L'**art** ou la **culture** sont perçus différemment selon les époques et les lieux mais toutes les **civilisations** humaines y ont recours pour s'exprimer depuis la nuit des temps. Dans les **musées**, on peut admirer des **sculptures**, des **peintures**, des **poteries**, des **bijoux**... qui remontent à des milliers d'années. La **littérature** orale puis écrite remontent aussi à plusieurs siècles avant notre ère. Tout comme la **musique**, le **chant**, la **danse** ou le **théâtre**. Il n'y avait ni **salles de spectacles** pour écouter un **concert** de **chansons** ou voir les **artistes** interprétés un **rôle** dans une **pièce** (de théâtre), ni de **café-concert** ou de **cabarets** mais on pouvait les retrouver dans les **amphithéâtres** ou, comme les **arts de la rue** d'aujourd'hui, dans les espaces publics. Et puis, il y aussi les **arts du cirque** qu'on retrouve souvent sous un **chapiteau**.

Avec la **photo(graphie)** ou le **cinéma** ou encore plus récemment les **arts visuels** sur internet, on assiste à l'avènement de l'**image**.

437 Écoutez et entourez les mots entendus. 🔊 43

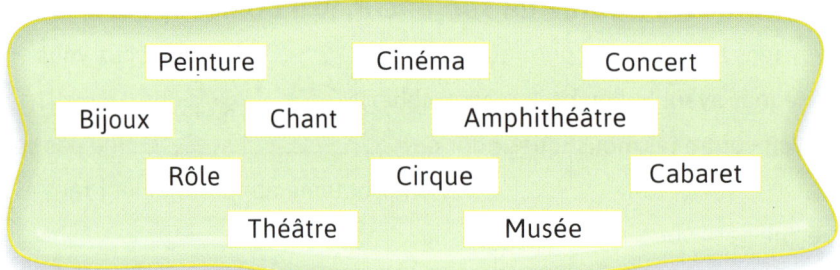

438 Complétez ces phrases avec les mots entendus dans l'exercice précédent. Faites les accords si nécessaire.

Exemple : On dit du cinéma qu'il est le septième art.

a. Le jongleur ou le clown sont des figures incontournables du ....

b. Avec des pièces comme la *Cantatrice chauve*, Ionesco est un des précurseurs du .... de l'absurde.

c. J'ai visité le parcours des masques au .... du Quai-Branly.

d. Le Colisée à Rome ou les Arènes de Nîmes sont d'anciens .... de l'époque romaine.

e. À l'époque du théâtre grec ou romain, tous les .... étaient tenus par des hommes.

f. Nous sommes allés au festival des Vieilles Charrues : on a vu tous les ....

g. Toulouse-Lautrec est connu pour avoir capté dans ses toiles le monde des .... parisiens.

439 Retrouvez les mots en remettant les lettres dans l'ordre.

Exemple : R.T.I.N.P.E.U.E → peinture

a. I.H.O.H.T.R.G.A.O.P.E. P → ....

b. Q.U.I.M.U.S.E → ....

c. E.P.L.U.S.U.R.T.C → ....
d. T.N.H.A.C → ....
e. I.E.M.G.A → ....
f. P.R.I.O.T.E.E.T.E → ....
g. N.H.A.S.C.O.N → ....

440 Associez les noms aux images.

le théâtre – la sculpture – la photographie – le cirque – la magie – la danse – la bande dessinée – le cinéma – la musique

a. .... b. .... c. le cinéma

d. .... e. .... f. ....

g. .... h. .... i. ....

441 Complétez les phrases avec les mots de l'exercice précédent.

Exemple : L'impressionisme a marqué la peinture française du XIXᵉ siècle.

a. Bigflo et Oli, Zaz, Angèle font partie du paysage de la .... francophone du XXIᵉ siècle.
b. On dit souvent que l'... est à l'origine de la comédie musicale.
c. Je garde un excellent souvenir d'une exposition des .... de Giacometti.
d. Qui n'a jamais vu la .... du *Baiser de l'hôtel de ville* de Robert Doisneau ?
e. Le Clézio est un écrivain de langue française qui a obtenu le prix Nobel de ....
f. On connait tous la .... de Strauss qui ouvre *2001 l'Odyssée de l'espace*.
g. L'oncle Denis nous impressionne avec ses tours de ....

11 • D'art et de culture

Les professions des arts et des lettres

La liste des professions qui se consacrent aux lettres (qui écrivent, des **hommes / femmes de lettres**) ou pratiquent un art (un **artiste**) est grande. En voici quelques-unes :

Dessinateur / -trice	Chanteur / -teuse	Comédien / -ienne (acteur / -trice)
Danseur / -euse	Peintre	Magicien (-ienne)
Musicien / -ienne	Sculpteur / -teuse	Photographe
Écrivain /-e		

On peut aussi apporter des précisions selon la spécialité ou la spécificité : **dessinateur de bandes dessinées**, **mangaka** ; un **danseur de ballet**, de **tango**... ; un **musicien classique**, de **jazz**... ; un **romancier (-ière)**, un **poète**, un **dramaturge**, un **essayiste**... ; un **chanteur d'opéra**, **de rock**, **de rap** (**ou rappeur**)... ; un **humoriste**...

442 Reconstituez les mots de ces professions artistiques.

Pein · Roman · Photo · cier · Ac · Dessi · Dan · dien · Écri · riste · Humo · teur · Sculp · seur · nateur · vain · Comé · graphe · tre · teur

– peintre
– ....
– ....
– ....
– ....
– ....
– ....
– ....
– ....
– ....

443 Placez les mots ci-dessous dans les phrases suivantes.

dessinateur – acteur – sculpteur – danseuse – écrivains – photographe – comédien – romancière – humoristes

Exemple : Charlin Chaplin était un **acteur** britannique connu populairement sous le nom de Charlot.

a. Victor Hugo est sans aucun doute l'un des .... francophones les plus connus au monde.

b. Elle est .... étoile à l'Opéra de Paris.

c. C'est vraiment un excellent .... Il n'y a qu'à voir la qualité de ses clichés.

d. Les .... du cinéma français les plus connus sont représentées par une statuette qu'on appelle de son nom, césar du nom du célèbre ....

e. C'est un grand .... de la cinématographie française.

f. Pour passer un bon moment de détente et de rire, on peut assister à un spectacle d'un des nombreux ....

g. La célèbre .... Amélie Nothomb vient de publier un ouvrage qui occupe déjà la tête des ventes en librairie.

h. Qui se souvient du nom du .... qui signe les vignettes du quotidien Le Monde ?

Vocabulaire

444. Cochez la réponse qui convient le mieux à définir les expressions en italique.

Exemple : Le jeune comédien qui donnait la réplique à ce grand acteur était vraiment excellent.
☐ Qui remplaçait l'acteur principal, malade.
☒ Qui répondait à l'acteur principal dans une scène de dialogues.

a. Ce n'est pas tous les jours qu'on a la chance *aux premières loges* pour voir un tel spectacle.
☐ d'avoir une entrée gratuite.
☐ d'être très bien placé.e

b. Le film a été un vrai succès mais *l'envers du décor* est beaucoup moins positif.
☐ ce qui se passe (souvent en négatif) pendant le tournage du film mais qu'on ne voit pas.
☐ même si l'histoire a plu, les critiques professionnelles ont été très dures.

c. C'est l'actrice à la mode. Depuis son dernier rôle, elle est *sous le feux des projecteurs*.
☐ On ne parle que d'elle sur les réseaux et dans la presse spécialisée.
☐ Elle est complètement stressée par son énorme popularité sur les réseaux.

d. Il n'y a pas de solutions miracles dans la vie : comme si tout allait se résoudre *d'un simple coup de baguette magique* !
☐ On pense que la solution sera facile à résoudre.
☐ On pense que la solution viendra des mains d'un spécialiste.

e. Il a dû *faire tout un cirque* pour se faire rembourser ses entrées.
☐ Il a faire de nombreuses démarches administratives.
☐ Il a dû exagérer sa colère.

f. En quelques semaines, elle est passée de l'anonymat à *tenir le haut de l'affiche*.
☐ à être critiquée par tous les journaux
☐ à être la leader du mouvement

g. D'habitude discrète sur sa vie privée, elle *a jeté le masque dans* sa dernière interview.
☐ Elle a décidé de ne rien dire sur sa vie privée.
☐ Elle a accepté de parler de sa vie privée.

> « Le nouveau chef des écologistes **est sous le feu des projecteurs**, on peut dire qu'il **tient le haut de l'affiche** dans la prochaine campagne présidentielle. »
> On retrouve dans la langue usuelle, un grand nombre de mots et d'expressions qui proviennent du **monde du spectacle et des arts**. Le langage politique en est un bon exemple.

445. Écoutez et cochez la bonne réponse. 🔊 44

Exemple : C'est... ☐ l'écrivain ☐ le dramaturge ☒ le scénariste

a. C'est... ☐ le financier ☐ le producteur ☐ l'actionnaire
b. C'est... ☐ le directeur de la photographie ☐ le chef éclairagiste ☐ l'électricien
c. C'est... ☐ le matérialiste ☐ le machiniste ☐ le régisseur
d. C'est... ☐ le réalisateur ☐ le directeur ☐ le producteur
e. C'est... ☐ le scénariste ☐ le souffleur ☐ le script
f. C'est... ☐ le costumier ☐ le garde-robe ☐ le styliste
g. C'est... ☐ le double ☐ le cascadeur ☐ le spécialiste
h. C'est... ☐ le monteur ☐ l'assemblier ☐ le scénariste

11 • D'art et de culture

En scène !

Le monde du **spectacle** est fait de lieux spécifiques (la **scène** – familièrement, les **planches**, les **coulisses**, les **loges** (des spectateurs ou des comédiens), les **plateaux** (de **tournage**, de **télévision**), les **décors**, les **coulisses**... avec des règles et des codes qu'on retrouve aussi dans d'autres domaines : on **applaudit** le succès d'un spectacle (ou d'un meeting politique) mais s'il est nul, on le **siffle** ; au début d'une **pièce de théâtre**, on a attend que le **rideau** se lève (et qu'il se baisse à la fin) et qu'on ait frappé les trois coups pour annoncer le début de la **représentation** (au cinéma, c'est souvent la musique du **générique** qui annonce le début de la **projection**), face à des spectateurs ; pas comme pendant les **répétitions** (on répète un rôle pour bien l'interpréter). Et même si on a bien répété (une **pièce**, un **concert**...), on peut être saisi par le **trac** avant de monter sur scène à l'occasion de la **première**. Les spectacles ont aussi leurs grands rendez-vous que sont les **festivals** comme à Cannes pour le cinéma ou à Avignon pour les arts scéniques ; ou encore à La Rochelle pour la chanson française... Comme la littérature a ses **salons** (Salon du livre) ou la peinture, ses **expositions**.

446 **Complétez avec le mot ou l'expression qui convient.**

cinéma – coulisses – étoile – faux – numéro – peinture – scénario – scène

Exemple : En raison de la crise sanitaire, le gouvernement doit complètement revoir son scénario.

a. Arrête donc de faire ton ...., la situation n'est pas si dramatique !

b. J'ai lu son analyse, il y a quelque chose qui sonne ....

c. Il ne supporte plus son adversaire au point de ne plus vouloir le voir, même en ....

d. Pendant l'assemblée, Nicolas a pris la parole pour faire son .... mais personne ne l'a vraiment écouté.

e. Les discours ne valent rien, c'est ce qui se passe en .... qui importent vraiment.

f. Le président des jeunesses socialistes est la nouvelle .... montante de la politique française nous disent les journaux.

g. Depuis quelques mois, c'est une nouvelle tête qui occupe les devants de la .... littérature francophone.

447 **Cochez la bonne réponse.**

Exemple : Si un spectacle plait,
   ☒ on l'applaudit.   ☐ on le siffle.   ☐ on frappe des pieds.

a. Avant d'entrer en scène,
   ☐ les acteurs font souvent un truc.   ☐ les acteurs ont souvent le trac.   ☐ les acteurs font souvent un tract.

b. Les comédiens, les musiciens... se préparent
   ☐ dans leur chambre   ☐ dans leur pièce   ☐ dans leur loge

c. Quand sur scène, un comédien oublie son texte,
   ☐ on lui dicte.   ☐ on lui souffle.   ☐ on lui siffle.

d. Derrière les décors, se trouvent
   ☐ les coulisses.   ☐ la loge.   ☐ la scène.

e. Au théâtre, avant que la représentation ne commence, on attend que
   ☐ le voile se lève.   ☐ le rideau se lève.   ☐ la toile se lève.

Vocabulaire

f. Avant de présenter leur spectacle, la troupe
☐ a dû essayer la pièce. ☐ a dû répéter la pièce. ☐ a dû tester la pièce.

g. Elle a joué *Antigone* quand elle avait à peine 17 ans. C'était la première fois qu'...
☐ elle faisait son cinéma. ☐ elle montait sur les planches. ☐ elle essuyait les plâtres.

448 Placez les réponses de l'exercice précédent dans les phrases suivantes.

Exemple : Juste avant que le rideau se lève, on frappe les trois coups.

a. Ils ont .... la scène une bonne dizaine de fois avant de pouvoir la jouer.
b. J'ai oublié mon texte, tu peux me .... la réplique ?
c. Elle a accepté de recevoir les journalistes dans sa .... pour répondre à leurs questions.
d. C'était un acteur déjà retiré depuis quelques années mais il a décidé de remonter sur les .... pour ce rôle de Tartuffe.
e. Ah si les spectateurs voyaient tout ce qui se passe en .... !
f. Juste avant d'entrer en scène, il a été pris d'un .... terrible.
g. Le spectacle était tellement nul que les spectateurs n'ont pas attendu la fin pour .... les comédiens.

449 Complétez avec le mot manquant.

chef-d'œuvre – croute – échec – navet – œuvre – succès – talent

Exemple : Si une œuvre d'art est particulièrement réussie, c'est un chef-d'œuvre.

a. L'ensemble de la production d'un artiste constitue son ....
b. Un tableau qui n'a aucune valeur artistique est une ....
c. Un film qui est vraiment mauvais est un ....
d. C'est un artiste qui a toujours fait preuve d'un immense ....
e. Si le public a réservé un mauvais accueil, on peut dire que c'est un ....
f. Au contraire, s'il fait beaucoup d'entrées, on peut dire qu'il a rencontré un énorme ....

> Un film qu'on applaudit et qui remporte des prix est sans doute un **chef-d'œuvre** mais celui qu'on siffle est certainement un **navet**. Ce qui ne signifie pas que ce sera un **échec commercial**. De la même façon, on a vu des artistes peindre des **croûtes** qui ont connu un vrai **succès** alors que des peintres de **talent**, comme Van Gogh n'ont pas vendu une seule de leur **toile** de leur vivant.

450 Complétez avec la forme qui convient. N'oubliez pas les accords, si nécessaire.

concert – exposition – festival – projection – représentation – salon – spectacle

Exemple : Hier soir, nous avons assisté à une excellente représentation théâtrale.

a. Tous les festivaliers ont applaudi à la fin de la .... de son dernier film.
b. Demain, c'est le vernissage d'une .... d'art contemporain au Centre culturel municipal.
c. Pendant tout l'été, cette petite chapelle a accueilli des .... de musique baroque.
d. Les .... de musique, mais de cinéma, de photographie, etc. animent les villes de France surtout pendant la période estivale.
e. Des jongleurs, des marionnettes, des cracheurs de feu font partie des artistes habituels du .... de rue.
f. Elle ne rate jamais le .... annuel de la bande dessinée que la ville organise.

11 • D'art et de culture

Le monde des écrans

On se souvient du temps, pas si lointain, on se retrouvait dans une pièce de la maison où un **téléviseur** était le seul **écran** présent. On n'avait pas forcément beaucoup de **chaînes** de **télévision** au choix et on se contentait des **émissions**, des **reportages** ou des **films** imposés par le grille des **programmes**. Aujourd'hui, le téléviseur reste un élément central mais nous avons aussi les écrans d'autres **appareils** (**tablettes**, **téléphones intelligents**) qui nous donnent accès à une multitude de contenus à travers des **plateformes** généralistes ou spécialisées auxquelles nous sommes **abonnées**. Plus la peine d'attendre la semaine suivante pour voir l'**épisode** suivant d'un **feuilleton** : on peut regarder une **série** d'un trait, faire son **cinéma** à la carte et choisir le **documentaire** ou l'évènement sportif qu'on veut voir ou se laisser guider par les suggestions que nous fait la plateforme selon notre profil.

451 Reformez les mots du monde de l'audiovisuel.

épi, cu, pro, ne, abon, do, sai, taire, vision, men, son, pla, nement, chaî, lé, forme, te, té, viseur, sode, rie, te, sé, télé, gramme

– épisode
– ....
– ....
– ....
– ....
– ....
– ....
– ....
– ....

452 Complétez le texte à l'aide des mots de l'exercice précédent. Certains mots se répètent.

On ne regarde plus la .... comme avant. Ces dernières années nous avons assisté à l'essor des .... en streaming. Celles-ci ont bouleversé le panorama audiovisuel.

On ne dépend plus de la grille des .... des chaînes de .... mais de l'offre d'un catalogue de films, de .... ou de .... que l'on peut voir sur demande contre .... mensuel. Un peu comme l'on choisit les livres de notre choix dans une bibliothèque ou une librairie. C'est une vraie révolution dans nos habitudes ! Avant on regardait les .... au rythme d'un .... par semaine. Maintenant, on peut voir des .... entières en quelques jours. Et en plus, ces .... s'adaptent à nos goûts ou plutôt à notre profil. Le .... reste donc un .... essentiel dans les foyers mais la .... est de plus en plus remplacée par cette offre personnalisée que les .... en streaming proposent.

453 À l'aide de mots des exercices précédents, complétez le texte. Écoutez l'audio pour vérifier vos réponses. 45

Après des centaines de ...., ce soir, c'est la .... Le .... est définitivement tombé. Tous les membres de la .... ont rejoint leur .... après plusieurs rappels. Mais la joie n'y est pas. Eh oui, c'est fini. Les acteurs se souviennent encore de la

Vocabulary

.... Toutes les .... avaient été vendues. Et depuis, la .... n'a pas désempli. Il faut dire que les .... des journalistes qui avaient assisté à l'.................... avaient toutes été excellentes. Quand le .... s'est levé pour la première fois après les trois ...., les .... empêchaient de voir la .... depuis la .... mais on pouvait deviner le visage de satisfaction du .... admiratif de l'excellent .... des acteurs. Le .... qui observait le déroulement de la .... depuis les .... avait encore plus le .... que ses .... Quel dommage que des circonstances exceptionnelles obligent à fermer les .... et les ....

Notre patrimoine

Quand on visite une ville ou un **site** historique, le **guide-conférencier** nous éclaire sur l'histoire du lieu, de ces **monuments** civils (**châteaux**, **remparts**, **vieilles tours**, **pyramides**) ou religieux (**églises**, **temples**, **mosquées**, **synagogues**...), intacts ou parfois restaurés grâce au talent des **restaurateurs d'art**. Les **musées** que dirigent les **conservateurs du patrimoine** sont aussi de endroits qui réunissent des **trésors** provenant souvent d'anciennes **cités** disparues. Elles nous dévoilent leur mystère grâce aux **fouilles** menées par les **archéologues** et l'interprétation qu'en font les **historiens**. On y découvre des merveilles qui peuvent remonter au temps de la **Préhistoire**. Les **sites préhistoriques** nous apprennent beaucoup aussi sur nos origines à partir des objets du quotidien, des bijoux, des **peintures rupestres** trouvées dans les **grottes** ; d'autres maintiennent encore des secrets comme les **alignements mégalithiques** de Carnac en Bretagne avec les **dolmens** et les **menhirs**. Tous ces trésors qui nous permettent de connaître notre passé ne peuvent être de simples **antiquités** mises en vente chez un **antiquaire** ou aux enchères par un **commissaire-priseur** : ces objets, tout comme les sites et les monuments qui les abritent font partie du **patrimoine** de l'humanité.

454 Reliez chacune de ces définitions au métier de l'art et de l'histoire auquel elle est associée.

a. Romain adore raconter des histoires et animer les visites dans les musées ou sur des sites historiques.

b. Julien est un peu comme le chirurgien des œuvres d'art.

c. Ivan est un vrai spécialiste de l'histoire antique.

d. Sébatien passe son temps à explorer les ruines et à faire des fouilles.

e. Vanessa est comme une directrice de musée ou de site historique pour assurer à la fois la protection du lieu et son bon fonctionnement.

f. Sophie est à la fois une experte en droit et en art, c'est nécessaire pour bien préparer et bien mener une vente aux enchères.

g. Antoine a toujours adoré chercher des objets rares, des meubles anciens, des pièces d'art uniques pour les revendre.

1. restaurateur / restauratrice d'art
2. conservateur / conservatrice du patrimoine
3. historien / historienne
4. antiquaire
5. archéologue.
6. guide-conférencier / guide-conférencière
7. commissaire-priseur / commissaire-priseuse.

11 • D'art et de culture

455 Cochez la bonne réponse.

Exemple : Les grandes cathédrales sont le symbole ☐ de l'art roman ☒ de l'art gothique.

a. ☐ L'art déco ☐ L'art moderne est associé à l'architecture d'intérieur et au design.
b. Les ordres doriques et ioniques ont marqué ☐ l'art de la Grèce Antique ☐ l'art byzantin.
c. C'est ☐ d'art gothique ☐ d'art baroque dont on parle quand on pense aux constructions civiles ou religieuses de l'Europe du Xe au XIIe siècles.
d. Les peintures qu'on trouve dans les grottes appartiennent ☐ à l'art maya ☐ à l'art rupestre.
e. Saviez-vous que ☐ l'art nouveau ☐ l'art byzantin décore les bouches de métro parisiennes ?
f. Les églises orthodoxes sont des chefs-d'œuvre ☐ de l'art nouveau ☐ l'art byzantin.
g. La jade ou l'obsidienne sont très présentes dans ☐ l'art maya ☐ l'art inca.

456 Indiquez si l'on prononce la graphie ch [ʃ] ou [k] puis écoutez la prononciation correcte. 46

Exemple : Une archive [ʃ] / [k]

a. Une archéologue [ʃ] / [k]
b. Une arche [ʃ] / [k]
c. Une architecte [ʃ] / [k]
d. Une choriste [ʃ] / [k]
e. Un orchestre [ʃ] / [k]
f. Une chronologie [ʃ] / [k]
g. Une chorégraphie [ʃ] / [k]
h. Une chorale [ʃ] / [k]

> **Un château du Xe siècle**
> En français, on emploie les **nombres ordinaux** pour parler des **siècles** qu'on écrit de préférence en **chiffres romains + e** : le VIe siècle avant notre ère, le XIXe siècle...

457 Associez ces images à ces noms.

château – dolmens – fouilles – mosquée – musée – remparts – synagogue – temple – vestiges

 a. ....

 b. ....

 c. ....

 d. ....

 e. ....

 f. ....

 g. ....

 h. ....

 i. ....

Grammaire/Conjugaison

458 Complétez le texte avec les mots de l'exercice précédent.

château – dolmens – fouilles – mosquée – musée – remparts – synagogue – temple – tour – vestiges

Exemple : Ce château du XVIIe est classé monument historique.

a. Il travaille comme guide-conférencier dans le plus important ……………………………… de la ville.
b. La vieille ville est entourée de ……………………………… .
c. Ronan et son équipe effectuent encore des ……………………………… sur ce site archéologique.
d. La grande ……………………………… de Tombouctou est inscrite au patrimoine de l'humanité.
e. On peut apercevoir çà et là des ……………………………… de la cité romaine.
f. La quantité impressionnante de menhirs et de ……………………………… en fait le site mégalithique le plus important du monde.
g. Pendant leur séjour à Yogyakarta, ils ont visité le superbe ……………………………… de Borobudur.
h. On peut apprécier le style néo-byzantin de la grande ……………………………… de Paris.
i. Alors qu'elle était en ruine il y a une dizaine d'années, la ……………………………… médiévale a été complètement restaurée.

459 Reliez ces phrases à l'art auquel elles se réfèrent.

a. Nous avons écouté • • d'exposition dans la ville.
b. J'ai adoré le concert • • d'art et essai.
c. La mairie a inauguré une salle de cinéma • • un récital de poésie médiévale.
d. En été, la municipalité organise un festival de théâtre • • des sciences.
e. Elle s'occupe d'une petite galerie • • de jazz d'hier soir.
f. Il y a plusieurs salles • • d'art en centre ville.
g. Le programme des activités du centre • • culturel est très varié.
h. Les collégiens ont visité le musée • • de rue

Grammaire/Conjugaison

• Les adjectifs démonstratifs

Cette exposition est magnifique.
On emploie un adjectif démonstratif pour montrer ou désigner un être vivant ou une chose, ou encore une idée ou un concept auquel on vient de faire référence.

	Singulier	Pluriel
Masculin	ce livre / cet évènement*	ces livres / ces évènements**
Féminin	cette pièce	ces pièces**

*ce devient cet devant une voyelle ou un h. Dans ce cas, cet et cette ont la même prononciation [sɛt].
**Au pluriel, on ne distingue pas le masculin du féminin : ces [se]. Attention ! Ne pas confondre ces avec son homophone ses [se] (adjectif possessif).

On marque la distance, l'option, la différence entre deux objets/êtres vivants qu'on désigne, on renforcer l'adjectif démonstratif avec les formes -ci ou -là :
ce livre (près de moi) / ce livre-ci (un peu plus loin) / ce livre-là (celui que je considère comme étant plus éloigné de moi).

11 • D'art et de culture

460 Complétez par l'adjectif démonstratif qui convient.

Exemple : Je n'ai pas vu ce film, mais on m'en a beaucoup parlé.

a. Je sais qu'elle adore .... tableau de Matisse.
b. .... évènement en ligne est unique dans le monde du théâtre, inscrivez-vous vite !
c. Comme vous le voyez, ... cathédrale a été bâtie entre le XIᵉ et le XIIIᵉ siècle.
d. .... toiles de maîtres sont au cœur de la grande exposition sur la peinture de la Renaissance.
e. Voilà l'Espace Gauguin : .... espace a été conçu en mémoire de l'artiste postimpressionniste qu'il était.
f. La critique présente à .... vernissage a salué la qualité des œuvres présentées.
g. Et tu n'as pas encore vu .... salle : c'est la plus belle de notre musée.
h. .... historien est très connu pour ses ouvrages de divulgation.

461 Écoutez et cochez ce que vous avez entendu. 🔊 47

Exemple : ☒ ce personnage   ☐ ces personnages

a. ☐ ce tableau   ☐ ces tableaux   e. ☐ ce film   ☐ ces films
b. ☐ cette série   ☐ ces séries   f. ☐ ce pont   ☐ ces ponts
c. ☐ cette ville   ☐ ces villes   g. ☐ cette église   ☐ ces églises
d. ☐ ce livre   ☐ ces livres   h. ☐ ce roman   ☐ ces romans

• Les pronoms démonstratifs

Les pronoms démonstratifs ne peuvent jamais être employés seuls. Ils peuvent être accompagnés
– de la particule -ci ou -là : *Tu veux ce livre ? Non, je préfère celui-là.*
– d'une préposition : *Tu n'aimes pas ce tableau ? Non, je préfère celui aux couleurs vives.*
– d'un pronom relatif simple ou composé : *Comment il s'appelle ce château cathare ? Tu sais, celui qui ne se trouve pas loin de Foix.*
Il existe aussi les pronoms démonstratifs neutres : cela (ou plus couramment ça), ceci ou ce, c'
(+ pronom relatif ou préposition) : *C'est ça ? Ça ? Je ne sais pas.*

---

462 Complétez avec le pronom démonstratif qui convient.

Exemple : Tu avais déjà raté la dernière expo au Musée du Quai Branly. Mais celle-ci, il faut absolument que tu la voies.

a. Non, c'est l'inverse. ...., c'est un Monet et .... un Manet.
b. Je ne suis pas un fan de polars, mais dans ...., l'enquête est vraiment bien menée.
c. Ces éléments de l'art olmèque remontent à environ 3000 ans mais .... qu'on a vus hier sont plus anciens encore.
d. Malheureusement beaucoup de statues de la Grèce antique ont été détruites au Moyen-Âge. Au bout du compte, ... qui sont parvenues jusqu'à nous sont peu nombreuses.
e. Le phare le plus célèbre du monde, c'est .... d'Alexandrie bien sûr.
f. En Afrique, on trouve des manuscrits dans de nombreuses villes mais .... de Tombouctou sont les plus anciens que l'on connaisse.
g. Franchement, une œuvre comme .... de Soulages par exemple ne m'attire que très moyennement.
h. Bizet, c'est un compositeur, n'est-ce pas ? .... qui a composé Carmen, non ?

Grammaire/Conjugaison

463 Complétez le dialogue avec les pronoms démonstratifs qui conviennent.

– Tu vois le tableau, là-bas ? .... qui juste à côté de la porte. Eh bien, c'est ... que ma tante nous a offert à notre mariage.

– Ta tante ? .... de l'autre jour ?

– .... même !

– Et .... est donc un tableau parmi .... de sa célèbre collection ?

– .... est .... qui a été exposée dans la Galerie Delatour. Une belle exposition.

– Alors ...., je ne l'ai pas vue. Moi, j'avais vu .... qu'elle avait présentée à Bordeaux. .... était vraiment une superbe expo. Et .... te fait quoi d'avoir un tableau comme .... chez toi ?

– .... est impressionnant. .... est la première fois que .... m'arrive d'avoir un tableau d'une si grande valeur !

> **• La mise en relief**
>
> **C'est** la chanteuse Angèle **qui** interprète cette chanson.
>
> Pour mettre en avant une information, on peut employer la forme c'est... que ou c'est... qui, c'est... dont, etc. L'information importante est alors mise en relief. Des modifications dans les accords ou dans la syntaxe peuvent se produire :
> Il a *justement* vu cette pièce de théâtre.
> C'est *justement* cette pièce de théâtre qu'il a vue.
> La mise en relief est très employée en français dans le registre courant, surtout à l'oral.

464 Mettez en relief la partie soulignée de la phrase.

Exemple : On a rendu hommage à toute son œuvre. → C'est à toute son œuvre qu'on a rendu hommage.

a. Cette période est associée à ses premiers tableaux.
....

b. Les archéologues ont retrouvé ces objets lors des fouilles.
....

c. Je n'ai pas dit ça.
....

d. Je recommande vivement d'aller voir cette pièce.
....

e. On a commencé à mettre en valeur ces périodes de l'Histoire sous la IIIe République.
....

f. Nous avons visité ces temples pendant notre séjour dans le Sud-Est asiatique.
....

g. Est-ce que ces colonnes caractérisent l'ordre dorique grec ?
....

h. Il faut avoir cet ouvrage pour comprendre l'Histoire de l'art.
....

11 • D'art et de culture

465 Modifiez les phrases comme dans l'exemple.

Exemple : Braque a peint ce tableau. → C'est Braque qui a peint ce tableau.

a. Ce film a remporté plusieurs Césars.
   ....

b. Le public adore ce numéro.
   ....

c. Cette pièce a été écrite par Eric-Emmanuel Schmitt.
   ....

d. Nous lui avons offert des entrées pour le festival.
   ....

e. Nous avons vu l'actrice Sara Giraudeau dans plusieurs séries dont *Le bureau des légendes*.
   ....

f. *Les misérables* du réalisateur malien Ladj Ly a été tourné en banlieue parisienne.
   ....

466 Réécrivez les phrases sans la mise en relief.

Exemple : C'est grâce à ce film qu'il a connu le succès. → Il a connu le succès grâce à ce film.

a. Ce n'est dans ce rôle qu'on a l'habitude de la voir.
   ....

b. C'est en tournant ce film qu'il s'est fracturé une jambe.
   ....

c. Ce n'est pas moi qui irai voir cette pièce.
   ....

d. C'est le tableau qui illustre le mieux son œuvre.
   ....

e. C'est d'abord dans la mode qu'elle s'est fait remarquer.
   ....

f. Ce n'est avec ce style de chansons qu'il risque de gagner une Victoire de la musique.
   ....

g. C'est parce qu'elle joue dans ce film que les spectateurs sont allés le voir.
   ....

Grammaire/Conjugaison

> **• Le plus-que-parfait (1)**
>
> **Nous avions d'abord lu quelques informations sur son œuvre puis nous sommes allés voir l'expo.**
>
> Le plus-que-parfait parle de faits qui se sont déroulés avant d'autres qui se situent aussi dans le passé. Il exprime donc l'antériorité.
>
> C'est un temps composé. Il suit les mêmes règles d'accord et de formation qu'au passé composé à la différence que les verbes avoir ou être sont à l'imparfait :
> J'avais
> Tu avais
> Il/elle/on avait   + participe passé (vu, dit, fait...)
> Nous avions
> Vous aviez
> Ils/elles avaient
>
> Nous avions quitté la salle avant la fin du film.
>
> *La liste des verbes qui se conjuguent avec être est la même qu'au passé composé.

467 Conjuguez au plus-que-parfait les verbes entre parenthèses.

Exemple : Je n'avais pas revu ce film depuis des années. (ne pas revoir)

a. Tous les étudiants .... des ouvrages de cette auteure mais ils n'imaginaient pas assister à une de ses conférences. (lire)

b. Le roman .... qu'il faisait déjà scandale dans le milieu artistique. (ne pas sortir)

c. Elle .... sur scène pour la première fois à l'âge de 5 ans. Elle n'en est jamais descendue jusqu'à sa tragique disparition. (monter)

d. Tu .... avec nous pour le vernissage de l'expo de Laurent ? (ne pas venir)

e. Nous .... une tournée dans le pays avant de monter sur la scène de cette grande salle de spectacle. (faire)

f. Toute la troupe .... au restaurant après la représentation. (se retrouver)

g. D'ailleurs, vous .... un article à ce sujet juste avant votre arrestation, n'est-ce pas ? (publier)

h. Je crois que le premier endroit où ...., c'était l'Acropole. (se rendre)

468 Conjuguez au plus-que-parfait les verbes entre parenthèses.

Exemple : À 15 ans, Rimbaud avait déjà écrit plusieurs poèmes extraordinaires. (écrire)

a. .... au Louvre jusqu'à l'année dernière. (nous / ne jamais aller)

b. Cette exposition n'était pas la première ; .... avant. (elle / en faire déjà)

c. Avant de connaître le succès, il .... dans des petits films passés inaperçus. (il / jouer)

d. Je me souviens que lors de mon dernier séjour, ... les ruines de Carthage. (nous / visiter)

e. Ah, ... ce film à sa sortie ? (vous / voir)

f. Le public .... nombreux à la première de sa nouvelle pièce. (venir)

g. C'était tellement nul que les spectateurs .... sans attendre la fin de la projection. (se lever)

h. Avant la catastrophe, la ville .... la capitale historique du pays. (être)

11 • D'art et de culture

> **• Le plus-que-parfait (2)**
>
> **Nous avions d'abord lu quelques informations sur son œuvre puis nous sommes allés voir l'expo.**
> Le plus-que-parfait parle de faits qui se sont déroulés avant d'autres qui se situent aussi dans le passé.
> Il exprime donc l'antériorité dans le passé.

469 Reliez des éléments de phrases.

a. Il avait promis une interview aux journalistes à la sortie
b. On nous avait donné deux entrées pour le spectacle
c. C'était un peintre qui avait d'abord suivi un parcours très classique
d. Elle était devenue une star de cinéma en à peine quelques années
e. Quand j'ai vu le film,
f. Il a connu le succès
g. Elle était tombée dans l'oubli

• jusqu'au moment où un jeune réalisateur lui a donné ce rôle merveilleux qui l'a remise en tête d'affiche.
• mais nous n'y sommes finalement pas allés.
• et finalement il est parti sans la leur donner.
• alors qu'il était déjà mort.
• avant de se lancer dans un style complètement révolutionnaire.
• je n'avais pas encore lu le roman.
• mais elle n'y était pas vraiment préparée.

470 Lisez et complétez ces phrases. Conjuguez les verbes au plus-que-parfait.

attribuer – commencer – obtenir – réaliser – ne pas encore rencontrer – se battre durement – s'initier – s'installer – ne pas s'orienter – sortir

a. À la fin de sa carrière, c'était une actrice reconnue de tous mais qui s'était durement battue à ses débuts pour obtenir de vrais premiers rôles de femmes flics. Il faut dire que pendant longtemps, on .... ces rôles uniquement à des hommes.

b. Frida Kahlo n'a véritablement connu le succès qu'après sa mort. Pourtant, elle … très tôt à la peinture. On disait qu'elle .... à peindre après l'accident d'autobus dont elle .... grièvement blessée. À cette époque-là, elle .... Diego Rivera.

c. Alexandra Boulat n'était peut-être pas une photographe très connue du grand public même si elle .... très tôt des prix pour les photo-reportages qu'elle .... à Sarajevo ou au Kosovo. Au départ, elle .... vers la photo mais plutôt vers le mouvement artistique de la figuration libre. Peu avant son décès, elle .... en Cisjordanie pour couvrir la situation dans la région.

471 Écrivez ces phrases au plus-que-parfait en plaçant correctement les adverbes.

Exemple : Elle / travailler son rôle / que sa prestation a été extraordinaire. (tellement)
→ Elle avait tellement travaillé son rôle que sa prestation a été extraordinaire.

a. Quand il était enfant, il / jouer / dans plusieurs films. (déjà)
....

b. A sa sortie, le film / saluer par la critique. (unanimement)
....

Grammaire/Conjugaison

c. Elle / se tromper dans sa réplique, mais personne ne l'a remarqué. (apparemment)
....

d. Il était déjà célèbre à cette époque-là, mais / il / recevoir / de César. (ne… pas encore)
....

e. Elle / occuper / la tête d'affiche, mais tout le monde l'aimait bien. (ne… jamais)
....

f. Avant de devenir célèbres chacun de leur côté, ces deux acteurs / jouer ensemble à leur début. (souvent)
....

g. Après des années à jouer les seconds rôles, on / la / appeler / pour être l'actrice principale. (enfin)
....

472 Choisissez la forme qui convient le mieux entre plus-que-parfait et passé composé.

Exemple : Il n'a pas encore / Il n'avait pas encore eu le temps de visiter le château quand il a quitté la ville.

a. J'ai visité une superbe exposition au musée d'Orsay la dernière fois que *j'étais / je suis allé* à Paris.

b. Les Mayas *avaient / ont mis* au point un calendrier très précis, plus que le nôtre à la même époque.

c. *J'avais / j'ai eu* l'occasion de me faire accompagner d'un guide la première fois ; les autres fois, je m'y suis rendu seul.

d. *Ils avaient / ils ont* commencé les travaux quand ils ont dû tout arrêter : des vestiges d'une civilisation venait de refaire surface !

e. La peinture murale *avait / a été* l'une de des principales sources d'expression de l'art grec.

f. Il a composé cette chanson à l'époque où il *n'avait pas encore / n'a pas encore* pensé se consacrer professionnellement au monde du spectacle.

g. Le jour où *on lui avait / a proposé* de monter une exposition de ses tableaux, il n'en revenait pas.

h. Le film *n'était toujours pas / n'est toujours pas* sorti que tout le monde en parlait.

Bilan

1. Écoutez et écrivez les mots entendus. (0,5 point/réponse) 🔊 48

a. ....
b. ....
c. ....
d. ....
e. ....
f. ....
g. ....
h. ....
i. ....
j. ....

Total : .... /5

2. Placez ces mots dans les textes. Faites les accords si nécessaire. (0,5 point/réponse)

acteur – artiste – cité – église – exposition – fouille – loge – mise en scène – musée – œuvre – opéra – orchestre – patrimoine – peinture – rempart – représentation – ruine – sculpteur – sculpture – spectacle

<u>Texte 1</u>

Nous n'étions jamais allés à l'........................... Alors l'autre jour, nous avons décidé d'aller voir *Don Giovanni* de Mozart. Quel .... ! C'était vraiment merveilleux, dans une .... parfaite. Les .... étaient particulièrement bons. Quelles voix ! L'........................... m'a aussi beaucoup impressionné. En plus, nous étions aux premières .... Quelle chance ! Franchement, moi qui pensais m'ennuyer pendant la ...., j'ai adoré.

<u>Texte 2</u>

Si on me demandait de citer deux .... à m'avoir marqué, je citerais Giacometti et Botero. Les deux .... ont un style différent et même opposé mais j'aime beaucoup leur .... De Giacometti, je garde l'excellent souvenir d'une .... au début des années 90. Et de Botero, c'est son .... à Bogota qui m'a séduit. Une grande partie de ses .... et de ses .... y sont exposées.

<u>Texte 3</u>

Beaucoup de villes d'Europe ont su préserver leur .... Il y a souvent des .... qui entourent la vieille ville qui constitue la .... médiévale où on trouve aussi des .... gothiques ou romanes. Ce n'est pas rare non plus d'y apprécier des .... qui remontent à l'époque romaine et qui ont été mises au jour à l'occasion de .... archéologiques.

Total : .... /10

3. Complétez avec l'adjectif ou le pronom démonstratif qui convient. (0,5 point/réponse)
a. Personne ne t'oblige à lire .... livre !
b. Je n'ai jamais vu les pyramides d'Egypte par contre .... des Mayas m'ont impressionné.
c. .... tableaux ont participé à une exposition tournante en hommage à l'artiste.
d. Cette peinture, je ne sais pas de qui elle est. Mais ...., c'est un Chagall. Aucun doute.
e. En art, je fais partie de .... qui avons des goûts très variés.
f. Il y a deux films intéressants. Lequel on va voir ? Ce film polonais ou plutôt .... sur la vie de ce peintre ?
g. Je pense que .... événement va contribuer à le faire connaître un peu partout.
h. C'est à partir de .... histoire qu'il a écrit le scénario.
i. .... chanson, je l'adore. Je l'écouterais en boucle.
j. Tu as vu l'expo ? Tu sais .... dont on n'arrête pas de parler sur les réseaux !

Total : .... /5

4. Transformez ces phrases en mettant en relief la partie soulignée. (1 point/réponse)
a. Il expose <u>ces photos</u> à la Galerie Seurat.
....
b. Je viens de lire <u>son dernier roman</u>. ....
c. Elle s'est mise à écrire <u>à cette étape de sa vie</u>. ....
d. Nous avons surtout vu <u>des films de ses années parisiennes</u>.
....
e. <u>Ces fouilles</u> ont permis de mettre au jour de véritables trésors.
....

Total : .... /5

5. Conjuguez au plus que parfait. (0,5 point/réponse)
a. Jusqu'à ce moment-là, nous .... à un concert. (assister / ne jamais)
b. Vous .... à ce festival ? (aller / déjà)
c. Tu .... les grottes de Niaux ? (visiter / déjà)
d. Les artistes .... l'habitude de se retrouver tous les soirs. (prendre)
e. La pièce .... un excellent accueil le soir de la première. (recevoir)
f. A l'époque, elle .... dans la photo. (se lancer vraiment / ne pas)
g. Il .... ce drame en espérant qu'il serait très vite adapté au cinéma. (écrire)
h. Tout le monde se souvient qu'il .... ses premiers dessins dans un salon municipal. (exposer)
i. À ce moment-là, je .... à obtenir des places pour le spectacle. (réussir / ne pas)
j. Les deux artistes .... depuis le temps de leurs premières expos. (se revoir / ne pas)

Total : .... /5

Mon score : .... /30

12 • Des professions en mutation

Vocabulaire

Des métiers atypiques

Un **grutier** est un conducteur de grue (appareil servant à lever des charges). Un **sage-homme** est un praticien qui exerce une fonction médicale à compétence limitée au diagnostic et à la surveillance de la grossesse. On dit également un *homme sage-femme*. Un **sexeur** de poussin est une personne qui pratique le sexage ; c'est-à-dire déterminer le sexe des jeunes animaux dès leur naissance. Une **sirène d'aquarium** est une personne qui fait des animations, avec un costume de sirène, dans un aquarium. Une **nounou de pandas** s'occupe de cette espèce menacée. Elle participe à la naissance des petits notamment. Un **testeur de toboggans** vérifie que les attractions sont suffisamment amusantes sans être dangereuses. Le **métier de nez** est assez rare. Il est souvent associé à celui de parfumeur. Il est en mesure d'analyser une fragrance et d'évaluer sa qualité. Le **verbicruciste** est la personne qui crée des grilles de mots croisés. Un **chauffeur de salle** est une personne chargée de détendre les spectateurs, de les faire réagir lors de l'enregistrement d'une émission de télévision ou à des événements dont l'interaction avec le public est importante. Une autre fonction a pour nom « **chauffeur** », mais celle-ci fait référence à la conduite d'un véhicule. C'est un métier bien connu, comme le métier de **vendeur** de ou **vendeuse** (personne qui vend des produits), **docteure**, qu'on associe souvent à la pratique de la médecine. **informaticien**, **écrivain**, **professeure** ou encore **secrétaire** ne sont pas moins connus.

473 Mettez les lettres dans le bon ordre pour former des mots.

Exemple : C.V.E.C.R.B.I.R.U.E.T.I.S → verbicruciste

a. E.S.E.V.U.N.E.D → ....
b. N.I.C.E.T.O.R.F.A.M.I.N.E.I.N → ....
c. C.O D.U.R.E.T → ....
d. N.I.C.A.R.E.V.I → ....
e. T.A.S.I.R.E.C.E.E.R → ....
f. E.S.O.F.E.P.S.U.R.E.R → ....
g. U.C.R.E.F.A.H.U.F → ....
h. G.U.E.R.E.N.I.N.I → ....

474 Associez les images au nom de métier méconnu correspondant.

grutier – sage-homme – sexeur de poussin – sirène d'aquarium – nounou de pandas – testeur de toboggans – nez – verbicruciste

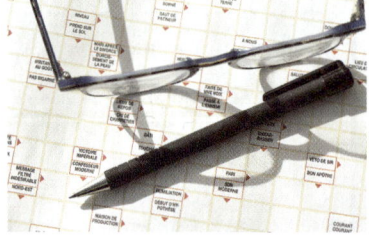

a. ....   b. testeur de toboggans.   c. ....

Vocabulaire

d. ....

e. ....

f. ....

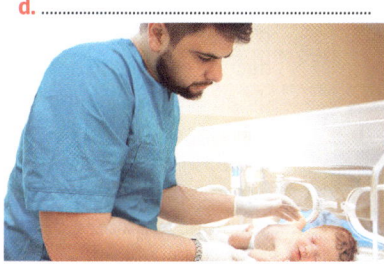
g. ....

h. ....

475 Reliez les tâches aux métiers de l'exercice précédent.

a. Crée les grilles de mots croisés. •   • Nounou de pandas

b. Plonge dans un bassin pour jouer le rôle d'une créature
mythique.   •   • Nez

c. Est capable de reconnaitre les mâles et les femelles poussins. •   • Grutier

d. Assiste les femmes qui accouchent et s'occupent des bébés. •   • Sirène d'aquarium

e. Compositeur, parfumeur et créateur de parfums. •   • Verbicruciste

f. Technicien qualifié dans la conduite et manœuvre
des engins de chantier.   •   • Testeur de toboggans

g. Nourrir, caresser, s'occuper et veiller sur des bébés pandas. •   • Sage-homme

h. Essayer les attractions de parcs aquatiques
avant l'ouverture au public.   •   • Sexeur de poussins

i. Un animateur chargé de détendre et de faire réagir le public. • ——————→ • Chauffeur de salle

476 Observez les images ci-dessous puis cochez le nom du métier s'il est représenté par une image.

☐ électricien/ne   ☐ hôtesse de l'air   ☒ plombier   ☐ employée de maison
☐ mécanicien/ne   ☐ caissier/ière   ☐ secrétaire   ☐ coiffeur/se
☐ bûcheron   ☐ aide-soignante   ☐ pompier

12 • Des professions en mutation

477 Classez ces professions dans les bonnes catégories du tableau.

agent d'entretien – sage-femme – technicien de surface – contrôleur d'hygiène – kinésithérapeute – prothésiste ongulaire – inspecteur d'hygiène en restauration – infirmière – esthéticien – garde malade – technicien de laboratoire – chirurgien esthétique – maquilleuse

> Pour deviner le nom d'une fonction, il est possible dans la plupart des cas de se référer au verbe qui la décrit. On dit d'un enseignant qu'il enseigne, d'un réparateur qu'il répare, d'un décorateur qu'il décore. Quelqu'un qui dirige est un dirigeant, celui qui construit est un constructeur, et une personne qui fait de l'humour est humoriste.

Hygiène	Santé	Beauté
		prothésiste ongulaire

478 Associez le verbe à l'action qui lui correspond.

enseigner – construire – réparer – piloter – diriger – décorer – protéger – commercialiser – élever

a. ....

b. ....

c. ....

d. ....

e. décorer

f. ....

g. ....

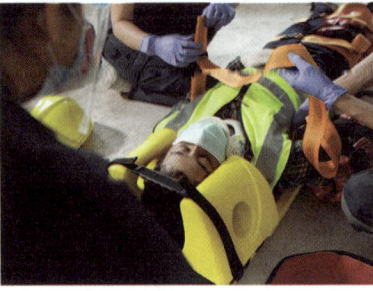
h. ....

i. ....

Vocabulaire

479 Classez ces professions dans les bonnes catégories du tableau.

dresseur de chien – conseiller pédagogique – plombier – décorateur d'intérieur – agent de sécurité – ingénieur en génie civil – pompier – directeur – manager – chargé de communication – instituteur – peintre – agriculteur – mécanicien – maçon – vendeur.

Enseigner	
Construire	
Réparer	
Diriger	manager
Décorer	
Protéger	
Commercialiser	
Élever	

480 Associez les professions ci-dessous à l'image qui lui correspond. Attention, il y a des intrus.

comédien – chanteur – danseur étoile – humoriste – musicien – caméraman – vendeur de fruits et légumes – informaticien – chirurgien

a. ....

b. ....

c. ....

d. ....

e. ....

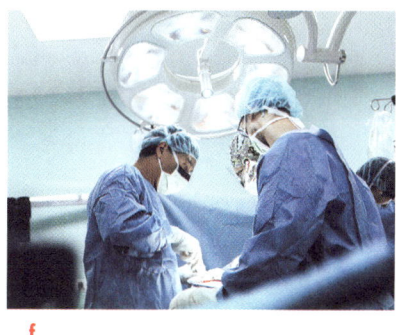
f. ....

12 • Des professions en mutation

481 Reliez les mots pour former des noms de métiers composés.

Professeur des •————→ • écoles
Développeur • • impôts
Architecte • • sociale
Contrôleur des • • routier
Chef de • • réseau
Surveillant • • informatique
Conducteur • • chantier
Directeur • • pénitentiaire
Assistante • • artistique

482 Complétez avec les professions qui conviennent.

a. Mon amie travaille dans un hôpital. Elle soigne les patients. Elle est ....
b. Mme Sam travaille à l'université. Elle enseigne les étudiants. Elle est ....
c. Nous travaillons pour l'état. Nous sommes ....
d. Voilà Mireille défend des criminels et des innocents au tribunal. Elle est ....
e. Mr. David travaille dans une pharmacie. Il est ....
f. Mr. Bill soigne vos dents. Il est ....
g. Thomas Pesquet a pris un selfie avec la terre. Il est ....
h. Marie et Lucie travaillent pour un professeur. Elles sont ....

483 Toutes les syllabes forment des mots en rapport avec les métiers de l'avenir, retrouvez ces mots.

quin	gi	ri	gra	cui
trice	phe	ste	cep	cial
tre	pho	mmer	con	pein
dé	nier	si	ma	pué
mo	to	teur	li	pay
nne	cul	ste	co	

– photographe
– ....
– ....
– ....
– ....
– ....

484 Placez les mots de l'exercice précédent dans les phrases suivantes

a. La .... est la personne spécialiste des soins de la petite enfance.
b. Le .... conçoit des produits commandés par une clientèle donnée.
c. Le .... est une personne dont le métier est lié à la vente.
d. Le .... habille les murs et les plafonds.
e. Le .... prépare les plats présentés au menu.

Vocabulaire

f. Le .... porte des habilles de haute couture pour les mettre en valeur.

g. Le .... est chargé de créer le patronage d'un vêtement.

h. Le .... est un architecte des espaces verts.

485 Écoutez puis complétez les phrases.

a. ....
b. ....
c. ....
d. ....
e. ....
f. ....
g. ....
h. ....

La célébrité

Chaque discipline sportive a ses champions. Certains sont plus connus que d'autres à cause ou grâce à la popularité du sport qu'ils pratiquent. À lui seul, le **footballeur** portugais Cristiano Ronaldo 4 fois la population de France qui le suit sur ses réseaux sociaux. Les **handballeurs** des clubs sont moins connus que ceux des équipes nationales car les compétitions entre nations sont plus exposées que celles des clubs.

Les sports mineurs ont aussi leurs sportifs célèbres : **tennisman**, **skieur**, **volleyeur**, **Hockeyeur** ou encore **nageurs**. Tous vivent un moment de gloire lors des JO ou d'autres compétitions médiatisées.

Il n'y a pas que les sportifs qui disposent d'une couverture médiatique. Les chanteurs ou **chanteuses** ou encore les **auteures** font aussi parti de es personnalités privilégiées.

Contrairement aux sportifs et aux artistes, certains métiers ne sont jamais exposés. La **boulangère** du coin jouit d'une réputation limitée à périmètre géographique très restreint. Tout comme la **serveuse**, la **laitière**, la **factrice** ou encore **l'agricultrice**.

486 Transformez au féminin.

Exemple : physicien → physicienne

a. Chanteur → ....
b. Laitier → ....
c. Auteur → ....
d. Agriculteur → ....
e. Magicien → ....
f. Facteur → ....
g. Serveur → ....

12 • Des professions en mutation

487 À partir des sports listés ci-dessous, retrouvez le nom donné au pratiquant de chacun de ces sports.

Exemple : surf → surfeur

a. Handball → ....
b. Football → ....
c. Natation → ....
d. Tennis → ....
e. Rugby → ....
f. Volleyball → ....
g. Hockey sur glace → ....
h. Ski → ....

Les profils de demain ?

D'après le groupe Manpower, cabinet de recrutement, la plupart des élèves de maternelles aujourd'hui auront des **métiers** qui n'existent pas encore. D'ailleurs, plusieurs **emplois**, très demandés actuellement, n'existaient pas il y a encore dix ans. C'est pourquoi on estime aujourd'hui qu'il devient très difficile de s'orienter vers la « bonne **formation** », dans la mesure où ce qui est appris durant un **parcours** universitaire devient vite obsolète.

Par conséquent, on devine assez vite que les cursus professionnels seront de plus en plus marqués par des formations ou des réorientations ; des salariés qui passent d'une **fonction** à l'autre, d'un **contrat** à l'autre etc. L'apprentissage tout au long de la vie est en passe de devenir la norme.

On distingue 3 types de **profils** de **travailleurs** :
— le protecteur, un bouclier contre les risques : c'est celui qui minimise les risques économiques, environnementaux et humains.
— l'optimisateur, qui est un peu le fer de lance de la performance, recherche la rentabilité et la maîtrise des coûts. Pour cela, il développe des outils qui lui permettront de mesurer la performance.
— le storyteller : comme d'autres les métiers, ceux de la communication ou du marketing évoluent à l'ère des réseaux sociaux.

D'après Sénat.fr

488 Construisez des mots à partir des lettres.

Exemple : E.V.E.N.T → vente

a. S.E.M.O.P.I.L → ....
b. R.E.S.E.M.I.T → ....
c. M.I.F.A.T.O.R.N → ....
d. O.R.U.S.A.P.C.R → ....
e. N.I.T.O.C.O.F.N → ....
f. T.A.T.O.C.N.R → ....
g. L.I.P.O.R.F.S → ....
h. L.I.L.E.R.U.T.A.R.A.V.S → ....

Vocabulaire

489 Répondez par vrai ou faux

	Vrai	Faux
Exemple : Les métiers de demain assurent une stabilité aux futurs employés	☐	☒
a. Un tiers des écoliers occuperont des emplois qui existent aujourd'hui.	☐	☐
b. Les métiers en forte demande aujourd'hui n'existaient pas il y a quelques années.	☐	☐
c. S'orienter vers la bonne formation est possible aujourd'hui.	☐	☐
d. Lors de sa formation, l'étudiant se rappellera tous ces apprentissages.	☐	☐
e. Les futurs travailleurs seront amenés à suivre des formations tout au long de leur vie.	☐	☐
f. Le protecteur optimise les risques économiques et environnementaux.	☐	☐
g. L'optimisateur est censé trouver de meilleures rentabilités.	☐	☐
h. Les réseaux sociaux impactent la manière de faire du marketing.	☐	☐

490 Associez les professions du web suivantes avec leurs tâches dans leurs différents métiers.

développeur web – bloggeur – youtubeur – chef de projet web – analyste de données – webdesigner – rédacteur web – responsable marketing en ligne.

a. .... définit la stratégie commerciale du site, met en place des outils pour mesurer la fréquentation et les résultats, veille à la cohérence avec l'image de l'entreprise.

b. .... est responsable d'un projet sur un site internet.

c. .... est souvent un jeune journaliste qui va chercher l'information et doit la mettre en forme avec rapidité et concision.

d. .... doit traduire toutes les fonctions d'un site en langage informatique. Il doit donc maîtriser les logiciels de programmation.

e. .... désigne généralement un individu dont l'activité professionnelle ou quasi-professionnelle est de produire des vidéos diffusées sur YouTube dans lesquelles il figure le plus souvent.

f. .... conçoit la charte graphique d'un site (couleurs, polices), mais doit aussi veiller à ce que la navigation soit aisée et agréable.

g. .... est un producteur de contenus web. Souvent spécialisé dans un ou plusieurs domaines, il a pour objectif de générer du trafic sur son blog afin de bénéficier de revenus publicitaires.

h. .... est chargé de la gestion, de l'analyse et de l'exploitation des données massives au sein d'une entreprise, c'est l'évolution de l'analyste de données (Data Analyst) à l'ère du Big Data.

491 Lisez le texte suivant puis relevez les homonymes et classez les dans le tableau ci-dessous.

Le maire de ma ville est très sympathique, il écoute nos demandes. Avec ma mère nous sommes allés le voir afin de lui faire part de notre idée de mettre des transats gratuits aux riverains en bord de mer. Cet été nous avons constaté qu'ils ont été mis. Afin d'en profiter, nous sommes allés à la plage ce matin, nous avons emmené des sandwichs d'avocat et saumon, nos maillots de bain, des paires de tongs et nos serviettes. Mon père a aussi pris son livre de droit car il est avocat. Il ne perd jamais une occasion pour bouquiner. Vers 18h nous sommes rentrés, nous avons pris des verres de thé dans notre terrasse, il faisait encore beau, le ciel était bleu et faisait ressortir le vert de notre gazon.

12 • Des professions en mutation

Nom	Verbe	Adjectif

492 Proposez des homonymes que vous connaissez puis dites leur définition à chaque fois.

a. ....
b. ....
c. ....
d. ....
e. ....
f. ....
g. ....
h. ....

493 Repérez parmi les mots suivants les mots familiers synonymes de « profession ».

gagne-pain – glander – taf – trainer – chômer – bouler – boulot – job

....

494 Écoutez les définitions puis cochez le métier hospitalier concerné à chaque fois. 🔊 50

infirmier – dentiste – chirurgien – pédiatre – anesthésiste – pharmacien – sage-femme – brancardier

Exemple : définition → *ambulancier*

Définition a → ....
Définition b → ....
Définition c → ....
Définition d → ....
Définition e → ....
Définition f → ....
Définition g → ....
Définition h → ....

À retenir : Se dit des mots de prononciation identique (homophone) et de sens différents, qu'ils soient de même orthographe (homographe) ou non (ex. *ceint, sain, sein, seing*).

Grammaire/Conjugaison

> **• L'opposition**
>
> **Ma sœur est passionnée par la littérature tandis que mon frère s'y intéresse peu.**
> L'opposition consiste à rapprocher deux faits pour souligner une différence ou une contradiction entre eux. On parle plutôt d'opposition quand les deux faits forment un contraste.
>
> Il existe plusieurs conjonctions qui permettent d'exprimer l'opposition. On retrouve notamment : au lieu de, en dépit de, par contre, alors que, au contraire, en revanche, tandis que, même si, bien que… etc.

495 Dites si ces phrases expriment l'opposition ou pas.

Exemple : Je n'ai pas acheté les cadeaux or le mariage est prévu demain → opposition

a. Je suis amoureuse de la littérature néanmoins je n'envisage pas de devenir écrivaine. ....
b. Elle te ressemble beaucoup mais elle est plus grande. ....
c. Ta robe bleue n'est pas à mon goût, je la préfère en rose. ....
d. Le métier de médecin n'est pas facile, par contre il est passionnant. ....
e. La lumière me fait mal aux yeux la nuit, je ne mets qu'une veilleuse. ....
f. Il n'aime pas peindre sur du papier, en revanche il adore le faire sur du verre. ....
g. Je préfère les fruits aux légumes pourtant les deux sont indispensables selon le nutritionniste. ....
h. Je ne mets jamais de crème c'est pourquoi j'ai la peau sèche. ....

496 Reliez les deux propositions entre elles avec la conjonction de coordination adéquate pour exprimer le rapport logique désigné : cause, conséquence ou opposition.

Exemple : *proposition 1* : Il compte reprendre ses études. / *proposition 2* : Il est déjà directeur. / *rapport* : opposition
        Il compte reprendre ses études, or il est déjà directeur

a. *proposition 1* : Alia aime la médecine. / *proposition 2* : Elle est chirurgienne. / *rapport* : conséquence
....

b. *proposition 1* : Il a fait des études de lettres. / *proposition 2* : Il exerce dans un autre domaine. / *rapport* : opposition
....

c. *proposition 1* : Il travaille en boulangerie. / *proposition 2* : Il n'a pas trouvé le poste qu'il voulait. / *rapport* : cause
....

d. *proposition 1* : Beaucoup de nos élèves s'insèrent facilement dans le monde du travail. / *proposition 2* : Notre université est de renommée. / *rapport* : cause
....

e. *proposition 1* : Il a fini ses études d'architecture. / *proposition 2* : Il ne veut pas travailler tout de suite. / *rapport* : opposition
....

12 • Des professions en mutation

f. *proposition 1* : Il a toujours aimé l'artisanat. / *proposition 2* : Il a arrêté ses études. / *rapport* : conséquence
....

g. *proposition 1* : Il a obtenu son aptitude à exercer en tant qu'avocat. / *proposition 2* : Il ne compte pas le faire. / *rapport* : opposition
....

h. *proposition 1* : Il a réussi ses examens. / *proposition 2* : Il n'est pas content des résultats. / *rapport* : opposition
....

497 Complétez avec la conjonction ou l'adverbe qui convient pour exprimer l'opposition

mais – or – pourtant – néanmoins – par contre – en revanche – bien que – même si – cependant

Exemple : Il travaille beaucoup, néanmoins il gagne bien sa vie.

a. Marie part à l'étranger .... elle devait assister au mariage demain.
b. Lisa et Clothilde sont médecins .... Benjamin est infirmier.
c. Il a oublié son attestation .... elle est obligatoire pour rentrer.
d. Sa mère est professeure .... son père est à la retraite.
e. .... elle soit diplômée, elle ne trouve pas de travail.
f. Il n'a pas un bon salaire .... il est content dans son travail.
g. Il rentre tôt du travail .... il fait du télétravail le soir.
h. Il compte changer de métier .... il aime ce qu'il fait.

> Les connecteurs exprimant la **cause** : car, parce que, puisque, comme, …
> Connecteurs exprimant la **conséquence** : donc, ainsi, c'est pourquoi, si bien que, de sorte que.

498 Formez des phrases à partir des mots clés et des conjonctions proposées.

Exemple : chauffeur – étudiant – droit – mais → Il est chauffeur de bus mais il est toujours étudiant en droit.

a. Dentiste – heureux – fatigué – par contre
....

b. Informaticien – secrétaire – voudrait – or
....

c. Pilote – diplôme – compliqué – même si
....

d. Astronaute – rêve – croit – cependant
....

e. Dessinateur – talent – vendeur – pourtant
....

f. Architecte – enfant – professeur – bien que
....

g. Handballeur – études – ingénierie – néanmoins
....

h. Artiste – métier – difficile – en revanche
....

Grammaire/Conjugaison

499 Lisez les phrases suivantes puis réécrivez-les avec un lien d'opposition.

Exemple : Il est parti en voyage. Il ne m'a pas apporté de cadeau.
> Il est parti en voyage, mais il ne m'a pas apporté de cadeau.

a. Il espère avoir de bons résultats. Il n'avait pas étudié.
....

b. Les professeurs ont constaté son échec. Ils n'ont fait aucun retour aux parents.
....

c. Le train était à l'heure. Il est arrivé en retard.
....

d. Inès adore cette robe. Elle souhaite la vendre.
....

e. Florian affirme qu'il est végan. Il continue à manger de la viande.
....

f. La ville fait une compagne de sensibilisation au tri. Jessica ne trie jamais.
....

g. Il est mal payé. Il ne souhaite pas changer de travail.
....

h. Kate n'est pas douée avec les chiffres. Elle souhaite devenir comptable.
....

• **Le rapport d'opposition**

À retenir :

Pour exprimer un rapport logique d'opposition de façon explicite, on utilise :
1. La subordonnée conjonctive circonstancielle introduite par une conjonction ou une locution : quoique, bien que, au lieu que, même si, encore que...
2. La proposition indépendante coordonnée par une conjonction, un adverbe ou une locution : mais, or, pourtant, néanmoins, par contre, en revanche, cependant...
3. Le GN introduit par une préposition ou une locution : malgré, en dépit de, contrairement à...
4. Le groupe infinitif construit comme le GN : Ex : Au lieu de nous accompagner, tu resteras pour faire tes devoirs.

Remarque : en langage soutenu, on utilise aussi des subordonnées conjonctives introduites par « que » en liaison avec un adverbe (si, tant, tout, quelque...), ou relatives à valeur indéfinie (quoi que, qui que, où que...).

Exemples :
– Si naïf qu'il soit, j'ai confiance en son jugement.
– Ex : Quoi qu'il dise, il aura toujours tort.

---

500 Construisez une phrase avec chacun des articulateurs suivants :

Exemple : Même si → *Même s'il adore les nouvelles technologies, il ne souhaite pas travailler dans ce domaine.*

a. En revanche → ....
b. Malgré → ....

12 • Des professions en mutation

c. Tandis que → ....
d. Alors que → ....
e. Mais → ....
f. Bien que → ....
g. Cependant → ....
h. Par contre → ....

501 Reliez les phrases ci-dessous par un adverbe pour exprimer une opposition.

Exemple : Il a travaillé plus de 15 heures. Il est en pleine forme.
→ Il a travaillé plus de 15 heures, pourtant, il est en pleine forme.

a. Il fait du démarchage. Il n'aime pas le contact avec les gens.
....

b. Il préfère travailler au bureau. Il fait du télétravail.
....

c. Nelya n'aime pas les influenceuses. Elle regarde les vidéos des influenceuses.
....

d. Stéphanie a enseigné pendant quinze ans. Stéphanie n'a jamais voulu être professeure.
....

e. Sarah s'est formée pendant longtemps. Son métier sera amené à disparaitre dans quelques années.
....

f. Elle gère une équipe. Elle ne sait pas manager.
....

g. Le responsable était absent. La réunion s'est bien déroulée.
....

h. Jean est un employé fiable. Jean n'est pas très productif.
....

> L'opposition peut être exprimée aussi de manière implicite. Une simple juxtaposition de propositions indépendantes la rendrait possible.
> Ex : *On lui dit de venir, il part à toute allure.*

• L'hypothèse

Si tu restes silencieux, tu pourras observer l'activité de l'écureuil.

Une hypothèse consiste à associer deux faits ; la réalisation de l'un dépendant de la réalisation de l'autre qui en est donc la condition.

    Fait A   Fait B
Ex : Si tu restes silencieux   //   tu pourras observer l'activité de l'écureuil.
La réalisation du fait A est la condition nécessaire pour permettre la réalisation du fait B.
On appelle système hypothétique un couple formé par deux propositions dont l'une est la condition de l'autre.

Grammaire/Conjugaison

502 Lisez le texte puis relevez toutes les phrases qui expriment l'hypothèse.

Quand j'étais petite, je regardais mon père dessiner ses croquis de maison avec beaucoup d'admiration et je me disais que je deviendrais architecte si j'étudiais bien. Quand j'ai eu mon bac j'ai fait un autre parcours que j'aime beaucoup. Si j'avais eu la moyenne requise j'aurais étudié l'architecture. Mais je ne sais pas si j'aurais été heureuse si j'avais fait ces études. Aujourd'hui, je suis heureuse d'être devenue professeure. Si je n'avais pas choisi ce domaine je n'aurais pas connu le bonheur de travailler avec les enfants. Si je perds le contact que j'ai avec mes élèves je serai triste. Si je réussis mon examen de titularisation je ferai ce travail pendant de longues années. Aussi, je pourrais enseigner à l'étranger si l'occasion se présentait. J'aimerais partir au Cameroun mais si je n'ai pas de visa je ne pourrai pas. Je serais partie l'année dernière si je n'avais pas reçu de refus.

Exemple : → Je deviendrais architecte si j'étudiais bien.

a. ....
b. ....
c. ....
d. ....
e. ....
f. ....
g. ....
h. ....

503 Autodictée. Recopiez les phrases entendues. 🔊 51

a. ....
b. ....
c. ....
d. ....
e. ....
f. ....
g. ....

> Souvent, l'hypothèse sur le passé permet d'exprimer le regret, une chose qui est terminée, une situation où l'on ne peut plus revenir en arrière.

504 Complétez les phrases afin d'exprimer l'hypothèse (faites attention aux temps de conjugaison)

Exemple : Si Ally avait eu le temps de venir → il serait venu.

a. Si Mathilde savait qu'il était médecin elle ....
b. Si ta tante voit ça elle ....
c. Si nous avions le choix nous ....
d. Si j'avais su qu'il ne me convenait pas ....
e. Si tout le monde mettait du sien le monde ....
f. Si je trouve un emploi qui paye plus je ....
g. Si tu avais pu faire autrement tu ....
h. Si le meuble du salon est trop grand il ....

12 • Des professions en mutation

> **• Les nuances dans le système hypothétique**
>
> **Si** tu **veux** devenir médecin, tu **devras** réussir le concours d'entrée.
> L'emploi de modes verbaux et de temps différents sert à introduire des nuances dans le système hypothétique.
>
> **1. Verbe principal à l'indicatif**
> L'hypothèse exprime ici une probabilité ou une quasi-certitude.
> – *Si tu le souhaites, nous partirons en vacances au Portugal.*
>
> **2. Verbe principal au conditionnel (présent ou passé)**
> Ce mode a pour effet de placer l'hypothèse à l'écart de toute réalité, on en reste au niveau du virtuel. Trois valeurs sont traditionnellement dégagées.
> • Le potentiel : l'hypothèse est tournée vers l'avenir, sa réalisation est incertaine, mais possible.
>   Si + imparfait // conditionnel présent
>   *Si tu venais avec moi au cinéma, j'en serais ravi.*
>
> • L'irréel du présent : l'hypothèse est en contradiction avec la situation vécue.
>   Si + imparfait // conditionnel présent
>   *Si j'avais dix ans de moins, je serais encore à l'école.*
>
> • L'irréel du passé : l'hypothèse est située dans le passé et l'action envisagée ne s'est pas réalisée.
>   Si + plus-que-parfait // conditionnel passé
>   *Si j'avais su, je ne serais pas venu.*

505 Lisez les phrases suivantes qui expriment l'hypothèse, puis conjuguez le verbe entre parenthèses au temps qui convient.

Exemple : Si j'avais pu le faire, je l'(faire) → Si j'avais pu le faire, je l'aurais fait.

a. Si tu viens aujourd'hui, tu (avoir) → .... une chance d'être embauché.

b. S'il s'excuse pour son erreur, il lui (pardonner) → ....

c. Si j'étais riche, je (lancer) → .... ma start-up.

d. Si tu avais été plus attentif, tu (ne pas faire) → .... fait ces erreurs.

e. Si tu nous avais appelé, nous (venir) → ....

f. Si tu avais réellement préparé ta réunion, tu (ne pas être) → .... en difficulté.

g. Si tu veux réussir, (travailler) → ....

506 Lisez les phrases suivantes et indiquez le type d'hypothèse exprimé : phrase hypothétique réelle ou phrase hypothétique irréelle.

Exemple : Si j'avais pu changer, je l'aurais fait sans me poser de question → Phrase hypothèse irréelle.

a. Si tu viens tôt demain matin, tu passeras en premier. → ....

b. Nous l'embaucherons s'il vient à l'heure. → ....

c. S'il était plus productif, il ne se ferait pas licencier. → ....

d. Marie et Elise aurait terminé leur travail si elles avaient commencé à temps. → ....

e. Si tu veux, je peux t'aider. → ....

f. Si j'avais de l'argent, je lancerais ma startup. → ....

g. Si j'avais demandé à mon responsable, je n'aurais pas commis cette erreur. → ....

h. S'il n'avait pas eu les recommandations de son supérieur, il n'aurait pas été pris. → ....

Grammaire/Conjugaison

507 **Lisez les phrases suivantes puis, transformer-les en veillant à garder le sens exprimé.**

Exemple : Si j'avais pu changer, je l'aurais fait sans me poser de question

a. Si tu viens tôt demain matin, tu passeras en premier.
....

b. Nous l'embaucherons s'il vient à l'heure.
....

c. S'il était plus productif, il ne se ferait pas licencier.
....

d. Marie et Elise auraient terminé leur travail si elles avaient commencé à temps.
....

e. Si tu veux, je peux t'aider.
....

f. Si j'avais de l'argent, je lancerais ma startup.
....

g. Si j'avais demandé à mon responsable, je n'aurais pas commis cette erreur.
....

h. S'il n'avait pas eu les recommandations de son supérieur, il n'aurait pas été pris.
....

> Pour reconnaitre l'aspect irréel d'une hypothèse, il faudra ajouter « *mais en réalité, ce n"est pas le cas* ».
> Exemple : Si je gagnais au loto, je ferai le tour du monde... *mais en réalité, ce n'est pas le cas. Je ne fais que rêver, car je ne le suis pas.*

> Dans une phrase hypothétique, il est souvent possible de changer l'ordre de la condition et de la conséquence.

Bilan

1. Complétez les phrases suivantes par un des connecteurs suivants, si nécessaire. (1 point/réponse)

malgré – alors que – même si – contre – au lieu de – contrairement à – bien que.

a. .... ce que les gens pensent, le métier de professeur est très dur.
b. .... se reposer, il continue de travailler.
c. L'âge moyen d'un directeur a baissé : 40 ans, ... 45 ans, une décennie plus tôt.
d. Il demande à être remboursé .... il a pu voyager.
e. Axyl aime le football, ... sa sœur le tennis.
f. Il n'a pas rendu son rapport .... il devait le faire hier.
g. .... ils fassent le même travail, ils n'ont pas le même rendement.
h. .... mon attachement à mon travail, j'envisage de changer d'entreprise.
i. Nyla esr très bavarde. .... à sa cousine.
h. Mohand suit ses études en économie .... il voulait être informaticien.

Total : .... /10

2. Lisez les phrases suivantes puis, transformez-les en veillant à garder le sens exprimé. (1 point/réponse)

a. S'il est présent demain, nous organiserons une réunion.
....

b. Si elle m'avait rendu son rapport, le dossier serait déjà bouclé.
....

c. Nous aurions pu l'accueillir si nous n'étions pas en télétravail.
....

d. Je t'aiderai si tu ne sais pas comment faire.
....

e. Si tu souhaites m'accompagner, tu peux venir.
....

f. Si je gagnais au loto, je quitterais mon travail.
....

g. Si vous n'étiez pas malade, vous auriez pu préparer en avance la réunion.
....

h. Si tu n'avais pas perdu ton permis, tu aurais pu partir en déplacement.
....

i. S'il obtient son diplôme avec une bonne note, il ira dans une grande école.
....

j. J'écrirais plus de livres si j'avais plus de temps.
....

Total : .... /10

3. **Lisez les phrases suivantes. Inversez la négation exprimée dans chacune de ces phrases. (1 point/réponse)**

a. Si elle n'était pas en déplacement professionnel, elle serait présente à la réunion.
....

b. Si vous étiez partis plus tôt, vous n'auriez pas loupé votre rendez-vous !
....

c. Si tu aimes beaucoup ton patron, ne va pas voir ailleurs !
....

d. Si tu n'as pas bien révisé, tu auras une mauvaise note.
....

e. Si nous n'étions pas en congés, nous serions là aujourd'hui pour vous aider.
....

f. Si tu m'avais écouté, tu n'aurais pas envoyé ce courriel plein de fautes !
....

g. S'il ne l'a pas reçu, qu'il prévienne Michaël.
....

h. Si je n'appelle pas avant 13h, c'est que je pourrai venir.
....

i. S'il n'était pas aussi dépensier, il aurait pu s'acheter cette voiture.
....

h. S'il ne travaillait pas autant, il aurait été en bien meilleure santé.
....

Total : .... /10

Mon score : .... /30

13 • Il était une fois...

Vocabulaire

Contes et légendes

L'être humain aime raconter des **histoires**, plus ou moins vraies : les **mythes**, les **légendes** ou les **épopées**. D'autres sortent complètement de son imagination, elles sont parfois à **dormir debout** parce qu'elles sont vraiment exagérées, comme dans les **fables** ou les **contes** où il n'est pas rare que les animaux parlent.

Les **héros** ou **héroïnes** de ces récits sont des **chevaliers**, des **princes** et des **princesses** qui habitent dans des **palais** ou des **châteaux**. Certains personnages ont des pouvoirs magiques ou se déplacent sur des tapis volants ; d'autres jettent des sorts comme les **sorcières** ou les **fées**. Il y en a qui sortent d'une lanterne magique comme les **génies**. Ce n'est pas rare non plus d'y rencontrer d'autres créatures imaginaires comme la **licorne** ou les **sirènes**. On y trouve aussi des **lutins**, des **ogres** ou des **dragons** qui crachent du feu. Ces histoires se déroulent dans de lointains **royaumes** ou des **forêts enchantées**. Parfois, elles se passent près d'une **fontaine miraculeuse** ou encore d'un **lac mystérieux** et couvert de brume. Aujourd'hui, beaucoup de ces lieux sont abandonnés mais ils restent magiques et ils sont souvent **hantés** par des **fantômes** !

508 Reliez les définitions au nom.

a. Faits réels ou imaginaires qu'on raconte par écrit ou à l'oral.
b. On la raconte ou on la récite. Elle est généralement courte.
c. C'est un récit d'actions, d'évènements.
d. C'est un long poème qui mélange les faits historiques et le fantastique.
e. Récit populaire et traditionnel, plus ou moins imaginaire.
f. On le raconte souvent aux enfants avant de s'endormir.
g. C'est un récit fabuleux qui raconte souvent l'origine du monde, d'un pays, d'une ville... et qu'on transmet à travers le temps.

1. Un mythe
2. Une légende
3. Une épopée
4. Un conte
5. Une fable
6. Une histoire
7. Un récit

509 Complétez les phrases avec les mots de la liste. Attention aux accords !

fable – récit – histoire – épopées – légende – conte – mythe

Exemple : Savez-vous qui a écrit *La légende des siècles* ?

a. *Le Corbeau et le Renard* est une célèbre ……………………… de La Fontaine.
b. Ce qui vous est arrivé est incroyable ! C'est une …………………… à dormir debout.
c. Qui ne connaît pas le ………………………… de Sisyphe ou celui d'Orphée ?
d. *L'Odyssée* est certainement une des plus connues des ………………………… grecques.
e. Tous les soirs, pour s'endormir, sa maman lui lisait un ………………………………… !
f. J'ai toujours aimé lire des ……………………………… de voyages, réels ou imaginaires.

Attention ! Ne pas confondre **les zéros** /lezeRo/ avec **les héros** /le 'eRo/. On ne fait pas la liaison mais on dit **les héroïnes /lezeRoin/.**

510 Écoutez et écrivez les mots que vous entendez. 🔊 52

Exemple : une histoire

a. ....
b. ....
c. ....
d. ....
e. ....
f. ....

511 Écrivez sous l'image le nom de chaque personnage.

sorcière

a. ....

b. ....

c. ....

d. ....

e. ....

f. ....

g. ....

h. ....

> Le **lutin** est un petit personnage très présent dans les contes. Il habite dans les bois et est très actif la nuit. Il est souvent **malin** et un peu **fou**. On le connaît aussi sous d'autres noms : *elfe*, *farfadet* (Vendée), *korrigan* (Bretagne), *servan* (Alpes), *gnome* et d'autres encore.

13 • Il était une fois...

512 Complétez les phrases avec un mot de l'exercice précédent.

Exemple : Si on frotte la lanterne, un génie en sort.

a. Le jeune garçon et la princesse se sont enfuis sur un .... volant.
b. On dit que les .... volent et crachent du feu.
c. Les habitants du village racontent que des .... habitent la forêt.
d. Les nuits de pleine lune, on peut apercevoir une .... sur son balai.
e. D'un coup de baguette magique, la .... a transformé le crapaud en prince charmant.
f. Une .... ? C'est un peu comme un cheval imaginaire avec une corne.
g. Tous les .... ne sont pas méchants ! Regardez, Shrek est très gentil.
h. Les habitants disent que le .... du baron hante les rues du village.

513 Retrouvez des personnages ou des lieux de contes et légendes dans ces lettres en désordre.

Exemple : C.L.R.A.H.E.I.V.E → chevalier

a. E.O.N.T.F.I.N.A. → ....
b. T.E.U.C.A.H.A → ....
c. C.A.L → ....
d. P.N.I.R.E.C → ....
e. O.E.R.F.T → ....
f. Y.M.O.R.E.U.A → ....
g. R.E.N.I.H.O.E → ....
h. L.A.I.P.A.S → ....

514 Complétez les phrases avec les mots de l'exercice précédent.

Exemple : La sorcière a jeté un sort sur tous les habitants du royaume.

a. La légende raconte que l'eau de la .... guérit les maladies.
b. La princesse guettait le retour du chevalier depuis la plus haute tour du ....
c. Les .... charmants n'existent que dans les contes, on le sait bien.
d. Le .... a tué le dragon et libéré la princesse.
e. Le sultan habite un beau et grand .... sur les rives du golfe.
f. La jeune fille est la véritable .... de l'histoire.
g. Les anciens racontent que les vieux arbres de la .... parlent aux passants les soirs de tempête.
h. On dit que les matins de brume, une ombre marche sur les eaux du ....

L'accent circonflexe

Plusieurs mots de ce chapitre porte un accent circonflexe (^) : *forêt, fantôme, château*.
Il remplace souvent un **s** étymologique aujourd'hui disparu mais qu'on peut retrouver dans l'adjectif qui s'y rapporte :
Une for**ê**t – un agent for**es**tier

Ce n'est pas le cas de *château* mais on retrouve le s dans de nombreux noms de lieux qui ont la même étymologie
(ex. : Castelnaudary).

On peut placer l'accent circonflexe sur toutes les voyelles : **â** (château), **ê** (forêt), **î** (île), **ô** (fantôme), **û** (mûre) même si la nouvelle orthographe n'oblige plus son emploi sur le **i** et le **u**.

Vocabulaire

 Au coin du feu

C'est le soir dans les **veillées** au coin du feu qu'un **conteur** disait ou chantait ces **récits** populaires que sont les contes. Ils appartiennent au **folklore** ou aux **traditions** d'une région ou d'un pays. Les **troubadours** le faisaient dans la cour des **seigneurs** et des **rois** (et des **reines**).

Aujourd'hui encore, on fait une **ronde** ou un **cercle** pour écouter ces histoires merveilleuses qui finissent généralement bien. Beaucoup de parents racontent des histoires à leurs enfants avant de dormir.

515 Retrouvez parmi les mots de l'encadré, ceux auxquels sont associés chacun de ces adjectifs.

Exemple : féerique → fée

a. Royal → ....
b. Princier → ....
c. Traditionnel → ....
d. Mythologique → ....
e. Légendaire → ....
f. Chevaleresque → ....
g. Héroïque → ....
h. Épique → ....

> **Il n'y a pas que des contes de fées.** Il y a plusieurs types de contes : un **conte de fées**, un **conte fantastique**, un **conte satirique**, un **conte d'horreur**…
> En français, les contes traditionnels commencent souvent par des formules comme : « **Il était une fois…** », « **Il y a bien longtemps** » ou « **En ce temps-là** ». Si le conte s'achève bien, on emploie des formules comme : « **Ils se marièrent et eurent beaucoup d'enfants.** » ou « **Tout est bien qui finit bien.** »

516 Remplacez la forme soulignée par un adjectif.

Attention ! D'autres éléments de la phrase peuvent changer.

Exemple : Ce sont de célèbres contes du folklore breton. → Ce sont de célèbres contes folkloriques bretons.

a. Le mariage de la princesse s'est tenu dans la grande cathédrale de la capitale.
....

b. Il a eu une attitude de chevalier envers son ennemi.
....

c. Citez trois personnages de la mythologie grecque.
....

d. Les Acadiens se souviennent des actes de héros de Françoise-Marie Jacquelin pour défendre leurs libertés.
....

e. Roland est considéré comme un véritable personnage d'épopée.
....

f. C'est un plat de tradition indienne.
....

g. Ce sont des héros de légende. ....

> **un comte – un compte – un conte** [kɔ̃t]
> Un **comte** est un titre de noblesse comme un marquis, un duc… On pense au personnage central du roman d'Alexandre Dumas, le **Comte de Monte-Cristo**.
> Un **compte** est un calcul (le compte est bon), c'est aussi l'état de ce qu'on doit ou qu'on possède dans une banque (un compte bancaire). On l'utilise dans l'expression *se rendre compte*.
> Un **conte** est un récit imaginaire : *Les contes de la mère l'Oye* de Charles Perrault

13 • Il était une fois...

Des contes populaires à travers les siècles

Critiqués ou appréciés, les contes occupent une place importante dans notre imaginaire. En voici quelques-uns, très populaires : **Ali Baba et les quarante voleurs** ou **Aladin et la lanterne magique** tirés des histoires que raconte la belle Shéhérazade dans les contes des **Mille et une nuits**. En Europe, beaucoup de contes ont été popularisés par Charles Perrault, Hans Christian Andersen ou les frères Grimm. : **Le petit chaperon rouge, Les trois petits cochons, Peau d'âne, La belle au bois dormant, Le vilain petit canard, La reine des neiges, Boucle d'or et les trois ours, Les musiciens de Brême, La belle au bois dormant, Le chat botté**, etc.

Cette liste est loin d'être exhaustive tellement qu'il y a de contes ! Au XXᵉ siècle, l'Américain Walt Disney a contribué à en universaliser plusieurs d'entre eux à travers ses **dessins animés**.

517 Associez ces images à un conte.

Les 3 petits cochons – Ali baba – La belle au bois dormant – Le petit chaperon rouge – Le chat botté – Boucle d'or – Le vilain petit canard

a. .... b. .... c. .... d. ....

e. .... f. .... g. ....

518 Associez chacune des phrases à un conte de l'exercice précédent.

Exemple : Il triche et il ruse pour permettre la fortune et le pouvoir de son maître : le chat botté

a. Le grand méchant loup veut détruire leurs maisons : ....
b. Tous leurs trésors volés se trouvent dans une grotte magique : ....
c. Elle a mangé leur soupe et dormi dans leur lit : ....
d. Son sommeil a duré 100 ans : ....
e. C'est le plus laid de tous et il s'est transformé en superbe cygne : ....
f. Elle a traversé le bois pour rendre visite à sa grand-mère : ....

Vocabulaire

519 Reliez les personnages de contes aux animaux.

- a. une sorcière
- b. une princesse
- c. un prince charmant
- d. Boucle d'Or
- e. un preux chevalier
- f. Cendrillon
- g. Alice
- h. Le petit chaperon rouge

- des rats
- un loup
- un chat noir
- un dragon
- un crapaud
- un lapin
- une famille d'ours
- un cheval blanc

Les animaux sont au centre de nombreuses légendes. Par exemple, en Guyane, c'est un dauphin rose ou **boto**, qui habite les eaux amazoniennes. Il se transforme en bel homme pour séduire les jeunes filles avant de retourner dans le fleuve. Parfois, leur nom finit par devenir le nom commun pour les désigner. Comme le personnage du goupil dans le *Roman de Renart*. Aujourd'hui, en français, pour désigner un « goupil », on parle d'un **renard**.

Genres littéraires

L'**œuvre** d'un **écrivain** est constituée de l'ensemble de sa production **littéraire**. Elle est composée de plusieurs **ouvrages** de **non-fiction** (une **biographie**, un **essai**…) ou de **fiction**. L'**auteur** peut être un **romancier** qui écrit des **romans** ou des **nouvelles**. Il y a différents **genres** de roman : **fantastique**, **historique**, **noir** ou **policier** (un **polar**), d'**amour**, d'**aventures**. Ils peuvent constituer une **série** ou une **saga** dont chaque **volume** est un **tome**.

Le **poète**, lui, compose des **poèmes** ou de la **poésie**. Quant au **dramaturge**, il écrit des **pièces de théâtre**. On parle aussi d'un **auteur de théâtre**.

Ces dernières années, la **bande dessinée** ou **BD** a gagné en importance dans le monde littéraire, en particulier le **manga**, un genre qui nous vient du Japon. Un **auteur** d'**albums** de BD est aussi appelé **bédéiste**.

520 Associez les mots de la liste à leur définition.

une biographie – un polar – un essai – une nouvelle – une pièce de théâtre – une poésie – un roman

Exemple : Œuvre littéraire dans laquelle on peut trouver une réflexion philosophique ou politique : un essai

a. Il peut être d'aventures, d'amour, policier, historique, etc. court ou composé de plusieurs parties et même plusieurs tomes : ....

b. Elle aborde les mêmes thèmes que le roman mais elle est courte. Un ouvrage peut en réunir plusieurs sous forme de recueil : ....

c. Elle peut prendre la forme de la comédie, de la tragédie ou du drame ; elle peut être de boulevard : ....

d. Genre composé généralement en vers, plus ou moins libres : ....

e. Elle raconte la vie d'un personnage historique, d'une célébrité… : ....

f. C'est un peu comme une BD mais aux traits orientaux qu'on lit généralement de droite à gauche : ....

g. Il s'y passe des faits divers (vol, meurtre…) : ....

13 • Il était une fois...

521 Reliez le nom de ces différents profils d'hommes/de femmes de lettres.

a. un/une con-   • • -ète/-étesse
b. un/une au-   • • -yiste
c. un/une écri   • • -vain/-vaine
d. un/une po-   • • -teur/-teure
e. un/une rom-   • • -turge
f. un/une essa- • • -teur/-teuse
g. un/une drama- • • -mancier/-mancière

Virginie Despentes est une **écrivaine contemporaine** très appréciée des lecteurs. C'est aujourd'hui l'une des **auteures** ou **autrices** les plus reconnues de la littérature en français aux côtés d'autres **romancières** comme Leila Slimani, Fred Vargas, Marie Darrieussecq ou Amélie Nothomb.

522 Reliez ces auteurs à leur production littéraire.

a. Un conteur   • • un essai
b. Un romancier   • • Une bande dessinée
c. Un essayiste   • • Un poème
d. Un poète   • • Un conte
e. Un dramaturge • • Un roman
f. Un bédéiste   • • Une pièce de théâtre

523 Écoutez et cochez la bonne orthographe. 53

Exemple : ☐ ver ☒ verre ☐ vers

a. ☐ ver   ☐ vers   ☐ verre
b. ☐ verre ☐ vert   ☐ vers
c. ☐ vert   ☐ verre ☐ vers
d. ☐ ver   ☐ vert   ☐ vers
e. ☐ verre ☐ vers   ☐ vert
f. ☐ vers   ☐ verre ☐ ver
g. ☐ ver   ☐ vert   ☐ vers

Le mot « **vers** » a plusieurs homophones à l'orthographe et surtout au sens très différent les uns des autres :
– le **ver** de terre (animal)
– le **verre** (matériel / à boire)
– **vert** (couleur)
– **vers** (préposition de lieu et de temps)
– **vair** (fourrure d'un écureuil)

Tous ces mots se prononcent /vɛʁ/.

524 Complétez avec la forme correcte de /vɛʁ/.

Exemple : Il viendra vers 11h.

a. L'alexandrin est un ……………… classique de 12 pieds ou syllabes.
b. La bouteille est tombée et il y a des morceaux de ……………… partout.
c. Combine du bleu et du jaune et tu obtiendras du ……………… .
d. On lui a servi du champagne dans un ……………… à eau !
e. On dit que les souliers de Cendrillon était en ……………… .
f. Il marche droit ……………… sa perte.
g. Elle n'a pas mangé la pomme : elle contenait un ……………… .

Vocabulaire

Des livres et des lecteurs

Un **livre** a généralement plusieurs **chapitres**, parfois réunis en parties. Il peut s'agir aussi de textes réunis dans un **recueil** (de poèmes, de **nouvelles**, de contes). La **table des matières** ou le **sommaire** permet de s'orienter dans le livre. Le **titre** est sur la **couverture** souvent accompagnée d'une **illustration**. Le livre contient parfois une **introduction** sous forme de **prologue** ou d'**avant-propos**. Il peut y avoir aussi des **notes en bas de page** pour faciliter la compréhension du texte. Une fois le livre sorti de l'**imprimerie**, la **maison d'édition** se charge de sa promotion. Les **critiques** donnent leur avis afin d'orienter les **lecteurs** à choisir leur **lecture**. Ils pourront acheter le livre dans une **librairie** ou l'emprunter dans une **bibliothèque**. Aujourd'hui, on parle plutôt de **médiathèque** qu'anime un **médiathécaire**. Là où il n'y a pas de bibliothèque, un **bibliobus** peut passer pour donner accès à des livres et des **revues**.

Les grands lecteurs sont ceux qui aiment vraiment lire ou, plus familièrement, **bouquiner**. Ils prennent plaisir à tourner les **pages** d'un **bouquin** (livre), s'arrêter un instant ou reprendre la lecture, là où ils avaient laissé le **marque-page**. Ils aiment aussi fréquenter les **bouquineries** tenues par des **bouquinistes**, ces **libraires** qui vendent des **livres d'occasion**.

On peut aussi lire sur une **liseuse** ou une **tablette** qui stocke les ouvrages **numériques** dans une bibliothèque virtuelle. Aujourd'hui, beaucoup préfèrent même écouter un livre (on parle d'un **audiolivre**) plutôt que le lire.

525 Écoutez puis cochez la bonne réponse. 54

Exemple : ☒ audiolivre ☐ liseuse

a. ☐ bibliothécaire ☐ bibliobus

b. ☐ médiathécaire ☐ libraire

c. ☐ un marque-page ☐ une liseuse

d. ☐ acheter un livre ☐ lire un livre

e. ☐ le chapitre. ☐ le sommaire.

f. ☐ numérique ☐ numérisée

g. ☐ des bouquineries ☐ des médiathèques.

526 Retrouvez les mots correspondant à ces définitions.

Exemple : On y range les livres : une bibliothèque

a. On les tourne : ....

b. Elle permet de s'orienter dans les différentes parties du livre : ....

c. Elles apportent des informations complémentaires pour le lecteur : ....

d. Ce sont les divisions d'un ouvrage : ....

e. C'est un livre familièrement : ....

f. C'est une tablette conçue spécialement pour la lecture : ....

g. Elle se charge de publier des livres : ....

h. C'est le lieu où on achète des livres : ....

13 • Il était une fois…

527 Écoutez et écrivez le mot entendu (ou groupe de mots entendus).

a. .... e. ....
b. .... f. ....
c. .... g. ....
d. ....

Du livre à la scène

On peut **raconter** ou **narrer** des histoires issues de notre imagination ou qu'on nous a **rapportées**. Ces histoires présentent des faits qu'on **relate** avec plus ou moins de précisions ; parfois on **retrace** le déroulement d'un événement ou de la vie de quelqu'un comme c'est le cas dans une biographie.

On lit de la poésie et souvent on récite les poèmes appris par cœur.

Sur **scène** ou au **cinéma**, **acteurs** et **actrices**, **jouent** ou **interprètent** leur **rôle** dans une pièce ou dans un **film**. On peut admirer ou pas leur **jeu**. Lors de l'**avant-première**, où on **présente** l'œuvre à un **public** réduit, les journalistes sont invités. Ils en rédigeront la critique, mais est-ce à eux ou au public d'en faire un chef-d'œuvre ou un navet ? Le succès d'une œuvre reste souvent un mystère.

528 Retrouvez le mot ou le verbe correct.

Exemple : Les acteurs montent sur scène.

a. Si le film est mauvais, c'est un ....
b. Il a obtenu un prix pour son .... de docteur dans ce film.
c. Je n'ai pas eu le temps de .... un article sur le sujet.
d. Sa dernière pièce est un ....
e. Les privilégiés qui ont pu assister à .... sont vraiment chanceux.
f. J'admire le .... de cette actrice.
g. Qui va .... la prochaine cérémonie des Césars ?

529 Complétez ces phrases avec les verbes de la liste.

Raconter – narrer – rapporter – interpréter – retracer – rédiger – réciter – présenter – relater

Exemple : Ce livre n'a pas la prétention d'être un roman mais de rapporter les faits tels qu'ils se sont produits.

a. L'auteur fétiche des Français sera dans l'émission littéraire de ce soir pour .... son tout dernier roman.
b. Elle avait décidé de .... les évènements qui secouèrent son enfance dans un livre en grande partie autobiographique.
c. Cette histoire prétend .... la vie de cette femme qui a marqué la politique des années d'après-guerre.
d. Enfant, il adorait que le maître l'appelle pour .... les vers du poème appris la veille.
e. Je vais vous .... les aventures de ce personnage. Vous verrez qu'il était vraiment exceptionnel !
f. Je trouve qu'il a su merveilleusement bien .... ce rôle.

Vocabulaire

g. Le directeur m'a demandé de .... un article sur la situation actuelle.

h. Sa fille lui demandait systématiquement de lui .... une histoire avant d'éteindre la lumière et de s'endormir.

530 Complétez avec le mot qui convient.

actrice / acteur – avant-première – chef-d'oeuvre – cinéma – film – navet – public – rôle

Exemple : Je vais souvent au cinéma mais rarement au théâtre.

a. C'est un excellent roman, un vrai ....
b. J'ai eu le privilège de voir la pièce en ....
c. Il a commencé sa carrière d'artiste dans des petits .... au cinéma.
d. C'est une grande .... Elle interprète si bien ses personnages.
e. Quel .... ! C'est le plus mauvais que j'ai vu depuis longtemps.
f. La critique a été dure avec lui mais le .... a salué son jeu.
g. J'ai envie d'aller voir un bon .... Qu'est-ce que tu me recommandes ?

La bande-dessinée

Les **albums** de BD sont une composition de pages illustrées qu'on appelle des **planches** contenant chacune des **cases** ou des **vignettes** dans lesquelles évoluent des personnages. Leurs paroles et pensées se trouvent dans des **bulles** qui représentent une langue orale vivante et ponctuée d'**interjections** et d'**onomatopées**. Les auteurs de BD – **scénaristes**, **illustrateurs**, **dessinateurs** ou **coloristes** –, sont des **bédéistes**. Ils travaillent souvent dans un **studio**. Longtemps considérée comme un **art mineur**, la **bande dessinée** ou **BD** est aujourd'hui pleinement reconnue. On dit que c'est le 9e art. Les BD d'origine japonaise sont les mangas et celles qui nous viennent des États-Unis, des comics. Tous les amateurs du genre se donnent rendez-vous annuellement au Festival international de la band-déssinée (le FIBD).

531 Remettez les lettres dans l'ordre.

Exemple : R.S.E.D.S.N.T.U.E.I.T → Dessinateur

a. E.C.T.O.O.L.S → ....
b. L.S.L.T.T.R.E.A.R.I.U → ....
c. E.T.V.G.T.N.I.E → ....
d. S.N.E.E.R.A.R.T.I.C → ....
e. H.A.E.N.P.C.L → ....
f. E.E.O.O.P.T.N.M → ....
g. V.A.I.F.S.E.T.L → ....

> Il y a des personnages incontournables de la BD francophone comme **Tintin**, **Astérix**, **Le chat**, **les Pieds nickelés**, **Lucky Luke**, etc. Depuis quelques années, les BD japonaises ou **mangas** connaissent un vive succès chez les lecteurs.

532 Écoutez ces affirmations et répondez par vrai ou faux. 56

Exemple : ☒ Vrai ☐ Faux

a. ☐ Vrai ☐ Faux   d. ☐ Vrai ☐ Faux
b. ☐ Vrai ☐ Faux   e. ☐ Vrai ☐ Faux
c. ☐ Vrai ☐ Faux   f. ☐ Vrai ☐ Faux

13 • Il était une fois…

533 Complétez avec le mot qui convient.

Exemple : Beaucoup de bandes dessinées sont produites dans un studio.

a. Dans une BD, les b……………………………… contiennent les paroles ou pensées des personnages.

b. Une page complète de v……………………………… constitue une planche.

c. Les vignettes sont chacune des c……………………………… qui forment la BD.

d. On appelle communément un livre de BD, un a……………………………… .

e. Zep est un d……………………………… suisse dont l'œuvre principale est le personnage de Titeuf.

f. Les o……………………………… « Oh », « Grrrr », etc. sont des recours fréquents en BD.

Grammaire

• Les connecteurs

• Il a **d'abord** été au marché, **ensuite** à la librairie et **enfin** il est rentré.

Pour aider à se repérer dans un texte, on emploie des adverbes ou des locutions adverbiales et des conjonctions dont la fonction est précisément de connecter entre eux les éléments de la phrase ou du texte. Ces sont les connecteurs.

Il y a les connecteurs temporels qui permettent d'ordonner chronologiquement les éléments du texte ou de les énumérer :

Pour commencer :	Pour continuer :	Pour conclure :
(tout) d'abord	ensuite	enfin
premièrement	deuxièmement, etc.	finalement
en premier lieu	puis / et puis	en dernier lieu
primo	secundo, tertio	
d'une part	d'autre part / par ailleurs	

534 Classez dans ce tableau les connecteurs de la liste.

d'abord – deuxièmement – en dernier lieu – enfin – en premier lieu – ensuite – finalement – premièrement – puis

Pour commencer	Pour continuer	Pour conclure
D'abord		

535 Complétez ces deux textes avec les connecteurs temporels de la liste.

tout d'abord – puis – finalement – D'une part – d'autre part – Par ailleurs

a. Texte 1

……………………, je dirais qu'il faut faire preuve d'un peu d'imagination. La lecture aide à en avoir. Puis, il faut commencer à planifier l'histoire (les personnages, leur rapport, le contexte dans lequel ils évoluent, un fait déclencheur, une fin………………………). ……………………, il faut commencer à l'écrire, pas nécessairement sur du papier ou à l'écran : on peut le faire dans sa tête avant.

Grammaire/Conjugaison

b. Texte 2

Je pense que les contes populaires le sont de moins en moins. Pourquoi ? ...., parce que les enfants lisent de moins en moins et .... parce que les parents passent moins de temps à leur lire des histoires. ...., les contes traditionnels sont de plus en plus critiqués en raison de leur contenu.

536 Entourez le connecteur qui convient.

a. *Par ailleurs / Ensuite / D'une part*, nous avons l'Histoire, avec un grand H. Ce sont *ensuite / puis / d'abord* des faits et des dates ; *ensuite / deuxièmement / enfin* ce sont des noms de lieux et de personnages. *Deuxio / D'autre part / Enfin*, il y a ce qu'on raconte. Des récits plus ou moins justes qui parfois se transforment en légende.

b. *Par ailleurs / Tertio / En premier lieu*, je voudrais signaler l'universalité des contes ou des légendes. On en trouve dans toutes les cultures. *Puis, en dernier lieu / Enfin*, je voudrais faire remarquer les nombreuses similitudes que ces histoires présentent. *Et ensuite / Tout d'abord / En dernier lieu*, je voudrais insister sur l'importance de continuer à les transmettre. Cela fait partie de notre patrimoine immatériel.

> **• Les temps du passé : plus-que-parfait / imparfait / passé composé**
>
> Le royaume **vivait** paisiblement jusqu'à ce qu'un dragon **a commencé** à semer la terreur. Jamais les habitants **n'avaient** eu aussi peur depuis ce jour-là.
> Le plus-que-parfait exprime un fait ou une action antérieurs à d'autres qui se situent également dans le passé, exprimé(e) à l'imparfait ou au passé composé.

537 Conjuguez les verbes au temps qui convient : imparfait ou passé composé.

Exemple : Qui **étaient** les grands écrivains en langue française au XXIe siècle ? (**être**)

a. Victor Hugo .... *La légende des siècles* alors qu'il .... exilé à Guernesey. (écrire / être)

b. George Sand .... une grande influence sur la vie intellectuelle et littéraire du XIXe siècle. C'........................... aussi une écrivaine très prolifique. (avoir / être)

c. C'est un journal qui .... Les trois mousquetaires sous forme de feuilleton. Les célèbres aventures de D'Artagnan ne .... en roman que quelques années plus tard. (publier d'abord / sortir)

d. Moins connue que George Sand, Delphine Gay .... plusieurs romans, ainsi que des poèmes et des pièces de théâtre. Elle .... régulièrement le monde littéraire dans son salon. (écrire pourtant / réunir)

e. Emile Zola .... connaître pour ses romans dont les plus célèbres regroupés sous le titre des Rougon-Macquart mais il s'est aussi .... pour des causes politiques comme l'affaire Dreyfus. (se faire / s'engager aussi)

13 • Il était une fois…

538 Complétez les phrases au plus-que-parfait.

Exemple : – Pourquoi tu ne l'as pas dit quand on t'a posé la question ?
– Parce que je n'avais pas encore lu le message. (lire / ne pas encore)

a. – Je pensais que tu allais le lui dire.
   – C'était mon intention mais il .... (partir / déjà)

b. – Vous n'êtes pas partis dans les Vosges cette année ?
   – Non, comme on .... l'année dernière, on a préféré aller sur la côte. (y aller)

c. – Avant-hier, il n'est pas venu parce qu'il .... son bus mais aujourd'hui qu'est-ce qu'il a comme excuse ? (rater)

d. – Son nouveau roman .... qu'on commençait à le critiquer. (sortir / ne pas encore)

e. – Pour ce film, elle .... les extérieurs dans le Sud de la France mais tout le reste se passait en studio. (tourner)

f. – La semaine dernière, je leur ai rendu visite et j'ai vu qu'ils .... toute la décoration. (refaire)

g. – Au départ, je .... que c'était une bonne idée mais après j'ai pensé que c'était trop compliqué. (se dire)

h. – Dans un premier temps, c'est vrai que je n'étais d'accord avec ce qu'il ...., mais tout compte fait, j'ai fini par accepter. (proposer)

539 Conjuguez les verbes à l'imparfait, au passé composé ou au plus-que-parfait.

Exemple : Hier, j'ai lu un récit de voyage fascinant. J'en avais déjà lu mais celui-ci était différent. L'auteur racontait une expédition au fin fond de la forêt indonésienne. (lire / avoir / être / raconter)

a. Quand j'............................... le roman - que .... -, je .... son adaptation cinématographique. J'avoue que je l'............................... très réussie. (lire / adorer / voir (ne pas encore) / trouver)

b. À l'époque, cette série .... sur une chaîne publique. Elle .... beaucoup de succès auprès des téléspectateurs. Après, elle .... en streaming et depuis, elle fait partie des préférées. (être diffusée / ne pas avoir / passer)

c. Avant, nous .... souvent au cinéma mais depuis que nous .... à une chaîne en streaming, nous n'y allons presque plus. (aller / s'abonner)

d. J'............................... très réticent à lire un livre sur tablette mais je .... il y a quelques mois et depuis, je ne lis que sur écran. (être (toujours) / s'y mettre)

e. Dans les années 90, c'............................... la mode du zapping. Les téléspectateurs .... alors la multiplicité des chaînes puis, avec l'arrivée d'Internet, ils .... par délaisser petit à petit la télé dans son format traditionnel. (être / découvrir / finir)

Grammaire/Conjugaison

• Le passé simple

« Ils **se marièrent** et **(ils) eurent** beaucoup d'enfants » est la conclusion de nombreux contes populaires. Il n'est pas nécessaire de savoir conjuguer au passé simple mais il est important de savoir reconnaître ce temps. C'est le temps habituel que les romanciers emploient pour évoquer des faits au passé. Un genre littéraire qui s'adresse particulièrement aux jeunes publics, le conte, combine généralement l'imparfait et le passé simple. Les formes les plus fréquentes sont celles des 3e personnes du singulier et du pluriel. Dans la langue standard, on préfère remplacer le passé simple par le passé composé. Pour décrire des faits historiques, on pourra même le remplacer par le présent de l'indicatif employé avec une valeur de présent historique.

Quelques verbes fréquents au passé simple

Les verbes en -ER		Autres verbes	
Raconter	Finir	Avoir	Être
Je racontai	Je finis	J'eus	je fus
tu racontas	Tu finis	tu eus	tu fus
il raconta	Il finit	il eut	il fut
nous racontâmes	Nous finîmes	nous eûmes	nous fûmes
vous racontâtes	Vous finites	vous eûtes	vous fûtes
ils racontèrent	Ils finirent	ils eurent	ils furent

540 Retrouvez les infinitifs de ces formes au passé simple.

a. il dit / ils dirent → dire

b. il naquit / ils naquirent → ....

c. il but / ils burent → ....

d. il vécut / ils vécurent → ....

e. il fut / ils furent → ....

f. il put / ils purent → ....

g. il mit / ils mirent → ....

h. il prit / ils prirent → ....

541 Placez ces verbes dans le texte.

aboya – arrivèrent – décidèrent – durent – entendirent – frappa – partirent – prirent – s'en approchèrent – s'aperçurent – se mirent – suivirent – virent – voulurent

Il était une fois l'histoire de deux jeunes amants qui décidèrent de s'enfuir à jamais de leur petit village. Ils .... en cachette dans l'après-midi, quand tout le monde était aux champs. Ils .... alors à la croisée de plusieurs chemins. Il fallait faire un choix avant la tombée de la nuit. Ils .... celui du soleil couchant et ils le .... sur une demi-lieue environ. C'est à ce moment qu'ils .... une maison, une très grande maison. On aurait dit un vieux manoir. Ils .... dans l'espoir d'y trouver un couvert et un lit, même de paille, pour se reposer. Alors qu'ils avançaient en direction de la demeure, ils .... un horrible bruit puis un chien .... Ils .... à trembler. Que faire ? Ils .... revenir sur leurs pas mais ils .... que le chemin était devenu impraticable. Comment était-ce possible ? Ils .... se résoudre à aller vers la maison. Remplis de peur, le jeune garçon .... à la porte. (*Les contes du Soleil couchant*)

13 • Il était une fois…

542 Retrouver l'infinitif des verbes de l'activité précédente puis conjuguez-les au passé composé.

Exemple : Il aboya → Aboyer / il a aboyé

a. Ils arrivèrent → ....
b. Ils décidèrent → ....
c. Ils durent → ....
d. Ils entendirent → ....
e. Il frappa → ....
f. Ils partirent → ....
g. Ils prirent → ....
h. Ils s'approchèrent → ....
i. Ils s'aperçurent → ....
j. Ils se mirent → ....
k. Ils suivirent → ....
l. Ils virent → ....
m. Ils voulurent → ....

543 Transformez au passé composé les phrases au passé simple.

Exemple : À partir de ce moment-là, plus rien ne l'arrêta. → À partir de ce moment-là, plus rien ne l'a arrêté.

a. Les jeunes amants décidèrent de partir loin, très loin.
....
b. La fée alla voir la vieille sorcière des bois.
....
c. Le roi se leva de très méchante humeur ce jour-là.
....
d. Après des heures de marche dans les bois, les enfants finirent par trouver une maisonnette.
....
e. Le coq chanta au beau milieu de la nuit.
....
f. Ils partirent en bateau pour une destination inconnue.
....
g. Le garçon se jeta à la rivière pour échapper aux voleurs.
....
h. Les chevaliers arrivèrent au château au coucher du soleil.
....

544 Transformez au passé composé les phrases au passé simple.

Exemple : La jeune fille croqua la pomme. → La jeune fille a croqué la pomme.

a. Le dragon prit son envol.
....

Grammaire/Conjugaison

b. Personne ne voulut l'écouter.

....

c. Jeannette mit les morceaux de pain dans son sac.

....

d. Les courageux marins survécurent à la colère des Dieux.

....

e. Elle naquit dans une lointaine contrée oubliée de tous.

....

f. Hélas, ils n'eurent pas le temps d'être heureux.

....

g. Le chevalier ne but pas la potion que la sorcière avait préparée.

....

h. Le jeune homme fit très attention de suivre les conseils du lutin.

....

Bilan

1. Dictée de mots. Écoutez et écrivez les mots entendus. (0,5 point/réponse) 🔊 57

a. ....
b. ....
c. ....
d. ....
e. ....
f. ....
g. ....
h. ....
i. ....
j. ....

Total : .... /5

2. Entourez la forme qui convient. (0,5 point/réponse)

1. Le roi réunit à la cour tous les barons, les marquis et les **contes / comtes** du royaume.
2. Tous ont levé leur **ver / verre** et se sont mis à chanter.
3. On le savait tous : cette histoire ne finirait pas comme un **conte / compte** de fées.
4. Il aimait réciter des **vers / verts** de ses poètes préférés.
5. Tous les soirs, le vieil homme **compte / conte** ses sous. Ce soir-là, il manquait un demi-sous !
6. Cette histoire a été écrite **vert / vers** 1750.

Total : .... /3

3. Complétez les phrases suivantes avec le mot juste. (0,5 point/réponse)

albums – bibliothèque – bulles – château – fée – héroïne – lutins – polar – romans – tapis

a. Personne n'osait monter jusqu'au .... qu'on disait hanté.
b. Ils ont réussi à prendre la fuite sur un .... volant.
c. Les ...., ce sont bien ces petits habitants de bois ?
d. Avant ce livre, il avait déjà publié plusieurs ....
e. En BD, les dialogues sont généralement dans des ....
f. Qu'est-ce que tu bouquines en ce moment ? Moi, un .... d'un auteur martiniquais.
g. C'est une femme l' .... de ces aventures.
h. Elle aime venir étudier dans la .... municipale.
i. Il a vraiment de la chance dans la vie. Une gentille .... a dû se pencher sur son berceau.
j. Quand j'étais petit, j'ai dû lire tous les .... de Tintin, le célèbre personnage de BD.

Total : .... /5

4. Choisissez la forme qui convient (0,5 point/réponse)
a. Cela faisait longtemps qu'il cherchait le trésor. Il l'a **finalement** / **d'abord** / **puis** trouvé.
b. Avant de céder la parole à notre invitée, je voudrais **ensuite** / **enfin** / **d'abord** dire quelques mots sur son parcours.
c. Pourquoi ce succès ? **D'une part** / **Puis** / **Ensuite**, parce que l'oeuvre est vraiment originale et **finalement** / **par ailleurs** / **d'autre part**, parce qu'elle est très bien écrite.

Total : .... /2

5. Soulignez le temps qui convient (0,5 point/réponse)
Quand **j'étais** / **j'ai été** / **j'avais été** enfant, on **racontait** / **a raconté** / **avait raconté** dans le village que le vieux château en ruine qui **se trouvait** / **s'est trouvé** / **s'était trouvé** au sommet de la colline **était** / **a été** / **avait été** hanté par un fantôme qui **sortait** / **est sorti** / **était sorti** les soirs de brume. Plusieurs habitants **assuraient** / **ont assuré** / **avaient assuré** qu'ils **le voyaient** / **l'ont vu** / **l'avaient vu** se promener dans les allées abandonnées du domaine. Personnellement, je **n'ai jamais cru** / **ne croyais jamais** / **n'avais jamais cru** cette histoire. Jusqu'au jour où **je suis allé** / **j'allais** / **j'étais allé** avec une bande de copains au milieu des vieilles pierres. Il **faisait** / **a fait** / **avait fait** froid ce jour-là et une épaisse brume couvrait le château.

Total : .... /5

6. Conjuguez au temps qui convient (passé composé, imparfait ou plus-que-parfait) les verbes entre parenthèses. (0,5 point/réponse)
Malgré tout, notre volonté de connaître les secrets de ce lieu mystérieux (**a.**) .... (être) plus forte que notre peur. Nous (**b.**) .... (s'approcher). Tout à coup, nous (**c.**) .... (entendre) un drôle de bruit. Nous (**d.**) .... (se regarder), terrorisés. Le bruit (**e.**) .... (rappeler) celui d'un boulet traîné par une chaîne. Nous (**f.**) .... (ne pas savoir) vraiment quoi faire. Et s'il (**g.**) .... (s'agir) du fantôme du château ? (**h.**) C'................................ (être) peut-être lui qui (**i.**) .... (faire) le bruit que nous (**j.**) .... (entendre).

Total : .... /5

7. Passez ces verbes du passé simple au passé composé. (0,5 point/réponse)
a. Ils firent → ....
b. Ils vécurent → ....
c. Il vit → ....
d. Elles surent → ....
e. Elles eurent → ....
f. Elle chanta → ....
g. Ils allèrent → ....
h. Il finit → ....
i. Elles prirent → ....
j. Elle dit → ....

Total : .... /5

Mon score : .... /30

Crédits photographiques

Toutes les photographies de cet ouvrage proviennent d'Adobe Stock, sauf mentions contraires.

De gauche à droite et de haut en bas :

P. 11 : Eric Fougere – Corbis/Getty ; Dominique Charriau/Getty

P. 7 : Mix and Match Studio ; Khorzhevska ; blackday ; **P. 10 :** LIGHTFIELD STUDIOS ; HBS ; khosrork ; Siobhan Fotoschlick ; zinkevych ; **P. 12 :** fotofabrika ; uwimages ; Nikita ; Vasyl ; **P. 13 :** Yakobchuk Olena ; anna_gorbenko ; Mangostar ; LIGHTFIELD STUDIOS ; **P. 15 :** gemenacom ; New Africa ; iprachenko ; ludmilafoto ; Olivier DIRSON ; Yashkin Ilya ; nerthuz ; Tatyana Gladskih ; Liaurinko ; Art14 ; mayura_ben ; Popova Olga ; Ilga ; charnsitr ; Alexey ; mayura_ben ; yang ; serega_100500 ; somemeans ; Vita ; demidoff ; Magdalena ; Nataliia ; DendraCreative ; **P. 16 :** Rymden ; Liaurinko ; Ruslan Kudrin ; Olga ; Dmitri Kalvān ; **P. 28 :** Santi Rodríguez ; **P. 29 :** Antonioguillem ; matka_Wariatka ; EpicStockMedia ; Rawpixel.com ; makieni ; Rawpixel.com ; Rémy MASSEGLIA ; **P. 31 :** gearstd ; Aspi13 ; Michael Flippo ; EdNurg ; MCRMfotos ; stockphoto-graf ; azizhjyaras ; Pixel-Shot ; Sinisa Lucic ; Alexey Stiop ; 1896 Keystone-France ; **P. 32 :** Vagengeym ; Bisual Photo ; giemmephoto ; Franco Bissoni ; Daniel ; **P. 34 :** Joe – stock ; **P. 36 :** Jitka Svetnickova ; Quere Romain ; **P. 37 :** Coprid ; kuarmungadd ; Richard Villalon ; stockphoto-graf ; Stillfx ; Volodymyr Shevchuk ; simm49 ; Volodymyr Shevchuk ; Bernd Schmidt ; Garmon ; alexlmx ; Kayros Studio ; Unclesam ; PHILETDOM ; BillionPhotos.com ; Unkas Photo ; **P. 39 :** TheFarAwayKingdom ; mintra ; bobex73 ; Marina ; Unclesam ; TTstudio ; lye ; yunava1 ; bohbeh ; **P. 58 :** Suesse ; DURIS Guillaume ; **P. 64 :** Michel Bazin ; Alain Besançon ; iMAGINE ; ftrouillas ; Michel Bazin ; iMAGINE ; Michel Bazin ; **P. 78 :** tanyastock ; oatawa ; peshkov ; Nattakorn ; vegefox.com ; Visual Generation ; Drobot Dean ; jakkapan ; Song_about_summer ; **P. 79 :** REDPIXEL ; **P. 83 :** MandicJovan ; Lucian Milasan ; pressmaster ; RTimages.com ; premkh ; metamorworks ; DENYS PRYKHODOV ; onephoto ; navee ; **P. 93 :** sdecoret ; zhu difeng ; BillionPhotos.com ; eldarnurkovic ; Anton Gvozdikov ; Arcady ; bloomicon ; vegefox.com ; **P. 94 :** ifeelstock ; **P. 96 :** Drobot Dean ; **P. 98 :** naum ; ghazii ; Ruslan Ivantsov ; DeshaCAM ; ALEXANDER PODSHIVALOV ; Monkey Business ; dechevm ; BillionPhotos.com ; **P. 115 :** M.studio ; pilipphoto ; Brent Hofacker ; almaje ; Pattarisara ; pilipphoto ; denira ; maxandrew ; **P. 116 :** gitusik ; Picture Partners ; L.Bouvier ; Pakhnyushchyy ; supamas ; Brad Pict ; kolesnikovserg ; lena_zajchikova ; **P. 118 :** M.studio ; **P. 119 :** sommai ; Paulista ; K ; FomaA ; lichaoshu ; Karine ; M.studio ; M.studio ; New Africa ; **P. 120 :** L.Klauser ; Vivian Seefeld ; New Africa ; New Africa ; nicvandum ; Philip ; Purple Moon ; izzzy71 ; polkadot ; ozmen ; Tarzhanova ; Shawn Hempel ; RTimages ; **P. 121 :** Rawpixel.com ; **P. 122 :** Patricia W. ; **P. 123 :** beats_ ; **P. 124 :** Iakov Filimonov ; **P. 125 :** ALF photo ; Olha ; Guy ; M.studio ; 5second ; Nelea Reazanteva ; Jérôme Rommé ; **P. 137 :** Atlantis ; PlanetEarthPictures ; **P. 138 :** alco81 ; **P. 145 :** BillionPhotos.com ; Fred ; **P. 158 :** Vasyl ; galaganov ; Syda Productions ; **P. 159 :** Joan ; Rawpixel.com ; tanawatpontchour ; M.Dörr & M.Frommherz ; Artem ; stanislav_uvarov ; **P. 160 :** eyetronic ; **P. 161 :** scharfsinn86 ; Sergiy Serdyuk ; Roland Magnusson ; Richard Carey ; Anselm ; U. J. Alexander ; JP trip landscape DL ; Weerayuth ; **P. 162 :** markobe ; Vital ; studio023 ; k ; pkawasaki ; Zacarias da Mata ; toa555 ; Goldilock ; Andreas Edelmann ; P. 163 : vaclav ; Steve ; wildestanimal ; **P. 165 :** yanadjan ; candy1812 ; **P. 183 :** vitaliymateha ; bnenin ; Iakov Filimonov ; ASDF ; MangoStar ; PORNPIMON RODCHUA ; **P. 195 :** eveleen007 ; GraphicsRF ; **P :198 :** cherryandbees ; New Africa ; Prostock-studio ; New Africa ; Antonioguillem ; missty ; lashkhidzetim ; **P. 201 :** Katarzyna Bialasiewicz ; shevchukandrey ; HQUALITY ; motortion ; VadimGuzhva ; Jelena ; dmytro_khlystun ; **P. 202 :** Lulu Berlu ; oceane2508 ; **P. 219 :** Светлана Лазаренко ; Khunatorn ; Soho A studio ; Gorodenkoff ; bbourdages ; Ljupco Smokovski ; andrys lukowski ; Africa Studio ; Trombax ; **P. 226 :** Dario Bajurin ; Lumixera ; makasana photo ; lufeethebear ; Alexandra Lande ; feuerpferd1111 ; aterrom ; Leonid Spektor ; tawatchai1990 ; **P. 236 :** chayakorn ; toshket ; PHILETDOM ; **P. 237 :** wusuowei ; sidorovstock ; yukinya ; Olesia Bilkei ; Elnur ; Kurhan ; thodonal ; Svitlana ; Robert Kneschke ; auremar ; Mr. Music ; Kletr ; Olivier Rapin ; **P. 238 :** yanlev ; Viacheslav Iakobchuk ; georgerudy ; golubovy ; Andrey Popov ; sutichak ; fizkes ; kokliang1981 ; lev dolgachov ; P. 239 : Kalinovsky Dmitry,2014 ; Perig MORISSE PRODUCTION PERIG ; princeoflove ; Jonas P. Torres ; golubovy ; Santiago Nunez ; **P. 254 :** Tartila ; **P. 255 :** picoStudio ; KHAz ; tigatelu ; tigatelu ; Francois Poirier ; yulnniya ; DM7 ; antonbrand ; Digital Storm ; **P. 258 :** matiasdelcarmine ; Stéphanie ; PIXATERRA ; Conrado Giusti ; Hasmik ; Ayamap ; Matt ; **P. 259 :** giedriius ; Gamma Rapho.

N° de projet : 10304494
Achevé d'imprimer en septembre 2024 par Bona S.p.A. à Turin en Italie